ÉLÉONORE

DE ROYE

PRINCESSE DE CONDÉ

1535—1564

PAR

LE Cte JULES DELABORDE

PARIS

LIBRAIRIE SANDOZ ET FISCHBACHER

33, RUE DE SEINE, 33

1876

ÉLÉONORE DE ROYE

OUVRAGES DU MÊME AUTEUR

LIBERTÉ RELIGIEUSE. Mémoires et plaidoyers. 1 vol. in-8°, 1854. . .   4 fr. »

MADAME L'AMIRALE DE COLIGNY APRÈS LA SAINT-BARTHÉLEMY. Brochure in-8°, 1867. . . . . 1 fr. 50

LES PROTESTANTS A LA COUR DE SAINT-GERMAIN, LORS DU COLLOQUE DE POISSY. In-8°, 1874. . . . . 3 fr. »

PARIS. — IMPRIMERIE DE E. MARTINET, RUE MIGNON 2

ÉLÉONORE DE ROYE

PRINCESSE DE CONDÉ

1535 — 1564

PAR

LE Cᵀᴱ JULES DELABORDE

. . . . la dame excellente
Qui grande et jeune dans la cour,
Ne brûloit que d'un saint amour,
Estimant un heur plus extrême,
Bien qu'elle eût un auguste rang,
D'être fille du Dieu suprême
Que d'être princesse du sang.

(Ode d'Anne de Rohan sur Éléonore de Roye).

PARIS

LIBRAIRIE SANDOZ ET FISCHBACHER

33, RUE DE SEINE, 33

—

1876

ÉLÉONORE DE ROYE

CHAPITRE PREMIER

Au début de l'année 1535, la jeune comtesse de Roye, Madeleine de Mailly, se trouvait au château de Châtillon-sur-Loing, près de Louise de Montmorency, sa mère. La sollicitude de celle-ci s'étendait, à cette époque, sur sa fille chérie, avec un redoublement d'ardeur d'autant plus naturel, que la situation de la jeune femme empruntait à l'approche d'un solennel événement de famille un intérêt de jour en jour plus touchant : en effet, Madeleine était sur le point de devenir mère à son tour. Quelle douce égide, que celle sous laquelle elle était alors placée ! Que de vœux, que d'élans d'ineffable tendresse échangés entre deux âmes qu'une affection sacrée unissait étroitement l'une à l'autre ! Jamais Madeleine n'avait aussi profondément senti qu'en ce moment tout ce qu'elle devait à sa mère; car, du bonheur de l'entendre, découlait pour elle la plus pure des initiations aux devoirs et aux joies de la maternité. Jamais, de son côté, Louise de Montmorency n'avait été plus émue qu'en ces heures d'intimes épanchements où, parlant des épreuves du passé, qui l'avaient frappée dans ses affections les plus chères, elle associait au langage de la résignation celui de la confiance en un prochain avenir. Soutenue par les tendres paroles d'une mère vénérée, Madeleine se recueillait dans la douce pensée de pouvoir bientôt, par la bonté de Dieu, lui offrir un enfant de plus à aimer.

Il suffira pour apprécier les sentiments qui animaient alors ces deux nobles femmes, de jeter un rapide coup d'œil sur quelques-unes des phases de leur existence, dans le cours des années précédentes.

Issue de l'une des premières maisons de France, Louise de Montmorency avait épousé, en 1505 (1), un gentilhomme d'une grande famille de Picardie (2), Ferry II de Mailly, baron de Conty, chambellan du roi, capitaine de cent hommes d'armes de ses ordonnances, et sénéchal d'Anjou (3). De son union avec lui étaient nés, les 28 avril 1508 et 13 septembre 1509, deux enfants, Jean et Louise de Mailly (4). Ferry de Mailly, alors qu'il se signalait, à côté de Bayard, sur les champs de bataille d'Italie, avait reçu une blessure mortelle (5), et était décédé près de Milan, en décembre 1511 (6), laissant sa veuve enceinte d'un troisième enfant, auquel elle donna le jour le 16 juin 1512. Cet enfant était Madeleine de Mailly (7).

Louise de Montmorency avait épousé en secondes noces Gaspard, premier du nom, comte de Coligny, seigneur de Châtillon-sur-Loing, connu dans l'histoire, sous le nom de maréchal

---

(1) Bibl. nat., mss. f. fr., vol. 8177, f⁰ˢ 190, 193, 435. *Inventaire de titres* dressé par Cl. Colladon.

(2) Clairambaut, *Extrait de la généalogie de la maison de Mailly*. In-f⁰, 1757, p. 2.

(3) Bibl. nat., cabinet des titres, *Collect.* de pièces et *Mémoires*, v⁰. Mailly, cah. 1-28, f⁰ 21 et cah. 44-68, f⁰ 54. — Clairambaut, ouvr. cit., p. 12.

(4) Livre d'heures de Louise de Montmorency. *Bulletin* de la Société de l'histoire du protestantisme français, 2ᵉ année, p. 4, 5, 6.

(5) Brantôme, édit. de M. Lud. Lalanne, in-8⁰, t. III, p. 1, 2. — Clairambaut, ouvr. cit., p. 12.

(6) Livre d'heures de Louise de Montmorency, ouvr. cit. — *Chron. de Bayard*, par le Loyal Serviteur, chap. XLVII.

(7) Livre d'heures de Louise de Montmorency, ouvr. cit. — Bibl. nat., cabinet des titres, *Collect.* de p. et *Mém.*, v⁰. Mailly, cah. 1 à 28, f⁰ 2.

de Châtillon. Cette nouvelle union, de laquelle étaient nés quatre fils, Pierre, Odet, Gaspard et François, n'avait pas été de longue durée, car le maréchal de Châtillon était mort à Dax, le 4 août 1522, victime de son ardeur à marcher au secours de Fontarabie (1).

Devenue veuve pour la seconde fois, Louise de Montmorency s'était constamment tenue, comme femme et comme mère, à la hauteur de ses devoirs; se signalant, dans les rangs de la société et à la cour, par une dignité morale qui contrastait avec les mœurs frivoles et relâchées de l'époque, et ne cessant, au foyer domestique, d'entourer de soins affectueux les sept enfants que Dieu lui avait donnés. Ces enfants, répondant, par le développement du cœur et de l'intelligence, à la sollicitude et aux directions éclairées de leur mère, avaient, pendant plusieurs années, fait sa consolation; mais, à des jours d'une félicité relative avaient inopinément succédé des jours de deuil : Louise de Montmorency avait perdu d'abord son fils aîné, Jean de Mailly baron de Conty, mort au siége de Naples, en 1528 (2); puis, plus tard, un autre de ses fils, Pierre de Coligny, qui avait succombé aux atteintes d'une grave maladie. Des cinq enfants qui lui étaient restés, deux avaient successivement quitté le toit maternel : l'aînée de ses filles, Louise, avait embrassé la vie du cloître; et la seconde, Madeleine, devenue le 27 août 1528, à l'âge de seize ans, l'épouse du comte Charles de Roye (3), qui n'avait que trois ans de plus qu'elle, était allée se fixer avec lui au centre de ses diverses seigneuries de Roye, de Muret, de Buzancy, de Nisy-le-Comte, d'Aulnay, de Pierrepont, et de Coulommiers (4).

(1) *Gasparis Colinii vita*, p. 6. — Liv. d'heures de Louise de Montmorency, ouvr. cit.

(2) Clairambaut, ouvr. cit., p. 12, 13. — Bibl. nat., cab. des tit., *Collect.* de p. et *Mém.* V°. Mailly, f° 1 à 28.

(3) Bibl. nat., cab. des tit., *Collect.* de p. et *Mém.* V°. Roye, f° 11.

(4) Voir, sur les seigneuries que possédait Charles de Roye, et sur la dot ap-

Sept ans s'étaient écoulés, durant lesquels, depuis son mariage, Madeleine de Mailly, quelque attachée qu'elle fût du reste à son intérieur, n'avait jamais manqué de saisir l'occasion de se rapprocher de sa mère et de lui témoigner, de près comme de loin, une sympathie et un dévouement, qui toujours avaient allégé, pour la maréchale de Châtillon, le poids des épreuves imposées à son cœur.

Ainsi s'explique, par l'intimité qui régnait entre la mère et la fille, et par le besoin qu'elles éprouvaient de se trouver, autant que possible, réunies l'une à l'autre, la présence de Madeleine de Mailly au château de Châtillon-sur-Loing, en 1535.

Le 24 février de cette même année, elle y mit au monde une fille (1), dont le baptême eut lieu peu de temps après. On donna à l'enfant le nom d'Éléonore, qui était celui de l'une de ses deux marraines, seconde femme de François Ier. Son autre marraine fut Marguerite, sœur de ce monarque. Les deux parrains furent François, dauphin, fils aîné du roi, et Antoine du Bois, évêque de Béziers, oncle maternel du comte de Roye (2). Le double patronage qu'accordaient ainsi à la petite-fille de la maréchale de Châtillon les reines de France et de Navarre, témoignait de la bienveillance de la première pour sa dame d'honneur, et de l'affection de la seconde pour une amie dévouée (3).

Deux ans plus tard, le 3 mars 1537, la comtesse de Roye, résidant alors dans son château de Muret, donna le jour à une

portée par Madeleine de Mailly, divers titres mentionnés dans l'*Inventaire* dressé par Colladon (Bib. nat., mss. f. fr., vol. 8177) sous les dates suivantes : 19 juillet 1425 (f° 93), février 1529 (f° 250), 18 août 1529 (f°ˢ 190 et 436), 28 avril 1545 (f° 192) et 11 novembre 1554 (f° 93).

(1) Sc. et L. de Saincte-Marthe, *Hist. gén. de la maison de France*, t. II, p. 938.

(2) Le Laboureur, addit. au *Mém.* de Castelnau, in-f°, t. I, p. 382.

(3) Il existe des fragments de la correspondance de la reine de Navarre avec la maréchale de Châtillon. (Voir le recueil des *Lettres* de Marguerite, publié par M. Génin, 1841, in-8°, t. I, p. 255, 256, 303.)

seconde fille, qui fut baptisée dans l'église de la localité, sous le nom de Charlotte (1).

L'enfance des deux sœurs s'écoula paisiblement, au foyer domestique. Rapprochées l'une de l'autre par l'âge, elles l'étaient également par le caractère. Toutes deux étaient douces, aimantes, sympathiques, et douées d'une vive intelligence. L'éducation qu'elles reçurent d'une mère judicieuse et tendrement vigilante, affermit leur intimité et développa en elles un rare ensemble de qualités à la fois solides et aimables. La puissance de l'exemple, éveillant, dès l'enfance, dans leurs âmes, le sentiment religieux, ajouta au sérieux de leur éducation et les prépara à marcher, un jour, d'un pas ferme, dans les voies de la piété. L'exemple, ici, venait de haut, et n'était pas moins touchant que solennel.

Elles avaient, l'une douze ans, l'autre dix, lorsque mourut la maréchale de Châtillon, le 12 juin 1547. A dater de cette époque, la comtesse de Roye se fit un devoir d'entretenir ses filles de la profonde impression qu'avaient produite sur son âme les derniers moments de leur aïeule. Elle leur rappela maintes fois que Louise de Montmorency avait, à son lit de mort, témoigné hautement de son attachement à la vraie religion, à celle du pur Évangile; qu'elle avait fréquemment répété ces paroles du psalmiste : « La miséricorde de Dieu est de génération en génération » sur ceux qui le craignent »; qu'elle avait adressé de sérieuses exhortations au cardinal de Châtillon, son fils, et l'avait engagé à ne pas amener près d'elle un prêtre, en déclarant « que Dieu, » par un singulier bienfait, lui avait ouvert le moyen de le » craindre et servir en toute piété, et de sortir des liens du corps » pour monter au céleste séjour (2). » Fidèle au culte des pieux souvenirs et des saintes affections, la comtesse de Roye s'était attachée, dans le secret de son cœur, à mesurer la portée du

(1) Bibl. nat., cab. des tit., *Collect.* de p. et *Mém.*, v°. Roye, f° 11.
(2) *Gasparis Colinii vita*, p. 7.

langage tenu par sa mère, à l'heure suprême. Qu'était-il résulté de ses réflexions sur ce grave sujet? On l'ignore; mais il est permis de supposer qu'ébranlée, à dater de 1547, dans les croyances qu'elle avait suivies jusqu'alors, elle inclina dès cette époque, à se détacher du catholicisme; et entra dans une voie de consciencieuses recherches, qui devait la conduire à l'adoption des principes de la religion réformée (1).

La direction qu'elle imprima à l'instruction religieuse de ses filles dut se ressentir du changement qui, ainsi que tout porte à le croire, s'était opéré dans ses opinions et ses tendances depuis la mort de la maréchale de Châtillon. L'induction sur ce point se fortifie de l'affirmation d'un écrivain (2) qui, parlant de faits antérieurs à 1551, et se référant dès lors implicitement aux années 1547, 1548, 1549 et 1550, en ce qui concerne Madeleine de Mailly et sa fille aînée, dit que « Madeleine, la première » de sa maison, se déclara pour la religion protestante, où elle » éleva Éléonore de Roye. »

Quoi qu'il en soit, au surplus, du degré plus ou moins avancé de culture religieuse qu'avaient atteint les filles de Madeleine de Mailly depuis 1547, un fait demeure constant : c'est qu'Éléonore et Charlotte s'étaient si bien formées sous l'égide maternelle, qu'on reconnaissait en elles, au sortir de l'adolescence, deux jeunes personnes d'une complète distinction morale et intellectuelle.

La supériorité d'esprit et de cœur s'alliait, chez la comtesse de Roye, à une extrême sollicitude pour l'avenir de ses filles. Le

(1) Maimbourg, *Hist. du calvinisme*, édit. in-4° de 1682, p. 124 : « Il y a bien » de l'apparence que Louise de Montmorency, ayant été du nombre de ces » dames de la cour qui, sous le règne de François Ier, favorisèrent la nouvelle » doctrine qu'elle suivit jusqu'à la mort, ce fut elle qui mit dans l'esprit de ses » enfants la grande disposition qu'ils eurent à se laisser si facilement infecter » de l'hérésie. »

(2) Le Laboureur, addit. aux *Mém.* de Castelnau, in-f°, t. I, p. 381. — Voir aussi les *Mém.* de Castelnau, t. I, p. 13.

soin qu'elle prenait de le préparer, en ce qui dépendait d'elle, ne s'inspirait que de vues élevées, et se contenait dans les limites d'une prudente réserve. Agir selon la mesure de ses forces, pour tenter d'aplanir sous les pas des deux sœurs le chemin de la vie, tout en leur enseignant d'ailleurs à en surmonter, au besoin, les inévitables aspérités, puis attendre avec confiance ce qu'il plairait à Dieu de décider à leur égard : telle était la règle que la comtesse de Roye s'était assignée. Elle y demeurait fidèle, et voyait Éléonore et Charlotte, tout entières aux douces émotions du présent, se sentir et se dire heureuses près d'elle et de leur père, sans se préoccuper de l'avenir, lorsqu'en l'année 1550 surgit une question d'établissement pour l'aînée de ces jeunes filles.

Cette question, sur laquelle Charles de Roye et Madeleine de Mailly étaient, dans l'intérêt d'Éléonore, appelés avant tous autres à se prononcer, devait, conformément aux traditions suivies en France par les grandes maisons du XVIᵉ siècle, être déférée à l'autorité suprême d'un chef, duquel relevaient tous les membres de la famille et sans l'assentiment duquel rien de ce qui touchait à la constitution ou à l'extension de celle-ci ne pouvait se conclure. Or, depuis la mort de la maréchale de Châtillon, sœur d'Anne de Montmorency, connétable de France, la comtesse et le comte de Roye, de même que les trois Châtillon, nièce et neveux de ce haut dignitaire, le considéraient comme chef de leur famille et l'entouraient des respectueux égards que commandait ce titre. C'était donc au connétable que devait être soumis, en vue d'une sanction définitive à obtenir en faveur d'Éléonore, un projet auquel adhéraient, dans l'intimité des relations fraternelles, la comtesse de Roye, son mari et Gaspard de Coligny.

Profondément attaché à sa sœur, avec laquelle il vivait dans une étroite communauté de pensées et de sentiments, Coligny avait étendu à ses deux nièces l'affection qu'il portait à Madeleine de Mailly. Frappé du développement, précoce à tous égards, d'Éléonore, il croyait, bien qu'elle n'eût encore que quinze ans en 1550, à la possibilité de la marier, dès cette époque, pourvu que celui qui demanderait sa main se montrât digne d'elle.

Il avait distingué dans les rangs de la haute noblesse de France un jeune homme, alors âgé de vingt ans, ardent de cœur et d'esprit, franc de caractère et de langage, brave, chevaleresque, aimable, aspirant à une situation digne du nom qu'il portait, et à qui son mérite naissant présageait un brillant avenir. C'était Louis de Bourbon, fils de Charles de Bourbon, premier duc de Vendôme, mort le 25 mars 1538, et frère puîné d'Antoine de Bourbon, second duc de Vendôme, alors gouverneur de la Picardie. Or, ce fut précisément au nom de ce même Louis de Bourbon que, vers la fin de 1550, un membre de sa famille qui avait particulièrement veillé sur son enfance et sa première jeunesse, demanda en mariage Éléonore de Roye. Généreusement enclin, en qualité d'heureux et fidèle époux de Charlotte de Laval, à juger autrui d'après lui-même, et confiant dans l'influence salutaire qu'exercent d'habitude les nobles qualités d'une femme supérieure sur les sentiments de l'homme auquel elle a, devant Dieu, étroitement associé son sort, Coligny ne doutait pas que sa nièce, une fois en possession du cœur de Louis de Bourbon, ne le fixât pour toujours. Aussi, crut-il pouvoir signaler ce jeune homme à Madeleine de Mailly et à Charles de Roye, comme présentant des garanties de bonheur pour Éléonore, dans l'union qu'il contracterait avec elle. Il ajouta que cette union, favorable, avant tout, au point de vue des convenances et des intérêts domestiques, le serait également, au point de vue secondaire de certaines combinaisons politiques qui préoccupaient le connétable, en contre-balançant, au profit de ce dernier, le crédit exorbitant des Guise, par le fait même des liens qui rattacheraient désormais les maisons de Montmorency, de Roye

et de Châtillon à la maison de Bourbon, dont les ~~principaux~~
membres, à titre de princes du sang, tenaient de si près au
trône.

Agréée par le comte et la comtesse de Roye, la demande
dont il s'agit fut soumise au connétable, qui l'accueillit également.

Restait à obtenir l'approbation du roi. Les Guise, ainsi que
Diane de Poitiers, leur alliée, ardents et insidieux antagonistes
du connétable, de ses adhérents et des princes du sang, mirent
tout en œuvre pour arracher un refus au monarque; mais Anne
de Montmorency triompha de leurs obsessions, et le consentement royal, formellement accordé, déjoua d'indignes intrigues.

Alors fut faite, vis-à-vis des parents d'Éléonore, par le cardinal de Bourbon, évêque de Laon, oncle et protecteur du jeune
Louis, une dernière démarche, officielle cette fois, dont ce prélat
rendit compte à Henry II, dans les termes suivants (1) : « Sire,
» suivant le congé que dernièrement il vous a pleu me donner
» de demander en mariage *la fille aisnée* de M. de Roye, je luy
» en ay faict ouverture en ce lieu d'Anisy, auquel luy et madame
» de Roye me sont venus veoir avec leurs filles; et vous puis
» asseurer que j'ay trouvé le père et la mère en si bonne voulonté
» de donner leur dite fille à mon nepveu Loys, que possible
» n'est de plus grande, se tenans beaucoup obligez à vous et se
» sentans honnorez de prendre alliance en nostre maison. »

Obtenir la main d'Éléonore de Roye était pour Louis de
Bourbon un bonheur exceptionnel, qui lui imposait ces obligations sacrées dont le loyal accomplissement se transforme toujours en un véritable privilége pour un homme de cœur et de
foi. Quoi de plus doux, en effet, pour un tel homme, que de
maintenir sous l'égide d'une inébranlable fidélité l'appui qu'il a
promis et l'amour qu'il a voué à la compagne de sa vie.

(1) Bibl. nat., mss. f. fr. vol. 3X3, f° 1., lettre du 26 octobre 1550, datée
d'Anisy.

Le mariage fut célébré, le 22 juin 1551 (1), au château du Plessier-de-Roye, que possédait le père d'Éléonore (2).

Il est intéressant de relever ici quelques-unes des énonciations d'un acte contenant les conventions civiles préalablement arrêtées entre les futurs époux, avec le concours de leurs familles (3). — Le futur époux, qui ne porta que plus tard le titre de prince de Condé (4), y est dénommé « haut et puissant prince, » Louis de Bourbon, fils de feu bonne mémoire Charles en son » vivant duc de Vendôme, et de dame Françoise d'Alançon, son » épouse ». Il y est assisté de son frère, « Antoine, duc de Ven- » dôme, avec Jeanne, princesse de Navarre, son épouse », de son autre frère « Jean de Bourbon », et de son oncle et tuteur « Louis, cardinal de Bourbon, primat de France, archevesque » de Sens, évesque duc de Laon ». — Les seigneur et dame de Roye assignent à « leur fille aînée, Léonor, douze mille livres » de rente, pour en jouir par ledit futur époux de six mille livres

---

(1) Sc. et L. de Saincte-Marthe, *Hist gén. de la maison de France*, t. II, p.938. — Désormeaux, *Hist. de la maison de Bourbon*, t. III, p. 213. — Le Laboureur, addit. aux *Mém.* de Castelnau, t. I, p. 382, parlant de ce mariage, dit : « La cérémonie s'en fit par Louis, cardinal de Bourbon, évêque de Laon » (oncle du jeune époux), en présence d'Antoine de Bourbon, duc de Vendosme, » depuis roy de Navarre, et de Charles, cardinal de Bourbon, archevêque de » Rouen, frères (du dit époux). »

(2) Bibl. nat., cab. des tit., *Collect. de p. et Mém.*, V°. Roye, f° 11. — *Invent.* dressé par Cl. Colladon. (Bibl. nat., mss. f. fr. vol. 8177, f° 175.)

(3) Cet acte fut passé à Nisy-le-Chastel. Son texte ne se retrouve aujourd'hui que dans une copie, qui d'ailleurs n'en reproduit pas la date. (Voir *Hist. des princes de Condé*, par le duc d'Aumale, t. I, pièces et documents, p. 339, 340.) — Bibl. nat., cab. des tit., *Collect. de p. et Mém.*, v°. Roye, f° 11.

(4) Les plus anciens actes qui attribuent expressément le titre de *Prince de Condé* à Louis de Bourbon paraissent être les actes suivans, que mentionne l'*Inventaire* dressé par Cl. Colladon (Bibl. nat. mss. f. fr., vol. 8177, f°ˢ 25, 45, 57, 77, 89, 93, 248), savoir : acte seigneurial du 30 mars 1553, bail du 15 janvier 1554, remboursement du 28 avril 1554, vente du 10 août 1554, prestation de foi et hommage, à raison d'un fief, du 11 novembre 1554, bail à cens du 13 mars 1555, bail du 8 décembre 1555. — Dans une lettre adressée au duc de Nevers, le 12 juin 1554, le roi Henri II (Bibl. nat., mss. f. fr., vol. 3136, f° 24) dit, en parlant de Louis de Bourbon : « Mon cousin, *le Prince de Condé.* »

» pour le jour des espousailles, et des autres six mille livres
» après le décès desdits seigneur et dame. » Il est ajouté que...
« où il ne surviendra aucuns enfans mâles desdits seigneur et
» dame, en ce cas, ladite demoiselle Léonor de Roye et ses
» enfans viendront à leur succession comme aînés et principaux
» héritiers. » — Plus loin se rencontrent ces mots : « ... Ledit
» seigneur duc de Vendosme a dit et déclaré que par le partage
» puis naguères accordé entre luy et lesdits seigneurs Jean et
» Louis, ses frères, audit Louis sont escheues les terres et sei-
» gneuries qui s'en suivent, c'est à sçavoir : La Ferté-au-Coul
» et vicomté de Meaulx, Condé-en-Brie (1), Ailly-sur-Noye,
» Sourdon et Braye, la Basecque, les transports de Flandres (2). »
— Un douaire de quatre mille livres est garanti à la future épouse
« spécialement sur lesdites terres et seigneuries de Condé et La
» Ferté-au-Coul. »

On le voit : Louis de Bourbon et Éléonore de Roye ne possé-
daient, au moment de leur mariage, l'un, qu'une fortune singulièrement restreinte, pour un prince du sang, et sans perspective
d'accroissement par voie héréditaire; l'autre, qu'une modeste
constitution de rente, et que l'éventualité d'acquisition d'un
patrimoine, dont l'avenir seul déterminerait, toujours trop tôt
pour son amour filial, la consistance définitive.

Reléguée au surplus, comme elle doit l'être, à un rang infé-
rieur, toute considération déduite des avantages inhérents aux
biens patrimoniaux dont Louis de Bourbon pourrait jouir, un
jour, du chef de sa jeune compagne, s'efface naturellement devant l'inépuisable trésor d'affection et de dévouement qu'elle
lui apportait. Si jamais, en effet, une jeune fille aimante et pure
entra dans la vie conjugale avec l'énergique résolution d'y con-

---

(1) « ..... Terre, justice haute, moyenne et basse, Chastellenye, prévosté et
» seigneurie de Condé-en-Brye. » (*Invent.* dressé par Cl. Colladon. Bibl. nat.,
mss. f. fr., vol. 8177, f° 198.)

(2) Voir aussi Desormeaux, *Hist. de la maison de Bourbon*, t. III, p. 213,
note A.

sacrer toutes les forces vives de son âme à la pratique des plus saints devoirs, et s'éleva par sa piété et ses vertus, par la générosité de son cœur et l'héroïsme de son caractère, au rang d'une femme d'élite, ce fut bien cette incomparable Éléonore de Roye, qui, dès le jour de son union avec Louis de Bourbon, devint pour ce prince, et demeura, jusqu'au jour où elle succomba prématurément aux cruelles atteintes de la maladie, une compagne tendre et soumise, une amie fidèle, un inébranlable appui dans l'épreuve.

L'histoire a consacré le souvenir des éminentes qualités qui distinguèrent cette jeune princesse, dont l'existence, dans sa brièveté, fut si bien remplie. L'hommage que lui rendent, à cet égard, divers écrivains catholiques est d'autant plus frappant, qu'il émane de ceux-là mêmes qui s'érigent ouvertement en censeurs de ses convictions religieuses. L'un (1) dit : « Léonor » de Roye ne le céda (à sa mère) en aucune de toutes ses belles » qualités, princesse belle, riche et très-vertueuse, mais aussi » très-obstinée huguenotte. » Un autre (2) la représente comme « étant d'une humeur altière et généreuse, mais chaste, sérieuse » et ornée de plusieurs vertus morales ». Un troisième (3) la qualifie de « dame de beaucoup d'esprit, d'un courage héroïque, » et d'une sagesse admirable ». Un quatrième (4), plus explicite, s'exprime ainsi : « Éléonore de Roye était digne de sa brillante » destinée. Issue d'une des plus anciennes et des plus illustres » maisons du royaume, elle ne le cédait à aucune personne de » son sexe en beauté, en grâces, en esprit et en sagesse; et elle » l'emportait sur presque toutes, en savoir, en courage et en » magnanimité. Nièce des Colignys, elle eut comme eux le mal- » heur d'embrasser les opinions religieuses de Calvin, et devint,

(1) Le Laboureur, addit. aux *Mém.* de Castelnau, t. I, p. 382. — Voir aussi Maimbourg, *Hist. du calvinisme*, édit. in-4° de 1682, p. 124.

(2) Dormay, *Hist. de Soissons*, t. II, livr. VI, ch. XXXVI, p. 454.

(3) De Thou, *Hist. univ.*, t. III, p. 380, 413.

(4) Desormeaux, *Hist. de la maison de Bourbon*, t. III, p. 214.

» dans la suite, une des héroïnes du parti dont son époux se
» déclara le chef. »

Quant aux écrivains protestants, deux contemporains d'Éléonore de Roye disent d'elle : l'un (1), « que cette bonne et
» vertueuse princesse était accompagnée d'une vertu et d'un
» courage surpassant de beaucoup le naturel de son sexe »;
l'autre (2), « qu'elle était dame aymant son mary, vertueuse et
» sage s'il en fut oncques et femme accomplie en toutes sortes;
» la perle des princesses de nostre temps ».

Une amie chrétienne, qui survécut à Éléonore de Roye, n'hé-
site pas à déclarer (3) : « qu'il faudrait une histoire entière
» pour éterniser les singulières grâces que Dieu avoit mises en
» ceste illustre princesse, et, l'indicible force et constance de son
» esprit, en adversité ». Insistant en particulier sur l'une de ces
grâces, elle dit (4) : ... « Cette chaste dame, telle la puis-je à bon
» droit nommer, comme accomplie de tous points et en toutes
» circonstances en cest excellent don et modestie matronalle,
» qui l'a suyvie jusques au tombeau... n'en voulant autre preuve
» que la confession même de ses ennemis. Et je ne m'esbahy
» pas si, en vostre contrée tant de sages dames délibèrent de
» se la proposer pour une image et miroir de pudicité en l'ins-
» titution des mœurs de leurs filles, ainsi aussi que nous dési-
» rons faire pardeçà. Car, à vray dire, elle a surpassé toutes
» celles qui ont jamais esté célébrées par les historiens : et
» en un mot, jamais rien ne trouva place en son cœur que la
» vertu; et j'en puis parler si avant, ayant eu cest hon-

(1) *Mémoires* de Condé, t. II, p. 380.
(2) Régnier de Laplanche, *Histoire de l'estat de France*, tant de la république
que de la religion, sous le règne de François II, édit. de 1576, p. 55, 608, 697.
— L'auteur de l'*Histoire de cinq rois*, édit. de 1599, p. 109, dit : « La prin-
» cesse de Condé, dame sage et vertueuse entre celles de nostre temps... »
(3) *Épistre* d'une damoiselle françoise à une sienne amie, dame estrangère,
sur la mort d'excellente et vertueuse dame Léonor de Roye, princesse de Condé.
1564, in-12, p. 2.
(4) *Ibid.*, p. 7 et 8

» neur d'avoir approché d'elle dès son berceau et premières
» années. »

De ces diverses citations ressortent tout au plus quelques liné-
aments d'une physionomie morale qu'il n'est possible d'envisager
sous son véritable aspect qu'alors qu'elle est fidèlement dépeinte
en son entier. Il importe donc de passer maintenant à l'exposé
des faits dont l'ensemble, déduit de documens inédits pour la
plupart, doit composer le tableau de la vie d'Éléonore de Roye,
depuis son mariage; tableau d'une exécution difficile, qui, à
raison de l'infériorité de son coloris, sera loin, sans doute, de
reproduire dans leur plénitude l'éclat et la pureté d'un admirable modèle, mais qui peut-être s'en rapprochera quelque peu
en en reflétant du moins les traits principaux.

CHAPITRE II

A peine Éléonore de Roye venait-elle d'être unie à Louis de
Bourbon, qu'il lui fallut se voir séparée de lui.

Ce prince partit pour aller d'abord servir sous les ordres du
duc de Vendôme, son frère, qui rassemblait, sur la frontière
des Pays-Bas, un corps d'armée dont les opérations furent dirigées contre l'Artois et la Flandre. Il se rendit ensuite, au mois
d'octobre 1551, en Piémont, où le maréchal de Brissac se trouvait à la tête d'une armée aguerrie. Après y avoir fait preuve de
valeur, Louis de Bourbon revint en France, d'où il ne tarda pas
à repartir pour prendre une part active à la campagne dans
laquelle, en 1552, s'opéra la rapide conquête des Trois Évêchés.
A quelque temps de là, il se distingua par son intrépidité, à
Metz, qu'assiégeait Charles-Quint; puis, en 1553 et 1554, il
figura avec honneur dans l'armée qui opéra en Picardie, en
Hainaut et en Artois (1). En 1555, il alla de nouveau servir en
Piémont, où il se fit remarquer en plusieurs circonstances,
notamment au siége de Vulpiano.

La trêve de Vaucelles, conclue en février 1556, lui permit
enfin de faire dans sa patrie, à la suite d'absences réitérées, un
séjour d'une certaine durée et de se retrouver près d'Éléonore
de Roye, qui désirait ardemment son retour.

Cependant quels événements avaient signalé, pour la jeune

(1) Voy. Appendice, n° 1.

femme, le cours des cinq années qui venaient de s'écouler? En voici l'exposé sommaire.

Le chagrin que lui causa, peu après son mariage, le départ de Louis de Bourbon, en 1551, fut tempéré, avant tout, par l'affection que lui témoignèrent les divers membres de sa famille. Il le fut aussi par la sympathie touchante de deux femmes qui, séparées d'elle par une différence d'âge plus ou moins prononcée, étaient devenues ses belles-sœurs et aussitôt ses amies. L'une était Marguerite de Bourbon, duchesse de Nevers, sœur d'Antoine, et de Louis de Bourbon; l'autre, Jeanne d'Albret, femme du premier de ces princes.

Marguerite de Bourbon, en digne fille du grand Vendôme et de Françoise d'Alençon, en même temps qu'à titre de compagne d'un prince justement considéré (1) avait réussi, au sein des honneurs et de la richesse, à se concilier l'estime et le respect de tous, par une noblesse de caractère et un ensemble de qualités, en harmonie avec sa grande situation. Mère de plusieurs enfants, dont l'aîné avait vu le jour en 1540, elle était en 1551 arrivée à cette époque de la vie qui, pour une femme de cœur, marque la transition, sérieusement acceptée, de la première jeunesse à un autre âge, où, sans rien perdre de leur fraîcheur ni de leur vivacité, les sentiments s'affermissent et s'élèvent de plus en plus, au contact de l'expérience. Chérie de sa nombreuse famille, elle l'était surtout de Louis de Bourbon. L'affection que, de son côté, elle portait à ce jeune frère, s'étendit naturellement à Éléonore de Roye : elle lui ouvrit son cœur, sous l'influence de ce sentiment presque maternel qu'une sœur aînée éprouve ordinairement pour une jeune sœur.

Jeanne d'Albret, unie le 20 octobre 1548, à Antoine, duc de

(1) Voir, sur le mariage de Marguerite de Bourbon, avec le duc de Nevers, une *lettre* adressée par François Ier à la duchesse de Vendôme, le 11 janvier 1538. (Bibl. nat., mss. f. fr., vol. 2812, f° 9.)

Vendôme (1), frère aîné de Louis de Bourbon, n'était âgée, lors
du mariage de celui-ci, que de vingt-trois ans. Elle avait perdu,
en 1549, sa mère, Marguerite de Valois, reine de Navarre. Un
vide immense, s'était fait alors dans son cœur; rien ne pouvait la
consoler; car s'il était pour Jeanne une perte irréparable, c'était
celle de cette tendresse maternelle qui lui avait été ravie au moment où, plus que jamais, elle eût voulu s'abriter sous son égide.
La profondeur de son chagrin (2) ne l'avait cependant pas rendue insensible aux émotions bienfaisantes qui pourraient naître
d'une affection nouvelle. Aussi fut-ce déjà une douce impression pour elle que de rencontrer, dans la sœur qu'une nouvelle
alliance lui donnait, la filleule de Marguerite de Valois. Mais
il y eut plus : se voir et se connaître, ce fut aussitôt, pour
Jeanne et Éléonore, s'aimer mutuellement. Celle de ces deux
jeunes femmes qui avait le bonheur de posséder encore sa mère,
trouva, pour celle qui était privée de la sienne, des paroles de
sympathie et de relèvement qui soulagèrent le cœur de l'affligée.

L'amitié qui, dès 1551, lia Jeanne à Éléonore s'affermit avec
les années par une étroite communauté de sentiments, d'actions
et d'épreuves, et conserva toujours le touchant caractère d'intimité dont elle fut empreinte à son origine.

Jeanne devait, après avoir reçu les consolations d'Éléonore,
devenir à son tour la consolatrice de celle-ci.

Tandis que l'une des deux belles-sœurs continuait à jouir de
l'affection de son père, l'autre eut la douleur de perdre le sien :
Charles de Roye, à peine âgé de quarante-trois ans, mourut au
château du Plessier, le 29 janvier 1552 (3). Jeanne d'Albret

---

(1) De nombreuses lettres adressées à Jeanne d'Albret par Antoine de Bourbon,
à une époque qui suivit de près son union avec elle, attestent l'intimité qui régnait alors entre les deux époux. (Bibl. nat., mss. f. fr., vol. 8746.)

(2) Voir Appendice, n° 2.

(3) Bibl. nat., cab. des tit., *Collect.* de p. et *Mém.* v. Roye, f° 11. Charles de

rendit alors à Éléonore, en délicats témoignages d'attachement et de sympathie, ce qu'elle avait naguère reçu d'elle dans une circonstance de même nature, et lui prouva, ainsi qu'à Madeleine de Mailly et à Charlotte de Roye, la vive part qu'elle prenait à leur commune douleur.

Si la courte carrière de Charles de Roye n'a laissé que peu de traces dans l'histoire, on sait du moins qu'elle fut honorable. Nommé, dès sa jeunesse, gentilhomme ordinaire de la chambre du roi (1), il devint plus tard vidame de Laon (2), et porta dignement, dans sa vie publique de même que dans sa vie privée, le nom recommandable qu'il tenait de ses ancêtres. Il était réservé à Madeleine de Mailly, héritière de ce nom conjointement avec ses filles, d'en rehausser l'éclat par le rôle considérable qu'elle jouerait, depuis son veuvage, dans les principaux événements d'une époque agitée, et de s'élever, en qualité de *comtesse de Roye* (3), au rang des grandes personnalités historiques du XVIe siècle. Éléonore et Charlotte devaient aussi concourir largement au soutien du nom que leur avait légué leur père.

La comtesse de Roye recueillit, à la mort de son mari, un douaire dont la paisible possession se concilia toujours, sous

Roye fut inhumé dans la chapelle Notre-Dame de Muret, lieu de sépulture pour sa famille. (Bibl. nat., *Ibid.*)

(1) Il figura en cette qualité parmi les nobles appelés à concourir à la réformation de la coutume de Valois, dans un procès-verbal dressé le 14 septembre 1539, et jours suivants. (V. Bourdot de Richebourg, *Nouveau coutumier général* in-f°., t. II, p. 812). — Carlier, *Hist. du duché de Valois*, t. II. p. 379). — Colladon, dans son *Inventaire* (Bibl. nat., mss. f. fr., vol. 8177, f° 395), mentionne un certificat du 5 décembre 1551, portant : « Charles de Roye, estre gentil- » homme ordinaire de la chambre du roy et couché en son estat. »

(2) Bibl. nat., cab. des tit., *Collect.* de p. et *Mém.*. v. Roye, f°s 8 et 9, XIII.

(3) Madeleine de Mailly, qui, du vivant de son mari, avait porté parfois (*Invent.* de Cl. Colladon, Bibl. nat., mss. f. fr., vol. 8177, f° 392) le titre de comtesse de Roucy, emprunté au comté de ce nom, qui appartenait à Charles de Roye, prit, à dater du décès de celui-ci, la qualité soit de *dame de Roye*, soit de *douairière de Roye* (Cl. Colladon, *Ibid.*, f°s 45 et 77), et ne tarda pas à adopter définitivement le titre de *comtesse de Roge*, sous lequel elle est surtout connue.

l'empire d'une entière réciprocité de confiance et d'égards, avec l'exercice des droits héréditaires de ses filles.

La partie la plus importante de la fortune laissée par Charles de Roye échut à Éléonore, en qualité d'aînée de ses héritières (1) ; le surplus fut attribué à Charlotte. Par suite de la dévolution des biens paternels qui venait de s'opérer en leur faveur, les deux sœurs prirent, l'une le titre de dame de Muret (2), l'autre celui de dame de Roucy (3).

Dieu qui, dans ses compassions, avait, par la naissance d'Éléonore, atténué, en 1535, pour la maréchale de Châtillon, les rigueurs du veuvage, en l'associant aux douces émotions qu'éprouva Madeleine de Mailly lorsqu'elle devint mère, voulut également, dix-sept ans plus tard, alléger pour celle-ci le fardeau d'un pénible deuil, en lui permettant de voir le cœur de sa fille aînée s'épanouir, lui aussi, aux pures joies de la maternité.

Éléonore de Roye occupait sa résidence de la Ferté-sous-Jouarre lorsqu'elle y donna le jour, le 29 décembre 1552, à un fils qui reçut le nom de Henri de Bourbon (4). Ce fils devait, dès son enfance, partager les austères épreuves qu'aurait à traverser sa mère, grandir moralement à ses côtés, et demeurer, dans une carrière trop tôt brisée, fidèle aux nobles enseignements qu'elle lui léguerait.

Remarquons, en passant, que la date de la naissance de Henri de Bourbon, à qui fut appliquée, dès son bas âge, la qualification de marquis de Conti, coïncida à peu près avec l'époque à laquelle ses parents commencèrent à porter les titres de *prince* et de *princesse* de Condé (5) ; titres sous lesquels nous

---

(1) Sc. et L. de Saincte-Marthe, *Hist. généal. de la maison de France*, t. II, p. 938. Dormay, *Hist. de Soissons*, t. II, liv. VI, ch. XXXVII, p. 454.

(2) Bibl. nat., cab. des tit., *Collect. de p. et Mém.* V. Roye, f° 2.

(3) Bibl. nat., *Ibid.* — Dormay, ouvr. cit., t. II, ch. IV, p. 15.

(4) Sc. et L. de Saincte-Marthe, ouvr. cit., t. II, p. 939. — Dormay, ouvr. cit., t. II. p. 489.

(5) Dans une dépêche officielle du 22 septembre 1553 (Bibl. nat., mss. f. fr.,

désignerons désormais Louis de Bourbon et Éléonore de Roye.

Cette princesse habitait, en 1554, le château de Roucy. Ce fut là qu'elle mit alors au monde une fille (1) à laquelle elle donna le nom de Catherine. Ce second enfant fut ravi de bonne heure à son affection.

Dans le cours de l'année 1555 survint un douloureux événement qui mit inopinément un terme au séjour de Jeanne d'Albret en France : le roi Henri, son père, mourut. Le décès de ce prince laissait vacant, en Navarre, un trône que Jeanne et son mari étaient appelés à occuper.

Doublement émue, à l'aspect d'une douleur filiale dont son expérience personnelle lui faisait mesurer la profondeur, et à la pensée d'une séparation toujours poignante pour l'amitié fraternelle, la princesse de Condé confondit, une fois encore, ses larmes avec celles de Jeanne, et redoubla pour elle de sympathie et de tendresse.

Elle sut, en même temps, agir en sœur vis-à-vis d'Antoine de Bourbon, qui avait cordialement étendu jusqu'à elle l'affection qu'il portait au prince de Condé; affection dont il donna une preuve toute particulière au moment où allaient cesser ses fonctions de gouverneur de la Picardie.

Il voulut, en effet, avant de se démettre du gouvernement de cette province, en ménager la transmission à son jeune frère, qui certes était digne de lui succéder. Il s'adressa, à ce sujet, au roi de France; mais Henri II, qui avait sur la Navarre des vues ambitieuses à la réalisation desquelles ni Jeanne d'Albret ni Antoine ne devaient se prêter, s'irrita de leur résistance et repoussa la demande de transmission (2). Il ne pouvait du reste mieux servir les intérêts de la Picardie, sans s'en douter peut-

vol. 3131, f° 126), Antoine de Bourbon dit, en parlant de Louis : « *Le prince,* mon frère ».

(1) Sc. et L. de Saincte-Marthe, ouvr. cit., t. II, p. 939.

(2) Désormeaux, *Hist. de la maison de Bourbon,* t. III, p. 241.

être, qu'en désignant pour successeur au duc de Vendôme un homme devant le choix duquel Éléonore de Roye et Louis de Bourbon lui-même s'inclinèrent avec une respectueuse abnégation. Ce successeur était leur oncle, Gaspard de Coligny, qui plus tard, au cœur même de la province confiée à sa vigilance et à sa bravoure, illustra ses fonctions de gouverneur en sauvant la France par son héroïque défense de Saint-Quentin.

Le départ d'Antoine de Bourbon et de Jeanne excita, au sein des populations qu'ils étaient contraints de quitter, d'unanimes regrets. On peut aisément se représenter l'étendue de ceux qu'éprouva la princesse de Condé et les émotions qui l'agitèrent lorsqu'elle reçut les adieux de la jeune reine de Navarre. Toutefois son cœur, de quelque tristesse qu'il fût saisi, se reposa bientôt dans la douce conviction que Jeanne, telle qu'elle la connaissait, pouvait aller au loin ceindre une couronne, sans cesser pour cela d'être une tendre sœur, une amie fidèle. Éléonore ne se trompait pas.

Ses impressions, dans cette circonstance comme dans tant d'autres, furent partagées par la comtesse de Roye et par Charlotte, qui avaient aussi soutenu, pour leur propre part, d'affectueuses relations avec Jeanne d'Albret et son mari (1).

Les nouveaux souverains reçurent de leurs sujets un chaleureux accueil. Ils inaugurèrent leur règne par une série de sages mesures appliquées à la direction intérieure de leurs États et par une judicieuse fermeté d'attitude vis-à-vis des prétentions exorbitantes qu'affichaient des puissances hostiles à la Navarre.

Tandis qu'ils voyaient presque tous leurs moments absorbés par les préoccupations et les devoirs de la vie publique, l'existence d'Éléonore de Roye, consacrée à l'accomplissement de devoirs moins extérieurs mais tout aussi impérieux, continuait à s'écouler dans le cercle de la famille et des relations privées, loin du bruit et de l'atmosphère énervante d'une cour où rien n'était

(1) Voir Appendice, n° 3.

de nature à attirer une femme de son caractère. Certaines exigences de rang et de situation pouvaient seules tirer parfois la princesse de sa retraite.

Elle résidait tour à tour dans chacun de ses principaux domaines, ou dans l'un de ceux qu'occupaient sa mère et Charlotte. Celles-ci, non moins habituées qu'elle à un affectueux échange d'hospitalité, saisissaient toute occasion de se rapprocher d'une fille et d'une sœur bien-aimée, avec autant d'empressement que cette dernière en mettait à rechercher leur présence, quel que fût le toit qui dût les abriter simultanément toutes trois.

La princesse de Condé se trouvait de nouveau au château de Roucy lorsque, le 8 novembre 1556, elle y accoucha de sa seconde fille, Marguerite de Bourbon (1). A cet enfant échut le gracieux apanage d'une beauté rappelant celle qui distinguait à un si haut degré sa mère (2). Mais un rare ensemble de charmes physiques était le moindre des avantages que possédât Éléonore de Roye. Ce qui prédominait en elle, c'était une beauté morale d'un type exceptionnel, alliée au profond sentiment de sa filiale dépendance envers Dieu, dont la main paternelle la soutenait constamment. L'assistance divine fut, en effet, accordée dans une large mesure à Éléonore de Roye. Toute la vie de cette princesse témoigne de l'influence exercée sur son âme par cette force suprême du Dieu des chrétiens, qui toujours s'accomplit dans leur faiblesse.

En veut-on une première preuve? Elle ressortira d'un fait caractéristique qui suivit d'assez près la naissance de Marguerite de Bourbon.

Dans les premiers mois de l'année 1557, la princesse de Condé

(1) Sc. et L. de Saincte-Marthe, *Hist. gén. de la maison de France*, t. II, p. 938.

(2) « ...... Vous eussiez vu la petite madamoiselle (Marguerite), qui est un vif pourtrait de beauté. » (*Épistre* d'une damoiselle françoise à une sienne amie, etc., etc., 1564, p. 44).

tomba gravement malade; ses jours furent en danger; elle le sut, et, calme, résignée, prête, si telle était la volonté de Dieu, à se séparer de tous ceux qu'elle aimait, elle envisagea la mort sans effroi, « car Dieu lui avoit fait la grâce que, depuis qu'elle » avoit eu sa cognoissance, elle avoit toujours pensé que la mort » luy devoit estre aussy présente en un temps qu'en l'aultre, et » que le chrestien estimera aussi que de là dépend le comble de » son heur et contentement (1). » Qu'elles sont simples et saisissantes les quelques paroles par lesquelles, en humble chrétienne, elle nous révèle le secret de l'énergie morale qui, dans cette circonstance, la rendit capable d'affronter résolûment les menaces du plus redoutable des adversaires, *du roi des épouvantements* (2)! « J'ai en mon cœur, disait-elle (3), ce que Dieu, » *dès ma jeunesse*, y a mis, l'assurance de mon salut. » Elle avait vingt-huit ans lorsqu'elle prononça ces paroles : or il est évident que, dans sa pensée, *sa jeunesse* remontait au delà même de l'année 1557, qui était la vingt et unième de son âge.

Rapprochons de son langage celui d'un oncle qui l'aimait d'une affection paternelle, et qui, dès cette époque, sympathisait d'autant mieux avec elle dans la solennelle épreuve qu'elle dut traverser, qu'il partageait ses convictions religieuses. Gaspard de Coligny, en tournée d'inspection dans son gouvernement de Picardie, écrivait de Péronne, le 25 avril 1557, à madame de Larochepot, sa tante (4) : « Je m'en vais visitant ceste frontière, » de place en place..... je ne sçay si vous avez rien sçeu de » l'extrême malladie qu'a eue madame la princesse de Condé; » mais on l'a tenue plus pour morte que vifve. M. le cardinal de » Chastillon y estoit, quy m'a mandé qu'il n'est possible à une

<hr>

(1) *Épistre* d'une damoiselle françoise à une sienne amie, etc., etc. 1564, p. 40.

(2) Job, ch. XVIII, v. 14.

(3) *Épistre* d'une damoiselle françoise à une sienne amie, etc., etc. 1564. p. 33.

(4) Bibl. nat., mss. f. fr , vol. 3122, f° 58.

» personne se résouldre plus chrétiennement qu'avoit faict ceste-
» là. »

Recueillons encore, comme directement applicable au fait
capital qui nous occupe, l'hommage rendu par une amie chrétienne aux sentiments qui animaient la princesse de Condé en
présence de la mort. « Il faut, écrivait cette amie (1), que je vous
» die librement, sans flatter nostre sexe, que sa magnanimité
» a fait honte et la piaffe aux grands courages dont se vantent
» coustumièrement les hommes ; car, de sang-froid, elle a moins
» appréhendé la crainte de la mort, que les plus braves d'entre
» eux ne firent jamais. »

Dieu daigna épargner les jours de la princesse de Condé. Heureuse « de s'être souvenue de son Créateur au temps de sa
» jeunesse (2) », et portant en son cœur la plus précieuse des
bénédictions, « la certitude que ni la vie ni la mort, rien ne
» pourrait la séparer de l'amour que Dieu lui avait manifesté en
» Jésus-Christ son Sauveur (3) », Éléonore de Roye se reprit à
l'existence comme s'y reprend toute âme chrétienne que pénètre
le sentiment d'une immense délivrance accordée d'en haut, avec
gratitude et affermissement de foi. Soumise d'avance à une volonté suprême qu'elle savait « être toujours bonne, agréable et
» parfaite (4) », et convaincue que, quelque graves que pussent
être des dispensations ultérieures, la miséricorde divine, qui
l'avait déjà si admirablement soutenue, ne lui ferait jamais
défaut, elle s'avança avec confiance vers l'avenir.

Rendue à l'affection des siens, elle goûta de nouveau dans
toute leur étendue les douces joies de la famille qui lui étaient
devenues plus chères que jamais. Elle put bientôt compter au
nombre de ces joies celle que lui causa, dans l'été de 1557,

(1) *Épistre* d'une damoiselle françoise à une sienne amie, etc, etc, 1564,
p. 39.

(2) Ecclésiaste, ch. XII, v. 3.

(3) Rom., VIII, 38.

(4) Rom., XII, 2.

l'union de sa sœur bien-aimée avec un homme digne d'elle.

Fils du comte François, deuxième du nom, et d'Anne de Polignac, François III, comte de la Rochefoucault, prince de Marcillac, « n'était pas seulement le plus grand en naissance et » en dignité, mais le plus puissant seigneur, de toute la Guienne, » en Poitou, comme celui qui pouvoit faire une armée de ses » parens, de ses amis et de ses vassaux (1) ». Non moins distingué par les qualités du cœur et de l'esprit que par ses talents militaires, bien vu à la cour, particulièrement aimé du roi (2), il occupait dans le monde une haute situation soutenue par la dignité de la vie privée. Il avait trouvé le bonheur dans son union avec Silvia Pica, fille de Galeas Pic, prince de la Mirandola et de Concordia, et d'Hippolyte de Gonzague (3); mais la mort inopinée de sa jeune compagne (4), en brisant ce bonheur, l'avait jeté dans un profond abattement. Émus de son état, des amis l'avaient, par leurs instances, arraché à la solitude dans laquelle il cachait ses pleurs (5), et amené graduellement à ne pas désespérer de l'avenir. Ils s'étaient efforcés, pour mieux le défendre contre lui-même, de diriger ses pensées vers une seconde union, comme pouvant lui fournir l'appui moral dont il avait besoin, en imprimant à ses sentiments une direction nouvelle, et en leur offrant, une fois encore, un noble aliment. Vagues et oscillantes d'abord, les aspirations de son cœur s'étaient peu à peu précisées et affermies. Le jour vint enfin où, rattaché décidément à la vie, il chercha de nouveau le bonheur (6). Les charmes et les vertus d'une jeune fille de vingt ans lui en frayèrent la voie; il s'attacha à elle avec une

(1) Le Laboureur, addit. aux *Mém.* de Castelnau, in-f°, t. I, p. 766, 767.

(2) Voir Appendice, n° 4.

(3) Le Laboureur, addit. aux *Mém.* de Castelnau, t. I, p. 767. — Bibl. nat., *Collect.* Duchesne, vol. 5, f° 132.

(4) Il la perdit en 1556.

(5) Voir Appendice, n° 5.

(6) Voir Appendice n° 6.

affectueuse confiance à laquelle il fut sympathiquement répondu ; et, sur les traces d'un tel guide, il toucha bientôt au terme de ses nouvelles recherches et de ses vœux, puisque ce guide était l'aimable et pieuse Charlotte de Roye, et qu'elle devint sa compagne.

Goûter en paix et pour longtemps ensemble, au même foyer, les douces joies d'une intime union, eût été pour les nouveaux époux un privilége inconciliable avec les rigueurs de l'époque. En effet, au XVI° siècle, en France, les péripéties d'une carrière agitée par l'effervescence de la crise sociale, par les événements politiques et par les rudes exigences de la guerre, imposaient fréquemment à l'union conjugale, au sein des familles nobles, des douleurs de plus d'un genre, et spécialement celle des séparations instantanées. Ne pouvant suivre alors que du cœur et de la pensée un mari que le devoir appelait à exposer ses jours sur les champs de bataille, la femme chrétienne menait, dans l'isolement du foyer domestique, une existence mélangée de regrets, d'appréhensions et de prières, acceptait l'épreuve à titre d'austère exercice de sa foi, et, appuyée sur les promesses divines, s'étudiait à posséder son âme par la patience (1).

Telle était, depuis six ans déjà, l'existence de la princesse de Condé : telle devint aussi celle de la comtesse de la Rochefoucault, trois semaines après son mariage (2). Les deux sœurs durent se résigner au départ de leurs maris, contraints d'entrer tout à coup en campagne.

La trêve de Vaucelles avait été rompue à l'instigation du pape et des Guises ; les hostilités étaient reprises ; l'ennemi assiégeait Saint-Quentin. On ne sait que trop quelle fut l'issue de la bataille livrée sous les murs de cette ville, et ce que fût devenue la France sans le génie et l'intrépidité de Coligny, qui, luttant jusqu'à la dernière extrémité avec une poignée de braves

(1) Luc, XXI, 19.
(2) *Mémoires* de Jean Mergey, édit. de 1788, sur l'année 1557.

électrisés par son exemple, tint tête, dans une place démantelée et dépourvue de ressources, à la formidable armée de Philippe II.

Les nouvelles successivement apportées de Saint-Quentin furent autant de sujets de tristesse pour la princesse de Condé et la comtesse de la Rochefoucault. Elles apprirent que Louis de Bourbon n'était, il est vrai, ni mort, ni blessé, ni prisonnier, mais qu'il courait encore plus d'un danger en s'efforçant, avec le duc de Nevers de rallier, en face de l'ennemi, les débris de l'armée française et de protéger la frontière par d'actives manœuvres. Elles apprirent aussi que le comte de Larochefoucault, leur grand-oncle, Anne de Montmorency, leurs oncles Gaspard de Coligny et d'Andelot (1), leur cousin Gabriel de Montberon, quatrième fils du connétable, venaient d'être faits prisonniers, et que le duc d'Enghien, frère du prince de Condé, atteint d'un coup d'arquebuse dans la mêlée, était mort presque aussitôt.

Avec quel élan de cœur Éléonore et Charlotte de Roye n'eussent-elles pas tout quitté pour rejoindre alors leurs maris, s'il eût été permis à l'une de partager les dangers du prince, et à l'autre de consoler le comte dans sa captivité! Mais les circonstances y mettaient obstacle et vouaient ces deux femmes généreuses à l'inaction et aux perplexités de l'attente.

Ce fut au milieu même de ces perplexités qu'Éléonore, à peu de temps de là, accoucha de son second fils, Charles de Bourbon, le 3 novembre 1557 (2).

Les événements qui suivirent la prise de Saint-Quentin et qui se résumèrent dans la continuation des opérations de défense de la Picardie, ainsi que dans les siéges de Calais et de Thionville, et la bataille de Gravelines, tinrent le prince de Condé presque toujours éloigné de la princesse pendant l'automne de 1557, l'hiver et le printemps de 1558.

(1) D'Andelot réussit promptement à s'évader.
(2) Sc. et L. de Saincte-Marthe, *Hist. généal. de la maison de France*, t. II, p. 939.

Quant à Charlotte de Roye, elle dut, pendant plus d'un an, demeurer séparée de son mari, que l'ennemi retint prisonnier tour à tour en Flandre, en Hollande, en Brabant et en Artois (1).

Les brillants services militaires du prince de Condé en Picardie, avant et depuis la prise de Saint-Quentin, méritaient une sérieuse récompense : on la lui dénia d'une manière blessante. En effet, la charge de colonel général de la cavalerie légère, qui lui revenait en quelque sorte de droit, dès qu'elle fut vacante après la prise de Calais, fut donnée à un affidé des Guises, au duc de Nemours (2). Louis de Bourbon n'obtint que le titre dérisoire de colonel général de l'infanterie par-delà les monts, alors que la France n'avait plus en Piémont d'armée proprement dite. Dépourvu de tout commandement effectif, mais sachant par patriotisme surmonter de légitimes susceptibilités, il prit part, à la suite du souverain, aux principales opérations de l'armée française sur la frontière des Pays-Bas, jusqu'au jour où l'état chancelant de sa santé arrêta son activité extérieure et le rendit momentanément au calme de la vie de famille.

Ces seuls mots, *vie de famille*, d'une si haute signification dans leur simplicité même, nous mettent sur la voie d'intéressantes constatations, auxquelles nous devons, pour un moment, nous arrêter. Essayons donc de pénétrer par la pensée dans un intérieur dont Eléonore de Roye était l'âme, et d'en saisir les principaux aspects. Le langage de la princesse, chaque fois qu'il nous sera donné de l'entendre, deviendra à cet égard la meilleure source d'informations à laquelle nous puissions remonter; et, dans les fragments de sa correspondance, à peu près inconnus jusqu'à ce jour, viendra çà et là se refléter l'image de ses vertus, de sa grâce et de sa piété.

(1) Voir Appendice, n° 7.
(2) Le président de La Place, *Commentaire de l'estat de la relig. et républ.*, édit. de 1565, p. 13.

CHAPITRE III

Le prince de Condé se trouvait, à la fin du printemps de 1558, près d'Eléonore de Roye, lorsqu'il tomba malade. La princesse, malgré les fatigues inséparables d'un état avancé de grossesse, entoura son mari de soins assidus qui furent suivis de succès.

Un changement de séjour pouvait contribuer à affermir la convalescence du prince : aussi s'empressa-t-elle de le conduire dans une contrée boisée et pittoresque, au château de Fère-en-Tardenois, que la connétable de Montmorency avait mis à sa disposition. La comtesse de Roye y accompagna sa fille et son gendre. Deux lettres de la jeune et gracieuse compagne de Louis de Bourbon attestent la joie qu'elle éprouva à voir celui-ci revenir à la santé, et la reconnaissance que lui inspira le bienveillant procédé de sa grand'tante.

« Madame, écrivait-elle à cette dernière, le 27 juin 1558 (1),
» s'en allant ce porteur vers vous, je n'ay voulu faillir vous faire
» ceste lettre, pour, en premier lieu, vous advertir comme mon-
» sieur mon mary, madame ma mère et moy arrivasmes hier au
» soir en ceste maison (2)....., en laquelle mondit sieur mon

(1) Bibl. nat., mss. f. fr., vol. 3260, fo 63. — Voir aussi une lettre adressée, de Fère-en-Tardenois par le prince de Condé à la connétable le 26 juin 1558 (Bibl. nat. mss. f. fr., vol. 20, 507, fo 7).
(2) Le château de Fère-en-Tardenois.

» mary a jà trouvé et senty si bon, doux et favorable (effect)
» pour sa santé, que, en si peu de temps qu'il y a demeuré, en
» apparaît évidemment plus d'amendement en luy que en six
» autres jours précédens; et, pour l'heur et contentement qu'il
» y prend, espérons le voyr du tout bien guéry : de quoy tous,
» plus que jamais, vous serons tenuz et obligez, regrettant seu-
» lement une chose, que, selon nostre souhait, monsieur le
» connestable et vous n'y puissiez estre..... Vous suppliant bien
» humblement aussy en croyre ce présent porteur, me mander,
» s'il vous plaist, de vos bonnes nouvelles, qui ne seront jamais
» plus agréables à personne du monde que à nous, ne qui plus
» les désire telles, et par mesme moien, madame, m'escripre de
» celles de madame de Montmorency, et si elle est grosse, et de
» quel temps, parce que le frère de la femme de vostre capitaine
» de ce lieu-là m'a dict. Madame ma mère, ne vous pouvant es-
» cripre à cause d'ung mal qui l'a prise à ceste après-disnée,
» m'a donné charge de vous faire ses excuses et vous présenter
» ses très-humbles recommandations à vostre bonne grâce, les-
» quelles je accompagneray des miennes humbles, et suplieray
» le Créateur, madame, vous donner, en parfaite santé, heureuse
» et longue vie. »

Répondant, quelques jours plus tard (1), à une missive de la
connétable, elle lui disait :

« Madame, aiant présentement reçu vostre lettre, je seroys
» fort marrye de vous taire l'obligation en laquelle monsieur
» mon mary et moy sommes bien fort attenuz à monsieur le
» connestable et à vous, d'autant que le séjour qu'il a fait céans
» luy a de beaucoup augmenté l'estat de sa bonne santé, avecques
» le plaisir qu'il a eu à la chasse de deux daims qu'il a seule-
» ment courus et prins, desquelz a reçeu plus de contentement

(1) Bibl. nat., mss. f. fr., vol. 3260, f° 67. Lettre du 3 juillet 1558.

» qu'en ung autre endroict, de plus grande quantité ; si que, de
» ceste heure, s'en allant monsieur le cardinal mon frère et luy
» en sa maison de Roucy, je ne veulx oublier, après vous en
» avoir bien humblement remercié, à vous offrir l'obéissance et
» le (service) que sçauriez rechercher de ceulx qui en auront
» tousjours très-parfaite volonté et singulière attention, pour le
» désir que mondit sieur mon mary et moy aurons d'estre con-
» tinuez en vostre bonne grâce ; et (vous présentons) noz bien
» humbles recommandations, et madame ma mère, les siennes
» très-humbles et affectionnées, priant le Créateur vous donner,
» madame, très-bonne et longue vie. »

Le prince et la princesse, en quittant Fère-en-Tardenois, allèrent séjourner à Anisy, où Condé retomba malade (1). Dès qu'il
fut rétabli, ils se rendirent à leur château de la Ferté-sous-
Jouarre.

La princesse touchait presque au terme de sa grossesse,
lorsqu'une fièvre assez violente la saisit. La duchesse de Nevers
reçut, à ce sujet, du prince son frère la lettre que voici (2) :

« Madame ma sœur, l'occasion qui m'a gardé de plus tost
» vous renvoyer vostre lacquais, présent porteur, par lequel j'ay
» reçu la lettre qu'il vous a pleu m'escrire, a esté que, s'estant
» ma femme, vostre sœur, trouvée malade d'une fièvre, j'esti-
» moys, estant près de son terme de devoir accoucher, qu'elle
» deust faire son enfant ; qui me faisoit le retenir pour vous en
» mander des nouvelles. Toutesfoys s'estant, de ceste heure, la
» douleur appaisée, j'ay avisé de le dépescher avec ceste lettre,
» par laquelle je vous remerciray bien humblement, madame ma
» sœur, de la peine que vous prenez à si songneusement vous

(1) Le cardinal de Bourbon, dans une Lettre du 29 juillet 1558 (Bibl. nat.,
mss. f. fr., vol. 3136, f° 62), disait : « Je m'en voys d'ici à Anisy, voir mon frère,
» monsieur le prince, qui est encore malade. »

(2) Bibl. nat., mss. f. fr., vol. 3136, f° 63. Lettre du 30 août 1558, datée de
la Ferté.

» enquérir de ma disposition et santé, ensemble de vostre bonne
» visitation, vous asseurant, quant à moy, que je ne seray pares-
» seulx vous tenir incontinent advertye sitost qu'elle sera déli-
» vrée. Cependant, s'il vous plaist, vous ne m'eslonguerez de la
» part que je désire tousjours estre bien humblement recom-
» mandé à vostre bonne grâce, de la mesme affection que je
» supplie le Créateur vous donner, madame ma sœur, en parfaite
» santé, très-bonne et longue vie. »

A peine cette lettre venait-elle d'être expédiée, que se mani-
festèrent chez la princesse les premiers indices d'un accouchement des plus laborieux. La complication de ses souffrances fut
telle dès le début, que pendant trois jours sa vie fut en danger.
Même courage, même résignation alors, de sa part, qu'en 1557;
douce, patiente, élevant son âme au ciel, elle se remettait avec
une filiale confiance entre les mains du père des miséricordes.
La comtesse de Roye était là, comme toujours, ferme, vigilante
et tendre, soutenant de ses exhortations, de ses soins et de ses
prières sa fille bien-aimée ; car, que ne peut et que ne fait pour
son enfant, à l'heure de l'épreuve, une mère chrétienne, sous le
poids même des angoisses qui oppressent son cœur !

Une fois de plus, pour la pieuse princesse éclatèrent, en face
des sombres menaces de la mort, la toute-puissance et les compassions de Dieu : tout danger disparut.

Au moment où Eléonore de Roye venait de donner le jour à
François de Bourbon (1), la comtesse sa mère écrivit en ces
termes (2) à la duchesse de Nevers, dont elle connaissait la sollicitude affectueuse :

(1) En fixant au 29 août 1558 la naissance de François de Bourbon, Sc. et L.
de Saincte-Marthe (*Hist. généal. de la maison de France*, t. II, p. 948), ont
commis une légère erreur qu'il est facile de rectifier, à l'aide des deux lettres,
ici transcrites, du prince de Condé et de la comtesse de Roye.

(2) Bibl. nat., mss. f. fr., vol. 3081, fᵒ 62. Lettre du 3 septembre 1558, datée
de la Ferté.

« Madame, alors que je recepvoys la lettre qu'il vous a pleu
» m'escripre par ce porteur, je n'eusse pas failly d'envoyer vers
» vous..... (je crois) estre un bien pour vous aussy (celuy) que
» Dieu nous a faict, délivrant madame la princesse, vostre sœur,
» de l'extrême peine et danger où je l'ay veue pour trois jours,
» luy aiant donné ung bien beau fils quy est tout de vostre sou-
» che; dont je crois que ne l'aimons pas moins; se portant la
» mère et l'enfant à présent fort bien, Dieu mersy. Je luy viens
» de monstrer vostre lettre, madame, dont elle est bien fort res-
» jouye, tant pour estre rendue sertene de vostre bonne disposi-
» tion, que pour la souvenanse qu'il vous plest avoir d'elle, dont
» elle vous remercye bien humblement. Monsieur vostre frère
» n'est pas encore esveillé par moy..... (j'ay) voulu incontinant
» vous renvoyer vostre laquet, m'asseurant bien que ceste nou-
» velle ne vous seroit trop tost arrivez, et pour ne la diferé, ne
» vous feré plus longue lettre, saluant vos bonnes grasses des
» très-humbles recommandations de vostre très-humble ser-
» vante,

» MADELÈNE DE MAILLY. »

On ne peut, sans émotion, lire, en marge de cette lettre, les
lignes suivantes, tracées à la hâte par Éléonore de Roye :

« Madame ma sœur, je ne vous puys dire l'ayse que j'ay eu de
» savoyr de voz nouvelles et cognoistre la souvenance qu'avés
» de moy, dont ne veulx faillyr à vous mersier bien humble-
» ment; et vous diray que Dieu m'a donné ung fils quy est à
» croyre une personne quy vous fera servyse comme feray toute
» ma vye, vous suplyant me tenir en vostre bone grase à laquelle
» je présante mes biens humbles recommandations. »

Devant ce doux épanchement du cœur de la jeune mère qui
oublie la gravité d'un récent danger pour ne penser qu'à l'enfant

3

qu'elle tient de la bonté de Dieu, comment ne pas reconnaître
que le Sauveur avait sondé dans toute sa profondeur l'abnégation de l'amour maternel lorsqu'il disait (1) : « Dès qu'une
» femme est accouchée d'un enfant, elle ne se souvient plus de
» son travail, dans la joie qu'elle a de ce qu'un homme est né
» dans le monde! »

L'une des preuves les plus frappantes de l'intimité qui exis-
tait entre la duchesse de Nevers et la princesse de Condé, ressort d'une lettre écrite par celle-ci, le 2 janvier 1559 (2). Écoutons le langage empreint de charme et d'abandon qu'Éléonore
tient à sa belle-sœur :

« Madame ma sœur, je vous renvoye vostre pynctre, et suy-
» vant la pryere que m'avés faicte, que j'estyme comandement,
» je vous envoye ma pyncture et toutes celles de mes enfants,
» que vous suplic asseter aussy agréable comme de grande,
» grande affection elles vous sont données, et que soyons sy
» heurés que d'estre ramentus souvant à vostre grase, et nous
» en fere la plus grande part comme à ceux qui l'estiment et
» desyrent plus, et quy n'ont volonté que de vous fere servyce;
» m'asseurant qu'au petyt langage de mes anfans ils ne dyssent
» comme moy. Quant à vostre neveu (3), il vous suplye luy bien
» garder sa fame (4), vous asseurant que souvant il ramentoyst
» sa beauté et l'affection qu'il luy porte. Voylà, excusé-moy sy je
» parle de mes enfans; ce quy m'en faict prendre la hardiesse
» c'est que je croys que l'aurés agréable. Layssant ce propos, je
» croys qu'estes desjà pryée aulx nopses de madame Claude (5),

(1) Évangile de Saint Jean, chap. XVI, vers. 21.
(2) Bibl. nat., mss., f. fr. vol. 3124, fo 49.
(3) Henri de Bourbon, alors âgé de six ans.
(4) Marie de Clèves, alors âgée de trois ans environ. Henri de Bourbon
l'épousa en 1572, peu de temps avant la Saint-Barthélemy.
(5) Voir sur le mariage de Claude de France, Sc. et L. de Saincte-Marthe
(*Hist. généal. de la maison de France*, t. I, p. 382), et le président de La Place,
(*Comment. de l'estat de la relig. et républ.*, édit., de 1565. fo 16.)

» où je croy que vous trouverés. Je vous asseure, madame ma
» sœur, que je suys fort ayse de panser que vous veray si tost ; et,
» attandant que j'aye tant de bien, je vous présenteray mes biens
» humbles recommandations à vostre bonne grâce, et me donés,
» sy vous plest congé de les présenter aussy pareylles à monsieur
» mon frère, supliant à Dieu quy vous done, madame ma sœur,
» l'heur et contantement que vous desyre, à Condé, ce 2 jan-
» vyer, Vostre plus humble et obeyssante sœur,

 » Madame de Roye, ma mère vous suplie l'escuser de se
» qu'elle ne vous escript; c'est à cause d'un grand rume qu'elle
» a quy la tourmente fort. Ceste lettre servyra pour elle et pour
« moy. »

» Léonor de Roye. »

Sur la longueur de la marge de la lettre sont écrites ces lignes :
« Je croy qu'aussy estes bien avertye come le maryage est ac-
» cordé de mon cousin monsieur de Danvylle et de ma cousine
» madamoyselle de Boullon (1), dont je suys fort ayse, et d'au-
» tres marrys. »

La princesse de Condé ne s'était pas méprise sur le fait d'une
invitation adressée par le roi à la duchesse de Nevers (2); Condé
et sa femme, qui assistèrent, en janvier 1559, aux solennités du
mariage de Claude de France avec Charles, duc de Lorraine (3),

---

(1) Le président de La Place (ouvr. cit. fᵒ 16) dit : « Le connestable estant ar-
» rivé audict lieu (de Saint-Germain-en-Laye), qui fut trois jours devant Noël....,
» le lendemain le roy le pria de faire le mariage de son second fils, Henri de
» Montmorency, sieur de Damville, avec damoiselle Antoinette de La Marche,
» fille ainée du duc de Bouillon et arrière-fille de la duchesse de Valentinois. »

(2) La duchesse de Nevers fut, en effet, invitée aux noces dont il s'agit par
Henri II qui, le 23 décembre 1558, lui écrivit de Saint-Germain-en-Laye (Bibl.
nat., mss. f. fr., vol. 3136, fᵒ 68) : « Ma cousine, je me suis résolu de faire les
» nopces de ma fille Claude avec mon petit-fils et cousin le duc de Lorraine, le
» 22 du mois prochain, en ma ville de Paris, où je m'en voys incontinent après
» la prochaine feste de Noël, pour n'en bouger que lesdictes noces ne soient
» faites et parachevées, ainsi que je le désire, etc., etc. »

(3) Voir Appendice, nᵒ 8.

y rencontrèrent, non-seulement le duc et la duchesse de Nevers, mais aussi la reine de Navarre.

Plus d'une fois encore, dans le cours de quelques mois, le
prince et la princesse de Condé durent assister à des solennités
du même genre. Ce fut ainsi, par exemple, qu'on les vit figurer
au contrat de mariage d'Elisabeth de France et de Philippe II,
dressé au *chasteau du Louvre*, le 20 juin 1559 (1), et à celui de
Marguerite de France et d'Emmanuel-Philibert, duc de Savoie,
passé *en l'hostel des Tournelles*, le 27 juin 1559 (2). Une autre
solennité, celle du sacre de François II, en septembre de la
même année, réclama également leur présence (3).

L'intimité qui régnait entre le prince et la princesse de Condé
et leur sœur avait influé sur la nature des relations de celle-ci
avec la comtesse de Roye. La correspondance de cette dernière
avec la duchesse de Nevers prouve que ces relations portaient
le cachet de la familiarité (4).

Des liens d'amitié, semblables à ceux qui unissaient Éléonore
de Roye à chacune de ses belles-sœurs, existaient entre Jeanne
d'Albret et la duchesse de Nevers. Certaines lettres de la première de ces princesses à la seconde respirent l'affection et tout
le sérieux de la véritable confiance (5).

Vers les derniers mois de 1559, Éléonore de Roye et Jeanne
d'Albret, sans que rien pût leur faire pressentir qu'elles dus-

(1) Bibl. nat., mss. f. fr., vol. 2716, f⁰ˢ 205 et suiv., et vol. 6843, f⁰ˢ 4 et suiv.
— Dans cette circonstance le prince de Condé fit même partie d'une députation
envoyée au-devant du représentant du roi d'Espagne. Un document de l'époque
(Bibl. nat., mss. f. fr., vol. 6843, f⁰ 10), porte en effet : « Le roy (de France)
» ayant entendu par ses ministres que le duc d'Albe devait venir pour espouser,
» comme procureur du roy d'Espagne, Élisabeth, sachant qu'il était fort près de
» Paris, envoya aucuns princes de la cour pour lui faire l'accueil qui lui appar-
» tenait, lesquels estoient les révérendissimes cardinaux de Lorraine et de Guise,
» monseigneur le duc de Lorraine, monseigneur le prince de Condé, etc., etc.
(2) Bibl. nat., mss. f. f., vol. 2749, f⁰ˢ 131 et suiv.
(3) Voir Appendice, n⁰ 9.
(4) Voir Appendice n⁰ 10.
(5) Voir Appendice, n⁰ 11.

sent bientôt être frappées l'une et l'autre comme sœurs, dans l'une de leurs plus chères affections, s'associaient avec une vive sympathie aux joies domestiques que goûtait alors dans toute leur étendue la duchesse de Nevers. Elles la voyaient trouver dans l'estime et l'attachement de son mari, dans l'amour et la respectueuse soumission de ses fils et de ses filles (1), la douce récompense du soin qu'elle avait pris de leur bonheur commun, avec cette incessante sollicitude que connaît si bien le cœur de toute épouse fidèle, de toute mère dévouée. D'intimes confidences les avaient initiées à ses préoccupations sur l'avenir de ses enfants. Les deux aînés, dont l'éducation était terminée, allaient faire, sous ses yeux, leur entrée dans le monde. En même temps que s'éveillaient ses émotions à l'idée d'y guider leurs premiers pas, elle devançait, dans ses prévisions, le moment où les trois plus jeunes aborderaient à leur tour ces régions parfois si périlleuses de la société contemporaine, au milieu desquelles sa prudence maternelle s'attacherait à éloigner d'eux plus d'un obstacle et à les prémunir contre plus d'un écueil. Alors qu'elle espérait veiller longtemps encore sur ces êtres chéris, la mort vint prématurément la ravir à leur affection et à celle de son mari, de ses frères, de ses sœurs, de ses nombreux amis.

Quand un vide, que rien ne saurait combler, se creuse au foyer domestique, par la mort d'une mère dont la présence répandait autour d'elle la sérénité et le bonheur, il est touchant de voir la sympathie fraternelle s'étendre aussitôt sur ses enfants, et accepter pieusement comme un legs tacite, la mission d'atténuer à force de vigilance et de tendresse, les rigueurs de

(1) Du mariage de François de Clèves, duc de Nevers et de Marguerite de Bourbon étaient issus cinq enfants, savoir : François, né le 31 mars 1540; Henriette, née le 31 octobre 1542; Jacques, né le 1er octobre 1544; Catherine, née en 1548 et Marie, née quelques années plus tard. (Voir dans les œuvres de maistre Guy Coquille, sieur de Romenay, l'*Hist. du Nivernois*, édit. de 1703, in-f°, t. I, p. 393.)

la dispensation qui pèse sur eux. Étroitement associées au deuil général de la famille de Marguerite de Bourbon, Éléonore de Roye et Jeanne d'Albret, jeunes mères dont les cœurs recélaient des trésors de dévouement et de bonté, furent profondément émues, à la pensée de l'isolement des cinq orphelins laissés par leur belle-sœur, et n'aspirèrent qu'à les entourer de soins affectueux. Elles concentrèrent sur eux, alors qu'ils n'avaient plus désormais d'autre protecteur que leur père, cette délicatesse de sentiments, qui ne se rapproche jamais plus de l'amour maternel, qu'en s'inspirant de son exemple, sans prétendre l'égaler. Aimer ainsi les enfants de Marguerite, c'était, sous le regard de Dieu, l'aimer encore au delà du tombeau, de cet amour sacré qui, dans son irrésistible élan vers le ciel, est dès ici-bas, plus fort que la mort. Jeanne, alors absente, épanchant son cœur dans celui d'Éléonore, lui écrivit (1) : « Ayant entendu qu'estiez avec mon frère et ma- » dame de Roye vostre mère, je n'ay voullu faillir vous escrire » ceste lettre, sentant l'ennuy que vous portés de la perte de nostre » sœur, et de laquelle je suis à bon escient participante, consi- » dérant le défault qu'elle nous fera, et seroys bien ayse de vous » pouvoir voir. » Parlant ensuite des enfants de Marguerite, elle ajouta : « Vous leur présenterés de ma part, avecq mes recom- » mandations bien affectionnées, tout ce que je pouvray pour » de présent, leur tenir place de mère, et à vous de la plus » affectionnée parente que sauriés avoir, supliant Dieu qu'il vous » donne la consolation de vostre ennuy... Vostre meilleure » amye, Jeanne. »

A une époque voisine de celle à laquelle furent tracées ces lignes, le duc de Nevers confia l'entière direction de sa troisième fille, Marie, encore en bas âge, à Jeanne d'Albret, qui depuis lors ne cessa de lui porter une affection presque maternelle, dont on aime à retrouver l'expression dans ce passage d'une lettre que

(1) Bibl, nat., mss. f. fr., vol. 3188, f° 17.

la reine de Navarre adressa, en 1570, à sa jeune protégée (1) :
« En quelque part que je soye, je vous prie, ma niepce, croire que
» je vous feré tousjours office de mère. » On aime aussi à entendre Marie dire, dans l'émotion d'une filiale gratitude envers
sa bienfaitrice (2) : « Je ne lairay de lui faire service quand
» elle me voudra commander, pour l'honneur que j'ay reçeu en
» sa compagnie et pour le long temps que j'y ay demeuré. »

Momentanément moins heureuse que Marie, la seconde fille
du duc de Nevers, Catherine de Clèves, qui eût tant aimé à se
sentir entourée des tendres soins de l'une ou l'autre de ses
jeunes tantes, fut confiée à la duchesse-douairière de Guise,
dont le patronage, quelque bienveillant qu'on le supposât, ne
pouvait équivaloir à l'accueil qu'elle eût reçu, soit de la princesse de Condé, soit de la reine de Navarre.

Le mariage que Catherine de Clèves ne tarda pas à contracter
avec Antoine de Croy, prince de Porcien, ne la sépara de la duchesse-douairière de Guise que pour la rapprocher désormais
d'Éléonore de Roye, dont l'affection pour elle et pour son jeune
mari fut moins celle d'une tante que d'une seconde mère.

Quant à Marie de Clèves, elle épousa plus tard le fils aîné
d'Éléonore, mais à une époque où depuis plusieurs années déjà
cette princesse avait cessé de vivre.

Nous venons de donner une idée des relations de la princesse
de Condé avec les principaux membres de la famille de son mari
jusqu'en 1559 : ajoutons que celles qu'elle n'avait cessé de
soutenir avec les plus proches parents de sa mère étaient au
moins aussi étroites, et, qu'à dater de cette même époque, elles
acquirent un nouveau degré d'intimité et d'élévation, grâce à
une heureuse conformité de vues et de convictions religieuses.

Ces derniers mots nous conduisent naturellement à rechercher

---

(1) *Bullet. de la soc. de l'Hist. du protest. franç.*, t. V, p. 147.
(2) Bibl. nat., mss. f. fr., vol. 3196, f° 97. Lettre de Marie de Clèves au mari de
sa sœur aînée, Henriette de Clèves.

jusqu'à quel point la princesse de Condé se trouvait en 1559, avancée dans la carrière évangélique et dans la profession extérieure du culte réformé.

Nous savons déjà, d'après une déclaration émanée d'elle-même, qu'elle avait dès sa jeunesse, obtenu l'assurance de son salut par la foi en Jésus-Christ. Nous ignorons, il est vrai, par quelle voie et à quel moment précis cette assurance lui avait été accordée; mais nous pouvons du moins supposer qu'elle s'était développée avant tout au contact des grandes expériences de l'âme par lesquelles avait passé sa mère (1). Devenue pour celle-ci une amie et à ce titre, une confidente habituelle de ses pensées et de ses sentiments, la princesse de Condé n'ignorait aucune des circonstances sous l'influence desquelles la comtesse de Roye s'était peu à peu détachée du catholicisme et avait adhéré aux doctrines du pur Évangile, professées en France par les sectateurs de la religion réformée. Quoi de plus propre à toucher le cœur de la fille que l'exemple donné par la mère? Intimes entretiens de l'une avec l'autre, examen sincère de soi-même sous le regard de Dieu, étude sérieuse de l'Écriture sainte, prière, lecture de pieux écrits : rien ne fut négligé par Éléonore de ce qui pouvait la seconder dans la recherche de la vérité chrétienne.

Aux encouragements que lui prodiguait la tendresse maternelle se joignirent ultérieurement les enseignements qu'elle puisa dans la fermeté d'attitude de deux de ses oncles. Elle avait vu l'amiral dès 1555 accorder ouvertement une protection sympathique à des protestants français, en fondant au Brésil une colonie destinée à devenir pour eux un refuge contre les persécutions organisées dans la métropole. Elle l'avait vu, l'année suivante accueillir avec bonté dans son château de Châtillon-sur Loing, Jean de Léry et d'autres ministres de la parole de Dieu, au

____

(1) Castelnau, *Mém.*, chap. vi « ..... Le prince de Condé avoit sa femme de » ceste religion, instruite en icelle par la dame de Roye, sa mère. »

moment où ils allaient accomplir une mission évangélique au
sein de la nouvelle colonie des réfugiés (1). Elle avait suivi de
cœur et de pensée l'héroïque défenseur de Saint-Quentin dans
sa longue captivité à l'Écluse et à Gand; elle s'était associée aux
saintes émotions de sa tante Charlotte de Laval, et avait appris
des deux époux durant leur séparation, à mesurer la puissance
de la vraie piété sous le coup d'une austère épreuve; puis après
le retour de Coligny dans ses foyers, elle avait constaté la réalité des priviléges d'une union chrétienne dans laquelle deux
nobles existences étaient tout entières consacrées au service de
Dieu.

Les fruits de régénération et de vie spirituelle qu'avait portés
une autre captivité, étaient également connus d'Eléonore. Elle
avait, en effet, vu son oncle d'Andelot, au sortir des prisons
d'Italie, faire profession de la foi évangélique, et persévérer dans
cette profession, en 1558, soit au sein de ses domaines de
Bretagne, soit à la cour, en présence du roi.

Elle avait, en outre, été frappée des sentiments de piété qui
animaient plusieurs femmes distinguées, bien connues de sa
mère, telles entre autres, que mesdames de Rothelin, de Grammont, de Seninghen, de Renty, de Budé.

D'une autre part, la gravité des événements contemporains
n'avait pas peu contribué à développer la foi d'Éléonore. Quoi
de plus saisissant, quoi de plus solennel, quelle démonstration
plus énergique de la puissance de l'Évangile, que l'inébranlable

(1) *Histoire d'un voyage fait en la terre du Brésil, dite Amérique,* par Jean de
Léry, 4ᵉ édit., 1600, p. 7. « ..... Nous fusmes quatorze en nombre, qui, pour
» faire ce voyage, partismes de la cité de Genève, le dixiesme de septembre, en
» l'année 1556. Nous allasmes passer à Chastillon-sur-Loing, auquel lieu ayant
» trouvé monsieur l'admiral de Coligny en sa maison, des plus belles de France,
» non seulement il nous encouragea de poursuyvre nostre entreprise, mais aussi
» avec promesse de nous assister pour le faict de la marine, nous mettant beau-
» coup de raisons en avant, il nous donna espérance que Dieu nous feroit la grâce
» de voir les fruicts de nos labeurs. » — Voir *Ibid.* la préface adressée à Louise
de Coligny, princesse d'Orange.

fidélité des martyrs, sous le coup des persécutions et des tortures, et que la sérénité avec laquelle ils affrontaient les hor-
reurs du dernier supplice !

La réunion des diverses circonstances que nous venons d'in-
diquer conduisit Éléonore de Roye à une adhésion ostensible
aux doctrines et au culte des réformés français ; adhésion dont
on put saisir déjà de sérieux indices en 1558, et qu'au surplus
on vit se dessiner nettement en 1559.

Les faits ici parlent d'eux-mêmes.

Et d'abord, écoutons Théodore de Bèze (1), se référant à la
date de 1558, dire expressément, de la princesse de Condé et
de la comtesse de Roye, « qu'elles prirent dès lors les matières
» à cœur, profitants en la parole de Dieu, comme les grands et
» bons effects l'ont montré depuis. » Voyons ensuite Condé,
d'accord assurément avec sa femme, si ce n'est même agissant
à son instigation, demander, en cette même année 1558, aux
réformés de Genève l'envoi d'un prédicateur pour lui et sa
famille (2).

Plus tard, en 1559, la princesse de Condé dont les convictions chrétiennes et l'activité s'identifient avec celles de sa
mère, non-seulement entre pleinement avec elle dans le mouvement évangilique de l'époque mais de plus s'associe, par sa
vive sympathie, aux démarches tentées, à diverses reprises, par
madame de Roye près de Catherine de Médicis, en faveur de
l'église réformée de Paris et de la généralité des protestants
français. (3).

Éléonore est alors devenue décidément protestante. Dégagée
de toute préoccupation humaine, pure de tout alliage, sa foi,
qui jusqu'ici l'a soutenue dans plus d'une épreuve de sa vie

(1) *Hist. eccl. des égl. réf.*, édit. de 1580, t. I, p. 141.
(2) Lettre du 15 octobre 1558, de Macar à Calvin. *Précis de l'Hist. de l'égl.
réf. de Paris*, par M. Coquerel, 1862, *pièc. hist.*, p. 60.
(3) Voir Appendice, n° 12.

privée, la soutiendra non moins énergiquement dans les grandes crises de la vie publique qu'elle va être appelée à traverser, aux côtés de son mari, et au début desquelles touche maintenant notre récit.

Quant à Condé, amené sur les traces de sa femme et de sa belle-mère à professer, lui aussi, la religion réformée, nous le verrons, à en juger par l'ensemble de sa conduite, sincère, sans doute, dans l'adoption du nouveau culte, mais touché uniquement à la surface de son âme par les doctrines évangéliques, demeurer accessible aux calculs et aux entraînemens de la vie politique, qu'il ne dominera jamais des hauteurs d'une foi stable; et compromettre trop souvent, ici, par les vues restreintes de l'homme de guerre et de l'homme d'État, là, par la légèreté de l'homme du monde et par les défaillances de l'esclave du plaisir, la dignité morale du chrétien, de l'époux et du père. De sa vie, comparée à celle de la princesse, jaillira un constraste qui fera ressortir en traits éclatans l'inébranlable foi d'Éléonore et la noblesse des actes qu'elle lui aura inspirés.

Une simple considération, qui, nous osons le croire, se justifiera par son seul énoncé, doit trouver ici sa place :

Quand la vie d'une haute personnalité historique se lie, comme dans le cas présent, à des événements politiques et sociaux de premier ordre, il est à peu près impossible de réussir à retracer fidèlement l'une sans effleurer au moins l'exposé des autres. Nous devrons donc désormais aborder certains faits appartenant à l'histoire générale du XVIe siècle; mais nous ne nous arrêterons à leur constatation qu'autant qu'elle contribuera à déterminer le milieu précis dans lequel se déployèrent à dater de 1559, la piété, les vertus et le grand caractère de la princesse de Condé.

CHAPITRE IV

En juin 1559, à des jours de fête, que célébrait le monde des courtisans, avaient instantanément succédé des jours de deuil officiel et d'intrigues. Henri II, mortellement blessé dans un tournoi, venait, le 10 juillet, de rendre le dernier soupir. Aussitôt on vit Catherine de Médicis, convoitant à tout prix le pouvoir suprême, s'en saisir d'une main avide, pactiser avec les Guises, qui le lui disputaient; puis, travailler, ainsi qu'eux, à paralyser les droits des princes du sang, à éliminer de la cour le connétable, les Châtillon, d'autres grands dignitaires, et à faire peser sur la France, un despotisme dont les excès accumulés devaient nécessairement provoquer une réaction.

Cette réaction eut un caractère complexe : elle fut politique et religieuse. Dans la sphère politique se constitua, sur la base du dévouement à la double cause de l'ordre social et de la royauté, un parti dont les tendances, circonscrites par la nature des choses, n'aboutirent qu'à un rôle de sages mais infructueuses représentations, adressées à une tyrannie qui se jouait de tout contrôle. Peu après, se dégagea de la juxtaposition momentanée des éléments les plus divers le germe d'une association particulièrement empreinte du caractère religieux, et se donnant pour mission, dans la lutte formidable qu'elle soutiendrait contre l'intolérance, de faire triompher le grand principe de la liberté des cultes.

Dans quelle mesure le prince de Condé s'associa-t-il, sous les yeux de sa femme à la réaction dont il s'agit? C'est ce qu'il importe de rechercher.

Son frère, le roi de Navarre, et lui étaient, à la mort de Henri II, les premiers appuis du trône, en qualité de princes du sang. Leur place naturelle, en un pareil moment était donc à la cour du jeune roi. Les supplanter, sans retard, dans le poste d'honneur qui leur était traditionnellement assigné par leur rang : voilà ce que se proposèrent les Guises; ils y réussirent aisément, grâce à la connivence de Catherine de Médicis : d'accord avec elle, ils éloignèrent aussitôt Condé de la cour, en le chargeant d'aller dans les Pays-Bas recevoir le serment du monarque Espagnol pour l'observation de la paix conclue au Cateau-Cambrésis (1). Ils espéraient empêcher par ce moyen le prince de se rencontrer et de se concerter à Paris, avec le roi de Navarre (2), dont la prompte arrivée dans la capitale avait été provoquée par le connétable. Mais Condé déjoua leur combinaison. Après s'être rapidement acquitté de sa mission, il accourut au-devant de son frère, qui ne s'avançait qu'avec une lenteur calculée, et le rencontra, en août (3) à Vendôme. Condé savait qu'Antoine de Bourbon devait s'arrêter dans cette ville, pour y conférer avec lui et d'autres personnages influents, avant de continuer sa route vers Paris.

Ce fut alors qu'eut lieu, à Vendôme, une assemblée qui se composait du roi de Navarre, du prince de Condé, de l'amiral de

(1) Voir, sur la mission du prince de Condé dans les Pays-Bas, les dépêches de l'ambassadeur de France, S. de l'Aubespine, des 27 et 31 juillet, 4, 5, 8 et 9 août 1559, insérées dans le *Recueil des négociations sous François II*, p. 49, 55, 61, 62, 76, 81, 83, 84, 86, 87. — Voir également ici, Appendice, n° 13.

(2) *Cal. of State papers foreign series*, 4 août 1559, dépêche de Throckmorton à Cecil : « ..... This sending away of the prince of Condé to Philip is thought » to be a device to have the prince of Condé absent from the court when the » king of Navarre comes..»

(3) *Cal. of State papers foreign series*, même dépêche : « ..... The king of » Navarre has come as far as Vendôme and is looked forc here (Paris) shortly. »

Coligny, de d'Andelot, du cardinal de Châtillon, du jeune prince de Porcien (1), du Vidame de Chartres, de d'Ardois, secrétaire du connétable, et de divers seigneurs attachés aux maisons de Bourbon, de Châtillon et de Montmorency (2).

La délibération s'ouvrit sur le parti à prendre, dans les conjonctures présentes. Délivrer le jeune roi de l'oppression des Guises; amener sa mère, qui, concurremment avec eux, s'était de fait substituée au débile monarque dans le gouvernement, à recourir, quant à l'exercice du pouvoir suprême qu'elle s'était arrogé, aux conseils et à l'appui des princes du sang; faire réintégrer dans leurs emplois, à titre de véritables soutiens du trône, les grands dignitaires qui depuis la mort de Henri II avaient été éliminés de la cour; et débarrasser ainsi la France du joug d'un intolérable despotisme : tel était le but à atteindre. On en reconnut unanimement la légitimité; mais les avis se partagèrent sur le choix des moyens. Le prince de Condé, d'Andelot, le Vidame de Chartres, et d'autres seigneurs, dans leur impétuosité, prétendaient qu'une prise d'armes immédiate était l'unique remède qui pût affranchir la royauté et ses adhérents de la tyrannie des princes Lorrains. L'amiral combattit cet avis, en faisant ressortir l'illégalité et les périls du moyen proposé : il insista sur la nécessité de recourir, vis-à-vis de Catherine de Médicis, à la voie amiable des représentations et des négociations. Son opinion, partagée par le roi de Navarre et par la majorité des assistants, triompha. En conséquence, il fut décidé qu'Antoine de Bourbon irait de suite à la cour; qu'il y revendiquerait le droit, que lui conférait sa qualité de premier prince du sang, d'appuyer de ses conseils la royauté et de participer à la direction des

(1) Antoine de Croy, né en 1541 ; fils de Charles de Croy, comte de Seninghen et de Porcien, et de Françoise d'Amboise. Antoine de Croy ne tarda pas à devenir par son mariage avec l'une des filles de la duchesse de Nevers, sœur de Condé, neveu par alliance de ce prince et d'Éléonore de Roye.

(2) Davila, *Histoire des guerres civiles de France*, édit. de 1757, in-4°, t. I, p. 29.

affaires de l'État; puis, qu'il réclamerait pour le prince de Condé une situation digne de lui, et, pour les dignitaires évincés, leur réintégration dans les emplois dont ils avaient été dépouillés.

Les prérogatives que le roi de Navarre devait revendiquer pour lui et ses adhérents entraînaient, à supposer qu'elles fussent reconquises, l'accomplissement de devoirs impérieux. L'un des plus grands, dans cette hypothèse, était le soutien de la cause des protestants, qui, par leurs représentants le mieux accrédités, avaient eu recours à Antoine de Bourbon comme au protecteur le plus élevé qu'ils crussent d'abord pouvoir rencontrer. Il s'agissait pour ce prince de prendre résolûment en main leur défense, de s'ériger en interprète de leurs justes réclamations, et d'obtenir, grâce à une prépondérance acquise dans les délibérations du conseil placé près du trône, qu'à une ère d'intolérance et d'oppression succédât pour eux désormais une ère de calme et de liberté. Mais Antoine de Bourbon n'était point à la hauteur d'une telle tâche. Supportant, à la cour, avec une impassibilité qui dégénérait en coupable faiblesse, un accueil dont la grossièreté eût dû cependant exciter son indignation; uniquement préoccupé de ses propres intérêts, abdiquant tout sentiment de dignité personnelle, ballotté de promesse en promesse, de déception en déception; s'affaissant enfin sur lui-même de tout le poids de sa nullité, de sa lâche condescendance et de son inertie, le roi de Navarre déserta, en présence des usurpateurs du pouvoir souverain et des persécuteurs du protestantisme, sa mission politique et sa mission religieuse.

Après s'être joués de lui, Catherine de Médicis et les Guises se débarrassèrent de sa présence en le chargeant de conduire à la frontière d'Espagne la jeune épouse de Philippe II (1).

<hr>

(1) R. de La Planche, ouvr. cit. p. 91 : « Le roi de Navarre, voyant donc le » mespris auquel il estoit à la cour, et le peu de moyen par lui tenu à recouvrer » son lieu et rang, en sorte qu'il estoit moqué de tous costez, cela faisoit que » sans cesse il cherchoit tous les moyens de se retirer en ses pays : en quoy » ceux de Guise luy firent ce plaisir, pour mieux le pourmener, de luy donner

Outré de voir abreuvé d'insultes et éconduit un frère dont il déplorait amèrement la double défaillance, le prince de Condé se sentit appelé à ressaisir d'une main ferme la haute mission qu'Antoine de Bourbon avait si tristement désertée. Mais comment l'accomplir vis-à-vis de la cour et vis-à-vis des protestants? Sous quelle forme et sur quel terrain engager la lutte avec l'une, et par quels moyens ouvrir la voie à l'affranchissement des autres? Telles furent les questions que le second prince du sang, bouillant d'ardeur et n'aspirant qu'à agir, voulut soumettre sans retard à ceux de ses alliés politiques, qui, étant en même temps ses coreligionnaires, lui inspiraient le plus de confiance. Il les convoqua donc chez lui, à la Ferté, pour délibérer sur les mesures à adopter, d'urgence, au double point de vue des intérêts de l'État et de ceux de la religion réformée.

Coligny et divers seigneurs, parmi lesquels figuraient la plupart de ceux qui avaient assisté à l'assemblée de Vendôme, répondirent à l'appel de Condé.

Dans les conférences de Vendôme, on n'avait guère agité que des questions, à vrai dire extérieures et de pure forme, en ce sens que leur portée se limitait au maintien des prérogatives des princes du sang et à la réintégration de quelques hauts personnages dans leurs fonctions. A peine y avait-on du reste, effleuré les questions touchant au fond même des droits compromis, dont il importerait d'obtenir la consécration, par l'influence que donneraient aux princes du sang et aux grands dignitaires leurs situations reconquises. On y avait même laissé momentanément dans l'ombre la question de la liberté religieuse; mais cette grave question, débordant de toutes parts la question politique, devait bientôt s'imposer aux esprits avec une

» la charge avec son frère le cardinal de Bourbon et le prince de la Roche-sur-
» Yon, de mener Élisabeth, sœur du roy, mariée à l'Espagnol, pour la rendre sur
» la frontière de France et d'Espagne. Parquoy prenant son congé, il alla de-
» vant faire les préparatifs à recevoir et bien traiter la dite dame en ses pays ».

irrésistible énergie. En effet dans les conférences de la Ferté, le cercle de la discussion, sous la pression des circonstances, s'élargit sensiblement, et la question des droits sacrés de la conscience et du libre exercice du culte y surgit dans toute sa grandeur. Mal comprise et brutalement tranchée par la majorité des assistants, elle fut replacée sur ses véritables bases et sainement résolue en droit public, d'accord avec l'Évangile, par Coligny. On le vit, homme de foi avant tout, rappelant le droit à la sainteté de son origine, rompre avec les idées erronées de son siècle, en fait de contrainte matérielle et spirituelle, proclamer les droits imprescriptibles de la conscience, asseoir exclusivement sur une base chrétienne le principe de la liberté religieuse, et signaler, comme moyen légitime de faire prévaloir ce principe, le recours à la seule force morale. La parole énergique et lucide de l'amiral se fût assurément concilié tous les suffrages, si la passion et les préjugés n'eussent étouffé chez un trop grand nombre de ses auditeurs la voix de la raison et les inspirations de la foi. Aussi, qu'arriva-t-il? les partisans d'une prise d'armes, en tête desquels était le prince de Condé, l'emportèrent cette fois sur Coligny et quelques autres hommes judicieux et maîtres d'eux-mêmes, qui voulaient, par l'emploi des seules voies légales, affranchir d'un pouvoir tyrannique la royauté et la France, et sans abandonner un seul instant le terrain du droit, procéder pacifiquement à la revendication solennelle du principe de la liberté religieuse. Ce principe fut ainsi momentanément compromis par des esprits impatients et aventureux qui substituant au droit la force, compliquèrent d'intérêts mondains et de passions personnelles la défense d'une cause qui eût dû en demeurer à jamais dégagée.

Contristés du résultat alarmant de la réunion de la Ferté, l'amiral et d'autres avec lui se retirèrent en déclinant d'avance toute responsabilité quant aux mesures agressives qui allaient être prises.

La princesse de Condé n'ignorait rien de ce qui venait de se passer à la Ferté ; placée entre deux opinions aussi tranchées que celles qui divisaient son mari et son oncle Coligny, dont l'une entraînait ses partisans sur une pente fatale, tandis que l'autre retenait les siens sur le terrain du droit, de quel côté inclina-t-elle à ce moment décisif? on l'ignore, mais ce qu'il est permis de conjecturer, c'est que si d'une part, comme femme elle partageait les légitimes griefs du prince contre les Guises, de l'autre comme chrétienne, elle n'aspirait au triomphe de la liberté religieuse que par la prépondérance de la force morale sur la force matérielle. Elle était trop judicieuse pour n'avoir pas discerné de suite que Condé, s'érigeant plutôt en chef d'une cohorte de mécontents, qu'en protecteur efficace de la foule des croyants opprimés, agissait dans sa fougue, moins en homme religieux qu'en homme de parti ; tandis que chez Coligny les hautes et fortes convictions du chrétien dominaient les tendances de l'homme d'État, épuraient ses vues, et le contenaient dans le rôle de courageux et fidèle conseiller de la couronne.

Que ne dut pas souffrir de ce contraste la princesse! quelles appréhensions ne vinrent pas l'assaillir, toute énergique quelle était, à la pensée des dangers au-devant desquels se précipitait son mari! au surplus, qu'elle partageât ou non ses vues, une chose demeure certaine : c'est que plus elle l'aimait, plus, prête à tous les sacrifices, elle se promit devant Dieu de le soutenir de ses conseils, de son affection et de son dévouement dans les péripéties de la carrière agitée qu'il venait d'aborder.

Les mesures agressives qu'inspira, au sortir de la réunion de la Ferté, l'exaspération de la souffrance générale, plus encore que le sentiment religieux, aboutirent au tumulte d'Amboise, dont la répression sanglante n'est que trop connue.

Le prince de Condé qui était *le chef muet* de l'entreprise, avait eu l'imprudence de venir à la cour avant l'approche des conjurés qui comptaient la surprendre. Placé par sa présence à Amboise dans une situation des plus fausses, il y avait été témoin de la défaite de ses partisans et des horribles supplices infligés à la plupart d'entre eux par la cruauté de François de Lorraine et du cardinal son frère. Frémissant d'indignation, mais impuissant à réprimer une seule des atrocités commises sur tant de victimes, il eût été lui-même immolé à la haine des Guises, sans l'indomptable énergie de son attitude au sein du conseil, réuni sur sa demande expresse. Il confondit alors leur audace par la hardiesse du défi qu'il leur jeta; paralysa, pour le moment du moins, toute résolution de leur part d'attenter à ses jours, et se mit jusqu'à un certain point, à l'abri de nouveaux périls, en allant rejoindre dans l'un de ses domaines la princesse sa femme.

Coligny, que les Guises soupçonnaient d'être complice de Condé, et qu'à ce titre ils espéraient compromettre et perdre, avait été à leur instigation, appelé à Amboise par Catherine de Médecis qui voulait, disait-elle, le consulter sur l'issue à assigner à la crise qu'on traversait. Mesurant de sang-froid le péril qui le menaçait, sans avoir un seul instant la pensée de s'y dérober par un refus indigne de son caractère et de son dévouement, fort de sa conscience puisqu'il était de tous points demeuré étranger aux projets et aux actes des conjurés qu'il avait désapprouvés par anticipation, l'amiral n'hésita pas à se rendre à Amboise. Là, comme partout ailleurs, fidèle à ses convictions les plus chères, il déclara sans détour à Catherine en face des Guises, que l'unique remède à adopter était de faire cesser l'effusion du sang et d'accorder aux protestants le libre exercice de leur culte. Ses ennemis n'osèrent alors ni attenter ouvertement à sa vie, ni même engager avec lui une discussisn sur la portée des conseils de modération et de justice qu'il venait de donner. Ils se turent; mais leur inaction apparente et leur silence n'en étaient pas moins menaçants. Catherine ne s'y méprit point; et afin de soustraire à un danger imminent l'amiral en qui elle commençait, au milieu de ses fluctuations incessantes, à chercher un appui contre le pouvoir démesuré des Guises, elle le chargea d'aller en Normandie pour y étudier l'état des esprits; démêler les causes de l'agitation qui régnait dans cette province, et lui faire connaître les moyens à l'aide desquels elle pourrait être calmée.

Tandis que Coligny se préparait à accomplir sa mission, Condé, de retour près d'Éléonore de Roye, dont les angoisses avaient été extrêmes depuis qu'il s'était rendu à Amboise, se concerta avec elle sur le parti qu'il avait à prendre. La fidèle compagne du prince entrevit de suite le danger auquel il s'exposerait sans nécessité s'il prolongeait sa résidence chez lui, dépourvu de tout appui, de tout secours, dans une stérile expectative des événements. Le temps pressait : elle savait que les Guises en voulaient aux jours de son mari et qu'ils étaient gens à ne reculer devant l'emploi d'aucun moyen pourvu qu'ils les conduisît à leurs fins. Il fallait donc que Condé se trouvât promptement à l'abri de leurs captieuses menées, de leurs brutales atteintes, et se ménageât l'occasion de grouper en lieu sûr autour de lui, des éléments de force et d'influence qui le missent en position de contraindre les Guises et la cour à compter désormais avec sa personne et les soutiens de sa cause. L'unique ressource qui lui fût offerte était celle d'un séjour en Béarn où l'attendait un accueil fraternel de la part d'Antoine de Bourbon et de Jeanne d'Albret. Il fut décidé d'un commun accord qu'il se rendrait près d'eux. La prudence exigeait qu'il partît seul; aussi la princesse renonça-t-elle à toute idée de le suivre avec ses jeunes enfants. Le sacrifice de la séparation était grand, mais elle l'accepta avec sa fermeté et sa douceur habituelles. Elle se sentait d'ailleurs soutenue par l'espoir de seconder même de loin le prince lorsqu'il serait en Béarn, en l'informant ponctuellement de la marche des circonstances, et en combinant la gestion de sa fortune personnelle de manière à alléger, au prix même de ce qu'elle possédait, les charges matérielles qui viendraient à peser sur lui.

Cependant les Guises ne demeuraient point inactifs. Ils faisaient surveiller de près Condé et sa femme (1) par des affidés, au nombre desquels figuraient quelques-uns des gens de service de ce prince qu'ils stipendiaient à cet effet. Soupçonnant ses projets de départ, ils lui écrivirent pour protester de leurs bonnes intentions à son égard et l'engagèrent à retourner à la cour. Le piége était trop grossier pour que Condé s'y laissât prendre ; il déjoua leurs calculs par un subterfuge, que le récit suivant d'un contemporain (2) nous fait connaître :

« Il faut entendre que le prince, estant sur son partement,
» fut visité de Genly, lequel encores qu'il eust reçu grande
» faveur de ce prince, ce néantmoins suyvant le vent de la cour,
» s'estoit rengé du parti de ceux de Guise. Estant donc parti en
» intention de descouvrir quelque chose de nouveau pour estre le
» bienvenu en cour, il fit entendre au prince qu'il alloit trouver
» le roy, et qu'il n'avoit voulu faillir luy venir faire la révérence
» pour savoir s'il lui plaisoit rien mander à Sa Majesté. Le prince
» qui jà se doutoit de luy, respond qu'il n'avoit autre que man-
» der. L'autre luy secoue la bride disant qu'il savoit que le roy
» ne faudroit à luy tenir propos de luy, sachant qu'il avoit eu
» cest honneur de luy estre serviteur, et qu'à ceste cause, il dé-
» sireroit grandement estre chargé de quelques bonnes nouvelles
» pour les dire au roy : mesmement qu'il eust quitté toutes ces
» resveries et opinions nouvelles de la religion d'autant qu'elles
» ne convenoyent nullement ni à sa grandeur ni à son aage
» pour estre si sage. Le prince sur cela le charge de présenter
» ses très-humbles recommandations au roy et à la royne. Et

(1) Voir Appendice, n° 14.
(2) R. de La Planche, *Hist. de France sous François II*, édit. de 1576, p. 394, 395.

» s'il vous demande, dit-il, plus avant de mes nouvelles, vous luy
» direz comme je luy mande par vous, que je luy suis très-hum-
» ble et très-obéissant serviteur et parent, et que quelque chose
» qu'on luy ait dite au contraire, il me trouvera tousjours prest
» de le luy montrer par effet en tout ce qu'il me voudra com-
» mander, sinon contre la religion, car j'ay protesté (dit-il)
» comme je fay encores de n'aller jamais a la messe. Genly le
» supplia de donner la charge de si piteuses nouvelles à d'autres
» qu'a luy. Le prince répliqua que s'il ne lui disoit il en seroit
» luy mesmes le messager dedans peu de jours, qu'il esperoit
» aller trouver le roy de Navarre son frère, et en passant
» prendre congé du roy. — Ces nouvelles venues à la cour re-
» jouyrent ceux de Guise, pour avoir, ce leur sembloit, double
» matière de faire le procès au prince, et un tesmoin comme
» domestique, et non reprochable : joint qu'il y en avoit
» d'autres avec Genly quy en pouvoient parler, pour avoir esté
» tenu ce propos en grande compagnie. Ils estimoyent aussi que
» sa venue estoit bien à point, et les délivreroit d'un dangereux
» voyage et entreprise comme celle qu'ils avoient faite, de se
» saisir de sa personne, en quelque part qu'il fust. Ainsi se
» reposans et endormans sur les paroles de Genly, ils ne purent
» imaginer qu'il eust autre volonté que de passer par la cour
» allant devers son frère, en sorte que cela les engarda de luy
» dresser des embusches par les chemins. »

Mais les Guises avaient ici affaire à un plus habile qu'eux.

« Le prince de Condé (1) print le chemin de Béarn, sachant
» que s'il tomboit ès mains de ses ennemis c'estoit fait de
» sa vie, veu la corruption qui estoit en la justice, tant ès cours
» souveraines qu'inférieures, desquelles il n'attendoit aucune
» équité; de quoy il avoit veu tant de preuves qu'il n'en pouvoit
» ne devoit nullement douter. Son partement fut assez accorte-

(1) R. de La Planche, ouvr. cit., p. 395.

» ment et ingénieusement dressé, et ne le déclaira qu'à peu de
» gens, dont bien luy en print. Car feignant d'aller à la cour,
» il envoya son train devant, puis quand il fut à Bloys, au lieu
» d'aller à Chenonceau, où le roy estoit, il print la traverse par
» la voye de la poste, et le chemin de la Gascogne, avant que
» ses ennemis le peussent apercevoir. Car ils estoient si aveu-
» glez d'aise de sentir approcher son train, qu'ils le tenoient pour
» attrappé, et n'estoit question que de luy préparer son pacquet
» quand ilz eurent advertissement certain qu'il avoit passé te-
» nant la route de Béarn : de quoy ils furent fort mal contents,
» mesmes de ce qu'ils entendirent que Maligny l'aisné l'atten-
» doit à Poitiers, feignant venir en cour, et que ce néantmoins
» ils s'en estoyent allez ensemble. »

Arrivé à Nérac, le prince de Condé y attira bientôt les regards, et y reçut plus encore que le roy de Navarre, les pres-
santes sollicitations d'une partie de la noblesse protestante. Les
deux frères furent provoqués par elle à l'action et conçurent le
plan d'un vaste soulèvement dont Lyon deviendrait le centre.
Condé devait se rendre dans cette ville au début du mois de
septembre et y faire converger vers lui les forces du midi de la
France. Antoine de Bourbon devait, de son côté, entraîner à sa
suite les forces du sud-ouest et de l'ouest, formuler hautement
la revendication de ses droits comme premier prince du sang
et faire appel aux états généraux.

Ce plan, dont une exécution énergique et rapide eût peut-être
assuré le succès fut à peine mis en œuvre.

L'occupation de Lyon constituait le préliminaire indispen-
sable des opérations à accomplir.

Une tentative sur cette grande cité, confiée à la hardiesse et
à la bravoure du jeune Maligny, avorta sous l'influence d'un
contre-ordre dicté par les incertitudes et la faiblesse de caractère
du roi de Navarre.

Alors que du fond du Béarn, Condé et son frère prenant leur point d'appui sur une réunion d hommes généralement plus politiques que religieux, plus mécontents que désintéressés, frayaient les voies à une prise d'armes, que se passait-il au loin dans les régions du pouvoir?

Coligny, conséquent avec lui-même, venait par sa présence en Normandie de faire faire un nouveau pas à la question politique de même qu'à la question religieuse. En sage conseiller de la couronne, il ne tarda point à faire savoir à Catherine de Médicis que le vrai moyen de ramener les esprits, non-seulement en Normandie mais dans toutes les provinces de France, consistait, d'une part, à dépouiller les Guises de leur pouvoir démesuré, à convoquer les états généraux, et d'autre part, à mettre un terme aux persécutions dirigées contre les protestants, et à leur assurer l'exercice public de leur culte.

Les Guises reconnaissaient qu'ils ne pouvaient échapper à une lutte désormais engagée par la ferme initiative de l'amiral, au nom des populations opprimées (1). Afin d'atténuer en ce qui les concernait les périls de cette lutte, d'autant plus redoutable pour eux, hommes d'arbitraire et de violence, qu'elle était la première qui se déployât sur l'inébranlable terrain des principes, trop longtemps méconnus, du droit et de l'équité, ils tentèrent d'accorder à l'opinion publique une sorte de satisfaction. De concert avec Catherine de Médicis, ils firent convoquer à Fontainebleau, par le jeune roi, une assemblée de grands personnages, que les lettres de convocation appelaient à exprimer officieusement à la couronne leur avis sur la marche à imprimer

(1) L'un des rares écrits, publiés en 1560, au nom de ces populations, caractérise l'intolérance des Guises en ces termes : « Entre les mains de ces deux ty-
» rans sont mis les deux glaives de France, le spirituel ès mains du cardinal et
» le matériel ès mains de son frère. Le cardinal ne pouvant plus rien faire de
» son glaive à l'encontre de nous (moqueur de Dieu qu'il est, et de sa parole)
» n'y trouve point de plus court chemin que de nous charger du crime de sédi-
» tion, et nous bailler entre les mains de son frère; auquel, si vous voulez rendre

aux affaires de l'État, en présence des complications politiques et religieuses qui agitaient la France.

Dans le cours du mois d'août 1560 se réunirent au château de Fontainebleau, les membres du conseil privé, divers grands dignitaires, des prélats, des chevaliers de l'ordre et une foule de seigneurs. Ces derniers, sans avoir le droit de prendre une part directe aux délibérations à intervenir, pouvaient du moins y assister.

Devant cette assemblée, préparée en partie par ses conseils, le chancelier de l'Hospital posa en termes généraux les questions à résoudre ; laissant le soin de les discuter et de les approfondir à des hommes tels que Coligny, Montluc et Marillac, dont il s'était assuré le concours. A ce moment il fut sobre de paroles, surtout parce qu'il savait quelle autorité prépondérante devait s'attacher à celles que le pieux amiral se proposait de faire entendre au nom des protestants dont il allait présenter les requêtes, tendant à la cessation des persécutions et à la consécration du droit de réunion pour l'exercice public des actes du culte (1). L'attitude que prit Coligny dans l'assemblée fut admirable. Il s'y posa avec une sainte hardiesse, non sur le sol mouvant des expédients et de l'empirisme, mais sur le solide terrain du droit, en défenseur du principe de la liberté religieuse. La fermeté de son langage commanda le respect, et l'ascendant qu'il exerça sur l'assemblée fut immense : « Le roy de lui-même dit qu'il » avoit bon témoignage de ses services et aussi bonne réputation » de lui que d'hommes de son royaume, et qu'il prenoit en bonne » part ce qu'il en avoit fait (2). » L'examen des requêtes

» raison de votre fait, il vous dira soudain que, de lui, il n'entend rien à dis-
» puter de Dieu, mais qu'il sçait fort bien faire couper des testes ! ô parole de
» diable, et non d'homme ! comme s'il vouloit dire que son frère fait la dispute,
» et lui la conclusion. » (*Juste complainte des fidèles de France*, etc., etc.,
broch. in-32, en Avignon, 1560, p. 26.)

(1) Voir le texte de ces requêtes dans les *Mémoires* de Condé, t. II, p. 645,
646, 647, 648.

(2) *Recueil de pièces sur les États généraux*, in-8, 1789, t. I, p. 69.

loin d'être repoussé, fut simplement ajourné après la tenue du concile national, dont la convocation venait d'être décidée ainsi que celle des états généraux.

Antoine de Bourbon et Condé ne s'étaient point rendus à l'assemblée de Fontainebleau, quoique François II eût prié le roi de Navarre « de s'y trouver, et son frère aussy, ensemble les sei- » gneurs qui estoient lors avec luy. Mais quand ceux de Guise » eurent descouvert qu'ils y pourroient venir si forts qu'ils se- » royent en danger de perdre la partie, ils aimèrent mieux éviter » ce hazard, et donnèrent ordre que le roy de Navarre en fût » adverty par leurs propres serviteurs secrets, que ceux de Guise » entretenoyent près de luy, de sorte qu'il se résolut d'attendre » quelle seroit l'issue de ces affaires. Cela fut entièrement contre » le conseil et avis du connestable et de tous les autres sei- » gneurs qui tenoyent son party, sachant que ce retardement » empireroit sa cause, et apporteroit quelque ruyne, car ils insis- » toyent qu'il s'acheminast avec ceux qu'il avoit en sa compa- » gnye, qui accroistroient par les chemins plus qu'il ne voudroit; » de manière que joints avec les connétablistes, ils seroyent les » plus forts et bailleroyent la loy à leurs ennemis (1). »

Détachons maintenant nos regards du cours des événements généraux, pour les reporter sur la princesse de Condé.

Depuis le départ du prince pour le Béarn, elle n'avait cessé de partager son temps entre les soins prodigués à ses enfants, la direction des affaires domestiques, parfois compliquées, dont tout le poids était retombé sur elle, et une surveillance prudemment exercée sur les intentions, les paroles et les actes des personnages qu'elle tenait pour ennemis implacables de son mari. Sa tâche était grande : en l'accomplissant avec la vive sollicitude que lui inspiraient ses sentiments d'épouse et de mère, elle n'avait pas toujours pu garder les ménagements que réclamait l'état de

____

(1) R. de La Planche, ouvr. cit., p. 514, 515. — Voir aussi Castelnau, *Mém.*, t. I, p. 48.

sa santé, ébranlée depuis quelques mois par une série d'anxiétés inévitables et par une nouvelle grossesse. Moins, dans sa touchante abnégation, elle s'était occupée d'elle-même, plus la comtesse de Roye avait mis d'ardeur à l'entourer de son affection maternelle et à l'assister de ses conseils et de sa coopération.

Vers la fin de juillet 1560, la princesse accoucha, en Picardie, d'une fille à laquelle elle donna un nom qui lui était particulièrement cher, celui de Madeleine, que portait l'excellente mère dont le cœur était si étroitement uni au sien.

Peu après la naissance de cet enfant, la comtesse de Roye dut, dans l'intérêt même de la princesse, se séparer d'elle momentanément, pour aller à Écouen. Elle voulait essayer d'y terminer avec le connétable une affaire de famille, entamée depuis quelque temps déjà. La conclusion à intervenir, telle qu'elle la désirait, d'accord avec sa fille, pouvait aisément affranchir celle-ci des conséquences éventuellement désastreuses d'une négociation à laquelle elle avait dû condescendre, afin de satisfaire aux exigences d'un état de gêne imposé à son mari par la rigueur des circonstances (1). Eléonore de Roye, pour lui créer des ressources, s'était trouvée contrainte d'emprunter à des marchands une somme d'environ vingt mille livres, au remboursement de laquelle elle avait affecté, à titre de gage, entre leurs mains, ses bijoux et divers objets précieux, d'une valeur totale de cent mille livres. Sa prompte libération, à laquelle, en femme délicate, elle aspirait ardemment, pouvait lui être facilitée par le connétable, son grand oncle, possesseur d'une immense fortune, sans qu'il eût à faire en sa faveur le moindre sacrifice. Il suffisait, à cet effet, qu'il achetât, moyennant un prix d'ailleurs avantageux pour lui, la terre de Germiny, qu'elle avait proposé de lui vendre. Le versement immédiat de ce prix aux marchands prêteurs devait

(1) De Thou, *Hist. univ.*, t. II, p. 795. — Désormeaux, *Hist. de la maison de Bourbon*, t. III, p. 412.

autoriser le retrait des objets livrés en gage. Rien n'eût été plus simple pour le connétable que de venir en aide à sa petite-nièce, en accédant de suite à sa proposition; mais il était trop partisan des temporisations pour adopter une décision immédiate. Il tenait donc tout en suspens, lorsque madame de Roye arriva à Écouen. Les entretiens qu'elle eut avec lui, les instances qu'elle lui adressa, et qu'appuya Robert de Lahaye, membre du parlement de Paris et conseil habituel du prince et de la princesse de Condé (1) dans leurs affaires, n'amenèrent d'autre résultat qu'une avance de quinze cents écus par Anne de Montmorency, qui ne consentit pas encore à acheter la terre dont il s'agissait.

Deux mois plus tard, l'affaire était même si loin d'une conclusion, que la princesse de Condé crut devoir adresser au connétable les lignes suivantes, qui peignent la détresse à laquelle elle était en proie (2) :

« Monsieur, me voyant de toutes parts environnée de maints
» grands affaires et d'extrêmes peines et nécessité de sçavoir où
» recouvrer deniers pour y remédier et subvenir comme elles me
» pressent, mesmement du cousté de ceux qui tiennent mes
» bagues et buffet, et pourquoy je suis entrée si avant en propos
» avec vous de ma terre de Germiny, mais encore beaucoup
» plus pressée que je ne vous puis dire de les retirer prompte-
» ment ou de perdre le tout, comme tout de nouveau j'en suis
» menassée, je suis contraincte vous envoyer ce porteur exprès
» et vous supplier, monsieur, me vouloir faire ce bien que de
» me mander par luy sur ce résolutivement votre intention et
» volonté et y adviser de deux choses l'une, ou de m'en parfaire

---

(1) Voir, sur Robert de Lahaye, Le Laboureur, addit. aux *Mém.* de Castelnau, t. I, p. 517.

(2) Lettre du 29 septembre 1560. (Bibl. nat., mss. f. fr., vol. 3260, fᵒ 81.)

» le payement promptement et comptant, et, en ce faisant, m'en-
» voyer tel de vos gens qu'il vous plaira incontinent avec pou-
» voir pour vous en passer la vendition telle qu'elle vous a esté
» arrestée par madame ma. mère, sans m'y tenir davantage en
» suspend, afin que je n'aye à regretter ci-après que vingt mille
» livres aient esté cause de m'en faire perdre pour cent mille,
» comme je m'apperçois déja en estre en chemin et danger ; ou
» bien me quicter de la promesse que vous y a faicte ma dite dame
» ma mère, en vous remboursant de quinze cens escuz que m'y
» avez advancez, pour d'un cousté ou d'autre (comme j'en ay desjà
» d'ailleurs offre de trente mil francs) avoir de quoy appaiser
» mes marchans et recevoir mes besongnes. Si est-ce, monsieur,
» qu'il me desplairoit fort, puisque en sommes si avant et que
» la chose vous est si propre qu'elle ne tombast en vos mains,
» qui est cause que si avez doubte de quelque chose, que j'ac-
» corde et consens dès à présent que vous puissiez par vos mains
» mesmes faire faire la distribution desdits deniers ainsi qu'il
» vous plaira à ceulx qui ont mes dites besongnes, pourvu que
» dès cette heure ils me les rendent, sans que j'en touche ung
» seul denier ; parquoy, monsieur, je vous supplie bien humble-
» ment encore cette fois me résouldre au retour de ce dit por-
» teur, en la suffisance duquel je remettrai à vous dire de toutes
» les autres nouvelles et de moy et de tout mon·petit mesnage,
» où, puis deux mois, j'ay toujours eu tant d'adversité et ennuy,
» que encores ne vous pourroys-je commodément escripre de
» ma main. Vous excuserez le tout, s'il vous plaist, me conti-
» nuant toujours en vostre bonne grâce, comme de toutes vos
» niepces la plus affectionnée à vous obéyr et qui sur ce s'en va
» vous présenter ses bien humbles recommandations, suppliant
» le créateur qu'il vous doint, monsieur, en parfaite santé la
» très-heureuse et longue vie que vous desire, d'Anisy, ce XXIX
» septembre 1560.

» Je vous suplie, monsieur, n'estre marry de se que vous

» presse en cest affayre; c'est à mon grand regret, mais nesaysyté
» pour ung sy grand dommage my contrainct. »

 » Vostre humble et obéyssante niêpce

» Léonor de Roye. »

L'incurie et le mauvais vouloir du connétable se prolongeant, la princesse réitéra près de lui ses instances, dans une seconde lettre (1), ainsi conçue :

« Monsieur, j'ai tousjours atendu jusque à presant que me
» dussyes fayre reponse touchant le faict de Germiny, suyvant
» ce qu'avyes dict à Bryon par lequel vous avoys emplemant
» escript de cette afayre et l'estremyté en quoy je suys crayngnant
» que perde pour saynquante mylle escus de bagues sy je ne
» pourvoy à les désangager en dans le vinct et sayncquieme de se
» moys, e par se, monsieur, que je me suys tousjours attandue
» que me fournyryé les denyers dont sômes dacort pour la dicte
» terre, et que je voy que ne m'en faites nulle reponse, je ne say
» quy en peult estre l'ocasyon, quy faict que vous envoye se por-
» teur esprés pour vous suplier bien humblement par luy me
» fayre sertaine de vostre resolusyon, e sy vous plest achever le
» marché e que veyllyes vous trouver à Parys en dans huit jours
» je my trouveray me faysant savoyr au sertyn le jour quy
» pouré estre, pour là passer les contras e fayre lyvrer les de-
» nyers à seulx quy ont mes bagues lequelles fault que retire
» moy mesme craygnant que on ne m'en aist changé quelque
» une, aussy que j'ay destres affayres de grande ymportanse, et
» sayrays bien ayse par mesme moyen de vous pover veoyr, e
» sy vostre comodyté n'est d'aller au dict Paris, et que le trou-
» vyes bon, je paseres par ou vous seryes, parcoy vous suplie sus
» le tout me mander vostre voulonté e me renvoyer yncontynant
» se porteur, vous presantant, monsieur, mes humbles reco-

(1) Bibl. nat., mss. f. fr., vol. 3260, f° 77.

» mandatyons à vostre bone grase, pryant Dieu quy vous done,
» monsieur, en santé l'heureuse et longue vye que vous desyre.

» Madame ma mère me charge de vous presanter ses très-
» humbles recomandations à vostre bonne grase.

» Vostre humble et obeyssante nieyse

» LÉONOR DE ROYE. »

Au moment même où la comtesse de Roye avait tenté, à Écouen, près du connétable, une démarche destinée à demeurer à peu près infructueuse, s'était accompli, vis-à-vis d'elle et de sa fille, un message qui, par l'imprudence de la personne que le prince de Condé en avait chargée, devait, dans des proportions diverses, réagir d'une manière fâcheuse sur la situation de ce prince et de sa famille.

Lasague, gentilhomme du Béarn, envoyé par Louis de Bourbon en Picardie, était arrivé, vers la fin de juillet 1560, à Anisy, où il comptait trouver réunies Eléonore de Roye et sa mère, qu'il devait visiter de la part du prince. Il n'y rencontra que la princesse, alors retenue dans sa demeure par les soins qu'exigeait sa santé. Il s'entretint avec elle de tout ce qui concernait son mari, et se chargea de transmettre à ce dernier les réponses qu'il attendait de sa femme. Madame de Roye étant alors à Écouen, Lasague s'y rendit et y vit la comtesse, de Lahaye, et le connétable, qui lui remit des lettres pour Condé. De là il alla à Paris, où le vidame de Chartres et d'autres seigneurs lui confièrent aussi des lettres pour le prince. Ensuite il gagna Fontainebleau, où, après avoir délivré à plusieurs adhérents de ce dernier des missives qui leur étaient destinées, il rencontra inopinément un officier nommé Bonval avec lequel il avait précédemment soutenu d'étroites relations en Piémont; Bonval se répandit en plaintes contre les Guises, provoqua par supercherie des confidences auxquelles Lasague se laissa entraîner et lui déclara qu'il était prêt à le suivre, pour aller, sous ses auspices, embrasser à Nérac la cause du prince de Condé. Dénoncé par le fourbe Bonval, qui n'était en réalité qu'un agent des Guises, Lasague fut bientôt arrêté. On saisit sur lui les lettres du connétable, du vidame de Chartres, et d'autres papiers; puis « il fut tant tiré sur la géhenne, qu'il » déclara tout ce qu'il savait, *et davantage* » (1).

Ses déclarations compromettaient notamment Condé, le vidame, et, jusqu'à un certain point, le roi de Navarre.

« Soudain (le 29 août) les capitaines des gardes furent envoyez » à Paris pour mettre le vidame estroitement prisonnier en la » Bastille. Ce qui leur fut bien aisé, car il estoit à grand peine » sorti d'une grande maladie, et n'eust-on esgard à autre chose » qu'à exécuter le commandement, sans mesme permettre aux » médecins de le pouvoir assister (2). » Jeanne d'Estissac, sa femme, qui voulait s'enfermer avec lui, ne put même pas obtenir l'autorisation de le voir (3).

Cette brutale main-mise, ainsi opérée sur un homme sans défense, et l'arrestation du conseiller Robert de La Haye, qu'on supposait être informé des intentions du prince de Condé (4), ne constituaient encore que le prélude d'excès d'une plus haute gravité.

Il s'agissait, en effet, de s'emparer de Louis et d'Antoine de Bourbon. Ne pouvant, de loin, y réussir par la force, les Guises se servirent de leur royal neveu, qu'ils faisaient agir et parler à leur gré, pour attirer les deux frères à la cour.

Le 30 août, Crussol fut envoyé en Béarn, muni d'instructions

(1) R. de La Planche, ouvr. cit., p. 504.

(2) Le Pr. de La Place, *Comment.*, p. 105, 106. — R. de La Planche, ouvr. cit., p. 503 : « Le connestable ne craignit de recommander le vidame au roy et » à la royne mère, les suppliant ne permettre qu'il reçeust trop rude traitement. » Car sa fidélité et ses grans services méritoyent toute autre récompense, ce que » ne pouvoyent ignorer ses ennemis, et qu'il n'eûst despendu cinquante mille li- » vres de rente et un million d'escus pour le service de ses prédécesseurs roys. »

(3) De Thou, *Hist. univ.*, t. II, p. 809.

(4) Le P. de La Place, *Comment.*, p. 107. — *Journal* de Bruslart, *Mém.* de Condé, t. I, p. 16, 17.

menaçantes (1), et porteur d'une lettre de François II au roi de
Navarre. On y faisait tenir au jeune monarque le langage suivant (2) :

« Mon oncle, je crois que vous estes bien mémoratif des
» lettres que je vous escrivis d'Amboise, quand ceste dernière
» esmotion survint (3), et de ce que je vous manday de mon
» cousin le prince de Condé, vostre frère, qu'une infinité de
» prisonniers chargeaient merveilleusement : chose qui ne me
» pouvoit entrer en l'entendement pour l'honneur du sang dont
» il est, et l'amour que je porte aux miens, espérant que le
» temps et ces déportemens feroient cognoistre la menterie de
» tels malheureux, et me donneroyent parfaite assurance de son
» innocence : mais j'ay eu depuis continuellement tant d'adver-
» tissemens conformes de tous les endroits de mon royaume
» des pratiques et menées que on le charge avoir faicts et faict
» faire au préjudice de mon service et la seureté de mon estat,
» que je n'ay néantmoins jamais voulu croire jusques à ce que
» de fresche mémoire j'en ay vu si grande apparence, que je
» me suis résolu m'en éclaircir et sçavoir ce qui en est, n'estant
» pas délibéré, pour la folie d'aucuns de mes subjects, vivre
» toute ma vie en peine. Et pour ce, mon oncle, que je me
» suis tousjours asseuré de l'amitié et fidélité que me portez,
» et que vous m'en avez tant fait d'offres et de preuves, que je
» n'en puis ny ne veux doubter aucunement, je n'ay voulu faillir
» de vous en advertir incontinent et escrire la présente, par
» laquelle je vous prie sur tout le service que desirez jamais
» me faire, et ordonne sur tant que vous avez chère ma bonne
» grâce, de me l'amener vous-mesme, dont je n'ay voulu charger

(1) Instruction de M. de Crussol, allant, par ordre du roi, vers le roi de Navarre, du 30 août 1560. (Bibl. nat., mss. Colbert, vol. 28. — *Négoc. sous François II*, p. 482 à 486.)

(2) *Mém.* de Condé, t. I, p. 572, 573. — *Mém.* de Tavannes, chap. XVI.

(3) *Mém.* de Condé, t. I, p. 398 et suiv. Lettre du 9 avril 1560.

» autre que vous, non pour autre intention que pour se justifier
» en vostre présence de ce dont il est chargé : vous pouvant
» asseurer que je serai aussi aise et aussi content qu'il se
» trouve innocent et net d'une si infâme conspiration, comme
» je serois très-desplaisant que au cœur d'une personne de
» si bonne race et qui me touche de si près, si malheureuse
» volonté fût entrée : vous pouvant asseurer que là où il refu-
» sera de m'obéyr, je sauray fort bien faire cognoistre que je
» suis roy, ainsi que j'ay donné charge à M. de Cursol (*de Crus-*
» *sol*) vous faire entendre de ma part, ensemble plusieurs autres
» choses dont je vous prie le croire, comme vous voudriez faire
» moy-mesme. Priant Dieu, mon oncle, vous avoir en sa très-
» sainte et digne garde. Donné à Fontainebleau, ce xxxᵉ jour
» d'aoust 1560. »

Ni cette lettre, ni les commentaires qu'y ajouta oralement de
Crussol, n'étaient de nature à décider immédiatement les deux
princes à quitter Nérac.

Bientôt arriva près d'eux leur frère, le cardinal de Bourbon (1), chargé par la cour de presser leur départ.

Il y avait le plus grand danger pour le roi de Navarre et pour
Condé à obtempérer aux ordres réitérés de la cour, en venant,
l'un, comme une sorte de gardien responsable, livrer son frère
à des mains hostiles, l'autre accepter la situation d'un accusé
condamné d'avance. Il y avait au contraire chance de succès
dans une ferme attitude, digne du rang des deux frères, si,
accueillant l'appui que leur offrait encore une partie de la
noblesse et de la population, ils se mettaient en marche, non
pour venir présenter une justification, mais pour revendiquer

____

(1) Le Pr. de La Place, *Comment.*, p. 107. — Le départ du cardinal eut lieu trois
ours après celui de Crussol. (V. *Cal. of state pap.*, *foreign series.* Lettre de
Throckmorton à Cecil, du 8 septembre 1560.)

des droits, à la tête d'un nombre imposant d'hommes qui les avaient choisis pour chefs et pour protecteurs.

Voilà ce que parurent originairement comprendre Condé et Antoine de Bourbon. Celui-ci, en effet, répondant à la lettre que François II lui avait écrite le 30 août, déclara (1) « ne pouvoir
» croire son frère avoir entrepris contre sa personne, ny Estat,
» comme aussi n'en avoit-il aucune occasion; mais que plus
» tost voudroit-il hazarder la vie et les biens pour la conserver
» contre ceux qui seroient si téméraires de l'entreprendre. Et
» ne faisoit doute que ses haineux et ennemis qu'il avait près
» de sa personne ne luy eûssent presté cette charité par leurs
» fausses calomnies et accusations; que s'ils se vouloient rendre
» parties et qu'il pensast trouver la justice ouverte à la cour, il
» connoissoit l'innocence de son frère si grande, que luy mesme
» ne feroit difficulté de l'y mener, et iroit en si petite compa-
» gnie, qu'on auroit occasion de croire toute autre chose de
» luy; encore que grâces à Dieu il eust tant d'amis, que s'il les
» vouloit emploier, il esperoit bien ne tomber à la mercy de
» ses ennemis, qu'il sçavoit préparer leurs forces sous le nom et
» autorité dudit seigneur. Que s'il y avoit gens en ce royaume
» qui eûssent entrepris sur son Estat et autorité, il espéroit
» bien démontrer que c'estoient tels imposteurs mesmes qui
» rejettoient leurs crimes sur les innocens; n'aians tous les
» princes de son sang rien plus cher en ce monde, ny tant
» recommandé que la conservation de sa couronne, laquelle ne
» pouvoit estre esbranlée ne transférée, que ce ne fust à leur
» ruyne et subversion entière, comme estans après luy et ses
» frères les plus proches et apparens héritiers du royaume.
» Partant, il suppliait ledit sieur de ne recevoir légèrement
» aucune mauvaise et sinistre opinion de ses plus proches parens
» et serviteurs très-affectionnés. »

(1) R. de La Planche, ouvr. cit., p. 597, 598. — L. V. de La Popelinière, *Hist. de France*, édit. de 1581, in-f°, t. I, f° 209.

Le prince de Condé adressa aussi à François II une réponse des plus explicites, « se défendant de toutes les calomnies qu'on » lui avoit imposées, desquelles il désiroit sur toutes choses » s'aller justifier, pourvu que ses accusateurs se voulussent ren» dre parties, et que l'autorité qu'ils avoient embrassée leur » fust ostée; car il ne s'attendoit pas de voir aucune bonne » justice administrée au royaume, pendant que ceux-là gou» verneroient (1). »

De leur côté, dès qu'elles avaient été informées de l'arrestation de La Sague, des déclarations que lui avait arrachées la torture, et de la double mission de Crussol et du cardinal de Bourbon en Béarn, Éléonore de Roye et sa mère, mesurant l'étendue du danger que courait Condé, s'étaient efforcées de l'y soustraire. Elles avaient de suite émis l'avis que, « quand même » Antoine de Bourbon irait trouver le roi, le prince de Condé, » à qui surtout on en voulait, ne devait pas venir; que, par là » même, la vie du premier serait plus en sûreté, et que les » Guises ne seraient pas assez téméraires pour attenter à sa » personne, tant qu'ils craindraient la vengeance du prince, son » frère (2). » De plus, lorsque Catherine de Médicis avait fait dire à madame de Roye que, si elle croyait à l'innocence de son gendre, elle l'engageât à partir, la comtesse lui avait écrit aussitôt, en son nom et en celui de sa fille (3) : « qu'elle estoit » certaine de l'innocence de son gendre; qu'il n'avoit jamais » fait ny pensé chose qui feust contraire au roy et qu'elle ne » devoit croire les sieurs de Guise, ses ennemis; que c'estoit » chose dure de presser un prince du sang de venir en lieu où » ses ennemis commandassent. »

Dans une lettre postérieure, également adressée à Catherine

(1) R. de La Planche, ouvr. cit., p. 599. — L. V. de La Popelinière, *Hist. de France*, t. I, p. 209.

(2) De Thou, *Hist. univ.*, t. II, p. 824.

(3) Le Pr. de La Place, *Comment.*, p. 106. — L. V. de La Popelinière, ouvr. cit., t. I, f° 207.

de Médicis, madame de Roye disait (1) : « qu'elle pensoit bien
» que monsieur le prince lui estoit si obéissant parent et ser-
» viteur, qu'il obéirait à son commandement de venir en court;
» mais, pour ce que ses ennemis y estoient, la prioit ne trou-
» ver estrange s'il y venait mieux accompagné que de cous-
» tume. » Blessée au vif par ces derniers mots qui avaient frappé
juste, la reine mère répliqua (2) : « Que le prince trouve-
» roit le roy mieux accompagné que luy, et que ce n'estoit
» au lieu où estoit le roy son maistre où il falloit venir
» fort. »

Bientôt la cour changea de tactique. A des ordres altiers et
à un langage d'intimidation, qui avaient manqué le but, succédèrent de simples invitations au départ, formulées avec des
ménagemens apparents et de fallacieuses promesses. « Dépesche
» fut promptement faite par laquelle le roy manda (aux deux
» princes) qu'ils pourroient aller devers luy en toute sûreté
» et s'en retourner quand bon leur sembleroit, les assurant en
» parole de roy, qu'il ne seroit attenté en leurs personnes en
» aucune manière; qu'il entendroit paisiblement leurs remon-
» trances et justifications sans qu'ils entrassent en prison, ou
» qu'on leur fît procès; et que seulement il voulait avoir res-
» ponce de la bouche (d'Antoine de Bourbon) sur les points dont
» on chargeoit ledit seigneur prince (de Condé), et qu'il ne
» le pouvoit aucunement croire : bref, qu'ils seroient recueillis
» selon leur estat et dignité, voire qu'on leur bailleroit le rang
» qui leur appartenoit au maniement des affaires, afin d'avoir
» leur conseil et avis pour rendre toutes choses bien policées.
» Et quant à la religion de laquelle ledit sieur prince avoit fait
» déclaration et protestation publique, il ne vouloit et n'entendoit

(1) Le Pr. de La Place, *Comment.*, p. 106. — L. V. de La Popelinière, ouvr.
cit., fº 207. — D'Aubigné, *Hist. univ.*, t. I, liv. II, chap. xviii.
(2) Le Pr. de La Place, *Comment.*, p. 106. — L. V. de La Popelinière, ouvr.
cit., fº 207.

» que pour raison de ce il en fust aucunement troublé ni in-
» quiété (1). »

Les assurances contenues dans cette dépêche étaient démenties par les mesures que la cour avait déjà prises, telles
notamment que la concentration de forces militaires autour de
la personne de François II, que la demande de troupes adressée
au roi d'Espagne et que l'envoi en mission extraordinaire de
divers chefs dévoués, pour contenir les provinces, de concert avec
les gouverneurs qui y commandaient. Ces mêmes assurances
étaient également démenties par les termes menaçants de la
correspondance du souverain avec plusieurs hauts fonction-
naires (2). Le docile François II écrivait à l'un d'eux, sous la
pression des Guises : « Je me délibère m'acheminer en peu de
» jours à Orléans où je veux faire l'amas de mes forces, y faisant
» dès ceste heure marcher de tous costés un grand nombre de
» gendarmerie avecques une bonne troupe de gens de pied, de
» façon que j'espère, avec l'ayde de Dieu, s'il y en a de si fols
» de me mesconnoistre, de leur faire sentir à bon escient que je
» suis roy qui me sais bien faire obéir (3). »

La trame ourdie contre Louis et Antoine de Bourbon n'avait
pas échappé à la pénétration d'un homme d'État distingué, Marillac, archevêque de Vienne, qui, rappelant à Jacqueline de
Longwic, duchesse de Montpensier, dont il possédait toute la
confiance, la promesse qu'elle lui avait faite naguère de s'opposer
en temps opportun, aux desseins des Guises, lui signala (4) les
mesures à prendre pour détourner le coup que voulaient frapper
les ennemis de la France et des princes du sang. Il lui conseilla

(1) R. de La Planche, ouvr. cit., p. 599, 600.
(2) Ordre du roi à de Burie, commandant en Guyenne, de septembre 1560
(*Négociations sous François II*, p. 578, 579, 580). — Lettres de François II à
l'évêque de Limoges, du 5 octobre 1560 (*Ibid.*, p. 610), et au maréchal de
Termes, du 6 octobre 1560 (*Ibid.*, p. 642).
(3) Lettre du 6 octobre 1560 à de Termes (*Nég.*, p. 642).
(4) De Thou, *Hist. univ.*, t. II, p. 824, 825. — Le président de La Place,
Comment., p. 109, 110, 111.

entre autres choses d'engager le duc de Bouillon, son gendre, à recevoir les enfants de Condé dans Sedan et Jametz et à consentir qu'on enfermât dans ces places les enfants ou les frères du duc de Guise, si l'on réussissait à les prendre, parce que leur vie répondrait de celle des Bourbons.

Tandis que la duchesse de Montpensier mettait à exécution le conseil de Marillac en envoyant un messager éprouvé au duc de Bouillon et aux princes protestants de l'Allemagne pour gagner leur concours à la cause des princes du sang, que faisait une autre femme avec laquelle la duchesse soutenait de fréquents rapports et à laquelle elle avait le singulier courage d'adresser de fortes représentations, trop rarement écoutées? Non moins dissimulée que Jacqueline de Longwic était franche, Catherine de Médicis, car c'est d'elle qu'il s'agit, engageait, ainsi que le rapporte Tavannes (1), la princesse de Condé à recommander à Louis et à Antoine de Bourbon de ne pas quitter le Béarn. Mais Catherine, alors même qu'elle prétendait accomplir quelque bon office, ne pouvait presque jamais s'affranchir d'une obliquité de procédés qui lui faisait manquer le but à atteindre. La preuve en est dans le récit de Tavannes lui-même. « La reyne mère,
» dit-il (2), escrivit au roy de Navarre qu'il vînt, y estant à demy
» forcée pour plaire à messieurs de Guise; et craignant d'estre
» découverte, sans escrire, faisoit entendre secrètement à la
» princesse de Condé que c'estoit la mort de son mary s'il venait
» à la cour. Le roy de Navarre et le prince de Condé adjoustent
» foy aux escrits de la main de la reyne, non aux advertisse-
» ments secrets qu'elle donnoit au contraire, les croyant pro-
» céder de la crainte de la princesse de Condé, et d'autant plus
» que leurs serviteurs dépendans du roy et de messieurs de
» Guyse, estans avec eux, leur faisoient passer par-dessus tous
» advis et difficultez préoccupant leurs esprits. »

(1) *Mém.* de Tavannes, chap. XVI.
(2) *Mém.* de Tavannes, chap. XVI.

On se représentera aisément les vives supplications que, du fond de sa solitude, Éléonore de Roye adressa à son mari et à son beau-frère pour les détourner de toute idée de départ. D'elle seule venait la vérité; elle seule méritait d'être crue. Jeanne d'Albret pour sa part le savait; aussi avait-elle joint ses ardentes instances à celles de sa belle-sœur, de cette amie fidèle, dont elle connaissait si bien le noble cœur et la rare intelligence; mais, hélas! accordant alors plus de confiance à la servile parole d'un fantôme de roi et à l'invitation décevante de sa mère qu'au sincère et énergique langage de deux femmes aimantes, judicieuses et dévouées, Condé et le roi de Navarre se décidèrent à quitter Nérac et à s'acheminer vers Orléans.

On se méprenait tellement, à la cour, sur la sincérité de leurs intentions, ils y étaient si constamment desservis, la haine de leurs adversaires était si profonde, que les Guises, à la première nouvelle de leur départ du Béarn, firent insérer dans une dépêche royale du 5 octobre 1560 (1) les lignes suivantes : « J'ay eu depuis deux jours advertissement qu'au lieu de me » venir trouver en humilité comme ils debvoient (le roi de Na- » varre et le prince de Condé) se préparoient, poursuivant la pre- » mière délibération, exécuter leur entreprinse. Quoy voyant, » par l'advis de tant de bons et affectionnés serviteurs que » j'ay, je me suis résollu de prévenir et avec toutes les forces » que j'ay assemblées et que je faits encore assembler, marcher » au-devant de luy (le roy de Navarre) jusques à Orléans, pour » s'il vient comme subject doibt venir à son prince, le recevoir » et luy faire bonne chère; sinon luy courre sus et luy faire » sentir que je suis roy, qui ay puissance et moyen de me faire » obéyr et chastier ceulx de mes subjectz qui seront si témé- » raires de me dényer l'obéissance. Je ne scay si ce qu'on dit » est vray, pour le moins y veulx-je pourveoir en tout événe-

____

(1) *Négociations sous François II*, p. 610.

» ment, et de façon qu'il ne m'en puisse advenir inconvé-
» nient. »

Partis du Béarn, à la fin du mois de septembre, les deux
frères, lors de leur passage à Verteuil en Angoumois, principale
résidence des seigneurs de Larochefoucault, y furent abordés par
un agent secret de la cour, le cardinal d'Armagnac. Protestant
de son dévouement à leurs personnes, il les circonvint par de
perfides conseils, par l'assurance de l'accueil favorable qu'ils
recevraient à leur arrivée, et les engagea à accélérer leur
marche.

En entrant à Limoges, ils y rencontrèrent un grand nombre
de seigneurs et de gentilshommes qui les pressèrent de se mettre
à leur tête et leur promirent le concours d'une foule d'adhérents
prêts à se lever et à agir dans diverses provinces.

En même temps arrivait à Limoges un homme de confiance,
porteur d'une lettre adressée en toute hâte par Éléonore de
Roye à Louis de Bourbon. La princesse (1) « advertissoit son
» mary du complot pris et arresté entre ceux de Guise, d'exter-
» miner tout le sang royal : ce qu'elle avoit entendu de si bon
» lieu qu'elle n'en pouvoit nullement douter : partant, elle le
» supplioit très-humblement de n'avoir le cœur si lasche que
» de s'aller jetter en leurs filets, quelques belles promesses
» qu'il eust du roy. Que si elle estoit homme et en son lieu,
» elle aimeroit mieux mourir en combattant l'espée au poing
» pour une si juste querelle, que de monter sur un eschaffaul,
» pour tendre le col à un bourreau sans l'avoir mérité, comme
» il en estoit menacé. D'autre costé, elle s'assuroit tant de sa
» bonne cause et querelle, qu'elle trouveroit bonne troupe de
» gentilshommes qui l'accompagneroyent de leurs vies, et pren-
» droient tous ensemble une fin heureuse avec une perpétuelle
» louange d'estre morts pour la sauveté du roy et du royaume,

(1) R. de La Planche, ouvr. cit., p. 608, 609. — Castelnau, *Mém.*, in-f°, t. I,
p. 51.

» à l'exemple des grands personnages qui avoient pour moindre
» occasion rendu leur nom immortel. Et que si ainsi advenoit,
» elle l'accompagneroit bientost au tombeau; mais ce seroit avec
» plus d'heur et contentement que si elle eust possédé tous les
» biens, honneurs et richesses du monde. »

Loin de se rendre à l'évidence qui éclatait dans l'admirable
langage de sa femme, Condé hésitait encore : la princesse l'apprit et aussitôt courut à sa rencontre, le vit, lui retraça en termes
saisissants le péril au devant duquel il se jetait, tête baissée,
lui montra la droite voie à suivre, et l'adjura au nom du devoir
et de l'honneur, d'écouter enfin ses conseils ; vains efforts, vaines
supplications : elle ne put arracher le prince à son aveuglement
et force lui fut, hélas! « de s'en aller esplorée comme elle estoit
» venue (1). »

A Limoges, Louis et Antoine de Bourbon s'étaient séparés
des seigneurs et des gentilshommes dont ils avaient refusé les
offres de service. Accompagnés seulement de quelques personnes dévouées, ils continuèrent leur route n'avançant qu'à
petites journées, et étant depuis Poitiers suivis à distance par
une force armée chargée de les observer et de leur couper, au
besoin, toute retraite. « Plus alloyent-ils avant, tant plus avoyent-
» ils d'advertissemens de se retirer secrètement suyvant ce qu'ils
» ont bien reconnu depuis leur avoir esté prédit, qu'autant de
» pas qu'ils faisoient vers la cour, autant approchoyent-ils, et
» tout l'estat du royaume, de la mort, si Dieu n'y remédioit
» extraordinairement : à quoy ils ne vouloyent nullement en-
» tendre, se remettans et leur affaire du tout en Dieu, duquel
» ils attendoient tout secours et défense, et en ceste confiance et
» de leur innocence se recommandoyent aux prières des églises
» réformées, faisans venir à eux tous les ministres, diacres,
» et surveillans par où ils passoyent pour les consoler : chose

(1) R. de La Planche, ouvr. cit., p. 609. — Castelnau, *Mém.*, t. 1, p. 51.
— *Hist. de cinq rois*, p. 109.

» notable pour cela qui s'en ensuyvit, combien qu'il ne tinst
» aux princes qu'ils ne se perdissent entièrement. Voylà comme
» ils arrivèrent à Orléans avec leur petit train qui fut la veille
» de Toussains, dernier d'octobre (1). »

(1) R. de La Planche, ouvr. cit., p. 619.

CHAPITRE V

L'aspect d'Orléans, à la fin d'octobre 1560, était sinistre. François II y avait fait son entrée le 18 du même mois, moins en monarque qu'en conquérant. Les Guises avaient concentré dans l'enceinte de la ville toute une armée également menaçante pour les États généraux dont la session devait bientôt s'ouvrir, et pour les habitants, surtout pour ceux qui professaient la religion réformée. On se préparait à sévir contre ces derniers avec une rigueur que fit bientôt pressentir le rude traitement subi par leur coreligionnaire et protecteur Groslot, premier magistrat de la cité. Dans chaque rue, à chaque carrefour, sur chaque place, était établi un corps de garde. Un régime de compression et de terreur planait sur la population.

A mesure que Condé et son frère s'étaient approchés, de nombreux émissaires des Guises (1), sillonnant la route pour retourner en toute hâte à Orléans, y avaient signalé les progrès de la marche des deux voyageurs. Avertie de leur présence sous les murs de la ville, la cour éprouva une âpre satisfaction à l'idée de tenir enfin la proie qu'elle convoitait depuis si longtemps.

Quel accueil que celui réservé aux deux princes! Du portereau

(1) La correspondance des Guises témoigne de l'ardeur avec laquelle ils épiaient la marche des princes. (Voir leurs lettres des 15 et 23 octobre 1560. Bibl. nat., mss. f. fr., vol. 3157, f°s 62 et 74.)

jusqu'au logis du roi sur la place de l'Étape (1), ils sont contraints de s'avancer entre deux haies d'hommes d'armes et d'archers, dont ils essuient les insultants propos ; l'accès de la demeure royale par la grande porte d'entrée leur est insolemment refusé ; ils mettent pied à terre, se résignent à pénétrer par une porte basse, et se présentent dans une salle où se tient le roi, entouré des Guises et de toute la noblesse de cour. Leur attitude, à la fois respectueuse et digne, contraste avec la réception glaciale qui leur est faite. Le roi ne tarde pas à les conduire dans la chambre de la reine mère. Les Guises se sont prudemment abstenus d'y suivre leur neveu, qu'ils ont d'ailleurs muni d'instructions suffisantes pour jouer le rôle convenu entre eux et lui (2). A la vue des princes, Catherine de Médicis verse des larmes d'une sincérité suspecte (3). Le roi déclare alors à Condé qu'il l'a fait venir pour savoir de lui la vérité sur les actes de haute trahison qui lui sont imputés ; le prince, tête levée, repousse en termes énergiques l'accusation dont il est l'objet, n'y voit qu'une odieuse calomnie forgée dans l'ombre par les Guises qui fuient en ce moment sa présence et il déclare qu'il saura bien se justifier (4) : « La prison d'abord, la justification ensuite (5) », réplique François II. Vainement Antoine de Bourbon conjure-t-il le roi d'entendre

(1) « Le roy alla loger en la maison du feu chancelier d'Alençon, père du
» baillif (Groslot), en la place appelée l'Estape. » (R. de La Planche, ouvr. cit.,
p. 617.)

(2) « Le cardinal (de Lorraine) et son frère se servent du roy comme d'un per-
» sonnage sur un eschafaud, luy faisant faire, dire et ordonner tout ce que bon
» leur semble. Or, rien ne leur semble bon, sinon ce qui revient à leur ambi-
» tion et profit particulier. » (*Juste complainte des fidèles de France*, etc., etc.
brochure in-32. Avignon, 1560, p. 25).

(3) « Larmes de crocodile », dit R. de La Planche (ouvr. cit., p. 621). — Voir
aussi Appendice, n° 15.

(4) *Mém.* de Condé, t. II, p. 378. — Castelnau, *Mém.*, t. I, p. 52.

(5) « Al qual el rey respondio que para que tambien el pudiese justificarse,
» avia determinado de mandarle tener preso. » (Pap. de Simancas, série B, l. 11,
n°ˢ 201 à 204. Dépêche de Chantonnay à Philippe II du 4 nov. citée dans le
Journal des savants, ann. 1859, p. 38.)

les explications que son frère est prêt à fournir, et de le laisser
en liberté, ou tout au moins de le confier à sa vigilance; il ré-
pondra de lui sur sa propre tête : le royal esclave des Guises se
tournant alors vers deux capitaines des gardes que ses oncles
ont appostés là, leur commande de s'emparer du prince. Celui-
ci, sans rien perdre de sa fermeté, se laisse emmener par eux en
adressant à l'imprévoyant et crédule cardinal de Bourbon ces
paroles accablantes mais méritées : « Monsieur, avec vos asseu-
» rances, vous avez livré vostre frère à la mort (1). » Le malheureux prélat éclate en sanglots et demeure anéanti. Bientôt
Condé est incarcéré (2) dans une maison voisine, munie de fenêtres grillées. Les approches en sont défendues par des pièces
d'artillerie braquées sur trois rues. Ordre est donné d'imposer
au prisonnier une captivité des plus strictes, et de ne laisser
communiquer avec lui qu'un homme de service (3).

Quant au roi de Navarre, s'il n'est pas, comme son frère, jeté
en prison, il n'obtient d'autre liberté que celle d'aller du loge-
ment qu'on lui assigne à l'habitation du roi. A peine lui reste-t-il
quelques-uns de ses serviteurs. Il doit demeurer jour et nuit
sous la surveillance de gardes et d'espions (4).

(1) Le président de La Place, *Comment.*, p. 112.

(2) « Les Huguenotz blasment le roy François II d'avoir fait venir le prince
» de Condé à Orléans et puys l'avoir fait emprisonner. Aucuns disent qu'il est
» permis au roy d'ainsi fayre à l'endroyt de son subject qui l'a offensé, et que
» par letres douces et parolles il le peut appeler à soy et puys le chastier;
» d'autres disent que cela sent son Turc qui mande à ses bachas et capitaynes
» et puys estans venus leur fait trancher la teste. (Brantôme, édit. L. Lal., t. I,
p. 121.)

(3) Le président de La Place, *Comment.*, p. 112. — R. de La Planche, ouvr.
cit., p. 622. — Désormeaux, dans son *Histoire de la maison de Bourbon,* publiée
en 1782, dit (t. III, p. 448) : « La prison dans laquelle fut conduit le prince
» était une maison voisine de la place de l'Étape…. Elle existe encore; elle est
» située dans la rue des Carmélites. On a laissé subsister de gros barreaux de
» fer aux fenêtres de la chambre où couchait le prince. »

(4) R. de La Planche, ouvr. cit., p. 622, 623. On avoit assigné pour demeure
» au roi de Navarre un hôtel situé sur la place de l'Étape, attenant à celui où
» étoit logé le roy. » (Desormeaux, ouvr. cité t., III, p. 449.)

Trente-six heures après l'arrestation de Condé a lieu celle de sa belle-mère (1). Carouges et Renouart, gentilshommes de la cour, « serviteurs très-affectionnés de ceux de Guise et ayant sin- » gulier plaisir d'exécuter leur commandement à toute rigueur » ont fait preuve de zèle en franchissant une grande distance avec une célérité telle qu'ils ont pu envahir à l'improviste le châ- teau d'Anisy, en Picardie, qu'occupe la comtesse de Roye (2). Là, « sans aucune forme ne figure de justice », ils fouillent sa demeure de fond en comble, explorent jusqu'aux moindres ob- jets qui lui appartiennent, compulsent ses papiers, s'en saisis- sent et l'arrachant elle-même brutalement à son intérieur, ils l'entraînent jusqu'à Saint-Germain-en-Laye, où ils l'enferment dans le château. Ordre est donné « au capitaine dudit château » de l'y recevoir prisonnière et de la tenir en si étroite garde » que nul ne parlera à elle, fors que les juges que le roi y en- » voyera (3). »

Voilà comment est traitée la belle-mère d'un prince du sang, la nièce d'un connétable, la sœur des Châtillon, une femme éminente qui a prodigué à la reine mère des conseils inspirés par un dévouement éclairé et qui a plus d'une fois reçu d'elle le nom d'amie! mais qu'attendre de l'amitié de Catherine de Médicis, dominée par les Guises? ne l'a-t-on pas vue se faire un grief contre madame de Roye de ce que, peu de jours avant son ar- restation, elle lui a écrit en termes pressants pour obtenir un sauf-conduit en faveur de sa fille qui désirait se porter à la ren- contre du prince de Condé (4)?

(1) Le président de La Place, *Comment.*, p. 113. — De Thou, *Hist. univ.*, t. II, p. 830 : « Madeleine de Mailly de Roye, belle-mère du prince de Condé, » (était une) dame d'un génie élevé et d'un grand courage. Son zèle pour les » intérêts de son gendre l'avait rendue odieuse aux Guises contre qui elle se dé- » chaînait sans cesse en présence de la reine mère avec trop de liberté. »

(2) Voir Appendice, nº 16.

(3) R. de La Planche, ouvr. cité, t. III, p. 624.

(4) On lit dans une lettre adressée d'Orléans, le 10 novembre 1560, au sénat de Venise par les ambassadeurs Gio-Micheli et M. Suriano (*Archives générales de*

Les rigueurs exercées contre madame de Roye n'arrêtent pas le courage d'une femme qui, elle du moins, est sa véritable amie. Au risque de se voir, à son tour, traitée comme la comtesse, Jacqueline de Longwic, duchesse de Montpensier, se prévaut de la familiarité, non ébranlée encore, de ses relations avec Catherine de Médicis (1), pour plaider, en sa présence, la cause du prince de Condé, de sa belle-mère et de son frère. Elle lui conseille de se défier de la puissance des Guises, de ne pas attendre que la mort du roi de Navarre et du prince l'ait portée au comble, et d'opposer aux Lorrains factieux la noblesse de France qui, s'il le faut, prendra contre eux les armes (2).

Cependant que devient Éléonore de Roye? Les douloureux pressentiments qui n'ont cessé d'agiter son âme ne se justifient que trop tôt : elle apprend à La Ferté-sous-Jouarre la double arrestation de son mari et de sa mère, tombe évanouie (3), et ne se relève que pour éprouver d'indicibles angoisses, qu'elle parvient à surmonter, grâce à son énergie morale. Convaincue que le sort du prince et de la comtesse doit se décider à Orléans, elle prend aussitôt la résolution de se rendre dans cette ville pour tenter de les sauver tous deux. Elle doit s'arracher aux caresses et aux pleurs de ses enfants : elle les serre une dernière fois sur son cœur, les bénit et part.

Venise, Recueil des dépêches des ambassadeurs, *Francia*, 1560-1562, *Senato III, Secreta*) : « E stata dapoi ritenuta di ordine de S. M. madamma di Rogia, madre » della moglie del detto principe (de Condé), stimata donna di gran spirito, la » qual ardi alli di passati di scriver una lettera alla regina madre dimandandogli » un salvo-condotto per la detta sua figliuola, per condursi al marito quando era » col re di Navarra, laqual littera fu stimata piena d'arogantia, et non senza » sospicione che ella havesse intelligentia et participatione dell' imputatione data » al detto principe. »

(1) *Relat. de l'amb. vénit. J. Michiel*, ap. Tommaseo, t. I, p. 433 : « Le duc » de Montpensier ne se mêle pas des affaires, mais en revanche sa femme le fait » bien pour lui. Elle est gouvernante et première dame d'honneur de la reine, » très-familière avec elle, et elle en obtient tout ce qu'elle veut. »

(2) De Thou, *Hist. univ.*, t. II, p. 832.

(3) Désormeaux, ouvr. cité, t. III, p. 454.

Après un trajet fatigant, périlleux même, à peine a-t-elle atteint une localité de la Beauce, sise à dix lieues en deçà d'Orléans, qu'un émissaire de la cour « lui fait défense de par le roy
» de passer outre, sur peine de rébellion et d'estre atteinte et
» convaincue de crime de lèze-majesté » (1). Ainsi contrainte
de s'arrêter, sans toutefois reculer devant la menace, elle
adresse à Catherine de Médicis des réclamations énergiques et
réitérées. L'attente, avec ses anxiétés si crüelles, ne la trouble
point, car elle sait « posséder son âme par la patience » (2). Une
lettre de la reine mère l'autorise enfin « à venir à petite com-
» pagnie solliciter les affaires de son mari, ce qu'elle fait. Estant
» donc arrivée à Orléans, elle recourt à tous ceux qu'elle estime
» amis : mais on en fait moins de conte que de la moindre da-
» moiselle de France. Le roy de Navarre mesmes n'ose parler
» à elle, pour crainte qu'il a de soy mesmes. Bref, il ne se pré-
» sente ni courtisan, ni citadin si hardy de la saluer seulement,
» soit en public ou privé, tant elle est de près observée (3). »

Abandonnée de tous, va-t-elle faiblir sous le poids de son isolement? Non, car elle porte en elle un cœur chrétien que soutiennent ces divines paroles : « Invoque-moi, au jour de la dé-
» tresse, et je te soulagerai » (4). Le Dieu des miséricordes a
entendu sa prière et l'assiste. Aussi demeure-t-elle inébranlable,
plus résolue que jamais à parler, à agir et à affronter tous les
obstacles.

L'accès de la prison dans laquelle est confiné le prince lui
reste interdit; elle ne peut, quant à présent, ni lui écrire, ni
recevoir de lui une seule ligne. Elle sait seulement que, dépourvu
de tout conseil, de toute assistance, il s'est trouvé aux prises
avec divers personnages, chargés, les uns de le circonvenir par

---

(1) R. de La Planche, ouvr. cité, p. 697.
(2) Luc, XXI, 19.
(3) R. de La Planche, ouvr. cité, p. 698. — Castelnau, *Mém.*, t. I, p. 57.
(4) Ps. L, 15.

leurs propos captieux, les autres de lui faire subir un ou plusieurs interrogatoires. Mais qu'ont dit ces personnages? qu'ont-ils fait? qu'a dit et fait le prince lui-même? Elle l'ignore.

Il est sans défenseurs : il faut donc lui assurer immédiatement une défense. Les circonstances sont telles qu'il ne lui est pas permis de choisir un avocat pour assister son mari; elle se soumet dès lors à l'obligation de présenter au roi une requête tendant à obtenir de lui une nomination d'office. Le roi désigne Anne de Terrières, seigneur de Chappes, Pierre Robert, François de Marillac et Claude Mangot, avocats au parlement de Paris. De Terrières et Mangot étant absents de la capitale, Robert et Marillac viennent seuls à Orléans.

Leur présence dans cette ville est déjà pour la princesse un premier soulagement. Elle en éprouve un autre, à l'ouïe de la récente arrivée à la cour d'une femme vénérable sur le caractère et la sympathie de laquelle elle peut compter; car elle sait que dès son entrée à Orléans, le 7 novembre, Renée de France, duchesse de Ferrare, émue des scènes dont elle a été témoin, en dépit des hommages qu'on lui prodigue (1), s'est fait un devoir de reprocher fortement au duc de Guise, son gendre, l'incarcération de Condé, et lui a dit « que si elle eût été là, elle l'eust » empêchée; que cette playe saigneroit longtemps après, d'au-» tant que jamais homme ne s'estoit attaqué au sang de France, » qu'il ne s'en fust trouvé mal (2). » Cette voix courageuse sera-t-elle entendue?

Étendant au loin ses généreux efforts, Éléonore de Roye cherche à obtenir pour son mari et sa mère des appuis à la fois

(1) Les ambassadeurs vénitiens Gio. Micheli et M. Surian écrivaient d'Orléans, le 10 novembre 1560 : « Entro gia terzo giorno in questa città la duchessa di Ferrara incontrata con molto honore non sol da tutta la corte, ma da Sua Majesta » medesima uscita piu d'un grosso miglio per riceverla, et è allogiata in pa-» lazzo e riconosciuta e trattata come figliuola di re. »

(2) Le président de La Place, *Comment.*, f° 113. — R. de La Planche, ouvr. cité, p. 625.

religieux et politiques, hors de la France, en s'adressant direc-
ment à l'électeur palatin Frédéric III (1), et, par l'intermédiaire
de ce prince, sincère ami des protestants français, à Élisabeth,
reine d'Angleterre, qui annonce des intentions bienveillantes à
leur égard (2).

Quelle était en ce moment la situation du prince de Condé,
au point de vue judiciaire?

Les Guises avaient la prétention de le faire condamner comme
coupable de lèse-majesté divine et humaine, en d'autres termes,
au double titre d'hérétique et de criminel d'État. Pour ouvrir la
voie à une accusation d'hérésie, ils n'imaginèrent rien de mieux,
dès qu'il fut en prison, que de lui envoyer un prêtre, qui, péné-
trant dans sa chambre, lui déclara qu'il venait, par ordre du
roi, célébrer la messe devant lui. Le prince l'éconduisit, en répondant qu'il s'était rendu à Orléans, non pour y entendre la
messe, à laquelle il avait depuis longtemps renoncé, mais pour
se laver de l'outrage d'une injuste accusation (3).

Battus de ce côté, les Guises se retournèrent d'un autre. Con-
naissant l'indomptable fermeté de leur prisonnier, et alarmés de
la persistance avec laquelle il flétrissait en termes non équivoques
leur conduite, ils tentèrent d'acheter son silence, au prix d'a-
vances captieuses qu'ils lui firent faire par un de leurs agents, pour
arriver à une sorte de réconciliation. Le prince renvoya cet agent
en lui enjoignant de dire à ses maîtres (4) : « Qu'il avoit reçu
» tant d'outrages, qu'il ne restoit autre voye d'accord, sinon de

---

(1) Frédéric III écrivait le 8 décembre 1560 à Jean-Frédéric : « J'ai reçu hier
» la visite d'un secrétaire que la princesse de Condé a dépêché vers moi en toute
» hâte. Elle me témoigne la plus entière confiance, et ne doute pas que j'inter-
» cède en faveur de son mari pour tenter d'obtenir sa mise en liberté. » (V. Kluckhohn, Briefe Friedrich des Frommen, Kurfürsten von der Pfalz, erster Band,
p. 153, n° III.)

(2) *Calendars of State papers*, foreign series, vol. 1560-1561, p. 429. Frédéric,
Count Palatine of the Rhin, to the Queen, 7 décembre 1560.

(3) Castelnau, *Mém.*, t. I, p. 53. — R. de La Planche, ouvr. cité, p. 688.

(4) Castelnau, *Mém.*, t. I, p. 54. — R. de La Planche, ouvr. cité, p. 691,692.

» vuider leurs querelles à la pointe de la lance et de l'espée : et
» combien qu'il fust enserré en leurs liens, et qu'il semblast en
» apparence n'en devoir jamais sortir sans recevoir une mort
» ignominieuse, si est-ce qu'il espéroit tant de la bonté et misé-
» ricorde de Dieu, qu'il leur feroit réparer l'injure par eux faite à
» un prince du sang, lequel estant venu au mandement et sous la
» parole et assurance du roy, avoit esté si honteusement empri-
» sonné à leur pourchas et solicitation, afin de commencer en
» luy à esteindre le sang royal ; mais que cela n'aviendroit point
» qu'il ne les eust fait conoistre coupables des crimes à luy par
» eux imposez et que le roy n'avoit de si grands ennemis que la
» maison de Lorraine. »

Une dernière voie restait ouverte, celle de la violence déguisée
sous de fausses apparences judiciaires : les implacables ennemis
du prisonnier y poussèrent aussitôt quelques-unes de leurs créatures. Là où la plus élevée des juridictions régulières eût seule été
compétente pour informer et statuer, ils firent arbitrairement
intervenir une juridiction d'*exception*, en érigeant en commissaires instructeurs le président Christophe de Thou, Barthélemy
Faye et Jacques Viole, conseillers, auxquels ils adjoignirent
Bourdin, procureur-général, et Dutillet, greffier.

Chargés de procéder à l'interrogatoire de Condé, ces divers
personnages se rendirent dans sa prison. Le prince, interpellant
de Thou personnellement, lui fit sentir combien il trouvait
étrange qu'un homme tel que lui, affidé des Guises, osât venir
l'interroger, alors « qu'il devoit, plus que tous les bonnets ronds
» du royaume, s'abstenir de ce négoce » (1). Il ajouta, en s'adressant aux autres commissaires, qu'il refusait de répondre, « parce
» qu'il n'avoit d'autres juges que le roy, accompagné de ses
» princes, séant en la cour du parlement de Paris, les cham-
» bres assemblées » (2). Les assistants voulant passer outre, il

(1) R. de La Planche, ouvr. cité, p. 693.
(2) Castelnau (*Mém.*, t. I, p. 55, 56) démontre péremptoirement la justesse de

interjeta d'abord « un appel de son emprisonnement devant le
» roy séant en sa cour de parlement, suffisamment garnie de
» pairs de France », seule juridiction compétente. Dès le lendemain, le conseil privé, transformé, pour la circonstance, en tribunal supérieur, au mépris des attributions souveraines du roi,
des pairs et du parlement, réunis, déclara l'appel non recevable,
sans avoir d'ailleurs entendu ni même cité devant lui le prince.
Condé attaqua, comme entachée d'un excès de pouvoir flagrant,
la décision qui venait de repousser son appel ; sa réclamation
fut écartée, et injonction lui fut faite de répondre aux commissaires. Ces derniers retournèrent près de lui. Dédaignant
de satisfaire à une seule de leurs questions, il protesta contre
leur présence, et par un nouvel appel interjeté, déclara persévérer dans l'appel précédent. Le conseil privé rejeta le second appel ;
toujours sans avoir entendu le prince. Chaque fois que les commissaires revinrent à la charge, Condé formula un nouvel appel,
que le conseil privé se garda bien d'accueillir. Une dernière décision de ce conseil ordonna au prince de répondre enfin aux
commissaires, sous peine, cette fois, en cas de refus, d'être ré-
puté atteint et convaincu du crime de lèse-majesté ; elle prescrivit en outre le recollement et la confrontation des témoins.

Tel était l'état des choses au moment de l'arrivée de Robert
et de Marillac à Orléans.

Les deux défenseurs délibèrent entre eux sur ce que requiert
désormais une situation que la fermeté et la judicieuse résistance
du prince ont, à elles seules, maintenue jusqu'à présent, mais qui
n'en demeure pas moins périlleuse. Ils demandent en premier
lieu, communication du procès-verbal relatant les opérations des
commissaires, leurs paroles et celles du prince : une communication proprement dite de cet acte leur est refusée ; il leur

cette opinion du prince. — Voir aussi Le Laboureur, addit. aux *Mém.* de Castelnau, t. I, p. 518 à 520, et B. de La Rocheflavin, *les Parlements de France*,
in-f° 1617, liv. XIII, ch. XVIII, p. 712.

en est simplement donné lecture par Dutillet, en présence des commissaires et du procureur général.

Robert et Marillac demandent, en second lieu, permission de conférer avec le prince : d'incroyables difficultés s'élèvent, et l'on méconnaît à tel point vis-à-vis d'eux les droits sacrés de la défense, qu'on va jusqu'à « limiter les propos dont ils useront » envers leur client » et ordonner que « Robertet, secrétaire » d'Etat, et le greffier Dutillet seront présents à leur communi- » cation » avec Condé.

Ce n'est pas tout encore, en fait de questions préliminaires à résoudre. La preuve en est, dans les paroles suivantes, emprun- tées au récit d'un contemporain (1) : « Les advocats allèrent faire » la révérence à monsieur le prince, lequel déclara qu'encore » qu'il cogneust Robert (2), pour avoir esté à son conseil de » long temps, et qu'il s'assurast bien de Marillac, pour la bonne » opinion qu'il avoit de lui (3), toutesfois il supplioit le roy de » permettre de prendre plus grande assurance d'eux par le » moyen du roy de Navarre, le cardinal de Bourbon, ses frères, » et de madame la princesse, sa femme; et pour cest effect, luy » permettre de communiquer avec eux, en telle compagnie et » en telle distance qu'il plairoit à Sa Majesté adviser : ce qu'il re- » quéroit principalement pour l'obéissance qu'il vouloit garder » au roy de Navarre, sans lequel il ne vouloit rien faire. — Sur » ces propos, la compagnie se départit. Et après que Robertet

(1) *Mém. de Condé*, t. II, p. 381, 382. — Le président de La Place, *Comment.*, f°s 115, 116.

(2) « M. Pierre Robert estoit homme d'une belle présence, voix et action, di- » soit assez heureusement, et se faisoit plus estimer par son sens naturel que » par son estude et son travail...... S'estant fait de la religion prétendue ré- » formée, il fut employé par M. le prince de Condé au faict de la déclaration » de son innocence, depuis lequel temps il fut toujours recherché par ceux de » cette religion, ce qui lui cousta la vie, car il fut tué le jour de la Sainct- » Barthélemy. » (Loisel, *Dialogue des avocats*, 1832, t. I, p. 220.)

(3) « On faisoit plus d'estime de François de Marillac, auvergnat (que d'autres » avocats) en ce qu'il estoit fort en la réplique ; mais il fut ravi au milieu de son » aage. » (Loisel, *Dialogue des avocats*, t. I, p. 321.)

» et Dutillet eurent récité au roy la requeste que lui faisoit mon-
» sieur le prince, la communication qu'il requéroit luy estre oc-
» troyée avec monsieur le roy de Navarre et monsieur le cardinal
» de Bourbon, ses frères, luy fut refusée tout à plat, et permis
» seulement à madame la princesse de l'assurer par lettres, que
» Robert et Marillac luy estoient distribuez pour conseils, et qu'il
» pouvoit communiquer avec eux en assurance : de laquelle ré-
» ponse madame la princesse advertit monsieur le prince par
» lettres qui luy furent présentées, le mesme jour après le disner
» par Robertet et Dutillet; et là se trouvèrent Robert et Marillac
» pour communiquer avec luy en la présence du mesme secré-
» taire et du mesme greffier, accompagnez du seigneur de Bre-
» zay, capitaine des gardes. »

Ainsi, que d'entraves déjà apportées à la défense du prince !
s'agit-il des moyens d'incompétence soulevés par lui seul contre
les commissaires instructeurs, et de la juridiction souveraine
qu'il revendique pour le jugement de sa cause : le conseil privé
le repousse sans l'avoir entendu. L'autorité royale, méconnais-
sant le droit qu'avait la princesse de choisir des défenseurs pour
son mari, prétend-elle lui en désigner d'office : ce n'est qu'en
enserrant d'avance dans un cercle infranchissable les quelques
paroles qu'ils pourront adresser à leur client. Condé réclame-t-il
l'assistance de ses frères, de sa femme : on la lui refuse. Veut-il
s'entretenir avec ses défenseurs : il ne le peut, qu'en présence d'un
secrétaire d'État, d'un greffier et d'un capitaine des gardes, dont
il doit subir le contrôle. Eh bien, sous le coup de tant d'excès
de pouvoir, de dénis de justice et de restrictions brutales accumulés, le prince ne faiblit pas un instant. Quelle fermeté, au
contraire, dans le langage qu'il tient à ses défenseurs alors que
Robertet, Dutillet et Brézé sont là pour épier son attitude, ses
paroles, l'accent de sa voix et jusqu'au jeu de sa physionomie !!
« Adonc, continue le récit auquel nous nous sommes reporté,
» monsieur le prince commença à déduire sommairement et

» néantmoins très-disertement, que l'affliction qu'il souffroit ne
» luy estoit point envoyée de Dieu pour l'offense qu'il eust faite
» contre la majesté du roy, mais bien pour l'esprouver en son
» adversité : et quant à luy, ayant l'esprit libre et la conscience
» entière, il ne pensoit estre prisonnier, encore que sa personne
» fust arrestée; mais beaucoup plus estimoit-il ceux-là prison-
» niers, lesquels, avec la liberté du corps, sentoyent leur cons-
» cience asservie et affligée d'une perpétuelle souvenance de
» leurs vices et de leurs forfaits. Et à ce propos, il alléguoit plu-
» sieurs mémorables histoires en très bons termes, et avec visage
» constant et assuré : ce qui ne se peut rencontrer en ceux qui
» sentent leur conscience chargée de quelque meffait et qui ont
» l'esprit troublé de confusion et de suspicion que leurs offenses
» ne soyent descouvertes. »

Ayant terminé son allocution, le prince écrit à sa femme,
remet à ses défenseurs des notes et mémoires pour le soutien de
sa cause, et les charge verbalement d'un message affectueux
pour le roi de Navarre et le cardinal de Bourbon; puis, lorsque
Robertet se retire, il le prie « de présenter ses humbles recom-
» mandations à la majesté du roy et de la royne mère ».

Dans la lettre qu'il vient d'adresser à Éléonore, Condé
l'exhorte à ne point se laisser abattre par leurs communs mal-
heurs, et s'efforce de relever ses espérances, par la conviction
dans laquelle il est, qu'au moment où tous l'abandonnent, Dieu
daignera protéger son innocence (1).

Profondément émue à la lecture de ces lignes, auxquelles il
lui est hélas! interdit de répondre, la princesse implore avec
ferveur la protection divine. Quelque rude que soit l'épreuve qui
déchire son cœur, si douloureux que soit son isolement au sein
de la cour, elle persiste dans ses démarches et ses supplications
en faveur de son mari et de sa mère. Fatigues, humiliations,
dédains, souffrances physiques et morales, rien ne l'arrête, dès

____

(1) De Thou, *Hist. univ.*, t. II, p. 833.

qu'il s'agit de ces deux êtres si chers. On la voit souvent age-
nouillée et en pleurs devant le roi (1). Dans son dévouement,
que d'énergie! dans son abnégation, que de grandeur! dans sa
détresse, quel touchant appel à la commisération de tout cœur
noble et généreux! Mais le jeune monarque est prémuni contre
tout attendrissement : les Lorrains font bonne garde autour de
lui. Il n'a pour la princesse de Condé que regards courroucés et
paroles amères.

Maîtres de l'esprit du roi, par leur nièce Marie Stuart, les
Guises ont hâte d'en finir avec Condé. Il n'est que trop vrai
qu'ils ont d'avance résolu sa mort, et qu'ils tiennent en réserve
de nombreux suppôts prêts à prononcer la sentence; mais il
faut un semblant d'instruction contradictoire pour arriver à une
condamnation capitale. Or, quelque menaçante que soit la
dernière décision qui a enjoint au prince de répondre, ils appré-
hendent, qu'une fois encore, il ne refuse d'obéir. C'est alors
que leur imagination pervertie enfante de toutes les combinaisons la plus odieuse, en substituant aux commissaires interro-
gateurs qui déjà ont procédé, l'un des deux avocats du prince,
Robert. Ordre lui est donné de dénaturer son ministère et de
passer du rôle de défenseur à celui de juge; il doit demander à
Condé s'il a quelque chose à dire sur les accusations dirigées
contre lui, recueillir ses réponses par écrit, et les lui faire
signer (2).

Robert manque de cette énergie, qui, seule, pourrait le
maintenir à la hauteur de ses devoirs envers une noble infortune. Sa raison se trouble, sa conscience s'égare; il oublie qu'il
se trouve dans une de ces crises où il vaut mieux obéir à Dieu
qu'aux hommes; et, enfreignant ses obligations profession-
nelles, il commet la double faute de provoquer les réponses du
prince et de lui faire signer l'écrit dans lequel elles sont con-

(1) Castelnau, *Mém.*, t. I, p. 56, 57.
(2) Castelnau, *Mém.*, t. I, p. 55.

signées (1). Condé devient ainsi victime de sa confiance en un défenseur auquel il a remis le soin de son honneur et de sa vie.

Aussitôt se forme sous la présidence du roi, une assemblée composée de membres du conseil privé, de chevaliers de l'ordre, la plupart de création récente, et de quelques pairs de France. Ce tribunal improvisé, pour qui la seule comparution du prince serait un sujet d'effroi, refuse de le tirer de sa prison pour l'entendre, ne recourt même pas à une confrontation de témoins, que la dernière décision du conseil privé a cependant ordonnée, et se contente de jeter un coup d'œil superficiel sur les pièces du procès. Il n'en ressort rien qui prouve la culpabilité de l'accusé quant au chef de haute trahison ou de *lèse-majesté humaine*. Le seul fait qui soit établi, et que d'ailleurs il a nettement reconnu, est son adhésion à la religion réformée, que l'on qualifie de crime de *lèse-majesté divine*. C'est assez pour motiver, dans les derniers jours de novembre, une sentence qui condamne à mort Louis de Bourbon, fixe au 10 décembre suivant, lors de l'ouverture de la session des états généraux, l'exécution capitale, et décide que cette exécution aura lieu devant le logis du roi (2).

L'inique sentence est promptement signée par le roi et par tous les courtisans qui, de concert avec lui, l'ont rendue; mais trois hommes, dont le caractère tranche avec la lâcheté générale, n'y ont pas encore apposé leurs noms : l'un, le comte de Sancerre, refuse sa signature, au péril de ses jours; les deux autres, le chancelier de l'Hospital et Dumortier, ajournent la leur, au risque de compromettre leur position officielle. Les passions déchaînées de la royauté et de la cour s'arrêteront-elles devant l'obstacle que crée la courageuse résistance de ces hommes de cœur?

Éléonore de Roye n'ose le présumer, car elle sait jusqu'où

(1) Voir Appendice, n° XVII.
(2) R. de La Planche, ouvr. cité, p. 696.

peuvent aller les passions attisées par les Guises. La voilà donc
face à face avec l'accablante réalité qui domine sa destinée ; et
cependant, alors que la fatale nouvelle de la condamnation de
son mari vient de briser son âme, elle trouve encore dans sa foi,
dans son dévouement, assez de force pour tenter un suprême
effort. Maîtres du corps de leur victime, les ennemis de Condé
peuvent lui arracher la vie ; mais ils ne peuvent atteindre son
âme : eh bien, c'est au sort de cette âme immortelle qu'Eléonore regarde, c'est de cette âme indissolublement unie à la
sienne qu'elle veut demeurer le fidèle soutien jusque sur le
seuil de l'éternité. Aussi, voir une fois encore le prince, lui
parler, l'entendre, affermir son courage en face de la mort, lui
adresser, en femme chrétienne, un dernier adieu : voilà ce à
quoi elle aspire ! Se rencontrera-t-il un être assez dépourvu de
pitié pour lui refuser cette consolation, dans son immense
douleur ? On ne saurait le concevoir, et pourtant que de décep-
tions lui réserve la déplorable réalité des faits !

Il existe, à la cour, un homme qui, naguère servile adulateur
de Diane de Poitiers, n'a puisé à son école et à celle d'autres
femmes dissolues, que des leçons de dégradation morale, et, par
cela même, de dédain et d'aversion pour toute femme vertueuse.
Les désordres de la vie privée de cet homme, son orgueil, son
insatiable ambition, l'ont habitué à la dureté, à la cruauté
même envers quiconque ne plie pas le genou devant lui. Abu-
sant d'un pouvoir usurpé, affranchi de tout contrôle dans son
exercice, il a, pour sa part, largement contribué à pervertir
l'esprit et le cœur du débile François II. Il inspire, il surveille
les actions, les paroles du jeune monarque, et réprime chez lui,
au besoin, tout penchant à une commisération qui contrarierait
les desseins de sa politique machiavélique. Cet homme, c'est un
prélat, le cardinal de Lorraine. C'est lui qui va se montrer
insultant, impitoyable et lâche vis-à-vis d'une femme qui n'a
pour arme que l'infortune ; incapable qu'il est, dans l'abjection

de ses sentiments, de comprendre et de respecter ceux qui animent le cœur d'Éléonore de Roye.

Écoutons ici quelqu'un qui connut de près les déchirantes angoisses de la princesse (1) : ce qui se passait « luy fit juger
» que c'estoit fait du prince. Et à tant luy faloit trouver tous
» moyens de le voir une seule fois avant que mourir, *et luy*
» *donner courage*, puisque la tyrannie estoit ainsi rigoureuse-
» ment exercée en son endroict, et qu'elle ne luy pouvoit autre-
» ment servir. Cela luy fut refusé : et ne peurent toutes ses
» importunes requestes envers la royne mère avoir aucun lieu.
» Ce nonobstant elle s'enhardit un jour d'entrer en la salle du
» roy, devant la majesté duquel elle se jeta à genoux, le sup-
» pliant très-ardemment avec larmes et soupirs incroyables,
» que tant seulement on lui monstrast une seule fois son sei-
» gneur et mary : non qu'elle voulust autrement parler à luy, ou
» luy donner aucun signe, ains pour avoir cest heur de le voir
» encore une fois de sa vie; mais tant s'en faut que pour ses
» gémissemens et pleurs ledit seigneur fust esmeu à pitié, que
» cela l'aigrit et anima davantage, voire jusques à luy reprocher
» que le prince estoit son plus grand et mortel ennemy, et que
» luy ayant voulu oster la vie avec le royaume, il ne pouvoit de
» moins que de s'en venger. Sur cela, comme elle entroit en
» défenses, et ne se lassoit d'importuner le roy : le cardinal (qui
» de sa part craignoit que Sa Majesté ne fust esmeue à pitié et
» compassion) voulant aussi monstrer son animosité, chassa
» ceste princesse fort rudement, l'appelant importune et fas-
» cheuse, et disant que qui luy feroit droit, on la mettroit en un
» cul-de-fosse elle-mesme. Ceux qui virent son ennuy et passion,
» disoyent d'une commune voix, que jamais n'en avoit esté vu
» ni ouy parler d'une telle. Car ceste pauvre dame affligeoit
» tellement son corps jour et nuict et sans cesse aucune, que

(1) R. de La Planche, ouvr. cité, p. 698, 699.

» plusieurs de ses ennemis mesmes en avoyent pitié, et en fai-
» soyent récit ès privées compagnies. »

Ce n'est pas tout encore. Pour des hommes tels que les Guises,
à qui rien ne coûtait en fait d'indignes traitements et de
cruautés, la distance de l'outrage au meurtre était courte : ils
eurent, une fois de plus, l'idée de la franchir, en projetant de
faire tomber la tête de la princesse elle-même, avant celle du
prince, tant ils tenaient à se délivrer, par un coup décisif, des
entraves qu'apportait à la réalisation de leurs plans sanguinaires
cette femme énergique qui, dans la défense de son mari, savait
si bien unir l'action à la parole. « La princesse, dit à ce sujet
» un contemporain digne de foi (1), leur estoit une espine au
» pied : car elle n'avoit faute d'esprit, de langue, ni de courage,
» pour remonstrer l'injustice de laquelle on usoit en ceste cause
» (de Condé), tellement que ceux de Guise furent en quelque
» délibération de s'en desfaire, quelques jours devant l'exécu-
» tion du prince. »

Ils voulaient aussi se défaire de bien d'autres personnes, par
divers genres de mort; car ils avaient organisé un vaste système
de compression morale et matérielle, qui devait entraîner
finalement, ici par l'assassinat, là par des condamnations arbi-
traires, la perte de la vie pour des hommes considérables, tels
que le roi de Navarre, les Châtillons, et le connétable, unis à
Louis de Bourbon par des liens de famille. C'est trop peu dire
encore; à la destruction du prince et de ses parents ils se pro-
posaient d'ajouter celle de tous les protestants français, à quelque rang de la société qu'ils appartinssent.

L'histoire a conservé la trace de ces projets atroces, dans le
détail desquels nous nous abstenons d'entrer ici. Tramés de
longue date, ils avaient été en dernier lieu définitivement arrêtés
à Orléans, théâtre désigné de l'exécution sanglante qui devait
inaugurer tant d'autres forfaits.

(1) R. de La Planche, ouvr. cité, p. 700.

Ils étaient parfaitement connus de Coligny à Châtillon-sur-Loing, au moment où il reçut du roi vers la fin de novembre, l'ordre de venir à la cour. Sans illusion sur le sort qui l'attendait à Orléans, l'amiral, apres avoir adressé à sa digne compagne de touchantes et mémorables recommandations, se rendit dans cette ville. Une prison qui à cette époque fut nommée l'*Amirale* lui était destinée; mais, comme il entrait dans les vues de ses ennemis de ne s'emparer de sa personne qu'après la mort de Condé, ils le laissèrent libre pour le moment. Incapable en face du danger de reculer devant l'accomplissement d'un seul de ses devoirs, Coligny se déclara prêt à rendre raison de ses convictions religieuses, dont on se faisait contre lui un grief, parla courageusement en faveur de son neveu le prince de Condé, de sa sœur, la comtesse de Roye, et soutint de sa sympathie, de ses pieuses exhortations Éléonore qu'il aimait d'une affection paternelle. Il entoura aussi de constants égards et aida de ses virils conseils le roi de Navarre. Le cardinal de Châtillon arrivé à Orléans en même temps que Coligny, et exposé aux mêmes dangers que lui, se montra digne de son frère, en s'associant à sa mission de dévouement vis-à-vis de chacun.

D'heure en heure cependant tout s'assombrissait autour de la princesse de Condé. Ses jours et ceux de ses oncles étaient menacés; les tentatives de meurtre dirigées contre Antoine de Bourbon se succédaient avec rapidité; trente ou quarante des plus experts bourreaux appelés des villes voisines et portant tous à dessein le même costume, parcouraient les rues d'Or-léans; déjà même se dressait, en face de la demeure royale, le triste échafaud sur lequel, à quelques jours de là, Condé devait être immolé.

Réduite à l'impossibilité d'échanger avec le prince un suprême adieu, épuisant jusqu'à la lie la coupe des plus amères souf-frances que puisse éprouver le cœur d'une femme aimante, qui porte le dévouement jusqu'aux dernières limites de l'abnégation,

Eléonore de Roye appelait par d'ardentes prières la miséricorde d'en haut sur son mari, sur ses enfants, sur sa mère, sur elle-même, lorsqu'un événement soudain vint changer le cours des choses et la relever de son abattement en faisant luire à ses yeux l'espoir de la délivrance de son mari.

En effet, au prologue déjà presque terminé des scènes tragiques qui se préparent sous la direction des Guises, se substituent tout à coup des scènes d'un autre genre, qui vont se dérouler avec une rapidité saisissante.

Le roi, dont la santé avait toujours été faible, tombe subitement malade; sa vie ne tarde pas à être en danger; bientôt même les ravages du mal sont tels, que les médecins se reconnaissent impuissants à en triompher. Le duc de Guise éclate en imprécations, et menace de les faire tous pendre; plus habile à se contenir, le cardinal de Lorraine ordonne maints offices, processions et pèlerinages. Le moribond s'agite sur sa couche, contemple avec effroi la mort qui s'avance et promet « à Dieu et à tous » les saincts et sainctes du paradis, spécialement à Nostre-Dame » de Cléry, que s'il leur plaist luy renvoyer santé, il ne cessera » jamais tant qu'il n'aura entièrement repurgé le royaume de ces » meschans hérétiques, et veut que Dieu le fasse promptement » mourir si seulement il espargne femme, mère, frères, sœurs, » parens, amis, qui en seroyent tant fust peu soupçonnez (1). » Reine ambitieuse avant d'être mère, plus fréquemment renfermée dans son cabinet qu'assise au chevet d'un lit d'agonie, Catherine de Médicis s'occupe avant tout de concentrer le pouvoir entre ses mains (2). A la vue des Guises qui tremblent maintenant devant elle, l'idée lui vient de neutraliser d'avance leurs menées ultérieures, par l'appel des Bourbons. Elle promet à ceux-ci la vie sauve, à la charge par eux d'accepter son autorité comme régente, et de se résigner à la situation secondaire

(1) R. de La Planche, ouvr. cité, p. 736.
(2) Voir la lettre du 4 décembre 1560. (Bibl. nat. f. fr. vol. 4638, f° 5.)

qu'elle leur assignera. Le roi de Navarre accède à ce qu'elle exige de lui dès qu'elle assure que son frère échappera à la mort. Atterrés de l'engagement pris par la reine mère, les Guises la conjurent de retenir du moins en prison Condé qui, disent-ils, « est en volonté de leur courir sus ». On double alors les gardes à la prison du prince « et défenses sont faites sur peine de la vie » que nul quel qu'il soit, luy parle sans l'exprès congé de la » royne (1). »

Tout change alors de face : voyant que l'état du roi est désespéré, ce même duc, ce même cardinal devant qui tout pliait jusqu'à présent, courbent enfin la tête en dissimulant leur secret espoir de la relever bientôt. Non moins égoïstes et durs, comme parents, que lâches, comme hommes d'État, ils se montrent sans respect pour la douleur de leur nièce, Marie Stuart, et sans sympathie pour la touchante sollicitude dont elle entoure son jeune époux (2), en qui ils ne voient pas même un neveu, alors qu'il n'est plus qu'un instrument usé, désormais impropre au service de leurs détestables passions, et dont ils se détournent avec dédain. Ne songeant qu'à leur sûreté personnelle, ils « vont » se renfermer et barrer dans leur logis, pleins de crainte et » frayeur incroyable (3) ». Homme de cœur, sujet fidèle, Coligny n'a pénétré dans la demeure de François II que pour rester près de lui. Il compatit en chrétien aux souffrances physiques et morales de son souverain, aux pleurs de la jeune reine dont il honore le dévouement ; il s'émeut à la pensée de l'éternité dont une âme angoissée va franchir le seuil, et adresse à Dieu de secrètes prières pour le soulagement de cette âme. Le 5 décembre François II est au plus mal ; à peine, depuis quarante-huit heures, peut-il articuler quelques paroles ; à midi on le croit mort ; cinq heures plus tard il rend le dernier soupir.

(1) R. de La Planche, ouvr. cité, p. 753, 754.

(2) *Calend. of state pap.* foreig. series, vol. 1560-1561, p. 421. Throckmorton to the Queen. Orléans, 6 décemb. 1560.

(3) R. de La Planche, ouvr. cité, p. 754.

Au moment où il va quitter la froide dépouille de celui qui fut son roi, l'amiral jette sur elle avec attendrissement un dernier regard, et adresse à ceux qui entourent la couche funèbre, ces paroles éminemment significatives dans leur brièveté : « Mes » sieurs, le roi est mort, cela nous apprend à vivre (1) ».

(1) Bibl. nat., mss. Colbert, vol. 488. V° f° 749.

CHAPITRE VI

Rien ne saurait exprimer l'émotion qui pénétra le cœur d'Éléonore de Roye lorsque dans la soirée du 5 décembre elle acquit la certitude que les jours de son mari étaient épargnés (1). Son bonheur cependant ne fut point sans mélange, car elle ne put obtenir immédiatement ni la mise en liberté du noble captif, ni l'autorisation de le voir. Froissée de ce double échec, elle courut alors à la rencontre de son grand-oncle, Anne de Montmorency, qui sur le pressant appel que Catherine de Médicis lui avait adressé par l'intermédiaire de Lanssac (2), accélérait sa

(1) Dans une ode chrétienne adressée au duc de Rohan, son frère, Anne de Rohan fait parler la Religion. Voici le langage qu'elle lui attribue, au sujet d'Éléonore de Roye :

> « J'enseignais la dame excellente
> » Qui, pour sauver son cher époux
> » Des mains d'une mort violente,
> » Ayant tant baissé les genoux,
> . » Sentit le ciel doux et propice,
> » A la veille d'un dur supplice ;
> » Qui, grande et jeune dans la cour,
> » Ne brûloit que d'un saint amour,
> » Estimant un heur plus extrême,
> » Bien qu'elle eût un auguste rang,
> » D'être fille du Dieu suprême
> » Que d'être princesse du sang. »

(*Bull. de la Soc. d'Hist. du prot. fr.*, année 1874, p. 22.)

(2) Lettre de Catherine de Médicis au connétable, du 5 décembre 1560. (Bibl. nat., mss. f. fr., vol. 3157, f° 110.)

marche vers Orléans. Elle le trouva à Artenay (1) et se plaignit
à lui du refus qu'elle venait d'essuyer. Son désir le plus cher,
en ce moment, était de voir aplanis tous les obstacles qui la sé-
paraient encore du prince. Le connétable s'attacha à la rassurer.
Le 7 décembre (2) il était avec elle à Orléans, où il ressaisissait
d'une main ferme ses prérogatives de chef de l'armée.

Par son influence unie à celle des Châtillons et du roi de
Navarre, Condé vit bientôt s'ouvrir devant lui les portes de sa
prison; mais ayant souci de son honneur plus que de sa liberté,
il refusa de sortir tant qu'il ne saurait pas à qui s'en prendre de
son incarcération, et qu'on ne lui aurait pas formellement
réservé la faculté de poursuivre devant qui de droit la
déclaration de son innocence et la mise à néant de la condamnation à la peine capitale prononcée contre lui. Ce prince dont
l'énergie et le sang-froid (3) ne s'étaient pas un seul instant
démentis, sous le coup d'une si odieuse condamnation, se montra
vraiment grand en ne voulant accepter ni la liberté ni la vie
comme une grâce, et en ne demandant que justice (4).

On lui réserva l'exercice d'un recours en déclaration d'innocence, mais en se gardant bien de lui faire connaître les véritables
auteurs du guet-apens qui avait abouti à son arrestation et à son
emprisonnement. On tremblait pour eux, comme ils tremblaient
eux-mêmes, à la seule idée de la vigueur avec laquelle il leur demanderait compte de leur conduite. Aussi n'y eut-il qu'une voix
surtout parmi les plus compromis, pour rejeter la responsabilité
de l'indigne traitement qu'avait subi le prince sur le roi qui venait d'expirer, et dont il était facile d'incriminer les intentions et
les actes, alors qu'il n'était plus là pour démentir des assertions
mensongères. Respectueux envers le silence imposé par la mort,

(1) Le président de La Place, *Comment.*, p. 116.
(2) *Calend. of State pap.*, foreign series, vol. 1560-1561, p. 438. Throckmorton to the Council. Orléans, 9 décemb. 1560.
(3) Voir Appendice, n° 18.
(4) Voir Appendice, n° 19.

généreux envers un souverain duquel il avait eu lieu de se plaindre, Condé sut honorer la mémoire de François II en refusant d'admettre l'irresponsabilité personnellement invoquée par chacun, et voulut demeurer prisonnier.

Les nobles cœurs se comprennent toujours. La princesse, dont la grandeur d'âme égalait si elle ne surpassait même celle du prince, approuva la détermination de celui-ci. Toutefois, elle s'efforça d'en tempérer la rigueur lorsqu'elle put enfin pénétrer dans sa prison et lui donner de judicieux et tendres conseils, qu'appuyèrent ceux de ses oncles, du roi de Navarre et de quelques amis dévoués. Elle ne tarda donc pas à obtenir de lui qu'il échangeât l'austère régime de sa détention à Orléans contre celui d'une captivité mitigée, plus apparente que réelle, sous forme de résidence dans l'un des domaines qu'Antoine de Bourbon possédait en Picardie.

Le 24 décembre 1560, les deux époux quittèrent Orléans (1) et prirent le chemin de Ham où Condé devait séjourner quelque temps pour aller de là résider à la Fère. Dans chacune de ces localités, le prince rencontra chez les individus qui étaient chargés d'entourer sa personne, non la gêne d'une étroite surveillance, mais les égards et les bons offices d'une déférence réelle. On rapporte en effet (2) que « ceux qui estoient de sa » garde lui dirent qu'ils estoyent nés ses serviteurs, et qu'ils ne » luy estoyent pas donnez pour le garder, mais pour le servir et » l'accompaigner partout où il luy plairoit leur commander ».

Non moins dévouée comme fille que comme épouse, Éléonore de Roye avait tenté, dans l'intérêt de sa mère, de même que dans celui du prince, des efforts qui, après être demeurés trop longtemps infructueux, devaient trouver leur complète récompense. Le jour vint où au bonheur d'avoir reconquis son mari

(1) *Calend. of State pap.*, foreign series, vol. 1560-1561, p. 471. Throckmorton to the Queen. Orléans, 31 décemb. 1560.
(2) Le président de La Place, *Comment.*, p. 116.

et rejoint ses enfants, s'ajouta celui de voir madame de Roye rendue à son affection. La comtesse avait, elle aussi, refusé d'accepter la liberté comme une grâce et n'était sortie du château de Saint-Germain que sous la réserve du droit d'exercer, comme son gendre, un recours en déclaration d'innocence.

Il était temps qu'Éléonore de Roye pût enfin goûter un peu de repos d'esprit et de cœur après les indicibles angoisses qu'elle avait ressenties. Son âme se retrempa dans la retraite, sous la bienfaisante influence de la vie de famille, dont il lui fut permis de jouir de nouveau. Mais ses forces physiques presque épuisées ne se rétablirent qu'en partie et difficilement. Sous le coup de ant d'émotions accumulées en quelques mois, sa santé avait reçu une irréparable atteinte; et c'est au séjour d'Orléans que remonte l'origine de la maladie qui devait, peu d'années après, moissonner dans sa fleur une princesse dont on peut dire qu'elle fut presque martyr de la piété conjugale.

S'oubliant elle-même pour s'occuper avant tout de son mari, de ses enfants et de sa mère, dans la retraite que Louis de Bourbon s'était momentanément imposée, Éléonore de Roye soutenait le prince de sa sympathie, de ses conseils, et l'affermissai/ dans sa résolution de conquérir désormais à la cour une situation qui, sans être prépondérante, fût du moins digne de son rang et surtout conforme à ses devoirs. Le premier de ceux-ci, aux yeux de la princesse et ainsi qu'il le comprenait lui-même, était, qu'après s'être posé naguères avec éclat en sectateur de la religion nouvelle et avoir souffert en cette qualité, il se maintînt ouvertement comme tel, à la face des adversaires de tout genre qui s'efforçaient de comprimer l'essor régulier de la réformation française. Ajoutons que, quelles que fussent chez Louis de Bourbon les vues ambitieuses qui, mêlées au sentiment religieux, en altéraient parfois la pureté, il n'en faut pas moins reconnaître que ce prince, à la différence du roi de Navarre, son frère, était du nombre de ces hommes qui, au XVIe siècle, acceptaient sans détour, sans idée de rétractation ultérieure, les conséquences d'une profession publique de protestantisme, et dont l'âme fortement trempée était prête à affronter les périls du présent et les menaces de l'avenir.

Du fond de leur retraite volontaire, Éléonore de Roye et son mari suivaient avec vigilance les événements dont la cour était le théâtre, et où les Guises avaient réussi à se maintenir. Condé demanda résolûment qu'il leur fût enjoint de s'en éloigner, alors qu'on se disposait à procéder à la vérification de son innocence.

« Je vous supplie très-humblement, madame, écrivit-il à la
» reine mère (1), que messieurs de Guise, qui sont ceux-là que
» j'entens et que je tiens pour mes accusateurs et parties, n'ayent
» pas cest honneur pendant que je me soubmés à justice, d'estre
» auprès du roi et de vous pour desfavoriser ma cause, à quoy
» je m'assure qu'ils n'auront jamais faute de moyens s'ils veu-
» lent, et commander qu'ils se retirent hors de la cour, afin que
» toutes choses soient conduites à l'honneur de Dieu, à vostre
» gloire et à la cognoissance de mon innocence, et au bien de
» l'estat et tranquillité des affaires du roi, pour lequel et vostre
» service toutes mes intentions ont toujours esté dirigées, ainsi
» que j'espère vous faire cognoistre moyennant l'aide de celuy
» qui fait luire la vérité quand il luy plaist. »

Catherine de Médicis, sans aller jusqu'à bannir les Guises de sa présence, réussit à rassurer Louis de Bourbon sur l'impartialité qui présiderait à la solution de la grave question qui le préoccupait. L'apparition de ce prince à Orléans, au moment de la clôture des États généraux, et le langage qu'il tint alors à son beau-frère le duc de Nevers (2) attestent sa confiance dans le bon vouloir de la reine mère à son égard.

(1) *Mém.* de Condé, t. II, p. 390, 391. — Voir *Ibid.*, p. 388 à 390, une lettre que le prince de Condé écrivit, dans le même sens, au roi de Navarre, son frère.

(2) Lettre du 1er février 1561, datée d'Orléans. (Bibl. nat., mss. f. fr., vol. 3136, fo 87.)

La cour quitta Orléans pour se transporter à Fontainebleau, où elle arriva le 5 février 1561.

La princesse de Condé s'y rendit presque aussitôt, pour y préparer les voies à l'éclatante réparation sur.laquelle le prince était en droit de compter. Là, comme ailleurs, elle rencontra l'appui de ses oncles Gaspard et Odet de Coligny.

Sa situation au sortir des douloureux événements qu'elle avait héroïquement traversés, commandait aux simples courtisans la déférence, et aux gens de cœur une sympathique admiration. Parmi ces derniers certains étrangers ne restèrent point en arrière des Français. En effet le 16 février elle reçut la visite des ambassadeurs d'Angleterre, Bedford et Throckmorton, qui lui transmirent un courtois message de leur souveraine (1).

Le 7 mars, elle eut la joie de voir arriver à Fontainebleau son mari, qu'accompagnaient le comte de Larochefoucault et Sénarpont.

» Dès le lendemain (Condé) entra aux affaires et conseil privé
» du roy. Et là, après quelques remontrances, ayant interpellé
» le chancelier de dire s'il sçavoit que aucunes informations eus-
» sent esté faites à l'encontre de luy, lequel respondit que non :
» ledict sieur prince ayant esté déclairé par un chascun dudict
» conseil qu'il n'y avoit celuy qui ne le tinst pour suffisamment
» purgé, se mit en son rang et lieu accoustumé audit conseil, et
» là fut déclaré par le roy en la présence de la royne sa mère,
» des princes de son sang et gens de son dict conseil (2), que
» ledict sieur prince lui avoit rendu tesmoignage et faict deue
» preuve de son innocence dont il s'estoit suffisamment informé :

(1) *Calend. of State pap.*, ann. 1561, p. 565, 26 février. Bedford and Throckmorton to the privy council.

(2) Le duc de Guise y siégeait : Condé n'échangea pas une parole avec lui. — « Fù notato questo, che se ben M. de Ghisa era presente però il principe non li parlò » ne pur lo guardò mai. » (*Archiv. général. de Venise.* — Francia, 1560-1562. — Senato III, Secreta. — Dépêche de l'ambass. vénit. Mich. Surian du 16 mars 1561.) — *Calend. of State pap.*, 31 mars 1561. Throckmorton to the Queen.

» manda à la court de parlement de le recevoir : permis à luy de
» poursuivre en icelle autre et plus ample déclaration et tesmoi-
» gnage de sa dicte innocence. Et afin qu'elle fûst cogneue par-
» tout, fut ordonné que le jugement dudict conseil seroit publié
» et enregistré ès cours souveraines, et les doubles et copies
» d'iceluy envoyées par devers les ambassadeurs, qui estoient
» près des princes estrangers (1). »

Muni de cette décision, le prince de Condé se rendit presque
immédiatement à Paris, pour y solliciter du parlement un arrêt
dont la solennité constituât pour lui une réparation complète.

Son attitude devant les chambres assemblées fut noble et
ferme. « Il leur remonstra que son emprisonnement practiqué
» par ses adversaires soubs un faux prétexte avoit esté trouvé
» estrange, et devoyent les hommes entrer en admiration de la
» providence de Dieu tout-puissant, par la seule clémence du-
» quel il avoit esté préservé des agents de ses ennemis, et fait
» cognoistre son innocence avec un exemple perpétuel : que les
» artifices des calomniateurs profitent bien peu à l'encontre de
» ceux qui ont mis leur espérance en luy et qui l'ont invoqué à
» leur secours pour leur invincible protecteur. Puis il adjousta
» qu'il avoit tousjours désiré que sa cause fût cogneue et jugée
» par ladicte cour qui estoit le vray temple de la justice française,
» et du corps de laquelle il estoit, comme prince du sang ; et
» qu'il penseroit se faire grand tort s'il n'y représentoit, comme
» au plus célèbre théâtre du monde, le droit et l'équité de sa
» cause contre la calomnie de ses ennemis : afin que le tout y
» fûst jugé et décidé par un honorable et mémorable arrest,
» digne de l'accoustumée gravité et saincteté de la cour : la
» suppliant de luy garder son honneur, qu'il avoit tousjours
» estimé beaucoup plus cher que sa vie (2). »

(1) Le président de La Place, f° 184. — Arrêt du conseil du roi du 8 mars
1561, sur l'innocence de mousieur le prince de Condé. (Bibl. nat., mss. f. fr.,
vol. 3188 f° 2.) — *Mém.* de Condé, t. III, p. 156.

(2) Le président de La Place, f° 197.

· A la suite d'une instruction minutieuse et de longs débats, dans lesquels Pierre Robert, avocat du prince, sut, cette fois, allier au talent le tact et l'énergie, intervint, le 13 juin 1561, un arrêt définitif qui « déclara le prince pur et innocent des » cas à luy imposez, son recours à luy réservé contre qui il ». appartiendroit, pour telle réparation que la qualité de sa » personne requéroit (1) ».

Le même jour, fut rendu en faveur de la comtesse de Roye, qui, ainsi que son gendre, avait comparu en personne devant le parlement, un arrêt de déclaration d'innocence (2).

La princesse de Condé voyait enfin vengés dans leur honneur son mari et sa mère : justice venait d'être faite du prétendu crime de lèse-majesté divine et humaine qui leur avait été imputé. Comment eût-il pu en être autrement, alors que, d'une part, rien n'établissait leur culpabilité quant au chef de haute-trahison, ou de *lèse-majesté humaine*, et que, d'autre part, il eût été tout au moins téméraire de voir dans le seul fait de leur franche adhésion à la religion réformée, un crime de *lèse-majesté divine*, en présence du nouvel état de choses qu'avait amené la mort de François II ! Depuis lors, en effet, Catherine de Médicis avait cru devoir chercher un point d'appui contre les Guises dans la noblesse protestante, et, pour mieux se la concilier, elle avait commencé à tolérer, de sa part, l'exercice public du culte réformé, sur divers points de la France (3).

---

(1) Bèze, *Hist. eccl.*, t. I, p. 464 à 467. — Le président de La Place, f° 199. — La Popelinière, *Hist. de France*, t. I, f° 214. — *Mém.* de Condé, t. II, p. 391 à 394. — De Thou, *Hist. univ.*, t. III, p. 50, 51.

(2) Bèze, *Hist. eccl.*, t. I, p. 467. — Le président de La Place, f° 199. — *Mém.* de Condé, t. II, p. 394. — La Popelinière, *Hist. de Fr.*, t. I, f° 214. — De Thou, *Hist. univ.*, t. III, p. 51.

(3) L'évêque de Valence, Monluc, conseillait à Catherine d'étendre ses concessions aux réunions tenues pour l'exercice du culte réformé par d'autres personnes que les membres de la noblesse. (Voir sa lettre du 12 avril 1561, Bibl. nat., mss. f. fr., vol. 3898, f° 87.) Son avis était partagé par divers agents supérieurs du gouvernement dans les provinces, tels, notamment, que Crussol et Biron.

Elle fit plus, à Fontainebleau, dès l'arrivée dans cette ville, au printemps de 1561, du prince et de la princesse de Condé, de Renée de France, duchesse de Ferrarre, de l'amiral de Coligny et de sa femme : elle laissa ces hauts personnages tenir ostensiblement des réunions affectées à la célébration du nouveau culte, dans les appartements qu'ils occupaient au château (1). Cette concession, contre laquelle, en tête de maints censeurs (2), fulmina le connétable, et qui contribua à le pousser, en dépit des sages remontrances de son fils aîné et de ses neveux, à s'allier désormais aux Guises, n'en demeura pas moins un fait considérable, destiné à se reproduire, quelques mois plus tard, au château de Saint-Germain.

Voir leurs lettres des 25 avril et 3 mai 1561. Bibl. nat., mss. f. fr., vol. 3186, f°s 101, 105.)

(1) *Mém.* de Condé, t. II, p. 5. — La Popelinière, *Hist. de Fr.*, t. I, f° 256. — De Thou, *Hist. univ.* t. III, p. 41, 42. — (*Archiv. génér. de Venise.* Francia, 1560-1561. Senato III, Secreta. Lettres des 4 et 17 avril 1561 de l'ambass. Michel Surian) : « Alla corte si predica publicamente in casa di M. Armiraglio » queste opinion nove et con un gran concorso di gentilhomini e signori, et non » se li fa niuna prohibitione ne impedimento. — Nicolò Tornabuoni à Cosme Ier (*Négcc. de la France avec la Toscane*, t. III, p. 450), 15 avril 1561 : « L'ammi- » raglio alla corte seguita in casa sua con le sue usate prediche, e si va chi » vuole; e, benché aventi pasqua gli fussero vietate, è ritornato ora all' usato » modo. »

(2) Vers cette époque on placardait à Saint-Germain et à Paris un libelle intitulé : *Régime de santé*, adressé à Catherine de Médicis (Le Laboureur, addit. aux *Mém.* de Castelnau, t. I, p. 495), duquel nous extrayons les lignes suivantes :

> » .... pour longtemps estre saine
> » Les grands citez et les lieux peuplez habite
> » Et ce faisant, les *Chastillons* évite (A)
> » Mais parsus tout *l'Hospital* (B) ne fréquente,
> » Car de ce lieu le vent pestilent vente.
> » Fuy les hauts lieux, de peur que de *Tonnere* (C)
> » Ne soit touchée, où bien souvent on erre.
> » Ne suy celui qui en la gauche *Roye*
> » S'est abusé; pas n'est la bonne voye.

A. L'amiral de Coligny et ses frères.
B. Le chancelier Michel de l'Hospital.
C. Louise de Clermont, comtesse de Tonnerre, mariée à Antoine de Crussol, duc d'Uzès.
D. Louis de Bourbon, prince de Condé, mari d'Éléonore de Roye.

La cour, lorsqu'elle y résida, dans l'été de 1561, était devenue une sorte de milieu neutre, dans lequel l'élément protestant contre-balançait l'élément catholique et aspirait à une reconnaissance officielle, dont on s'accordait à envisager comme signe précurseur le prochain colloque de Poissy.

On vit alors, ainsi que nous l'avons dit ailleurs (1), le prince et la princesse de Condé ouvrir journellement leur demeure aux prédications de Théodore de Bèze, qui attiraient un grand concours d'auditeurs (2), et déployer au service de la religion réformée une ardeur qu'un contemporain (3) qualifiait d'incroyable. Mais, qu'était l'ardeur du mari, comparée à celle de la femme ? Peu riche de son propre fonds, en fait de convictions religieuses, entraîné par un zèle, sincère sans doute, mais superficiel et plus impétueux que soutenu, Condé étendait sur les protestants un protectorat dans l'exercice duquel un esprit éclairé et ferme lui venait en aide. Les opinions qu'il émettait devant eux, les conseils qu'il leur donnait, l'appui qu'il leur accordait, sans se départir des règles de l'impartialité entre les sectateurs des deux cultes, alors qu'il s'agissait de réprimer des écarts commis (4), se ressentaient, la plupart du temps, de la douce et pénétrante influence acquise sur lui par l'incomparable compagne que Dieu lui avait donnée. Éléonore de Roye et lui, durant leur séjour à la cour, lors du colloque de Poissy, rendirent à leurs coreligionnaires de tous rangs d'importants services.

A leurs généreux efforts s'associaient les membres les plus

(1) *Les protestants à la cour de Saint-Germain*, lors du colloque de Poissy, in-8°, Paris, 1874.

(2) Beza Calvino, 30 aug., 1561, ap. Baum, app. p. 58 : « Ego quotidie concionem habui in principis ædibus, tanto hominum concursu ut pœne opprimeremur. » — *Mém.* de Cl. Hatton, t. I, p. 156.

(3) John. Guil. Stuckius ad Conr. Hubertum, 18 sept. 1561, ap. Baum, append. p. 65.

(4) Lettre du prince de Condé au lieutenant de Roye, du 11 novembre 1561. (Bibl. nat., mss. f. fr., vol. 3187, f° 3.)

pieux et les plus distingués de leur famille, qui se groupaient
alors autour d'eux, au château, dans le cercle de l'intimité,
savoir : la comtesse de Roye, le comte et la comtesse de Larochefoucault, Jeanne d'Albret, l'amiral et sa femme, le prince
et la princesse de Portien. Toutes les pensées échangées par
ces belles âmes, au sein d'une confiance réciproque, avaient
pour but le soulagement des maux qu'endurait la France,
l'éloignement des périls qui la menaçaient, et le pacifique
triomphe de la liberté religieuse.

De sympathiques hommages, de puissants encouragements,
venaient, en même temps, du dehors fortifier l'attitude chrétienne qu'avaient prise à la cour Éléonore et les principaux
membres de sa famille. Quelles paroles, entre tant d'autres, que
celles qu'adressait Calvin à la comtesse de Roye, en insistant
sur sa piété et sur ses priviléges de mère ! « Madame, lui écri-
» vait-il, le 24 septembre 1561 (1), j'ay bien occasion de glo-
» rifier Dieu de la grande vertu qu'il a mise en vous pour
» advancer le règne de nostre Seigneur Jésus-Christ, en faisant
» protestation franche et pure de suivre la vérité de l'Évangile,
» en la vie et en la mort, comme c'est toute nostre félicité que
» d'estre disciples de ce grand maistre et subjects de ce sou-
» verain roy qui nous a esté envoyé du ciel pour nous retirer de
» perdition à l'espérance du salut éternel qu'il nous a acquis.....
» Il y a encore un aultre bénéfice de surcroist, que tant madame
» la princesse que madame sa sœur, vos filles, vous tiennent
» compagnie à tendre et aspirer au droit but de nostre vie,
» s'adonnant d'un commun accord et se desdiant à l'obéissance
» de la pure vérité. »

Il n'est pas jusqu'à l'impression produite par Éléonore et par

____

(1) *Lettres françaises*, t. II, p. 433 à 435. — Voir *Ibid.*, p. 426 à 432, les let-
tres, qu'à cette même date du 24 septembre 1561 Calvin écrivait à l'amiral et à
Charlotte de Laval; puis (p. 437 et suiv.) sa lettre du 24 décembre 1561 à
Jeanne d'Albret.

sa mère sur de simples étrangers, en passage à Saint-Germain, le 21 novembre 1561, qu'il ne soit intéressant de constater. « Nous fûmes (racontent les théologiens palatins et wurtem-
» bergeois (1) qui n'arrivèrent qu'après la clôture du colloque
» de Poissy) reçus par la princesse de Condé : son accueil fut
» des plus aimables. Elle nous fit part de ses vives préoccupa-
» tions et de ses vœux ardens pour l'extension de la piété chré-
» tienne dans les âmes, et nous exhorta à y concourir par des
» efforts soutenus. Ce qu'elle savait de l'étendue de ceux aux-
» quels se livrait Frédéric III la portait à désirer qu'il fût in-
» formé des prières qu'elle adressait au ciel en sa faveur. Nous
» vîmes, en même temps que la princesse madame de Roye, sa
» mère, femme d'une rare piété et d'un noble caractère, qui,
» depuis bien des années, professe la religion évangélique, dans
» les voies de laquelle elle a attiré ses filles, son gendre et plu-
» sieurs autres personnes. Sa conviction et son zèle motivèrent
» récemment, sous François II, son incarcération. Douée d'une
» éloquence réelle et d'un grand amour pour la vraie religion,
» cette noble dame nous a parlé avec entraînement des senti-
» mens qui l'animent. »

. Des hommages identiques à ceux dont Éléonore de Roye et sa mère étaient ainsi l'objet s'adressaient, vers la même époque, à la reine de Navarre; mais, quel contraste entre ces hommages, venant de l'extérieur, et les tortures morales qu'infligeait à Jeanne d'Albret, au foyer domestique, son indigne mari, devenu l'esclave de honteuses passions, et le triste jouet des Guises, ainsi que des cours d'Espagne et de Rome ! Vainement le prince et la princesse de Condé, témoins des angoisses de leur pieuse belle-sœur, s'efforçaient-ils de ramener Antoine de Bourbon au sentiment de ses devoirs conjugaux et paternels : sourd à leurs

---

(1) Voir une relation en langue latine, adressée en décembre 1561, par Diller et Boquin à l'électeur Frédéric III. (Kluckhohn, Briefe Friedrich des Frommen, erst. Band, p. 224.)

exhortations, cet homme, qui naguères se targuait de suivre et de protéger la religion réformée, et qui maintenant s'était tourné contre elle (1), s'obstinait à froisser sa noble femme dans les plus chers intérêts de son âme, dans ses plus vives affections, et prétendait lui arracher, avec la liberté d'exercice du culte auquel elle demeurait fidèle, la direction religieuse de son fils. Trop énergique et trop fière pour plier, un seul instant, sous le joug d'une oppression brutale, Jeanne d'Albret se dégagea résolûment des étreintes de l'épreuve : abandonnant Antoine de Bourbon aux conséquences de sa lâche défection, elle se retira, tête levée, et prit le chemin de ses États.

Éléonore de Roye vit avec douleur s'éloigner celle qu'elle aimait comme une sœur. Sa tendre affection et sa sollicitude suivirent la jeune reine dans l'austère retraite que la force des circonstances lui imposait.

Cependant, en dépit des obsessions du triumvirat et de ses adhérents français et étrangers (2), le prince et la princesse de Condé, sous un régime précaire qui n'était encore que celui d'une tolérance tacite, continuaient, soit à la cour, soit dans leurs demeures privées, à faire respecter l'exercice de leur culte, lorsque vint le moment où ils purent le croire placé désormais à l'abri de toute atteinte par un acte solennel, dû aux efforts combinés de leur oncle Gaspard de Coligny et du chancelier de l'Hospital.

Le célèbre édit de janvier 1562, qui accordait à la religion réformée une existence légale, trop longtemps méconnue, souleva dans le parti catholique une désapprobation que les parlements, instruments dociles du triumvirat, fomentèrent par d'audacieuses résistances. Il ne suffisait pas que ces résistances cessassent devant des lettres de jussion aboutissant à un enregis-

---

(1) N. de Bordenave, *Hist. de Béarn et Navarre*, 1873, in-8°, p. 109. — *Mém. de Condé*, t. III, p. 190.

(2) *Calend. of State pap.* foreign, 16 février 1562. Throckmorton to the Queen. — *Ibid.*, 6 mars 1562, Throckmorton to the Queen.

trement de l'édit : il fallait, de plus, que cet édit, une fois promulgué, loin de demeurer à l'état de lettre morte, fût observé
dans toute l'étendue du royaume, à commencer par la capitale,
au sein de laquelle fermentait une opposition menaçante. Le
prince de Condé, relevant à peine d'une grave maladie, fut chargé par le gouvernement d'en assurer l'exécution à Paris (1) ;
mission ardue qu'il accepta aussitôt avec un dévouement d'autant
plus digne d'éloge, que le massacre de Vassy venait d'éclater, et
que le contre-coup s'en faisait déjà sentir dans la masse intolérante et factieuse de la population parisienne. La fidèle compagne du prince, toujours à ses côtés, dès qu'il s'agissait d'affronter un péril, ne voulut pas se séparer de lui dans l'accomplissement de cette mission. Elle savait bien que par là elle compromettait à un haut degré ses forces physiques et sa santé, déjà
fortement ébranlées ; mais peu lui importait, car son noble cœur
savait étendre jusqu'à leurs dernières limites les saintes abnéga-
tions de l'amour conjugal.

Tandis qu'assisté de la princesse, Condé rassurait les protestants par sa présence dans la grande ville, où il s'attachait à
maintenir l'ordre et à protéger leur culte, le duc de Guise, arrivé de Vassy à Nanteuil, affectait d'y tenir une sorte de cour, et
se disposait à quitter avec ses partisans cette résidence, pour se
rendre non à Monceaux, où l'appelaient expressément le roi et la
reine mère, mais à Paris, afin d'y neutraliser l'action du prince
et de l'en expulser. Bientôt, escorté du connétable, du maréchal
de Saint-André et de nombreux seigneurs, il y faisait, aux accla-
mations enthousiastes de la foule, une entrée triomphale, y atti-
rait peu après le roi de Navarre ; et, insultant aux prérogatives
de la royauté, y agissait en maître.

Nul, parmi les protestants éclairés qui se trouvaient alors dans

____

(1) *Calend. of State pap.*, foreign. — 16 février 1562. Throckmorton to the
Queen. — *Ibid.*, 9 mars 1562, Throckmorton to the Queen. — Déclaration du
prince de Condé du 8 août 1562. — *Mém. de Condé*, t. III, p. 223, 224.

la capitale, ne se méprenait sur la gravité, chaque jour croissante, de la situation. De là les lignes suivantes adressées par l'un d'eux aux Églises réformées de France (1) : « ... Vous en
» tendrez doncques la nécessité en laquelle nous nous sommes
» retrouvez depuis peu de jours, comme Dieu nous en a garanti
» par la constance et vertu qu'il a donné à monseigneur le prince
» de Condé pour nous assister en effect en cet extrême besoin,
» sans dissimulation aulcune, l'affection singulière dudit sei-
» gneur et prince à maintenir l'authorité du roy et la liberté
» octroyée aux églises par le dernier édit, et finalement les forces
» et menaces de nos ennemis ! sur cela il vous est aisé de con-
» clure que si jamais il fut besoin de penser à soy, de se munir
» pour obvier à tels desseings, c'est maintenant, sans user de
» tergiversations ni longues consultations. Car il est question
» d'estre du tout ruinez et quant à l'estat de la conscience et
» quant aux corps et aux biens, ou bien de s'opposer entièrement
» et résolûment à ceulx qui non-seulement contre Dieu et raison
» comme ils ont toujours faict, mais aussi contre la défense du
» roy (ce que jamais nous n'avons obtenu jusques à présent) ont
» soif de nos vies et de nos biens. »

Entre les forces énormes dont le duc de Guise disposait, et les quelques centaines d'hommes sur lesquelles seules Condé pouvait compter, la disproportion était trop grande pour que ce prince songeât à accepter la lutte. Le judicieux et brave de Lanoue ne laisse aucun doute à cet égard (2) : « Quant à la
» force nerveuse et asseurée, dit-il, de quoy ceux de la religion
» faisoyent estat, elle consistoit en trois cents gentilshommes
» et autant de soldats expérimentez aux armes : plus en quatre
» cens escholiers, et quelques bourgeois volontaires, sans expé-
» rience. Et qu'estoit-ce que cela contre un peuple comme in-

<hr>

(1) Lettre de Th. de Bèze, du 25 mars 1562 (ap. Baum, app. p. 172, mss. de Genève).

(2) De Lanoue, *Discours polit. et milit.* Bàle, 1587, p. 657, 658.

» fini, sinon une petite mousche contre un grand éléphant ? Je
» cuide que si les novices des couvents, et les chambrières des
» prestres seulement, se feussent présentées à l'impréveue avec
» des bastons de cotterets ès mains, que cela leur eust fait tenir
» bride. Néantmoins avecques leur foiblesse ils feirent bonne
» mine, jusques à ce que la force descouverte des princes et sei-
» gneurs liguez les contraignit de quitter la partie. »

En se résignant à un départ de la capitale, provoqué d'ailleurs,
ainsi que celui du duc de Guise, par la reine mère, Condé évitait,
pour le moment du moins, l'effusion du sang. Catherine de
Médicis, dans une correspondance mémorable (1), venait de
réclamer l'appui de son dévouement et de son énergie : il semblait même qu'elle l'appelât près d'elle et du roi. L'hésitation
n'était donc pas permise. Ajoutons qu'aux préoccupations de
l'homme d'État et du guerrier se joignaient, dans l'esprit du
prince, celles du mari et du père. En effet, Éléonore de Roye, qui
ne l'avait pas quitté, se trouvait en ce moment dans un état avancé
de grossesse réclamant d'extrêmes ménagements et un abri assuré, si tant était qu'il fût possible d'en rencontrer un, dans les
temps de troubles qu'elle et lui traversaient. Il prit donc la résolution « d'aller en sa maison de la Ferté-sous-Jouarre, pour *y*
» *rendre* la princesse sa femme, qui estoit preste d'accoucher,
» ayant toutesfois adverti l'amiral et Andelot qu'il prendrait son
» chemin par la ville de Meaux, afin d'aviser ensemble ce qu'ils
» auraient à faire (2). »

Partis de la capitale le 22 mars (3), le prince et la princesse
ne tardèrent pas à arriver à Meaux.

(1) « Lettres envoyées par la royne à monsieur le prince de Condé, par les-
» quelles elle le prie d'avoir en recommandation l'estat de ce royaume, la vie du
» roy et la sienne, et entreprendre la deffence contre ses ennemis. » *Mém.* de
Condé, t. III, p. 213 à 215. — Le Laboureur, addit. aux *Mém.* de Castelnau, t. I,
p. 763, 764, et t. II, p. 40. Texte et annotations des dites lettres. Elles doivent
avoir été écrites vers le milieu du mois de mars 1562.

(2) Bèze, *Hist. eccl.*, t. II, p. 5.

(3) Th. de Bèze, qui accompagnait le prince et la princesse de Condé, écrivait

Que se passa-t-il pendant leur court séjour dans cette ville, et quelle direction prit Condé en en sortant? Un témoin fidèle (1) présent sur les lieux, et activement mêlé aux événements qui se pressaient alors, nous l'apprend en ces termes :

« Monsieur le prince de Condé estant là avecques une bonne
» suite de noblesse, envoya en diligence vers messieurs l'amiral
» et d'Andelot, et leur manda que faute de courage ne l'avoit
» contraint d'abandonner Paris, ains faute de force et qu'ils
» marchassent en diligence vers lui : car Cæsar n'avoit pas seu-
» lement passé le Rubicon, mais desjà avoit saisi Rome, et ses
» estendards commençoyent à bransler par les campagnes. Ce
» qu'ils firent incontinent, avec tous leurs amis et équipage, sans
» toutesfois descouvrir les armes que ceux de la Ligue avoient jà
» descouvertes. Là falut-il séjourner cinq ou six jours, tant pour
» délibérer de ce que l'on feroit, que pour la cène, qui se célébroit
» le jour de Pasques. Monsieur l'admiral, qui n'estoit pas novice
» ès affaires d'Éstat, prévoyant que le jeu s'alloit eschauffer, re-
» monstra qu'il convenoit se renforcer d'hommes diligemment,
» ou se préparer à la fuite : et encores craignoit-il qu'on eust
» beaucoup tardé. Mais comme l'on estoit en tels termes, gen-
» tilshommes arrivoyent inopinément de tous costez, sans avoir
» esté mandez : de manière qu'en quatre jours il s'en trouva là plus
» de cinq cents. Ce renfort les fit résoudre de desloger, et à deux
» fins, l'une pour essayer de gaigner la cour, et s'installer auprès
» du roy et de la royne, et, ne le pouvant faire, se saisir d'Orléans,

de Meaux, à la fin du mois de mars 1562 (Bibl. de Genève, mss., f° 117) : « Die
» vicesima secunda hujus mensis excessimus ex urbe, me quidem invito sed
» frustra reluctante. Postridie Meldas pervenimus, ubi quotidie augentur copiæ.
» Heri demum sese nobiscum conjunxit Possidonius (Coligny), qui utinam citius
» advenisset. Cras cœnam favente Deo celebrabimus. Andelotus quoque aderit
» cum magna turma et alios subinde adventantes excipiemus.... Nostris video
» nec animum deesse, nec vires, sed præclaras occasiones nostra cunctatione jam
» amissas esse, ægerrime fero. »
   (1) De Lanoue, *Disc. polit. et milit.*, p. 651, 652.

» pour là dresser une grosse teste, si on venoit aux armes. Ayant
» doncques recueilli en six jours ce qu'ils n'espéroyent pas
» avoir en un mois, ils s'acheminèrent vers Saint-Cloud, où la
» troupe se renforça de trois cens bons chevaux : et là ils eurent
» advertissement que monsieur de Guise et ses associez s'es-
» toyent emparez de la cour : laquelle diligence, bien à propos
» pour eux, rompit le premier dessein de monsieur le prince de
» Condé, qui y vouloit faire le mesme, et s'authorizer de la fa-
» veur du roy, pour la conservation de lui, et de ceux de la reli-
» gion. De Saint-Cloud ils marchèrent vers Chartres et Anger-
» ville, et par le chemin rencontrèrent cinq ou six troupes de
» noblesse, ce qui apporta de l'esbahissement, quand on consi-
» déroit le soudain rengrossissement de nostre corps, qui n'estoit
» moindre de mille gentilshommes, qui faisoyent bien quinze
» cents chevaux de combat, plus armez de courage que de cor-
» celets. Après on tira vers Orléans qui fut pris de la façon que
» les historiens l'ont descrit. »

Le jour même où le prince de Condé avait quitté Meaux et
s'était dirigé vers Orléans, la princesse était partie pour son château de Muret. Elle était « accompagnée du marquis de Conty,
» son fils aisné aagé pour lors de huit à neuf ans seulement avec
» ses femmes et bien peu d'autre train (1). » C'est assez dire,
qu'elle et son faible entourage se trouvaient livrés sans défense
aux lâches agressions qui pouvaient se produire, durant un trajet
péniblement entrepris. Les faits ne le prouvèrent bientôt que trop
clairement; car elle fut assaillie par une bande de fanatiques,
sous les coups de laquelle elle et son fils faillirent succomber.
Ecoutons à ce sujet le récit de l'une de ses amies (2) :

« Ainsi que la princesse s'acheminoit, passant par un village

____

(1) Bèze, *Hist. eccl.*, t. II, p. 11.
(2) *Épistre* d'une damoiselle françoise, etc., etc., 1564, p. 3 et 4.

» nommé Vauderay, près Lizy-sur-Ours, une fourmière de
» païsans qui estoient en procession luy courut sus, et à mon-
» sieur le marquis de Conty, à coups de pierres et de bastons de
» croix et de banières, sans aucune occasion, sinon que ceste
» troupe fust suscitée et barée par un prestre malin, en haine
» de la religion. Or, les feux des troubles commençoient lors à
» s'allumer, et de toutes parts on en voyoit jà des estincelles !
» Ceste fureur et rage populaire esmeut ceste bonne dame de telle
» façon, qu'estant sur la fin du huictiesme mois, elle accoucha,
» le jour mesme, de deux fils par frayeur et avant terme, au vil-
» lage de Gandelu, sans qu'elle eust loisir de pouvoir gaigner
» aucune de ses maisons. Et peu de jours après, comme elle
» estoit courageuse et active de son naturel, elle se mit en che-
» min pour aller à Orléans vers monseigneur son mari, où elle
» parvint à grandes et difficiles journées : car vous pouvez penser
» que les passages estoient jà occupez, et qu'il fallait user de ruse
» et s'exposer en danger pour faire ce hasardeux voyage (1). »

L'amie de la princesse ajoutait : « Vous sçavez que jamais
» femme n'aima, ne chérit, n'honora, ne respecta plus mari
» qu'elle faisoit le sien. » Cette vérité, qui déjà avait éclaté avec
une irrésistible évidence à Orléans, lors du procès du prince,
se reproduisit, au moment du nouveau départ d'Éléonore de
Roye pour cette même ville, en avril 1562. Quelle plus grande
preuve d'affection et de dévouement pouvait-elle donner à son
mari, que de sacrifier, pour le rejoindre, non-seulement sa

(1) Beza ad Turicenses et Bernates, 12 avril 1562 (mss. Turicens. ap. Baum,
app. p. 181) : « P. S. — Omiseram indignum facinus. Condensis principis uxor
» prægnans, dum profecto marito ad suos revertitur, ecce rusticorum manus
» principis filium circiter novem annos natum in equo insedentem lapidibus ad-
» greditur, et duos ex ejus comitatu vulnerat. Mater filii periculo ita fuit percussa
» ut eo ipso die immaturo partu gemellos sit enixa. Vivit tamen uterque et puer-
» pera satis bene habet. Sed hinc conjicite quo usque progressa sit hostium ra-
» bies et quantopere necesse sit eam retundi, cum expressis edictis regiis nita-
» mur. »

santé, sa vie peut-être, mais jusqu'aux plus douces prérogatives du cœur maternel, en se séparant de ses enfants en bas âge, sans savoir si jamais il lui serait donné de les revoir ! Dieu permit du moins qu'elle laissât ces êtres chéris aux mains de la comtesse de Roye : un seul d'entre eux, l'aîné, partit avec elle.

Suivons maintenant la princesse de Condé dans chacune des phases de la noble mission qu'elle va, pendant toute une année, accomplir à Orléans.

CHAPITRE VII

Il est de saintes et profondes émotions qui ne peuvent se traduire dans un récit : telles furent celles du revoir, pour la princesse de Condé, au sein de sa famille, à Orléans, alors qu'elle trouva près de son mari, Coligny, Charlotte de Laval et leurs enfants, d'Andelot et les siens, le comte de la Rochefoucauld, et le prince de Portien. A l'affectueux accueil qu'elle reçut des uns et des autres se joignirent bientôt les chaleureux hommages de chefs militaires, de jeunes seigneurs, de ministres de l'Évangile, qui eurent accès près d'elle, notamment de Soubise, de Rohan, de Mouy, d'Esternay, d'Yvoy, de Morvilliers, de Genlis, de Canny, de Lanoue, de Téligny, de Th. de Bèze, de Chandieu.

A peine la princesse se fut-elle entretenue de la marche des événements avec son mari, sa famille et ses amis, qu'elle mesura d'un coup d'œil la gravité de la situation. Le massacre de Vassy, suivi d'une impunité scandaleuse, l'atteinte portée par les Guises et le triumvirat à la personne du roi, leurs incitations, occultes ou patentes, au meurtre des protestants parmi des populations haineuses ou égarées, la concentration, opérée par eux, de forces militaires auxquelles devaient s'adjoindre celles qu'ils recrutaient à l'étranger, l'effroyable accomplissement de nouveaux massacres sur divers points de la France : tout avait promptement concouru à pousser Condé et ses adhérents à une prise d'armes qui, de leur part, ne constituait que l'exercice du droit de légitime défense. Voilà ce que comprit, avec sa perspicacité habituelle, la princesse : aussi se plaça-t-elle de suite en face des grands devoirs qui lui étaient désormais imposés. L'auxiliarité la plus puissante que, dans l'accomplissement des siens, pût recevoir Louis de Bourbon, était celle que lui apportait son héroïque compagne.

Orléans devait servir de base aux opérations militaires des protestants, dans la guerre civile dont leurs implacables ennemis étaient les promoteurs. Tandis que Condé, tout en se maintenant dans cette place avec ses principaux lieutenants, faisait rayonner au dehors son activité et la combinait avec celle de plusieurs chefs réformés, dans les provinces, des efforts étaient tentés à la cour pour étouffer dans son germe, ou tout au moins pour retarder, dans son explosion, une collision devenue imminente.

Trois mois environ s'écoulèrent en négociations entamées et maintes fois reprises, à l'instigation de Catherine de Médicis, par des intermédiaires de son choix.

Au point de vue d'une action directe à exercer sur le prince de Condé dans le cercle de sa famille, il fut fait successivement appel à l'intervention de la comtesse de Roye (1) qui, du fond de sa retraite de Muret, répondit par un refus, et à la médiation du cardinal de Châtillon qui, libre d'accepter un rôle que sa sœur était fondée à décliner, tenta ainsi que sa correspondance avec la reine mère l'atteste (2), un rapprochement difficile à opérer. Il ne put réussir à faire accueillir par le parti qui maîtrisait la cour les justes revendications du prince de Condé et de son conseil.

(1) La Popelinière, *Hist. de Fr.*, t. I, p. 305. — Bèze, *Hist. eccl.*, t. II, p. 38
(2) Lettres du cardinal à Catherine de Médicis, des 7, 15, 20 avril et 22 mai 1562 (Bibl. nat., mss. f. fr., vol. 6, 611, f°s 59, 61, 64, 67). — Lettre de Catherine au cardinal, du 10 avril 1562 (*Mém.* de Condé, t. III, p. 216 à 219). — Voir, en outre, une déclaration royale du 22 août 1562 (Archiv. nation. de France, J., 969).

Nous n'aborderons point ici l'examen d'une série de négociations frappées d'avance de stérilité dans lesquelles, la plupart
du temps, s'efface la personnalité d'Éléonore de Roye. Nous
nous bornerons à signaler le dur sacrifice dont parfois ces négociations menaçaient son cœur de mère. Tel fut par exemple, un
projet de convention du 2 mai 1562 (1), dont l'exécution devait
être garantie par une dation réciproque d'otages; le prince de
Condé pour sa part « présentait à ce titre non-seulement mon-
» sieur le marquis de Conty son fils aisné, mais tous ses enfans
» entièrement, comme les plus précieux gages qui, après sa foy
» et sa parolle, le scauroyent plus seurement pleger, etc., etc. »
L'avortement de ce projet délivra la princesse des perplexités
qui l'agitaient à la seule pensée de voir, s'il eût été adopté, ses
enfans « estre et demeurer sous le bon plaisir des majestez du
» roy et de la royne (2). »

Six semaines plus tard, la princesse de Condé apparut momentanément sur le théâtre des négociations, dans une circonstance particulière où elle crut, d'accord avec le prince, devoir
s'absenter d'Orléans.

Une conférence, dont un observateur attentif a minutieuse-
ment retracé les préliminaires (3), avait eu lieu à Toury en
Beauce, dans les premiers jours de juin, entre Condé, la reine
mère et le roi de Navarre (4) : elle était demeurée sans résultat.
A l'issue de cette conférence, la princesse de Condé avait ap-
plaudi à la résolution prise par son mari d'adresser au roi de
Navarre une lettre (5) dans laquelle se traduisaient en termes
élevés les sentiments de la belle-sœur, aussi bien que ceux du

(1) *Mém.* de Condé, t. III, p. 384 et suiv.

(2) *Mém.* de Condé, *Ibid.*

(3) *Calend. of State pap. forcign.*, 9 juin 1562. Throckmorton to the Queen.

(4) *Calend. of State pap. foreign.*, 9 juin 1562. — Throckmorton to the Queen,
14 juin 1562, id. to Challoner; 24 juin 1562, id. to the Queen.

(5) La Popelinière, *Hist. de France*, in-f°, t. I, p. 317. — Bèze, *Hist. eccl.*,
t. II, p. 78, 79, 80. — Bibl. nat., mss. *Collect.* Dupuy, vol. 86, f°ˢ 109, 110.

frère, et dont voici les passages les plus saillants : « Le témoi-
» gnage que ma conscience m'a tousjours rendu tant de l'inno-
» cence des églises refformées que de vostre bon naturel et de
» toutes mes actions m'avoit persuadé qu'en faisant comparaison
» de ceulx qui sont auteurs de ces troubles avec moy, qui ay
» cest honneur de vous estre frère, et duquel l'entière obéis-
» sance jusques icy vous a tousjours esté congneue, vous seriez
» pour le moins avec le temps plus tost esmeu à suyvre le droit
» de l'affection fraternelle qu'à vous incliner aux persuasions et
» artiffices de ceulx qui ne sont jamais accreus et semblent en-
» cores ne se pouvoir maintenir que de la ruyne de vous et des
» vostres. Et de fait, je n'ay point encores perdu ceste espérance,
» quelque apparence que je voys du contraire, qui est la seule
» cause qui m'a maintenant esmeu à vous escripre la présente,
» plustost avec larmes de mes yeulx qu'avec l'encre de ma
» plume, car quelle chose plus triste et plus pitoyable me pou-
» voit advenir que d'entendre que vous venez la lance baissée
» contre celuy qui voudroit le premier et devant tous aultres
» opposer soy mesmes à ceux qui prétendroient de vous appro-
» cher, et que vous mectiez peine de ravir la vye à celluy qui la
» tient d'ung mesme père et mesme mère que vous, et qui ja-
» mais ne l'a espargnée et ne la voudroit encore espargner pour
» la conservation de la vostre.... A Dieu ne plaise que l'obéis-
» sance que je vous doy meure jamais qu'avec moy, voyre
» mesmes à la condition de renaistre à ceulx qui ne peuvent
» sortir de moy qu'ils n'aient cest honneur d'estre voz plus
» proches parents, de vostre sang, et voz naturels serviteurs.
» Et cependant vous me permectrez d'ignorer comme ceux-là
» vous peuvent estre amys, qui, non contens de chercher pour
» la deuxiesme fois la mort de vostre frère, osent bien entre-
» prendre jusques-là de vous faire ministre et instrument de
» leur mauvaise volonté. Or, tout cecy soit dict afin que, sinon
» pour l'amour de moy, au moins pour l'honneur de Dieu et le

» respect de vous mesmes, vous considériez toutes ces choses
» avant que de passer plus oultre contre celluy qui par ung na-
» turel debvoir est ung second vous mesmes, et qui de sa part,
» ainsi que jamais, Dieu aydant, il ne faudra à son devoir, aussi
» aymeroit trop mieux la mort que de survivre aux calamités
» qui ensuivroient l'effect d'ung tel combat, de quelque costé
» que la victoire inclinast. »

Cette lettre avait fait naître dans l'esprit du roi de Navarre l'idée d'une nouvelle entrevue. Il en avait avisé la reine mère qui, reprenant le chemin de la Beauce, était arrivée à Artenay, dans des intentions révélées par elle-même (1) en ces mots : «... Le roy de Navarre m'avoit mandé qu'il avoit tellement ratta-
» ché et renoué ce négoce avec mon cousin le prince de Condé,
» son frère, qu'il me prioit ne plaindre point ma peine d'aller
» faire encore un voyage jusques au-delà d'Orléans, où estoient
» leurs armées, pour essayer de parvenir à l'effet de ladite paci-
» fication. Ce que je fis avec très-grande incommodité de ma
» personne; me trouvant si mal d'une cheute que j'avois prise
» à Estampes, au retour de mon premier voyage, que je ne
» me pouvois soustenir ny remuer qu'avec grande peine et
» difficulté. Toutefois, postposant ma santé au bien, repos et
» tranquillité de ce royaume, je me fis porter en litière... à costé
» desdites deux armées, etc., etc. »

Ce fut en cet état de choses et avant que Condé, le roi de Navarre et Catherine fussent réunis pour conférer de nouveau, qu'Éléonore de Roye, accompagnée de madame de Crussol, alla trouver, à Artenay même, Catherine de Médicis, qu'elle quitta le lendemain pour rentrer dans Orléans, laissant madame de Crussol avec la reine (2).

______

(1) Lettre du 11 juillet 1562, à l'évêque de Rennes, ap. Le Laboureur, addit. aux *Mém.* de Castelnau, t. I, p. 814.

(2) *Calend. of State pap. foreign.*, 22 juin 1562, p. 112. Advertisements from the prince of Condé's camp.

Quelle fut la nature de la visite faite à celle-ci par la princesse? Fut-ce un simple acte de déférence? il est permis d'en douter. Ce dut être plutôt une démarche sérieuse, dégagée de toute fausse obséquiosité, dont le but direct était de fixer Catherine sur les intentions de Condé et de son entourage, et sur les conditions sans l'obtention desquelles on ne pourrait décider le prince à déposer les armes.

Le jour même où Éléonore de Roye quitta Artenay, la reine mère en partit pour se rendre dans une localité où vinrent à sa rencontre le roi de Navarre et le prince de Condé; l'entrevue, qui eut lieu à Talsy, et dans laquelle chaque partie maintint ses exigences, échoua complétement.

Avec cette dernière entrevue, s'épuisa, en juillet, le régime des correspondances, des pourparlers et des négociations, que la cour avait, à dessein, prolongé jusque-là pour se ménager le temps de recevoir les renforts qu'elle faisait venir de l'étranger.

Des écrits et des paroles, on passa à l'action.

L'armée catholique, opérant sur la Loire, s'empara de Blois et d'autres villes. Condé, dont l'armée était plus faible, dut se borner à reprendre possession de Beaugency, et se replia sur Orléans, qu'il s'occupa de mettre en état de défense. De là, il envoya Soubise à Lyon, La Rochefoucault en Saintonge, Duras en Guienne, le prince de Portien en Champagne, pour tirer de chacune de ces provinces de nouvelles forces, Briquemault en Normandie et en Angleterre pour y obtenir des secours en hommes et en argent, et enfin d'Andelot en Allemagne, pour y presser la conclusion d'une levée de troupes; « d'autant que » c'estoit une chose notoire que les Allemands, Suisses, et Espa- » gnols entroyent jà en France pour le secours des catholiques (1). »

Il s'agissait, en même temps, pour Éléonore et son mari, qui voyaient l'orage s'amonceler sur la tête de leurs jeunes enfants,

______
(1) Lanoue, *Disc. polit. et milit.*, p. 688.

do soustraire à ses atteintes ces frêles créatures et leur grand'-
mère, en mettant un terme à leur séjour en Picardie, devenu,
chaque jour, plus dangereux. Ils mandèrent donc « à madame
» de Roye, pour sa sûreté, qu'elle se retirât en Allemagne, où
» elle pouvoit beaucoup servir, avec ses petits-enfants, à savoir :
» François, leur fils puisné, âgé d'environ sept ans, les deux
» frères jumeaux dont la princesse estoit accouchée au mois
» d'avril précédent, et madamoiselle de Bourbon; ce qu'elle
» fit (1) », en se dirigeant sur Strasbourg.

Tandis que Condé et la princesse, encore sans nouvelles du
long voyage entrepris par la comtesse de Roye avec leurs plus
jeunes enfants, éprouvaient des inquiétudes toutes naturelles
sur l'issue de ce voyage, et qu'avec le désintéressement de
l'amitié, ils félicitaient Coligny et Charlotte de Laval du bonheur, qui leur était accordé, de posséder en sûreté près d'eux
tous leurs enfants et ceux de d'Andelot, alors absent, une
immense épreuve allait inopinément déchirer le cœur de l'amiral et de sa femme.

Leur fils aîné, Gaspard, du même âge que le marquis de
Conty, compagnon assidu de ses études et de ses jeux, élevé,
comme lui, à l'école de l'Évangile, faisait toute leur joie, par
le développement précoce de son intelligence et de son cœur,
par sa piété touchante et par ses qualités aimables. Un charme
inexprimable s'attachait à l'épanouissement de son âme candide.
Sur lui reposaient leurs plus douces espérances, auxquelles, en
un point surtout, s'associaient celles de leurs intimes amis,
M. et madame de Soubise, dont la fille, Catherine, était fiancée
à ce fils chéri (2).

(1) Bèze, *Hist. eccl.*, t. II, p. 102.
(2) Voir (Bibl. nat., cabinet des titres, V°. Coligny) divers tableaux généalo-
giques de la maison de Coligny, notamment celui qu'a dressé Du Bouchet. On y
lit : « Gaspard II épousa Charlotte de Laval en 1547... Du premier lit sortirent
» Gaspard de Coligny, accordé à Catherine de Parthenay, dame de Soubize, et

Un épouvantable fléau venait d'éclater à Orléans, au sein d'une population attérée par le seul nom de peste, qui volait de bouche en bouche, lorsqu'un jour se manifestent tout à coup, chez le jeune Gaspard les symptômes, non du mal régnant, mais d'une maladie non moins dangereuse, et qui se traduit dès le début, par une fièvre ardente. Vainement les soins les plus énergiques, les plus assidus sont-ils prodigués à l'enfant bien-aimé : la souffrance progresse, le consume; la mort s'avance; et cependant, tout affaibli qu'il est physiquement, il possède encore en son âme assez de force et de lucidité pour témoigner de sa foi avec une angélique douceur, et pour adresser à ses parents, en chrétien confiant, en fils aimant et tendre, un suprême adieu! Seize jours se sont écoulés, et Dieu le rappelle à lui (1). Peu après, une main amie trace, pour être inscrits sur sa tombe, les vers suivants (2) :

> « Gaspard de Colligny, à l'aage de neuf ans,
> » Pour suyvre Dieu laissa le monde et ses parens,
> » Fils aisné de Gaspard, admiral, l'espérance
> » Du père et de la mère, astres clairs de la France,
> » Par lesquels le chemin des cieux il entendit
> » Et soudain au Seigneur les bras foibles tendit.
> » La fiebvre sans cesser quinze jours le pourmeine,
> » Le seizième jour Christ en sa gloire le meine,
> » Ayant fait de sa foy haulte confession,
> » Par mort à vie alla, de grande affection. »

Survivre à son enfant, quelle inexprimable douleur! quelle croix pesante à porter! Sous cette douleur, sous cette croix se courbèrent un père et une mère désolés, ce Coligny, cette Charlotte de Laval si forts, d'habitude, et désormais presque

---

» mort avant l'accomplissement du mariage, etc., etc. » — Haag, *Fr. prot.* Vᵒ. Larchevêque, t. VI, p. 342.

(1) *Calend. of State pap. foreign.* — Occurrences in France, 27 juillet 1562. — Lettre de Th. de Bèze à Coligny, du 27 juin 1568 (Bibl. de Genève, vol. 117).

(2) « Épitafe de Gaspard de Colligny, fils aisné de M. l'admiral de Chastillon, » qui mourut à Orléans, le 14 juillet 1562 » (Bibl. nat., mss. f. fr., vol. 22560, fᵒ 67).

anéantis. Ils eussent succombé à leur détresse, si Dieu ne se fût tenu près de leurs cœurs pour les soutenir et les relever.

A l'aspect de ce deuil dont une poignante expérience permet seule à l'âme humaine de mesurer la profondeur, écoutons Coligny, tout brisé qu'il est par une émotion indicible, exhorter devant Dieu sa femme à la résignation. Il l'a quittée récemment ; il est au camp, sous sa tente, en face de l'ennemi ; c'est de là qu'il lui écrit (1) :

« Encores que tu ayes raison de supporter avec douleur la
» perte de notre fils bien aimé, si pourtant suis-je obligé de
» te remémorer qu'il estoit plus à Dieu qu'à nous : et puisqu'il a
» voulu le retirer à soi, c'est à toi et à moi à obéir à sa sainte
» volonté. Il est vrai qu'il estoit déjà amateur du bien, et que
» nous pouvions espérer grande satisfaction d'un fils tant bien
» né ; mais remémore-toi, ma bien aimée, qu'on ne peut vivre
» sans offenser Dieu, et qu'il est bienheureux d'estre mort dans
» un âge où il estoit exempt de crime. Enfin, Dieu l'a voulu ; je
» lui offre encore les autres, si c'est son vouloir ; fais-en de
» même, si tu veux qu'il te bénisse, car c'est en lui que nous
» devons mettre tout notre espoir. Adieu, ma bien aimée ; j'es-
» père te voir dans peu, qui sera toute ma joie. »

Quels que fussent les ravages exercés à Orléans par le terrible fléau, la princesse et sa tante demeurèrent constamment dans cette ville. Seuls, les enfants de l'amiral et ceux de d'Andelot en sortirent, après la mort de leur frère et cousin, pour être conduits au château de Châtillon-sur-Loing où l'on espérait qu'ils seraient à l'abri de la contagion ; mais l'un d'eux, la fille aînée de d'Andelot (2), qui, sans qu'on s'en doutât, portait en elle le germe du mal dominant, succomba bientôt à ses atteintes

(1) Vie de Coligny. Cologne, 1686, p. 258, 259.
(2) Bèze, *Hist. eccl.*, t. II, p. 461.

meurtrières. Les enfants des deux frères qui avaient été confiés à la garde du capitaine François, furent, après un séjour de trois semaines à Châtillon, ramenés à Orléans par cet officier (1) qui les remit aux mains de Charlotte de Laval et d'Éléonore de Roye.

Pendant quatre mois et demi, de juillet à novembre 1562, Orléans fut le théâtre de scènes de souffrance et de deuil, au milieu desquelles se déploya, dans une sphère d'activité incessante, la charité chrétienne. Au premier rang des femmes qui, sous son inspiration, prodiguèrent leurs soins et leurs consolations aux malades, aux mourants, figurèrent la princesse de Condé, madame l'Amirale et plusieurs dames haut placées dans la société.

La généralité des femmes et des jeunes filles d'Orléans, répondant à un sérieux appel adressé par Condé, en juillet, fit preuve d'abnégation et de courage, en concourant, dans la mesure du possible, aux travaux de défense de la place, alors que la peste se propageait dans des proportions redoutables et qu'elle faisait de nombreuses victimes. « Le prince, raconte-t-on à cet égard (2),
» fit continuer à bon escient le labeur des fortifications, sans
» qu'aucun fust exempt, non pas mesme les dames et damoiselles
» qui y portèrent la hotte comme les autres, croissant cependant
» toujours la peste dont mourut une grande partie des soldats et
» grand nombre de peuple de toutes qualités. Entr'autres mouru-
» rent de ceux de la noblesse, le vidasme de Châlons, frère du
» sieur d'Esternay, homme doué de plusieurs grandes et singu-
» lières vertus, le sieur de Toury et un sien fils... Deux person-

(1) Bèze, *Hist. eccl.*, t. II, p. 458. Haag, *France prot.*, t. V, p. 170.

(2) Bèze, *Hist. eccl.*, t. II, p. 110. — Voir, entre autres documents se rattachant aux travaux de défense dont il s'agit ici une « réquisition faite par Briquemaut,
» au nom du prince de Condé à des habitants de diverses localités voisines d'Or-
» léans, de fournir des fascines et autres objets pour subvenir à l'érection ou ré-
» paration des fortifications, en date, à Orléans, du 22 juillet 1562 » (Bibl. nat., mss. f. fr., vol. 10, 190).

» nages de la ville entr'autres furent aussi emportés et très-gran-
» dement regrettés à bon droict, pour estre personnages des plus
» doctes et des plus gens de bien de leur estat, assavoir Guillaume
» Maillard, lieutenant particulier d'Orléans, et Jean Caillard,
» docteur régent ès loiz. »

Vers la fin d'août, se répandit dans la ville et au dehors le bruit de la mort de la princesse de Condé (1); bruit qui heureusement ne reposait que sur de simples conjectures. Éléonore de Roye, bien qu'exposant à chaque instant sa vie pour le salut des autres, fut providentiellement épargnée. Elle eut même, à force de dévouement et de sollicitude, la joie de soustraire à la mort l'une de ses filles d'honneur, mademoiselle des Fossez, que la maladie régnante avait gravement atteinte (2).

Relevé, sur sa demande, de ses fonctions d'ambassadeur d'Angleterre, Throckmorton, qui, en quittant Paris, avait trouvé, grâce à l'armée protestante, un refuge à Orléans, et une bienveillante hospitalité sous le toit de l'amiral de Coligny, écrivit, le 9 septembre, à Elisabeth et à Cecil pour les informer des derniers événements et des progrès du fléau (3). « La peste, disait-il, sé- » vit ici avec une intensité qui, journellement, diminue le nombre » des défenseurs de la cause évangélique. La princesse de Condé, » son fils aîné et madame l'amirale sont toujours dans la ville. »

Le courage et le dévouement de ces deux femmes héroïques et charitables ne faiblirent pas un seul instant; loin de là : ils s'accrurent avec la grandeur même des épreuves qu'elles traversaient.

En octobre, alors que la situation générale se présentait sous les plus sombres aspects, elles ne cessaient de tenir leurs regards haut élevés vers le ciel; et une assemblée des ministres qui se

(1) Dépêche de Chantonnay du 28 août 1562 (*Mém.* de Condé, t. II, p. 67. — *Mém.* de Cl. Haton, t. I, p. 285).

(2) Bèze, *Hist. eccl.*, t. II, p. 110.

(3) *Calend. of State pap. foreign.*, 9 septemb. 1562. Throckmorton to the Queen. — *Ibid., Id. Id.* to Cecil.

trouvaient alors à Orléans ne fit que traduire les pieux sentiments de ces deux fidèles chrétiennes en décidant « que, le 12 de ce » mois, on célébrerait un jeusne public, et, le 17, la cène du » Seigneur : l'un pour tesmoignage de ceux qui déliberoient se » mettre aux champs bientost à la suite du prince, l'autre pour » s'humilier devant Dieu, à bon escient, l'ire duquel sembloit » journellement s'enflamber à l'encontre des églises, ayant fait » prospérer grandement les ennemis d'icelles, et frappant la ville » d'Orléans d'une peste si aspre et si longue. Aussi estoit chose » pitoyable à la vérité de veoir tant de pauvres personnes aux- » quelles l'ennemi n'avoit permis d'habiter seurement en leurs » maisons, mourir ainsi à tas, au lieu qu'ils avoient choisi pour » leur retraite, y estans morts en peu de mois plus de dix mille » personnes, dont il y avoit une partie de ceux de la religion » qui avoient esté déchassés de Paris, Bloys, Tours, Gyen, » et plusieurs autres lieux ; comme aussi moururent trois mi- » nistres, à savoir Le Plessis, Badius, avec toute sa famille, sans » en excepter un seul, et Cosson... Le jeusne donc et la cène » furent célébrés, dont s'en suivit incontinent un très-grand al- » légement, estant la maladie comme en un instant tellement » diminuée que, le septiesme de novembre il n'y avoit quasi plus » de malades en la ville (1). »

Le moment est venu de suivre les traces du séjour de d'Andelot et de la comtesse de Roye sur le sol étranger.

D'Andelot avait devancé sa sœur à Strasbourg. Dès le 17 juillet, on l'avait vu traverser cette ville, alors qu'il se rendait près des princes protestants d'Allemagne (2). Ses démarches vis-à-

____

(1) Bèze, *Hist. eccl.*, t. II, p. 149.

(2) *Calend. of State pap. foreign*, 17 juillet 1562. D'Andelot to the Queen. — *Ibid.*, 21 juillet 1562, Mundt to Cecil. — Frédéric III écrivait à Christophe, duc de Wurtemberg, le 20 juillet 1562 (Kluckohn, Briefe Friedrich des Frommen, erst. Band, p. 318, n° 187) : « M. d'Andelot, frère de l'amiral, est arrivé à Heidel- » berg, le 19 juillet, avec une lettre de créance, adressée à tous les électeurs et » princes de la Confession d'Augsbourg, etc., etc. »

vis d'eux avaient été, en quelques jours, couronnées d'un premier succès; car Hotman, qui correspondait avec lui de Strasbourg, où il résidait pour les affaires du prince de Condé, écrivait le 8 août, à l'avoyer de Berne (1) : « desjà monseigneur d'Andelot » a trouvé telle faveur, qu'il a promesse de trois mil reistres pour » le moins, et de quatre mil Lanskenets, qui s'assemblent main- » tenant au païs de Hessen près Cassel. » D'Andelot, de son côté, dans une lettre expédiée, le 21 août, de Cassel à Hot- man (2) lui faisait part de son espoir de procéder le 18 sep- tembre à la *montre* des troupes allemandes dont il opérait la levée.

En quittant la Picardie avec les enfants de sa fille, la com- tesse de Roye ne s'était pas fait illusion sur la longueur et les difficultés du trajet qu'elle entreprenait à travers la France. Le 20 août, on s'étonnait à Strasbourg de ne pas la voir déjà arri- vée. Th. de Bèze, appelé dans cette ville, au cours d'une mission à remplir en Allemagne et en Suisse, s'inquiétait, à cette date, du défaut de nouvelles récentes de la noble voyageuse (3). Le 29 août, le crédule cardinal de Bourbon, se disant bien informé, prétendait (4) que « madame de Roye estoit allée à Strasbourg » mener ses petits nepveux en ostaige pour avoir gens; qu'ils y » avoient esté reffusez, et qu'elle s'en estoit revenue. » Ce qui est certain, c'est que dans les derniers jours d'août, madame de

(1) *Archives de Berne.* — Frankreich, vol. II, 1551 bis, 1569. — La corres- pondance qu'en Allemagne les princes protestants entretenaient soit entre eux, soit avec la cour d'Angleterre, contient de nombreuses traces de leurs efforts en faveur de Condé et de Coligny, en 1562 (voy. Kluckohn, ouvr. cité, erst. Band, *passim*).

(2) Lettre écrite par Hotman aux magistrats de Berne, le 30 août 1562 (*Ar- chives de Berne.* — Frankreich, vol. II, 1551 bis, 1569.

(3) Beza ad Calvinum, 20 août 1562 (Baum, append. p. 189, 190) : « Socrus » principis nondum advenit, et certe valde metuo ne quid illi incommodi acci- » derit in via, quanquam non placet male ominari. »

(4) Bibl. nat., mss. f. fr., vol. 3187, f° 23. — Lettre du 29 août 1562 à de Hu- mières, gouverneur de Péronne.

Roye atteignit enfin (1) la grande cité hospitalière d'Alsace. Là, un accueil sympathique lui était réservé, ainsi qu'aux frêles créatures confiées à ses soins, dont Calvin devait plus tard rehausser la condition alors précaire, par ces touchantes paroles adressées à leur aïeule (2) : « Dieu, madame, a honoré vos petits enfants, » en les faisant pèllerins en terre estrange. »

Dès le 9 septembre, d'Andelot remerciait en ces termes, de l'accueil fait à sa sœur, « messieurs les consul et seigneurs du » principal conseil de Strasbourg (3) : — Messieurs, ayant esté » adverty par madame de Roye, ma sœur, du bon et gracieux » accueil que vous avez faict à elle et à messieurs ses petits enf- » fants, à son arrivée à vostre ville de Strasbourg, je n'ai voulu » faillir de vous en mercier bien affectueusement, tant pour le » regard de monsieur le prince de Condé, père des dits enffants, » que particulièrement au nom de monsieur l'amyral mon frère » et au mien ; vous pouvant asseurer que la mémoire d'une telle » honnesteté et courtoysie demeurera tellement imprimée en » noz espritz que, si Dieu nous faict la grâce de venir au but de » nos affaires, nous ne perdrons jamais occasion de le recognois- » tre en vostre endroict, et vous démonstrer par effect que les » plaisirs que nous avons reçus et recevons de vous durant ces » troubles ne sont employez en personnes ny ingrates, ny mes- » congnoissantes, ny dépourveues de bons moyens de le recog- » noistre, etc., etc.

La comtesse de Roye, au moment de son arrivée, se trouvait réduite par la rigueur des circonstances à un état voisin du dénûment. Les premières ressources nécessaires lui furent spontanément fournies par un généreux ami des protestants français,

(1) Beza ad Calvinum, 1er septembre 1562 (Baum, append., p. 192) : « Principis » socrus salva tandem eo pervenit ubi a magistratu est perhonorifice excepta. »

(2) *Lettres françaises*, t. II, p. 498, Lett. d'avril 1563.

(3) Documents historiques tirés des archives de la ville de Strasbourg par M. Ant. de Kentzinger. Strasbourg, 1818, t. I, p. 55. Lettre de d'Andelot, datée de Francfort.

par le vénérable Jean Sturm (1), qui plus d'une fois encore vint à son aide.

Fidèle à la double mission qu'elle avait à remplir dans sa nouvelle résidence, la comtesse sut, tout en s'occupant avec sollicitude de ses petits-enfants, saisir habilement chaque occasion qui s'offrait à elle de seconder les intérêts de la cause au service de laquelle se consacraient ses frères, sa fille et son gendre.

Et d'abord, pour justifier la prise d'armes de Condé, elle produisit les originaux mêmes des lettres que Catherine de Médicis avait adressées, en mars 1562, à ce prince, originaux que ce dernier avait confiés à sa belle-mère en la priant de les tenir à la disposition de Spifame, afin qu'il les utilisât officiellement, en temps et lieu. Spifame, en effet, ne manqua pas de s'en prévaloir dans une circonstance solennelle, ainsi que l'atteste le passage suivant de la harangue qu'il adressa à Ferdinand Ier, lorsque se tint la diète de Francfort (2) : « Du commandement que la reine » a fait à monsieur le prince de Condé de prendre les armes pour » la liberté du roy et la sienne, outre ce que dessus, il y a té-» moignage de plusieurs chevaliers... aussi il y en a lettres... » lesquelles sont pardevers mondit sieur le prince, qui n'a voulu » les hasarder au danger des chemins, mais nous a recommandé, » sire, recouvrer de madame de Roye, sa belle-mère, estant avec » messieurs ses enfants à Strasbourg (3), quatre lettres escrites » et signées de sa main, que nous exhibons, sire, à vostre sacrée » majesté (4). »

(1) Voy. *La vie et les travaux de Jean Sturm*, par Ch. Schmidt. Strasbourg, 1855, in-8°, p. 131.

(2) *Harangue de Jacques Spifame, seigneur de Passy, envoyé en Allemagne par le prince de Condé pour justifier ses armes envers l'Empereur et les princes de la Germanie* (ap. Le Laboureur, addit. aux *Mém.* de Castelnau, t. II, p. 28 et suiv.).

(3) Voy. Lettre de Condé, du 3 octobre 1562, aux magistrats de Strasbourg, relative au passage de Spifame dans cette ville (M. A. de Kentzinger, *Docum. hist.*, t. I, p. 64).

(4) La Popelinière, *Hist. de Fr.*, t. I, f° 333. — Bèze, *Hist. eccl.*, t. II, p. 178 :

La production des lettres de Catherine de Médicis fut suivie, à Strasbourg et ailleurs, de démarches actives de madame de Roye en faveur de la cause protestante.

Ce fut ainsi, en premier lieu, qu'elle appuya près de Sturm, dont le dévouement et l'esprit de sacrifice lui étaient bien connus, les demandes de secours que présentèrent, l'un après l'autre, en septembre, le prince de Portien et d'Andelot, alors aux prises, tous deux, avec de sérieuses difficultés pour la solde des levées allemandes. Ce fut ainsi, en outre, qu'elle entra par correspondance en relations avec plusieurs princes allemands. Ce fut ainsi encore qu'à quelque temps de là, elle se rendit, en compagnie de Jean Sturm, près du duc de Wurtemberg, du margrave de Bade et de l'électeur palatin Frédéric III, pour rechercher leur appui en faveur des chefs de ses coreligionnaires : qu'après avoir conféré avec chacun de ces princes, elle entretint leur zèle par l'envoi de nombreuses lettres; et qu'elle stimula, à diverses reprises, celui d'Élisabeth, reine d'Angleterre (1).

Il suffira de consulter trois lettres adressées par la comtesse au duc de Wurtemberg, en octobre et novembre 1562, alors que d'Andelot se préparait à entreprendre et accomplissait avec sa petite armée une marche hardie à travers les provinces de France, pour avoir une idée de l'énergie avec laquelle la mère de la princesse de Condé, la sœur des Châtillon, plaidait devant certaines cours étrangères la cause des chefs du protestantisme français, et reconnaissait les services déjà rendus par ces cours

« Spifame exhiba les quatre lettres... èsquelles il requit que le sceau de la chan-
» cellerie de l'Empire fût apposé... afin qu'on ne pût dire puis après qu'elles
» eussent esté contrefaites et falsifiées par quelque artifice. Ce qu'il obtint de
» l'empereur après qu'il luy en eûst donné copie et que l'original eûst esté leu et
» collationné. » — Voir *Mém.* de Condé, t. II, p. 112, 113, ce que raconte l'ambassadeur d'Espagne, Perrenot de Chantonnay, de l'entretien qu'il eut avec Catherine de Médicis au sujet des quatre lettres dont il s'agit.

(1) *Calend. of State pap. foreign*, 23 nov. et 13 déc. 1562, Mme de Roye to the Queen.

aux courageux défenseurs de la liberté religieuse, en faveur desquels elle ne cessait d'intercéder.

Une première lettre du 14 octobre 1562, adressée au duc de
Wurtemberg (1), lorsque d'Andelot avait pénétré en Lorraine
pour y passer la revue de ses troupes (2), était ainsi conçue :

« Monsieur, aïant entendu par monsieur d'Andelot, mon frère,
» les faveurs et plaisirs infinis qu'il a reçeuz de vous en ses
» grandz affaires, je n'ay voulu faillir de vous en remercier bien
» humblement et déclarer combien je me sens redevable à votre
» Exellence, prenant volontiers cette opportunité de renouveler
» la cognoissance que nous avons autrefois eu ensemble en notre
» païs de France, du temps du feu roy Françoys. Et d'autant
» que jay été advertie que ce vous seroit plaisir d'entendre
» quelquefoys nouvelles de l'estat de nostre France, j'ay bien
» voulu vous faire part de l'advertissement que j'en ay reçeu par
» la dernière despeche de monsieur le prince, mon gendre, par
» lequel vous entendrés comme Dieu continue sa faveur et bé-
» nédiction sur sa pauvre église, encore qu'elle soit fort affligée
» par les hommes. »

Une seconde lettre, du 10 novembre 1562 (3), portait :

« Monsieur, ayant présentement reçeu une dépesche de mon-
» sieur d'Andelot, mon frère, qui vous escript, j'ai advisé de vous

(1) *Archives de Stuttgart.* Frankreich, B. 16, n° 61, a.

(2) D'Andelot écrivait de Strasbourg, au duc de Wurtemberg, le 26 septembre
1562 (*Mém.* de Condé, t. III, p. 707) : « Je fais mon conte de partir demain de
» cette ville pour m'acheminer au jour de la monstre... J'ay trouvé argent en
» cette ville, qui me vient bien à propos. » — Th. de Bèze, que d'Andelot appelait à lui, vers la même époque, adressait de Berne à Bullinger, le 24 septembre
1562 (*Archives de Zurich*, B. 24, Gest. VI, 166, p. 219 à 222), la confidence suivante : « Ecce iterum in vastissimum gurgitem referor. Cogunt enim me Andeloti
» obtestationes ad ipsum quam celerrime reverti nisi velim desertor videri. Ita-
» que jam recurro in Lotharingiam ubi illi occurram et ipsius copiis. »

(3) *Archives de Stuttgart.* — Frankreich, B. 16, n° 67, a.

» envoyer ce porteur pour faire entendre à votre Excellence les
» nouvelles qui me sont venues, ainsy qu'il vous plaira veoir par
» l'extraict qui m'a esté envoyé. Sur quoy, monsieur, je ne puis
» que adjouster, sinon que je vous prie bien humblement que,
» en continuant vostre bonne vollonté envers nous, faire tant de
» bien et faveur à monsieur le prince de Condé, mon gendre,
» que le voulloir assister en ce qui luy touchera et concernera
» selon l'équité de sa juste cause et querelle. »

Dans une troisième lettre, du 15 novembre 1562, il était dit (1) :

« Monsieur, encores que je sache assez les grands et urgens
» affaires que vous avez pardelà, toutesfois l'asseurance que j'ay
» de vostre bonne voulonté envers nos pauvres églises, avec l'ex-
» trême nécessité à quoy je les voy maintenant réduites, m'a
» contraint vous supplier, au nom de Dieu, de les avoir en plus
» grande recommandation que jamais. Car veu la prise de
» Rouen et l'empeschement que l'on a donné à monsieur le
» comte de Larochefoucault, mon gendre, de se joindre avec la
» compagnie d'Orléans, je ne puis conjecturer qu'une fort grande
» désolation des nostres et au contraire une puissance de nos
» ennemis redoutable à ceux qui se voient en si petit nombre ;
» vous asseurant, monsieur, qu'il n'est demeuré ny à Metz, ny en
» toutes les villes de Champagne, un seul soldat qui n'ait esté
» mandé pour augmenter l'armée de nos ennemis, à quoy je
» vous supplie, monsieur, avoir quelque esgard à ce que, s'il est
» possible, l'on peust envoier encore quelque renfort de secours
» aux nostres, et par ce moïen retirer une partie des forces de
» nos ennemis. Je scay bien que la vraye force vient d'en hault,
» et que Dieu sauve aultant en petit qu'en grand nombre ;
» toutes fois, puisqu'il luy a pleu nous commander de nous servir
» des moïens ordonnez en nature, j'espère que ne trouverez

(1) *Archives de Stuttgart.* — Frankreich, B. 16, n° 70.

» étrange si je vous recommande si affectueusement ce que j'ay
» de plus cher au monde, qui sont mes deux gendres et mes
» deux frères, vous suppliant vous monstrer leur ami, au besoin. »

L'arrivée du secours que d'Andelot devait amener était d'autant plus impatiemment attendue, à Orléans, que, du milieu de
juillet à la fin d'octobre, l'armée catholique avait remporté des
avantages signalés. Elle s'était successivement emparée de
Bourges, de plusieurs autres villes, et en dernier lieu, de Rouen,
dont la prise d'assaut avait été suivie d'atroces exécutions. Orléans était de plus en plus menacé : aussi les préoccupations du
prince de Condé et de son entourage étaient-elles des plus vives
alors que, sans nouvelles récentes de d'Andelot, ils craignaient
que son sort et celui du renfort qu'il devait amener ne fussent
gravement compromis.

La princesse s'attendait à voir, si les circonstances l'exigeaient,
son mari se séparer d'elle et de ses compagnons d'armes pour
tenter seul, au loin, à la suite d'un trajet périlleux à travers la
France, une démarche suprême, dans l'intérêt de la cause qu'il
soutenait. Lanouc (1) dit, à ce sujet : « En ces entrefaites, j'ay
» souvenance, oyant deviser de ces choses, que monsieur l'ad-
» miral dit à monsieur le prince de Condé qu'un malheur estoit
» tousjours suyvi d'un autre, mais qu'il falloit attendre la troisième
» avanture, entendant du passage de son frère, et qu'elle les re-
» lèveroit ou abatroit du tout. Aussi eux s'attendoient, si mal
» luy fust avenu, d'avoir le siége, et en tel cas ils avoyent pris
» une résolution fort secrette, que l'un d'eux s'en iroit en Alle-
» magne, pour s'efforcer d'y relever encore quelque secours ;
» et avisèrent que monsieur le prince de Condé, pour la grandeur
» de sa maison, auroit beaucoup plus d'efficace pour persuader
» les princes protestáns de la Germanie, de lui assister en une
» cause où eux-mêmes avoient quelque participation. La diffi-

(1) *Disc. polit et milit.*, p. 696, 697, 698.

» culté estoit du moyen de l'y conduire seurement, mais aucuns
» gentilshommes se trouvèrent qui montrèrent évidemment
» qu'allant de maison en maison de ceux qui favorisoyent son
» parti, et marchant la nuit et reposant le jour, il estoit facile
» de passer, ayant vingt chevaux et non plus. Mais il ne fut be-
» soin de tenter ce hazard, pour ce qu'à dix où douze jours de là
» ils eurent nouvelles que monsieur d'Andelot, ayant passé les
» principales difficultez de son voyage, estoit à trente lieues d'Or-
» léans..... Il ne faut point demander si chacun sautoit et rioit
» à Orléans : car c'est la coustume des gens de guerre de se res-
» jouir plus ils ont de moyen de faire du ravage et du mal à ceux
» qui leur en font, tant l'ire est puissante en leur endroit. Et
» comment n'auroyent-ils quelquefois les affections tachettées
» de sang, veu que plusieurs gens d'église les ont si rouges de la
» teinture de vengeance, au cœur desquels ne devroit résider
» que charité? »

Enfin, au début de novembre, d'Andelot apparut non loin
d'Orléans, à la tête du corps de troupes que, grâce à une suite
d'habiles manœuvres, il avait soustrait aux embûches et aux
attaques de l'ennemi, dont il avait déjoué les desseins et contre-
carré les mouvements.

Renforcée par ce corps, l'armée protestante se dirigea bientôt
sur Paris, sous la conduite de Condé, qu'accompagnaient Coligny et d'autres chefs.

Un seul d'entre eux, d'Andelot, épuisé de fatigues, fut retenu à
Orléans par une grave maladie (1). Il y reçut les soins assidus de
sa belle-sœur, madame l'amirale, et de sa nièce, Éléonore de
Roye, à peine remise des inquiétudes que lui avait causées récemment la santé du prince son mari, auquel elle avait, comme toujours, prodigué les témoignages du plus tendre dévouement (2)

____

(1) *Calend. of State pap. foreign*, 22 novemb. 1562. Throckmorton to the
Queen. — *Ibid.*, 7 décemb. 1562. Smith to Cecil.

(2) Voir Appendice, n° 20.

Ce fut au chevet du lit de souffrances de son oncle que la princesse de Condé reçut la nouvelle de la mort du roi de Navarre, son beau-frère, qui, blessé le 16 octobre au siége de Rouen, avait, le 17 novembre, rendu le dernier soupir. Ce prince, sentant de jour en jour ses forces décliner, avait exprimé le désir de revoir Jeanne d'Albret et chargé un gentilhomme qu'elle lui avait envoyé de retourner près d'elle, et de l'accompagner de Béarn en Normandie (1); mais il était trop tard : Jeanne, qui se fût estimée heureuse d'apporter à son mari de suprêmes consolations, n'avait plus devant elle la possibilité de franchir, en temps opportun, la longue distance qui la séparait de lui. Couvrant d'un généreux pardon le loyal aveu qu'au terme de sa carrière Antoine de Bourbon avait fait de ses torts envers elle, elle ne se rappela plus que son affection pour lui, et pleura sa mort en femme chrétienne.

Au double titre de sœur et d'amie fidèle, la princesse de Condé partagea la douleur de Jeanne. Aussi, dès les premières informations reçues, et après s'être concertée, de loin, avec le prince de Condé pour l'envoi d'un messager sûr en Béarn, adressa-t-elle d'Orléans à la jeune reine les quelques lignes que voici (2) :

« Madame, ayant sçeu, monsieur mon mary et moy, ce qu'il a
» pleu à Dieu ordonner du roy vostre mary; ressentans d'un
» costé ce qu'avons en luy perdu, et de l'autre l'ennuy qu'en
» portez (cela), nous cause tel desplaisir que pouvez penser;
» mais quand je considère qu'il n'est advenu que par la volonté
» et permission de celuy qui a pouvoir sur toutes créatures et qui
» ne fait rien que pour le bien et salut des siens, c'est qui m'as-
» seure, madame, qu'au milieu de vos ennuys, il vous consolera,
» remettant toute vostre volonté à la sienne, et vous servant,

(1) *Calend. of State pap. foreign*, 31 october 1562. *News sent from France.*
(2) *Mém.* de Condé, t. IV, p. 131. Lettre du 27 novembre 1562.

» au besoing, de la congnoissance de sa parole, laquelle a mise
» en vous, et de tant de vertus dont estes accompagnée; ayant
» grand regret que suis si esloignée de vous, que ne puis moy-
» mesme vous présenter ce que dès longtemps vous ay voué,
» qui est entière obéissance et service en tout ce que congnois-
» tray avoir de pouvoir, ou qu'il vous plaira me commander;
» semblablement à messieurs vos enfants. Et pour ceste occasion,
» monsieur mon mary et moy vous envoyons La Rivière, présent
» porteur, qu'avons choisy, ancien serviteur de vostre maison,
» pour vous visiter; vous suppliant incontinent nous mander par
» luy de vos nouvelles, et ce qu'aurez aggréable que fassions pour
» vostre service, en ces quartiers : car vous n'y pouvez employer
» personnes qui vous soyent plus affectionnez, comme nos effects
» vous en rendront en toute chose preuve, etc., etc. »

Ces lignes étaient accompagnées de la lettre suivante, de Condé
à Jeanne (1) :

« Madame, quand encores la mesme douleur que le sang et la
» nature me font justement ressentir, n'auroit telle vigueur sur
» moy, que de me condouloir avec vous, l'argument d'un sem-
» blable ennuy de la perte qu'en affliction commune et en re-
» grets particuliers, j'ay premièrement reçu, et que je ne
» doubte point ne vous ait pareillement saisie, et possédée; si
» est-ce que j'eusse pour beaucoup de raisons fait très grande
» difficulté d'estre le premier annonciateur d'une nouvelle non
» moins amère en vostre endroit, que grandement difficile à
» comporter au mien, sans que je considère que nostre Sei-
» gneur qui vous a assez fait goûter la faveur des fruits de ce
» monde, vous a quant et quant fortifiée de sa vertu et constance
» en luy, et en long cours d'adversité et prospérité, pour main-

(1) *Mém.* de Condé, t. IV, p. 126, 127; lettre du 22 novembre 1562, datée du
camp, devant Corbeil.

» tenant vous savoir reigler et conformer soubs le bon plaisir de
» sa saincte volonté : ce que je di, Madame, pour le renouvel-
» lement du deuil que ceste lettre vous apportera, sans que mon
» peu de moyen puisse appliquer grand remède à un mal si
» prégnant, quand vous entendrez ce qu'il a pleu à Dieu ordon-
» ner du feu roy vostre mary et mon frère très regretté. Mais
» tout ainsi que la condition de nostre nature est à tous égale-
» ment bastie avec subjection du naistre et du mourir; aussi
» cest accident estant commun à tous ceux qui restent, je ne
» m'efforceray davantage à vous alléguer ce qui se doibt faire,
» ne ce que debvons laisser ; sachant bien que n'ignorez point
» le chemin que l'on doibt tenir aux choses irrécouvrables ; et
» pour ceste cause, Madame, afin de ne m'esgarer par trop en ce
» discours, je tourneray tout court pour vous supplier très-hum-
» blement me faire cest honneur de croire que l'estroite obli-
» gation que j'ay à vous faire très humble service, accompagnée
» d'une naïfve et sincère affection, me font franchement à ce
» coup vous offrir ce que vous sçauriez désirer et attendre d'un
» très-fidèle et plus affectionné frère et serviteur, pour en dis-
» poser en tous endroits que me voudrez employer, selon que
» vous jugerez mes moyens se pouvoir estendre ; et au demeu-
» rant, pensez que si la mort vous a osté et à moy aussi, un sup-
» port qui appuyoit et fortifioit vos affaires, si vous a-il encore
» réservé en moy une recongnoissance de vous porter la mesme
» obéissance, l'amour et la révérence, que par sa présence vous
» eussiez pû désirer et attendre de tous ceux qui vous eussent
» voulu pour ce mesme effect gratifier, etc., etc. ».

Éléonore de Roye avait été laissée à Orléans exposée à des
dangers qu'elle envisageait de sang-froid, sans se laisser un
seul instant détourner de l'accomplissement de ses nombreux devoirs. Elle suivait, de loin, par la pensée, les opérations de
l'armée protestante, que d'Andelot, au terme de sa maladie,

avait rejointe. L'insuccès du mouvement agressif sur Paris et ses
environs, la rupture des négociations qui en avaient paralysé les
effets, la marche de Condé dans la direction de la Normandie,
celle des troupes catholiques, qui s'avançaient parallèlement
aux siennes : tout faisait présager à la princesse, comme inévi-
table, une sanglante rencontre des deux armées. Condé et ses
lieutenants s'y attendaient également. Arrivés dans le voisinage
de Dreux, ils jugèrent opportun, avant d'en venir aux mains avec
l'ennemi, d'adresser, en vue d'éventualités prochaines, un nouvel
appel au bon vouloir de leurs auxiliaires étrangers. L'étendue
de leur confiance dans le zèle et l'habileté de l'intermédiaire
qu'ils se décidaient à employer près de ceux-ci ressort clairement de la teneur du mandat dont ils l'investirent; et, circonstance digne de remarque, cet intermédiaire fut, non pas un
homme rompu aux négociations, mais une femme éminente qui,
par la double autorité de son caractère et de son expérience, offrait toutes les garanties désirables à des commettants tels que
Condé, Coligny, d'Andelot, de Larochefoucault, Jean de Rohan,
de Grammont et le prince de Portien. Un fait de cette nature est
tellement exceptionnel, qu'un intérêt historique incontestable
s'attache au texte des pouvoirs que ces divers chefs, réunis au
camp de Néron, conférèrent, le 18 décembre 1562, à la mère
de la princesse de Condé. Voici, dans ses parties principales, ce
texte (1), à peu près inconnu jusqu'ici :

«... A haulte et puissante dame Magdalaine de Mailly, dame
» de Roye, salut et dilection !... Comme nous puissions prévoir,
» à nostre grand regret, que la guerre par nous entreprise pour
» le service de Dieu, du roy nostre souverain seigneur, et pour
» le bien public de ce royaume, est pour prendre long traict, et
» que, à ceste cause, pour fournir aux grands frais qu'il nous
» convient faire et soustenir pour icelle entretenir et continuer

(1) *Archives de Stuttgart.* Frankreich, B. 16, n° 73.

» jusques à ce que le plaisir de Dieu sera nous en donner l'heu-
» reuse yssue que nous prétendons, nous ayons besoing de faire
» et assembler le meilleur fonds de deniers qu'il nous sera pos-
» sible, lequel est le vray nerf de la guerre, et que entre aultres
» endroictz desquels nous ont esté faictes offres de nous subvenir
» et aider libéralement, vous nous ayés faict entendre quë au
» pays d'Allemaigne, auquel vous estes de présent, vous seriés
» tellement employée pour nous moyenner tel secours d'argent
» que vous avez trouvé aulcuns princes dominants et aultres no-
» tables personnages, lesquelz, meuz d'un bon zèle et affection
» envers une si saincte entreprise comme est celle-cy, à laquelle
» nous avons dévoué noz biens et personnes, vous ont déclairé
» qu'ilz sont contents nous aider et accommoder par prest de
» bonnes et grandes sommes de deniers, en leur estant par vous
» pour nous et en nostre nom pourveu de bonnes et suffisantes
» seuretez d'estre bien satistisfaitz et remboursez aux termes et
» conditions et par les moyens que vous, en vostre dict nom,
» aurez convenu et accordé avec eux; auquel party, après avoir
» esté consulté et deslibéré entre nous, il nous auroit semblé
» bon d'entendre; pour ce est-il que nous et chacun de nous,
» tant en général que en particulier, vous avons constituée, com-
» mise et depputée, constituons, commettons et depputons par
» ces présentes pour traicter, convenir et accorder pour nous
» et en nostre nom avecques tous et chacun de ceulx lesquelz
» vous aurez trouvés avoir intention de nous accommoder par
» prest d'argent des parties et sommes de deniers qu'ils nous
» fourniront et presteront, des voies, conditions et moyens de
» leur en faire le remboursement et leur en passer telles recon-
» gnoissances, obligations et seuretez que vous adviserez bon
» estre, et généralement en ceste affaire vous employer tout
» ainsi que nous ferions et pourrions faire nous mesmes en pré-
» sence. De ce faire nous vous avons donné et donnons toute
» puissance, autorité, commission et mandement espécial, et

» de pouvoir substituer et commectre à traicter et accorder ce
» que dessus, en vostre absence, tel ou tels que bon vous sem-
» blera ; promettons en bonne foy et parolle de vérité avoir pour
» aggréable, garder, entretenir, ratifier et approuver tout ce qui
» par vous ou aultres de par vous commis et substitués aura
» esté accordé, faict et passé en l'affaire susdicte ; et toutes et
» chacunes les parties et sommes de deniers ainsi par vous prises
» et reçues ou par aultre ayant tel pouvoir de vous, bien et
» loyaulment rendre et payer ou faire rendre et payer, selon et
» en la forme et manière que par vous ou iceulx ayant pouvoir
» de vous aura esté accordé et convenu ; et ce, soubz obligation
» de tous et chacuns noz biens, tant meubles que immeubles,
» présents et advenir, etc., etc. »

Le lendemain du jour où cette pièce avait été signée, se livra
la mémorable bataille de Dreux (1). Les deux commandants en
chef des armées catholique et protestante, le connétable et
Condé y furent faits prisonniers : l'un, au fort de la mêlée, par
un gentilhomme allemand, Volpert von Derst (2) ; l'autre, à la
fin de l'action, par Damville.

Au moment où le connétable, blessé d'un coup de feu à la
mâchoire inférieure, et enveloppé de toutes parts, venait de se
rendre à Volpert von Derst, des mains duquel des reistres ten-

(1) Les histoires locales offrent parfois de singuliers rapprochements à faire avec
l'histoire générale de la France ; en voici un exemple : « Un acte très-remarquable
» advint à Chastillon-sur-Loing, le propre jour que la bataille fut donnée à Dreux ;
» c'est que les enfants un peu grandets, s'estant de leur propre mouvement mis
» en deux bandes, chacune desquelles avait un chef, l'un s'appelant le prince
» de Condé et l'autre le duc de Guyse, sans que les pères et mères y prissent
» garde, se batirent si bien à coups de gaules, de pieds et de mains, que ce duc
» de Guyse bien blessé en mourut puis après. » (Bèze, *Hist. eccl.*, t. II, p. 461.)

(2) Volpert von Derst figure dans quatre documents manuscrits, relatifs à la rançon du connétable, en date des 4 avril, 25 mai, 8 et 12 juin 1563 (Bibl. nat., mss.
f. fr., vol. 3243, fᵒˢ 97, 99, 101, et vol. 3249, fᵒ 82). Il est digne de remarque
que le premier de ces documents est un engagement, spontanément contracté
par Coligny, de payer une partie de la rançon de son oncle, le connétable.

taient de l'arracher, dans l'espoir de spéculer sur sa capture,
survint, pour lui sauver la vie, en faisant cesser ce brutal conflit,
le jeune prince de Portien, « fils de la comtesse de Seninghen, à
» laquelle le connestable avoit fait de grands maux, jusques à la
» mettre en extrême danger (1); ce qui estonna le connestable,
» craignant la vengeance. Mais le prince de Portien, comme il
» estoit vrayment de bon et généreux naturel, au lieu de la pis-
» tole, luy présenta la main, luy promettant toute assistance et
» gratieuseté (2). » Après ce trait d'admirable générosité, le
prince « rendit à Anne de Montmorency tous les bons offices
» qu'il pouvoit espérer » (3); il le confia à des mains sûres, commanda qu'on l'entourât de soins et d'égards, et, d'accord avec
Coligny, organisa son départ pour Orléans, où sa captivité, on le
verra bientôt, devait être des plus douces.

Quant à Condé, légèrement blessé au visage et à la main, ayant
eu son cheval tué sous lui et se disposant à en monter un autre,
il avait été, dans son isolement momentané, assailli par un gros
de gendarmerie que commandait Damville et contraint de remettre son épée à ce chef, qui l'avait conduit au duc de Guise, à
l'issue de la bataille. Brantôme se trouvait alors près du duc,
objet habituel pour lui, d'une admiration contre laquelle il est
bon de se tenir en garde. Il parle en ces termes (4), de l'accueil
qui fut fait au noble prisonnier :

« M. le prince de Condé fut pris, non sans grand danger de la
» mort, si M. de Guyze luy eust voulu rendre ce qu'il luy avoit
» voulu prester à la conjuration d'Amboise ; mais au lieu d'un
» tel remboursement, quand il luy fut présenté, il lui fit force
» honneur et bonne chère, le retira avec luy, luy présenta la

---

(1) Bèze, *Hist. eccl.*, t. II, p. 235. — Voir notre étude historique sur Antoine
de Croy, prince de Portien (Bulletin de la société d'hist. du protest. français, année 1869).

(2) Bèze, *Hist. eccl.*, t. II, p. 235.

(3) De Thou, *Hist. univ.*, t. III, p. 367.

(4) Édit. L. Lal., t. IV, p. 349, 350.

» moytié de son lict, et couchèrent tous deux ensemble aussi
» familièrement comme si jamais n'eussent estez ennemis, mais
» comme bons amis et cousins germains qu'ils estoient. De tout
» le soir (du 19) il ne fut guières veu, et M. de Guyze le luy con-
» seilla ; et demeura en sa garderobe, bien qu'elle fust fort petite
» et chétive, car c'estoit une maison de village fort champestre.
» Force gens le vouloient voir, mais M. de Guize l'avoit deffendu,
» car une personne affligée n'ayme guières cette veue ni visi-
» tation. — J'euz pourtant crédit de le voir assez près d'un fœu
» faisant démonstration grande de sa douleur et d'une appréhen-
» sion grande. On luy porta à soupper, et souppa ; puis, tout le
» monde retiré, et M. de Guyze se voulant coucher, il donna
» congé à un chascun, non sans avoir demeuré longtemps assis
» près du fœu à causer de la bataille parmi nous, où chacun y
» estoit reçeu pour son escot et son dire. — Luy et monsieur le
» prince couchèrent ensemble, et l'endemain nous allasmes à
» son lever. Il se mit à escrire au roy et à la royne le plus briè-
» vement qu'il put, et sortit voir le champ de bataille, non trop
» loing pourtant, car il disna et y alla après à bon escient. —
» Cependant le prince se leva, qui estoit encore au lit quand
» nous estions en sa chambre, les rideaux tout tirez au-dedans.
» S'il fust esté pressé de se lever, il fust esté bien estonné, ce
» disoit-on. Puis, quand fallut desloger, M. de Guyze le redonna
» à M. Damville à le tenir en bonne garde, et pour faire l'es-
» change de luy et de M. le connestable, ainsi que le porte le
» droit de la guerre. »

Le lendemain de la bataille, on conduisit Louis de Bourbon,
du campement du duc de Guise à Dreux, où il fut incarcéré et
soumis à une stricte surveillance. Ainsi le voulait Catherine de
Médicis, qui, sous le nom du roi, se chargea dès le surlendemain,
21 décembre, de fixer les attributions de Damville, par une commission, en forme de lettres-patentes, portant (1) :

(1) Bibl. nat., mss. f. fr., 3194, f° 1. — *Mém.* de Condé, t. IV, p. 181.

« Charles, etc…. Comme en la dernière bataille donnée près de
» Dreux, nostre très cher et très amé cousin Loys de Bourbon,
» prince de Condé, ayt esté faict et arresté prisonnier, au moyen
» de quoy soit besoing pour l'importance de sa personne establir
» à la garde d'icelluy quelque bon, digne et grant personnage sur
» lequel nous puissions nous en assurer et reposer, sçavoir fai-
» sons que nous, cognoissans les sens, vertu et fidélité de nostre
» cher et amé cousin Henry de Montmorency, sieur de Dampville,
» admiral de France, et l'affection et vraye dévotion qu'il nous
» porte et à tout ce qui dépend du bien de nostre service et
» affaires; considérant aussy que nostre dit cousin le prince de
» Condé a par luy esté pris et arresté en ladite bataille; pour
» ces causes…, avons à icelluy sieur de Dampville donné et don-
» nons par ces présentes la charge et garde de la personne de
» nostre dit cousin le prince de Condé, lui mandons et ordonnons
» très expressément par ces dites présentes, qu'il ayt à le garder,
» si soigneusement et seurement avecques ceux qui luy seront
» par nous baillez pour ladite garde, qu'il n'en advienne aulcun
» inconvénient, faisant par luy en ce que dessus et ce qui en
» dépend tout ce qu'il verra et cognoistra estre requis et néces-
» saire, etc., etc.

A cette commission se rattachait un règlemeut, signé par
Charles IX et Catherine de Médicis, dont voici le libellé (1) :

« C'est la forme… pour le traitement de monsieur le prince.
» — Le roy veult et entend que les compagnies d'hommes d'ar-
» mes de monsieur le connestable, de monsieur l'amyral de
» Dampville et du sieur de Thoré, ensemble celles de gens de
» pied du capitaine Nancey et du capitaine Goard seront establies
» pour la garde dudit sieur prince; — que la garde se fera tant
» jour que nuict en sa chambre d'un des membres desdites com-

(1) Bibl. nat., mss. f. fr., vol. 3194, f° 2. — *Mém.* de Condé, t. IV, p. 182.

» pagnies de gens d'armes, d'ung capitaine des gens de pied ou
» son lieutenant, de deux hommes d'armes et quelques foys
» quatre, selon la nécessité des lieux; — qu'il couchera en la
» chambre dudict sieur prince deux de ses vallets de chambre
» ausquelz, avec le reste de ses gens, il pourra communiquer et
» parler en l'oreille; — que ledict sieur prince pourra aller en
» sa garde-robbe sans qu'aucuns desdits gardes y entrent; — que
» la garde se fera devant le logis des domestiques dudict sieur
» prince seullement, sans qu'ilz puissent estre veuz en leur cham-
» bre ne en leur cuisine, ausquelz gardes seront baillées quant
» allant et venant, ils seront employez pour le service dudict sieur
» prince; — faisant au reste si bonne garde tout autour le
» logis dudit sieur prince qu'il n'en puisse advenir aucun incon-
» vénient. »

Occupons-nous maintenant de l'arrivée d'Anne de Montmorency à Orléans, et de quelques faits ultérieurs. Nous y verrons
sa condition, alors qu'il aura été placé sous la protection plutôt
encore que sous la garde de la princesse de Condé, différer singulièrement de celle de Louis de Bourbon, à Dreux et ailleurs, sous
la main tour à tour cauteleuse et rude de la reine mère. Ici vont
s'offrir à nos regards, sous un aspect touchant, la noble attitude
et l'inaltérable dévouement d'Éléonore de Roye, appelée, au
double titre de femme et de nièce, à s'interposer entre les deux
prisonniers, d'une part, et la reine mère ainsi que plusieurs de
ses affidés, de l'autre. Nous allons la voir aux prises avec des
difficultés suscitées par le mauvais vouloir et par l'astuce, lutter
sans relâche, s'attacher à soulager son mari dans l'épreuve qu'il
subit, et tendre par de persévérants efforts, à sa mise en liberté,
sans rien négliger, du reste, de ce qui pourra être favorable au
connétable.

CHAPITRE VIII

Dans la nuit du 19 au 20 décembre 1562, quelques fuyards, ayant atteint Orléans, « y rendoient toutes choses incertaines, » mais non pas déplorées; ce qui tint tout le peuple en sus- » pens (1). » Les anxiétés de la princesse étaient extrêmes lors- que, « le vingtiesme du mois, d'assez bonne heure, nouvelles cer- » taines arrivèrent qu'on amenoit le connestable prisonnier, » auquel on n'avoit donné qu'une petite relasche en chemin de- » puis sa prise, le faisant marcher sans cesse toute la nuict et le » jour suivant (2). » Anne de Montmorency arriva à Orléans, le 20 vers la fin de la journée. « Il avoit été mené en si grande di- » ligence, blessé et vieil comme il estoit, qu'il porta presque le » premier les nouvelles (dans cette ville), où on lui bailla pour » hostesse la princesse de Condé, sa nièce (3). »

Éléonore de Roye, dans le premier moment, ne sut rien, par son grand-oncle, des blessures ni de la captivité de son mari. En effet, le connétable, tenu à l'écart du champ de bataille, dès le milieu de l'action, ignorait le sort du prince. La prin- cesse ayant devant elle le chef qui venait de combattre contre Louis de Bourbon, ne vit en lui qu'un prisonnier de guerre

(1) Bèze, *Hist. eccl.*, t. II, p. 244.

(2) « The constable was sent to Orléans with such speed that he drank but once » by the way, and that on horseback. » (*Calend. of State pap. foreign.* 3 janvier 1563. — The battle of Dreux, § 3). — Bèze, *Hist. eccl.*, t. II, p. 244.

(3) *Mém.* de Castelnau, in-f°, t. I, p. 129.

blessé, et, plus encore, que le père profondément affligé de la perte d'un fils mort sous ses yeux, les armes à la main. Aussi quels soins délicats prodigués au vieillard, dans l'intérêt de sa santé! Quelle sympathie pour les douleurs du cœur paternel! quel empressement à procurer au prisonnier toutes les facilités possibles pour communiquer avec sa femme, sa famille, ses amis, ses serviteurs! Une sollicitude véritablement filiale entoura immédiatement le connétable, sous le toit de la princesse (1).

La journée du 21 se passa sans qu'elle apprît encore quoi que ce fût de précis au sujet du prince.

Le 22 seulement, lui parvint un message que son oncle, l'amiral de Coligny, s'était empressé de lui adresser, le 21. Se trouvant à Auneau, il avait reçu quelques informations concernant Condé : ce fut de ce village qu'il les transmit aussitôt à sa nièce, dans une lettre empreinte d'affection. Il la consolait « sur » la captivité d'iceluy prince, avec déclaration de la bonne et » entière volonté de l'armée encores assez roide et forte pour le » délivrer et pour venir à bout du reste des ennemis : à laquelle » lettre les ministres du camp adjoustèrent les leurs, qui ser- » virent grandement à fortifier cette bonne et vertueuse prin- » cesse (2). »

Le premier soin d'Éléonore de Roye, à la réception de cette lettre, fut d'envoyer à la reine mère un personnage doué d'une certaine consistance, qui obtînt d'elle, sinon pour lui-même, au moins pour un tiers, l'autorisation de voir Louis de Bourbon. D'accord avec le connétable, Antoine Caraccioli, prince de Melphe, ancien évêque de Troyes, qui, ainsi qu'il l'avoua plus tard (3), « avoit eu la témérité d'accepter l'estat de pasteur

(1) « La principessa di Condé ha ricevuto amorevolmente il conestabile pri- » gione à Orléans. » Dépêche de Tornabuoni à Cosme Ier, du 30 décembre 1562 (*Négoc. diplomat. de la France avec la Toscane*, in-4°, t. III, p. 502).

(2) Bèze, *Hist. eccl.*, t. II, p. 245.

(3) *Mém.* de Condé, t. V, p. 47 à 49. Lettre de Caraccioli aux ministres et pasteurs de l'église d'Orléans, du 26 février 1563. On y lit ces mots : « Le Sei-

» sans estre premièrement brebis », se proposa pour remplir cette mission. La princesse, loin de soupçonner la moindre arrière-pensée de sa part, le croyait au contraire parfaitement loyal et dévoué : elle accepta donc sans hésitation son offre. Il partit d'Orléans, en compagnie de deux personnes, rencontra en chemin l'amiral (1), le 23 décembre, et remit à Catherine de Médicis une lettre du connétable, datée du 22, dont voici la teneur (2) :

« Madame, madame la princesse, aiant esté advertie de la
» prinse de monsieur le prince son mary, m'a prié vous escripre
» et supplier très-humblement estre contente que monsieur le
» prince de Melphe voyse vers vous et que je luy baillasse une
» lettre à ce qu'il vous plaise estre contente de le veoir et l'ouyr,
» vous asseurant qu'elle est si travaillée et affligée qu'il est im-
» possible de l'estre davantage. Et je suis prisonnier en sa mai-
» son, là où elle me faict si bon traitement, que je tiens ma vie
» du soin qu'il luy a pleu me faire. Par quoy je vous supplie
» très-humblement de vostre bonté accoustumée avoir extrême-
» ment recommandé mondit seigneur le prince, comme je sçay
» qu'il vous a pleu luy porter toujours fort bonne et grande af-
» fection; et... que nostre Seigneur a voulu que les charges de
» ceste bataille soient passées, en sorte que, j'espère, il en réus-
» sira une bonne paix, qui est ce que plus vous désirez en ce
» monde. Madame, je suis blessé d'une harquebuze en la ma-
» chouere et d'un coup de pistollet. J'espère en nostre Seigneur

» gneur Dieu, offensé de mon orgueil et irrité par mes péchés, permit que, es-
» tant à Orléans, au temps de la grande adversité de l'esglise, estant là en ung
» théastre et à la veue de tout le monde, où je debvois exposer hardiment ma vie
» et monstrer une constance invincible, je monstray, au contraire, une def-
» fiance et pusillanimité, habandonnant le sainct troupeau de Dieu, pour chercher
» mon particulier repos et asseurance. »

(1) Bèze, *Hist. eccl.*, t. II, p. 240.
(2) *Hist. des pr. de Condé.*, par le duc d'Aumale, t. I, p. 395, 396.

» estre bientôt guéry et en estat de vous pouvoir faire service là
» où je n'espargneray ma vie, vous suppliant, madame, avoir la
» connestable extrêmement recommandée... (autogr.) Madame,
» monsieur le prince de Melphe vous fera entendre la bonne
» voullenté quy a en ceste compagnye d'avoyr ugne bonne pes.
» Je vous suplye, madame, d'avoyr pour byen recommandé
» monsyeur le prince. — Madame, je vous suplye que ce jantyl-
» lomme voye monsyeur le prince, vous açeurant que je suys sy
» byen trété, que je vous suplye d'avoyr celles de monsyeur le
» prince pour recommandé. »

La conduite que tint Caraccioli fut indigne. « Il avoit bien
» persuadé à la princesse de luy donner la charge d'aller vers
» la royne mère pour avoir congé de visiter le prince; mais la
» vérité estoit que pensant que tout fût perdu, et retenant sa lé-
» gèreté accoustumée, il avoit parlementé avec le connestable,
» luy offrant son service sous ombre de ce voyage, et arrivé vers
» la royne, comme on sçeut depuis, il ne parla oncques des
» affaires du prince, mais bien d'obtenir sa grâce pour se pouvoir
» retirer en sa demeure de Chasteauneuf : ce que la royne luy
» accorda, mais ce fut à condition que, retournant à Orléans, il
» porteroit certaines lettres et paroles à quelques gentilshommes,
» et nommément à Grammont et au sieur de Bussy, frère du prince
» Portien. Ainsi le fit-il, mais en vain quant à Bussy; lequel pour
» response luy cuyda donner un soufflet; mais quant à Grammont,
» cela demeura couvert. Luy cependant craignant de n'estre en
» seureté ni des uns ni des autres à Chasteauneuf, se tint encore
» quelques jours à Orléans, estant malade la plupart du temps,
» jusques à ce qu'estant du tout descouvert, la princesse ayant
» plus d'esgard à la qualité d'iceluy qu'à ses mérites, se contenta
» de luy commander qu'il eust à se retirer sans plus revenir, sous
» peine de la vie (1). »

(1) Bèze, *Hist. eccl.*, t. II, p. 240.

Si Caraccioli s'abaissa au point de trahir la confiance de la princesse de Condé, un homme de cœur et de résolution, le capitaine Larivière, sut au contraire la justifier pleinement. Ayant promis de tout faire pour obtenir accès près du prince, lui parler au nom de sa femme et de son fils, et rapporter à Orléans de ses nouvelles, ainsi qu'une lettre de lui, cet officier fut fidèle à sa parole : malheureusement son zèle et son énergie échouèrent devant des résistances implacables; toute communication avec le prince lui fut refusée.

A l'inverse, le connétable écrivait librement à sa femme. Il y a plus : la princesse de Condé prenait la peine d'informer directement sa grand'tante de la situation d'Anne de Montmorency, et réclamait en même temps ses bons offices, près de qui de droit, en faveur de Louis de Bourbon. « Madame, lui écri- » vait-elle le 24 décembre (1), s'en allant vous trouver se porteur » pour vous dyre des nouvelles de monsieur le connestable, je » l'ay bien voullu l'accompagner de se mot pour vous advertyr » encore quy soit ung petit blessé au menton, sy ne se porta-yl » jamays mieulx de sa santé. Yl vous a desjà luy mesme mandé » deulx foys comme je le traicte yssy, et davant mesme que susse » que monsieur mon mary fust tombé aulx mayns de mon cousyn » monsieur de Demville; parcoy autant qu'aymés ledit seigneur » vostre mary, faicte que voz enfans et vous s'employe en tous » les moyens à faire donner tel traictement à monsieur mon » mary quy le mérite, et vous assures qu'en se faysant je feray » l'ofyse à mondict sieur connestable non de nieyse mais d'ugne » fylle fort affectionnée, supliant Dieu que bientôt je puysse veoyr » en toute lyberté mon mary et vous le vostre et une bonne » pays (2), et sy je puys avoir se bien en attendant de savoyr

(1) Bibl. nat., mss. f. fr., vol. 6607, f° 46.

(2) Beza Calvino, 27 décemb. 1562 (Baum, app. p. 203) : « Conestabilis vul- » neratus in inferiore maxilla, jam noster est civis. Nihil aliud habe in ore quam » pacem, quam tamen nondum possum sperare. »

» souvent des nouvelles du myen vous en sarés aynssi du vostre.
» Se pandant je salueray voz bonnes grasses de mays bien affec-
» tionnées recommandations. »

Quelle impression cette lettre produisit-elle sur la connétable?
Y eut-il quelque démarche accomplié par elle en faveur de
Condé? on l'ignore. Certes, si quelqu'un devait être porté par
un sentiment de reconnaissance et de justice à agir, en vue d'une
égalité de situations à établir entre les deux prisonniers, c'était
bien la connétable, à laquelle étaient accordés les moyens, non-
seulement de correspondre journellement avec son mari, mais
encore d'aller le visiter à Orléans, pour peu que celui-ci en té-
moignât le désir. Une lettre du duc de Guise à la femme d'Anne
de Montmorency est explicite sur ce dernier point : « Madame,
» lui disait-il, le 27 décembre (1), vous avez, dès ceste heure,
» entendu la disposition et bon portement de M. le connestable,
» tant par ses lettres que ce que je vous en ay mandé. Main-
» tenant il vous escript de sa main, ce qui vous assurera d'abon-
» dant de sa bonne santé... Je metray peine de sçavoir s'il vouldra
» que vous l'aillez trouver, ainsi que M^r. le comte de Villars m'a
» escript que vous desirez. »

A la fin de décembre, Éléonore de Roye était toujours sans
nouvelles directes et sans lettres de son mari. Rien même ne
l'autorisait à croire qu'une seule des missives qu'elle lui avait
adressées lui fût parvenue. Quelques lignes qu'elle avait reçues
de Catherine de Médicis ne renfermaient que des banalités re-
latives à de vagues éventualités de paix. Il fallait à la princesse
plus et mieux que cela. Aussi, tout en observant vis-à-vis de sa
royale correspondante certains ménagements dictés par la prudence, lui répondit-elle le 30 décembre (2) en ces termes dignes
et fermes :

(1) Bibl. nat., mss. f. fr., vol. 3179, fⁱ 15. — *Calend. of State pap. foreign*,
13 janvier 1563, Throckmorton to the Queen : — « The constable remains at
» Orléans and his wife has liberty to go him there. »

(2) Bibl. nat., mss. f. fr., vol. 6607, fⁱ 47.

« Madame (tant), le roy, que Vostre Majesté ne doubte point,
» qu'entre toutes afflictions qui se puissent recevoir, celle de la
» femme pour la captivité ou aultre accident survenu à son mary,
» ne soit l'un des maulx plus preignans et doloreux; et ne sçau-
» rois assez très humblement vous remercier, Madame, de la fa-
» vorable consolation contenue en vostre lettre, laquelle ne me
» rend moins obligée à ung redoublement d'affection de la fidé-
» lité de mon ancien devoir à vous faire très humble service,
» pour y veoir le fondement de la brièfve espérance que je doys
» avoir de la liberté de monsieur le prince mon mary, comme
» l'ennuyeux rapport que l'on m'a faict de ne pouvoir recevoir par
» lettres signées de luy certaine asseurance de sa santé, au moyen
» du desny de la visitation que je lui avois envoyé faire par le
» cappitaine Larivière, m'a augmenté mon juste desplaisir, de
» quoy je ne me puis garder de grandement me douloir et com-
» plaindre et cependant en remascher à part moy la patience.
» Toutefois, quand vous entendrez, par le sieur de Rostain, fidel-
» lement ce qu'il a veu au traictement de monsieur le connes-
» table et la familière communication qu'il a avecques ung cha-
» cun, encores que l'égalité de l'un à l'autre soit par trop inégale,
» si m'oseray-je bien tant promettre de vostre bonté, que ce qui
» m'a esté jusques icy interdit, de ce que plus je désire, me sera
» plus volontiers alors aisément permis et concédé. Et quant aux
» moïens de paix par luy recentement mis en avant, je ne vous
» sçaurois dire autre chose, Madame, sinon que Vostre Majesté
» ayant assez d'asseurance et congnoissance du fondz de la vo-
» lonté de mon dit sieur, mon mary, qui n'a jamais esté aultre
» que d'en veoir plus tost les effectz que les parolles, n'ignorant
» point aussi du subject de son premier mouvement, je souhaite-
» rois que Dieu, en ung tant sainct effect m'eust autant favorisée
» en pouvoir que en singulière volonté. Car oultre ce que ma
» profession n'est point dévouée aux armes, ma complexion est
» tellement procline à la paix, que j'estimerois le but de ma vie

» heureuse si, en mes jours, mon moïen avoit esté capable de faire
» veoir en France ce qui y est plus requis et nécessaire et aussi peu
» apparent en moïen. Mais tout ainsi que les actions humaines, ne
» se trouvent ordinairement plus difficiles à exécuter que aisées à
» inventer et mettre en avant, aussi quand elles sont commencées
» lorsque la fin est moins attendue, c'est à ceste heure-là que ce
» grand Dieu permet qu'elles soient promptement exécutées, et
» c'est, Madame, ce de quoy de très bon cœur ordinairement je
» le supplie de vous donner, Madame, en toute perfection de
» santé très heureuse et très longue vie. Escript à Orléans, ce
» XXXe jour de décembre 1562. — (Autogr). Je vous supplie très
» humblement, Madame, m'escuser si ne vous escrips de ma
» mayn, c'est que trouvée mal toute ceste nuict, vous suppliant
» de prendre tant de pytyé de moy que me permectre que ceux
» que j'envoyray vers monsieur mon mary le puyssent veoir et
» en rapporter de ses lectres, et s'il plaist à Vostre Majesté me
» donner ung passeport pour fayre venir ma sœur de Laroche-
» foucault, suyvant ce que monsieur le connestable vous en
» fait pareille requeste, vous nous ferez beaucoup de bien à
» tous. »

Pour toute réponse à cette lettre, l'altière Catherine de Médicis, sans emprunter, cette fois, la signature du roi, comme elle
l'avait fait dans la commission en forme de lettres-patentes, du
21 décembre 1562, prescrivit, de sa seule autorité, un redoublement de surveillance à l'égard du prince de Condé, transféré au
château de Leneville, près de Chartres (1). De cette ville, dans
laquelle elle résidait alors, et d'où elle tenait, en quelque sorte,

---

(1) De Lépinois, *Histoire de Chartres*, 1854, t. II, p. 218 et note. — Journal
de Bruslart (*Mém.* de Condé, t. I, p. 117). — *Calend. of State pap. foreign*,
6 janvier 1563. Throckmorton to the Queen : « The prince is guarded by Dam-
» ville very straightly, and is, at this dispatch, in a castle within a league of
» Chartres. »

sous sa main le prisonnier, elle adressa les lignes suivantes à Damville (1) :

« Mon cousin, depuis vostre partement de ce lieu, j'ai advisé
» qu'il est plus que nécessaire que vous demeuriez auprès de
» mon cousin le prince de Condé pour le garder seurement. Je
» vous prye doncques en voulloyr prendre la charge que le roy,
» monsieur mon fils et moy vous en donnons, et de croyre que
» ung plus grand service en ceste sayson ne nous sçauriez vous
» faire que le bien garder, et de vous résoudre à demeurer auprès
» de lui... Que nul ne le voye, ni parle à luy, de quelque qualité
» qui soit, si ne vous apporte lettre escripte de ma mayn. »

Ce fut en vertu d'une autorisation expresse de Catherine, et par dérogation au régime sévère de réclusion auquel était soumis Condé, que ce prince put journellement entendre dans sa prison les exhortations chrétiennes de son chapelain Perussel (2).

Au pieux ministère accompli par ce dernier près du prince, correspondit simultanément le ministère non moins pieux et dévoué dont s'acquitta l'un des plus vaillants capitaines huguenots vis-à-vis d'un neveu du prince et de la princesse de Condé, blessé à mort. Infidèle à la cause protestante et à la promesse deux fois faite à son oncle de combattre près de lui, le jeune duc de Nevers, gouverneur de la Champagne (3), avait porté les armes, dans les rangs de l'armée catholique, à la bataille de Dreux. Le brave

(1) Bibl. nat., mss. f. fr., vol. 3194, f° 3. Lettre du 3 janvier 1563. — *Mém.* de Condé, t. IV, p. 190.

(2) Voir le récit fait par Throckmorton à Élisabeth, de ce qui lui arriva, ainsi qu'à Perussel, lorsque tous deux quittèrent le champ de bataille de Dreux (*Calend. of State pap. foreign*, 3 janvier 1563). — Bèze, *Hist. eccl.*, t. II, p. 242. — Dépêches de l'ambassadeur d'Espagne Perrenot de Chantonnay, des 21 décembre 1562 et 28 janvier 1563 (*Mém.* de Condé, t. II, p. 117, 128). — Voir, en outre, Appendice, n° 21.

(3) Une très-intéressante histoire manuscrite de l'église réformée de Troyes, due à la plume exercée d'un célèbre protestant, contient des détails étendus sur les défaillances morales et la défection du jeune duc de Nevers. Voir (Bibl. nat., mss., *Collect.* Dupuy, vol. 698, f°s 193 à 281) le manuscrit intitulé : « *Histoire*

et généreux de Mouy, tout prisonnier qu'il était depuis le 19 décembre, trouva moyen de communiquer avec le pauvre blessé, demeuré libre, « qui estoit encore plus tourmenté de sa con» science que de son corps, criant mercy à Dieu. Il lui servit de » consolateur et comme de ministre, jusqu'à la mort (1). »

Touché des anxiétés croissantes de sa petite-nièce, le connétable écrivit au duc de Guise, le 6 janvier 1563 (2) : « J'ay reçeu » la lettre qu'il vous a pleu m'envoyer de ma femme, de quoy » bien humblement je vous remercye et des honnestes offres » qu'il vous plaist de me faire... Je vous asseure que je suis fort » bien traicté de madame la princesse, laquelle jusques icy a » esté (sans avoir réponse), quelque lettre qu'elle ayt escript à » monsieur le prince son mary, ne homme qu'elle ayt en» voyé, etc., etc. »

La veille du jour où le connétable s'adressait ainsi au duc de Guise, la princesse de Condé avait fait appel à la sympathie de la reine d'Angleterre en ces termes (3) :

« Madame, oultre ce que vous verrez par la lettre que mon » oncle, monsieur d'Andelot, vous escript (4), le besoin que » nous avons de vostre prompte faveur et bon secours, affin » d'empescher le cours des desseings des ennemys de Dieu et » de son évangile, et inquiétateurs du repos public de la France ;

» ecclésiastique de l'église de la ville de Troyes, etc., etc., par Nicolas Pithou, » sᵣ de Changobert. » — M. le pasteur Recordon (le Protestantisme en Champagne, 1 vol. in-8°, Paris, 1863) a parfaitement analysé le manuscrit de Nicolas Pithou. — Voir aussi une lettre importante, adressée en mars 1562, par Th. de Bèze au duc de Nevers (Baum, append., p. 173).

(1) Bèze, Hist. eccl., t. II, p. 242. — La Popelinière, Hist., t. I, p. 348. — Calend. of State pap. foreign, 13 janvier 1563. Smith to Cecil. — « Monseigneur de Nevers se meurt », écrivait, le 10 janvier 1563, Robertet au duc de Nemeurs. (Bibl. nat., mss. f. fr., vol. 3200, fᵒ 131.)

(2) Bibl. nat., mss. f. fr., vol. 6611, fᵒ 26.

(3) A full Wiew of the public transactions in the reign of Queen Elisabeth, by Dᵣ Forbes, in-fᵒ 1740, t. II, p. 255, 265 ; Lettre du 5 janvier 1563.

(4) Voir Appendice, nᵒ 22.

» si ne me puis-je contenir d'accompagner sa depesche de ceste
» myenne lettre, et par icelle très humblement supplier Vostre
» Majesté, madame, considérer l'affliction en laquelle si triste-
» ment je me retrouve; voïant aujourdhuy la chose de ce monde
» que plus j'estime et honnore si indignement traictée comme
» est monsieur mon mary, détenu captif entre les mains de ceulx
» qui, au lieu de le recongnoistre pour tel qu'il est en ce roïaume,
» usurpant violentement ce que le droict et la nature justement
» leur dényent, s'efforcent triumpher de luy, chose qui ne m'est
» moins dure à penser que grandement insupportable : et sans
» la grâce que Dieu me faict de représenter devant mes yeulx
» que telles visitations viennent de sa main et que c'est le signe
» dont il remarque les siens, je ne sçay que je ferois. Or, com-
» bien qu'il l'ayt voulu par ce moïen esprouver, mesme en la
» deffense de sa saincte querelle : si ne nous a-il pas deffendu que
» nous n'ayons quelque recours aux moïens humains, pourveu
» qu'ils soient fondez sur sa grâce. Et pour ceste cause, Madame,
» prenant pitié d'une princesse tant esplorée pour l'ennuy que
» justement elle reçoit de la prison d'un prince, son mary, le-
» quel il vous a pleu de tant le favoriser, que de le juger digne
» de vostre bonne grâce, par les vertueux tesmoignages que vous
» luy avez si ouvertement faictz déclarer en la poursuite de ceste
» cause; qu'il vous plaise, en ceste urgente nécessité, démontrer
» combien la variété des conditions de prospérité ou d'adversité
» ne vous peuvent faire changer vos sainctes affections, et prom-
» ptement secourir celuy qui pour la gloire de nostre Dieu et pour
» fidèlement conserver l'Éstat de son roy, est à présent captif
» de ceulx qui, pour parvenir à leurs desseings, seroient bien
» ayses d'abatre ung tel rampart de ceste couronne pour, puis
» après, faisant plus facilement la bresche, entrer dedans la
» place; vous suppliant très humblement madame, m'excuser
» si j'en parle de telle véhémence, et de tant obliger monsieur
» mon mary, qu'il puisse quelque jour avoir le moïen de vous

» faire paroistre par ses services, que l'ingratitude et mescon-
» gnoissance n'eurent oncques part en son cœur. Et de moy,
» Madame, ne pouvant pour ceste heure aultre chose, je supplie-
» ray le Créateur vous continuer en parfaite santé, très longue
» et contente vie : saluant vos bonnes grâces de mes très
» humbles recommandations. »

Vivement émue de la captivité de son gendre, la comtesse de
Roye joignit ses instances à celles de sa fille, près d'Élisabeth.
Les agents anglais, Knollys et Mundt, en résidence à Strasbourg,
se chargèrent de faire parvenir en Angleterre, à leur souveraine,
la correspondance de la belle-mère du prince (1).

Du 7 au 14 janvier, Éléonore de Roye put enfin recevoir des
lettres de son mari et lui en faire parvenir, notamment par l'argentier de sa maison, dont le prince réclamait la présence. Parti
d'Orléans, porteur de dépêches d'Anne de Montmorency pour la
reine mère et pour le connétable, ce serviteur arriva, le 8 au
camp du duc de Guise, et lui remit avec prière de les faire parvenir à destination, les dépêches du connétable, « lequel, racon-
» ta-t-il (2), se portait si bien de sa blessure, que, dans cinq
» ou six jours, il en seroit du tout guéry; qu'il n'avoit plus la
» goutte ni aultre mal, se promenant, à son logis, assez souvent
» avec madame la princesse. » L'argentier obtint, comme tout
porte à le croire, l'autorisation de se rendre au château de
Leneville pour y rester près du prisonnier, son maître.

Catherine de Médicis était loin, du reste, de favoriser la rapidité des communications entre le prince et sa femme. De là,
pour cette dernière, des appréhensions qu'atteste sa correspondance, en même temps qu'elle révèle le soin scrupuleux qu'ap-

(1) *Calend. of State pap. foreign*, 4 janvier 1563. Madame de Roye to the
Queen. — *Ibid. Id. Id.* Knollys and Mundt to the Queen.

(2) Lettre du duc de Guise à la connétable, 8 janvier 1563 (Bibl. nat., mss. f.f r.,
vol. 3179, f° 19). — Lettre du connétable à Catherine de Médicis, du 7 ou 8 janvier
1563 (Bibl. nat., mss. f. fr., vol. 6611, f° 24).

portait Éléonore de Roye à laisser Anne de Montmorency conférer, en toute liberté, avec les émissaires de la cour qui se ren-
daient à Orléans. « Madame, écrivait la princesse à la reine
» mère (1), suyvant le commandement qu'il vous plaist me faire
» par la lettre que votre majesté m'a escripte par Lacoudre, il a
» parlé particulièrement à monsieur le connestable; vous sup-
» pliant très-humblement, madame, que quand l'homme de
» monsieur mon mary sera de retour, qu'il me soit incontinent
» envoyé car je suis en grand peyne de ce quy n'est point encore
» de retour, craignant qu'il aist mal, etc., etc. »

Le 13 janvier, on s'attendait (2) à voir Condé arriver de Leneville à Chartres, dans la soirée, ou le lendemain matin. On l'y
conduisit, en effet, vers cette époque, et il fut enfermé à l'abbaye
de Saint-Pierre (3).

Catherine de Médicis fit alors à la princesse et à ses oncles
certaines ouvertures (4) auxquelles se réfère la réponse suivante,
qui témoigne, en premier lieu, de la part directe qu'à Orléans
Éléonore de Roye prenait aux affaires générales, de concert
avec les chefs protestants, et, en second lieu, du droit absolu
que s'était arrogé la reine mère d'autoriser ou non les communications épistolaires avec Condé (5) :

« Madame, écrivait Éléonore à Catherine, j'ay reçu, ce ma-
» tin, la lectre qu'il a pleu à vostre majesté m'escripre par Le-

(1) Bibl. nat., mss. f. fr., vol. 6607, f° 63.

(2) *Calend. of State pap. foreign*, 13 janvier 1563. Throckmorton to the Queen.
— *Ibid. Id.* Smith to Cecil.

(3) De Lépinois, *Hist. de Chartres*, t. II, p. 218, et note. — Béza Calvino,
12 janv. 1563 (Baum, append., p. 204) : « Princeps, Dei beneficio valet et animo
» et corpore; sed arctissima custodia tenetur. » — *Calend. of State pap. foreign*,
24 janvier 1563. Smith to the Queen : « They have brought him (Condé) to Chartres
» where he is lodged in a small abbey called Saint-Pierre, where there are bars
» of iron for the windows and other bars for the street prepared to make him more
» sure..... The prince is still very firm. »

(4) Lettre de Catherine à de Gonnor, du 11 janvier 1563 (Bibl. nat., mss. fonds,
Colbert, V°. vol. 24, f° 12).

(5) Bibl. nat., mss. f. fr., vol. 6607, f°s 64 et 78.

» plessy, présent porteur, ensemble entendu la créance que lui
» avyez donné et au capitaine Larivyère, laquelle a esté communi-
» quée à messieurs les connestable et d'Andelot, mes oncles, et
» ma tante, et ne pouvant pour l'absence de monsieur l'amiral
» et autres seigneurs quy sont ung peu loing fayre response sou-
» daine sur ceste affaire il nous a semblé meilleur vous le ren-
» voyer incontinent pour asseurer votre majesté que ce que
» désirons le plus, c'est de pouvoir veoir ung bon moyen pour
» obtenir de Dieu une bonne paix et de veoir ce royaume en
» repos, et de pouvoir plus que jamais vous démontrer combien
» avons de zèle et affection de faire fidèle et très-humble service
» au roy et à vous. Nous envoyons présentement vers mon dit
» sieur l'amyral, et crois que pourrons dès samedy au soir vous
» envoyer l'avis qui semblera bon à toute la compaignie pour
» mettre à effect ce qu'il vous a pleu nous mander : laissant ce
» propos pour vous mercier très-humblement, madame, de ce
» qu'il vous a pleu permectre à monsieur mon mary qu'il aist de
» mes nouvelles et moy des siennes, qui me sont venues bien à
» propos, pour estre la plus affligée femme du monde en ce
» que ne povés scavoir de son portement. Vous supliant que do-
» resnavant il vous plaise commander qu'il ne me soit plus em-
» pesché que n'en puyssions entendre l'ung de l'autre, comme
» fait M. le connestable avec ceux qu'il veult : supliant votre ma-
» jesté très-humblement de démontrer la faveur et amytié à
» monsieur mon mary et à moy dont il vous a pleu nous asseurer,
» et mesmement en vostre dernière lettre : car, après Dieu qui
» est juge de la fidelle affection qu'avons tousjours eu au service
» de voz majestez, toute ma consolation est l'asseurance de vous,
» madame, en quy est la toute-puissance de disposer et ordon-
» ner de mon dict Seigneur mon mary, supliant Dieu, madame,
» vous donner en parfaite santé très-heureuse et longue vie. »

Cependant, le courage de Louis de Bourbon ne faiblissait pas;

son inébranlable constance est attestée par ces simples paroles
de Coligny (1) : « Le prince de Condé, encore qu'il soit fort
» estroictement observé et gardé, a eu moyen de nous faire sça-
» voir si ouvertement de ses bonnes nouvelles, que au lieu de
» recevoir consolation de nous en sa captivité, au contraire il
» nous renforce le courage et nous fait assez cognoistre le zèle
» et ferme affection qu'il a à la vraye religion ; nous ayant as-
» seurément mandé que, quoy qu'il luy puisse advenir, il ne con-
» sentira jamais à chose qui soit contre le service de Dieu et la li-
» berté des consciences, ne qui offense la justice de notre cause ;
» usant par mesme moyen d'une instante et affectionnée prière
» et requeste à tous ceux qui luy ont assisté en une si saincte et
» louable entreprise de ne le vouloir, en ceste saison, abandonner,
» ne la cause de Dieu avec luy. »

Fixée désormais sur l'état et les intentions de Louis de Bourbon par un échange de correspondance avec lui, la princesse
de Condé se fit un devoir d'écrire de nouveau à la reine d'Angleterre, le 14 janvier (2).

Tout en s'adressant directement à Élisabeth, la princesse
de Condé n'oubliait pas de stimuler, par sa correspondance
avec Montgommery, l'activité des démarches de ce chef français
près de personnages influents à la cour britannique, tels que
Cecil et Leicester (3).

Élisabeth répondit le 26 janvier 1563 aux lettres d'Éléonore
de Roye (4).

La comtesse de Roye reçut d'elle une réponse analogue à
celle qui était adressée à la princesse (5).

(1) Forbes, A full View, etc., etc., t. II, p. 300. Lettre du 24 janvier 1563 à Élisabeth.

(2) Voir Appendice, n° 23.

(3) Voir les lettres de Montgommery à Cecil et à Leicester des 26 et 27 janvier
1563. (V. M. Laferrière, *La N. à l'étranger*, p. 67, 68.) — Record office, St. pap.,
France, vol. 29).

(4) Voir Appendice, n° 24.

(5) *Calend. of State pap. foreign*, 26 janvier 1563. The Queen to Mme de Roye.

Après la bataille de Dreux, l'armée protestante s'était immédiatement reformée sous la direction de Coligny, avait opéré divers mouvements en Sologne et en Berri, puis s'était rapprochée d'Orléans. L'armée catholique, commandée par le duc de Guise, ayant successivement occupé en Beauce et en Sologne plusieurs positions, avait fini par franchir une notable partie de la distance qui la séparait originairement de cette ville, qu'elle cherchait à isoler afin d'en mieux préparer le siége.

Vers le 16 janvier, « on proposa à la princesse de Condé quel-
» ques articles de paix : mais c'estoit à la manière accoustumée;
» estant mis en avant seulement que le prince et le connestable
» fussent remis en leur pleine liberté pour parler puis après de
» la paix : à quoy le prince mesme ne s'accordoit nullement,
» craignant qu'on luy baillast quelque boucon au partir, et pré-
» voyant que tous ces parlemens n'auroient aultre issue que les
» précédens. Il ne s'en ensuivit donc aucun effet, Guyse allu-
» mant tousjours le feu de son costé (1). »

A quelques jours de là, les deux armées n'étaient plus éloignées l'une de l'autre. Celle du duc de Guise se trouvait à quatre lieues d'Orléans; celle de l'amiral avait toute son infanterie et sa cavalerie françaises dans cette place, et ses réîtres à Gergeau. Coligny, qui avait convoqué le maréchal de Hesse à Orléans, y tint conseil sur les mesures à adopter. « Là il fut ar-
» resté, pour deux raisons péremptoires, l'une pour destourner
» le siége d'Orléans, si faire se pouvoit, ou pour le moins pour
» contraindre l'ennemi de diviser ses forces, l'autre pour recevoir
» l'argent d'Angleterre et le délivrer aux réistres comme on leur
» avoit promis, que l'amiral avec les réistres et quelque partie
» de la noblesse françoise tireroit droit en Normandie, laissant
» toute l'infanterie avec le surplus de la cavalerie françoise con-
» duite par bons et sages capitaines, comme entre autres Duras,
» Bouchavanes, Bussy, Saint-Cyr, Avaret, et autres pour la dé-

(1) Bèze, *Hist. eccl.*, t. II, p. 251.

» fense de la ville, sous le gouvernement d'Andelot, qui se rendit
» difficile à recevoir ceste charge, à cause de la fièvre quarte
» qui le travailloit infiniment : mais finalement s'y accorda,
» n'ayant jamais voulu les habitans recevoir Grammont, auquel
» ils avoient si peu de fiance qu'ils dirent en sa présence que, si
» on le leur bailloit pour gouverneur, ils se tenoient pour perdus
» et aymoient mieux tous desloger de la ville et le suivre en
» Normandie. Cela estonna la princesse, à laquelle ils dirent de-
» puis, à part, qu'ils le tenoient pour un traistre et meschant
» homme : qui fust cause que l'amiral voyant que Grammont fai-
» soit semblant de n'ouïr point ces choses, ne répliquoit rien
» et mesmes ne s'excusoit point de prendre cette charge, au lieu
» de le laisser pour gouverneur, l'emmena mesmes en Normandie
» avec les autres (1). »

Pendant son séjour à Orléans, l'amiral avait, dans deux lettres d'une importance capitale, adressées, les 24 et 29 janvier
1563, à Élisabeth (2), exposé l'état des affaires en France et
les mesures qu'il avait cru devoir prendre. Au moment où il
allait se diriger vers la Normandie, c'est-à-dire à la fin de janvier, Catherine de Médicis, indirectement avisée de ses projets,
et fidèle à une méthode d'atermoiements et de pourparlers dont
elle eût dû cependant se départir après tant d'insuccès, « lui
» écrivit, le priant de différer son entreprise pour quelques jours
» durant lesquels elle se délibéroit d'entendre à la paix : à quoi
» il respondit qu'il n'avoit jamais rien désiré, ni ne désiroit rien
» plus que la paix, pour laquelle moyenner il conseilloit que le
» prince et le connestable s'entrevissent, demeurans toutesfois
» tous deux prisonniers : mais au reste qu'il pourvoiroit à ses
» affaires sans plus s'arrester à parlementer, sçachant combien
» de bonnes occasions s'étoient perdues sous tel prétexte (3). »

(1) Bèze, *Hist. eccl.*, t. II, p. 253, 254.
(2) Voir (Appendice n° 25) le texte de ces deux lettres.
(3) Bèze, *Hist. eccl.* t. II, p. 256. — Voir, sur le projet d'entrevue du prince

.Après avoir adressé par écrit au prince de Condé quelques informations, qu'il accompagnait de virils encouragements (1), Coligny partit d'Orléans pour la Normandie, le 1er février.

Sa dépêche, en réponse à celle que lui avait adressée Catherine de Médicis, ne parvint point entre les mains de cette princesse. Vivement blessée de n'avoir rien reçu, concevant de graves soupçons qui bientôt pour elle se changèrent en certitude, et les dirigeant contre un personnage autre que l'amiral, dont elle connaissait la scrupuleuse ponctualité en toutes choses et particulièrement en matière de correspondance, elle ne tarda pas à se plaindre assez haut pour que le blâme qu'elle déversa sur la main qui, dans l'ombre, avait intercepté la dépêche, parvînt à son adresse. Le duc de Guise, que ce blâme atteignait en la personne de ses affidés, affecta de garder le silence.

La princesse de Condé le savait opposé à tout projet de paix, et, par cela même, à toute entrevue du prince avec le connétable. Aussi, lorsqu'elle entendit ce dernier proférer, au sujet de la non-réception de la dépêche de l'amiral, des plaintes semblables à celles qui étaient sorties de la bouche de la reine mère, trouva-t-elle le secret de l'apaiser par un trait d'esprit dont l'originalité le fit sourire : « c'est à sçavoir que leurs ennemys, qu'il cognois- » soit très mal, faisoient du prince son mary et de luy comme » les Parisiens de la chasse sainte Geneviève et de saint Mar- » ceau, lesquelles ils ne permectoient jamais approcher trop » près l'une de l'autre, de peur que le parentage ne les fist em- » brasser tellement ensemble qu'on ne les peust jamais séparer » puis après (2). » La comparaison, ici, n'était-elle pas tant soit

et du connétable, un manuscrit intitulé : « Advys de monsieur l'admiral de Chas- » tillon et des seigneurs estans avec luy à Orléans. » (Bibl. nat., mss. f. fr., vol. 3194, f° 16.)

(1) Voir Appendice, n° 26.

(2) Bèze, *Hist. eccl.*, t. II, p. 256. — De Thou (*Hist. univ.*, t. III, p. 390) pense que la princesse de Condé, par la comparaison à laquelle elle avait recours vis-à-vis de son grand oncle, « prétendait faire entendre à ce vieux seigneur, qu'il

peu forcée? Une généreuse illusion ne l'avait-elle pas dictée?
car, qui ne sait que, si Louis de Bourbon était d'un naturel ouvert et doué d'élan, Anne de Montmorency, à l'inverse, n'était
pas précisément enclin aux affectueuses effusions *du parentage!*
et surtout, comment ne pas reconnaître que, loin de pouvoir se
rencontrer et se donner la main sur le terrain de la liberté religieuse, le petit-neveu et le grand-oncle risquaient singulièrement, lors de toute entrevue qui leur serait ménagée, de demeurer à distance l'un de l'autre, en se retranchant, le premier, dans
l'édit de janvier, le second, dans l'absolutisme de l'intolérance!

L'ambassadeur d'Espagne, Perrenot de Chantonnay, hostile,
pour sa part, à toute idée de rapprochement entre protestants et
catholiques, et n'aspirant qu'à l'anéantissement des premiers par
les seconds, accusait, à ce moment, Catherine de Médicis de
plier devant Condé, et se déchaînait contre ce prince, comme
poussant à la continuation de la guerre civile, par cela seul que,
du fond de sa prison, il réclamait l'exécution de l'édit de janvier.

« Il semble, disait le digne représentant de la politique de Phi-
» lippe II (1), que le prince de Condé n'est prisonnier; ains qu'il
» tient les aultres en captivité : chose qui faict merveilleusement
» murmurer contre la royne : et, quant à moy, je ne l'en sçau-
» rois du tout excuser : ne sçay-je, si l'on luy doict imputer à
» malice ou à peu d'expérience. Elle a faict ceste faveur audict
» prince de Condé, se montrant opiniastre comme il est jusques
» aujourd'hui à ne vouloir accepter partye, de luy envoyer toutz
» ceulx du conseil ensemble, pour luy remonstrer en forme de
» supplication, qu'il voulust avoir pitié des affaires de ce royaulme:
» cela l'ha adoulcist aulcunement, voyant que l'on fist compte de
» luy; mais pourtant n'ha-il voulu condescendre à aulcune chose
» que se peult dire œuvre de Dieu : car, à la vérité, concéder

» devait, dans la suite, s'unir au prince de Condé et ne pas souffrir qu'on les sé-
» parât jamais, pour quelque raison que ce pût être. »
(1) Dépêche du 3 février 1563 (*Mém.* de Condé, t. II, p. 128, 129).

» que chascun puisse vivre selon le repos de sa conscience, et
» retourner impunément en son bien, est apprester une plus
» grande guerre que celle qui se faict pour le jourdhuy; et telz
» termes d'user de supplication envers ung prisonnier vassal,
» sont absurdes et ridicules, et donnent bien à entendre qu'il
» y ha de la faveur secrète, sans laquelle, il est tout cler, l'on
» n'useroit de telz respectz. Tout le peuple en est tant schanda-
» lisé, qu'il en attend touts les jours pis; et craint que à la fin
» l'on fera parler le roy très chrestien, après que la royne aura
» permis qu'il soit séduict; comme tout le monde la tient pour
» perdue en ce royaulme, et que rien ne la retient que l'attente
» de veoir son appoinct, pour complaire à ceulx qui la gou-
» vernent, et mettre en exécution leur conseil, qui tend entière-
» ment à l'éversion de la religion catholique : pourtant est-ce
» qu'elle fuyt la voysinance de ce lieu (Paris), affin qu'elle n'aye
» occasion de rendre le prince de Condé à la Bastille, ou aultre
» lieu fort; et ne sçay où l'on le sçauroit mettre seurement en
» tout le royaulme, aultre que en ladicte Bastille. Toutes fois
» l'on desseigne de le mectre en ung chasteau dict Onzain qu'est
» au comte de La Rochefoucault, près d'Amboise, en pays mal
» seur et fraichement réduict, et la place telle, qu'aultant vau-
» droit-il le mectre en pleine campaigne; et semble que puisque
» par son opiniastreté l'on ne le peult délivrer par traicté, l'on
» desire luy donner aultre moyen pour s'eschapper. »

Quoi que pensât et que dît Chantonnay, quant à l'incarcération de Louis de Bourbon, ce prince, transféré à la suite de
Catherine de Médicis, de Chartres à Blois, de Blois à Amboise,
fut, en dernier lieu, enfermé à peu de distance de cette dernière
ville, dans le château d'Onzain (1).

Bientôt une infructueuse tentative d'évasion amena pour lui
des conséquences rigoureuses. « J'entendz de certain, raconte

(1) Voir Appendice, n° 27.

» Chantonnay (1), que le prince de Condé s'est pensé sauver
» hier au soir, en habit de paysan, et avoit desjà passé la seconde
» guarde : toutesfois il fust apperçu et cogneu par la troisiesme,
» et reprins. M. Danville, qui en ha la guarde, feist incontinent
» emprisonner le capitaine à qui il l'avait enchargé; et dict-on
» qu'il ha faict pendre et tuer et noyer beaucoup des soldatz
» qui se sont trouvez consentantz au faict, ou non chaillance. »
Th. de Bèze ajoute : « Le prince fut resserré dedans le chasteau,
»'après lui avoir osté quelques-uns de ses serviteurs; mais le
» cœur ne lui faillit pour cela, parlant plus haut et plus géné-
» reusement que jamais, comme aussi il en escrivit à Orléans,
» exhortant la princesse et tous les chefs de l'armée à vertu et
» constance, et à s'assurer qu'encores que ses ennemis le fissent
» mourir, Dieu leur susciterait un autre chef et favoriseroit jus-
» ques à la fin leur cause qui estoit la sienne (2). »

Les exhortations du prince *à vertu et constance* avaient été
devancées, à Orléans, par d'Andelot et la princesse, dont l'attitude était admirable. Miné par la fièvre, d'Andelot n'en déployait
pas moins, en face de l'ennemi, une activité incessante. Il avait
établi dans la ville un ordre parfait, et mis la défense sur un pied
respectable. Le soin des pauvres, des malades, la direction de
l'assistance spirituelle, étaient plus particulièrement le partage
de la princesse et de sa tante, Charlotte de Laval, qui, l'une et
l'autre, malgré l'état chancelant de leur santé, se prodiguaient
au dehors et utilisaient pour le bien commun, l'auxiliarité de
plusieurs femmes dévouées, qui s'inspiraient de leurs nobles
exemples. D'accord avec sa nièce et sa sœur, d'Andelot s'était
efforcé de mettre chacun à même de concilier, avec les exigences auxquelles était nécessairement soumise la population d'une
ville assiégée, l'accomplissement de devoirs supérieurs, dans
l'ordre religieux et dans le domaine de la charité appliquée au

<hr>

(1) Dépêche du 20 février 1563 (*Mém.* de Condé, t. II, p. 133).
(2) Bèze, *Hist. eccl.*, t. II, p. 256, 257.

soulagement des souffrances physiques et morales. De là, à la suite de conférences tenues avec les ministres et diverses personnes considérables, l'adoption du régime suivant : « Quant à » l'ordre de l'Église, outre les prédications ordinaires et les prières » aux corps de garde, on faisoit prières générales extraordinaire- » ment à six heures du matin, à l'issue desquelles les ministres » et tout le peuple, sans nul excepter, alloient travailler aux » fortifications de tout leur pouvoir, se retrouvant chacun de- » rechef à quatre heures du soir aux prières : et fut aussi un » bien assigné pour recueillir les blessés, qui estoient pansés et » traités très-humainement par les femmes plus honorables de » la ville, n'y espargnans leurs biens, ni leurs personnes (1). En » quoy firent entre autres un merveilleux devoir les damoyselles » des Marets, la baillive d'Orléans et de Martinville, dignes de » perpétuelle mémoire (2). »

Les 6 et 9 février, le duc de Guise, qui, dès le 5, était venu camper près d'Orléans, s'était emparé du Portereau et des Tourelles. Enflé par ce double succès, il avait osé « mander à la » royne mère qu'il la prioit ne trouver mauvais s'il tuoit tout » dans Orléans, jusques aux chiens et aux rats, et s'il faisoit » destruire la ville jusques à y semer du sel (3). » Sans s'arrêter à la jactance du duc, et alors que, du 9 au 18 février, il activait ses préparatifs pour assaillir les îles et tenter de pénétrer de vive force dans la ville, Catherine de Médicis s'occupait de nouveau de ménager une entrevue du prince de Condé avec le connétable, dont les préliminaires devaient être ouverts, du côté de la cour, par l'évêque de Limoges et d'Oysel, qui préalablement

(1) Anticipons ici sur l'avenir, et disons qu'en 1568, dans cette même ville d'Orléans, déjà témoin de son dévouement en 1562 et 1563, madame l'amirale de Coligny, Charlotte de Laval, privée cette fois du concours de la princesse de Condé, sa nièce, décédée en 1564, *épargna si peu sa personne* en soignant les blessés et les malades de toute sorte, qu'elle succomba aux atteintes du typhus qui exerçait parmi eux d'horribles ravages.

(2) Bèze, *Hist. eccl.*, t. II, p. 266.

Bèze, *Hist. eccl.*, t. II, p. 265.

se rendraient à cet effet près d'Anne de Montmorency (1), et, du côté de Louis de Bourbon, par deux officiers protestànts, Boucard et d'Esternay, qui, préalablement aussi, visiteraient le prince dans sa prison.

A cette tentative de rapprochement se rattachent cinq lettres, non datées, qu'Éléonore de Roye, alors que le canon grondait de part et d'autre, adressa à Catherine de Médicis, antérieurement au 16 février 1563 (2).

Le 13 février, « Messieurs de Lymoges et d'Oysel s'en allè-
» rent à Orléans où ils parlèrent à mondit seigneur le connes-
» table, à madame la princesse de Condé, à M. d'Andelot et
» autres qui avaient là le maniement des affaires (3)... »

Le 16 du même mois, la reine mère, près de qui étaient arri-
vés Boucard et d'Esternay, les adressa aussitôt à Damville, à qui elle écrivit (4) : « Mon cousin, présentement est arrrivé ce por-
» teur, serviteur de mon cousin le prince de Condé, avec une
» lettre de vostre père que vous verrez et par icelle entendrez
» l'occasion de sa venue. Je la vous ay voulu envoyer avecques
» les sieurs de Boucard et d'Esternay, affin que tous ensemble
» ils communiquent avec ledict prince et là par ensemble ils
» prennent une bonne résolution... Il retournera en toute dili-
» gence advertir votre dict père, estant bien d'advis que lesdicts
» sieurs de Boucard et d'Esternay demeurent là jusques à ce
» qu'il soit de retour devers mon dict cousin pour luy faire en-
» tendre ce qu'ils auront résolu à Orléans. »

Afin de pouvoir s'entretenir librement avec Boucard et d'Es-

(1) La maréchale de Montmorency obtint, à cette époque, un sauf-conduit pour aller à Orléans conférer avec son beau-père le connétable (*Calend of St. pap. foreign*, 17 février 1563. Smith to the Privy Council). Il y a plus : D'An-delot, au milieu des préoccupations les plus graves, prit soin d'écrire à la con-nétable pour la rassurer sur la condition de son mari (voir Appendice, n° 28).

(2) Voir Appendice, n° 29.

(3) *Mém.* de Condé, t. IV, p. 245 et suiv. Lettre de l'évêque de Riez.

(4) Bibl. nat., mss. f. fr., vol. 3194, f° 25.

ternay, Condé avait demandé, avant leur arrivée au château d'Onzain, qu'ils fussent autorisés à coucher dans sa chambre, sans gardes. Catherine donna, sur ce point délicat, à Damville des ordres dont la trace existe (1), mais dont on ignore le sens et la teneur.

Alors que Perussel, à la date ci-dessus mentionnée du 16 février, continuait à assister Condé de ses prières et de ses exhortations, quel était l'état d'esprit de celui-ci? Une lettre du prince (2) à un ministre de Normandie nous le révèle, en ces termes :

« Vostre lettre m'a apporté grand plaisir et consolation à
» mon âme, ayant par icelle mon devoir mis devant les yeux
» avec déclaration de l'heureux estat des enfans de Dieu et de sa
» grande faveur vers eux : dont je vous prie employer toutes les
» opportunités que pourrés avoir à m'escrire afin que ainsi soyés
» instrument de me fortifier de plus en plus en patience et affec-
» tion de mon devoir, vous asseurant que jusques à présent j'expé-
» rimente et sens au vif telle présence des grâces de Dieu en moy,
» que je me sens beaucoup plus délibéré de perdre ma vie icy et d'y
» espandre mon sang pour avancer l'honneur de Dieu et le repos
» de ses enfans, que je ne fus onques, me contentant, comme
» aussi il y a bien de quoy, du dot d'immortalité qui m'est ap-
» presté pour eschange de tout ce que je puis ici perdre, qui ne
» me peut toutesfois apporter que mal, comme il n'est que va-
» nité. Servés où vous estes, de tel office qu'avés tousjours faict,
» afin que puissions veoir le royaume de Dieu avoir paix en
» cestuy-cy, et nostre roy demeure honoré et obéy, ce que je
» desire d'aussi bon cœur que je prie nostre bon Dieu qu'il vous

(1) Bibl. nat., mss. f. fr., vol. 3185, f° 21. Lettre de Catherine à Damville.
(2) *Calend. of State pap. foreign*, 17 février 1563. Smith to the Privy Council : « Petrocely, his preacher, is with him and preaches daily before him. »

» augmente tousjours tous les dons de son esprit, à sa gloire et
» au salut de tous, amen (1). »

« Cette lettre, ajoute Th. de Bèze, en parlant de Louis de
» Bourbon, que je sçay avoir esté dressée, non par secrétaire,
» mais de son propre motif et stile, et que j'ay veue escrite de sa
» main, monstre quelles grâces il avait pleu à Dieu de mettre
» en ce prince (2). »

Vers la même époque, Condé écrivait à la reine d'Angleterre (3) :

« Madame, si la comisération des pauvres affligez pour la
» parolle de Dieu, si la recordacion des mesmes occasions passées
» ont aujourdhuy quelque lieu en vostre endroict, et si la con-
» tinuation de voz premières bonnes volontez à employer les
» moyens qu'il a pleu à ce grand seigneur vous impartir, n'a
» aucunement altéré ou interrompu en mon endroict ce que
» desjà vostre majesté a tant et si vertueusement tesmoingné,
» il fault que maintenant je vous supplie considérer mon estat
» et condition, et ce que mon estat requiert à présent, qui est
» de vous supplier pour ma délivrance, laquelle n'important
» moins que la pleine liberté des consciences fidelles et chres-
» tiennes, la conservacion de l'authorité du bien et du service
» de mon roy et le soulagement de toute la France, vous appelle
» et sollicite à vous encourager au secours de celluy qui, comme
» chef en ce royaume, vous supplie très-humblement, Madame
» que, augmentant vostre affection, vous en hastez aussi l'effect,
» jugeant en cela combien les jours et les mois, et encore plus
» les années sont longs et insupportables. Aiant donc esgard à
» ce que dessus, me comfortant d'une bonne espérance de vostre

(1) Bèze, *Hist. eccl.*, t. II, p. 277.
(2) Bèze, *Hist. eccl.*, t. II, p. 278.
(3) *Hist. des pr. de Condé*, t. I, p. 402, 403.

» bienveillance, je ne m'estendray plus avant en propoz, sinon
» priant le Créateur, madame, conserver en longue prospérité
» vostre majesté saine et heureuse. — De la prison, le 17 fé-
» vrier (1563). »

Tout en manifestant des intentions conciliantes à Éléonore
de Roye, dont la correspondance, ainsi qu'on vient de le voir,
était à un si haut degré empreinte de loyauté, d'amour de la
paix et de confiance, la reine mère, en secret, la tournait en dé-
rision, et se complaisait à l'idée de l'effroyable déception que
réservait à la princesse et à son entourage la haine du duc de
Guise, n'aspirant qu'à emporter d'assaut et qu'à anéantir Orléans. La politique tortueuse et les sentiments amers de Catherine se révèlent une fois de plus dans ces quelques lignes, adressées
confidentiellement à de Gonnor (1), le 17 février : — « Quant
» à nos nouvelles, M. de Guise doit demain faire belle peur à
» Orléans. Boucard et Esternay sont avec le prince de Condé, et
» les nostres (l'évêque de Limoges et d'Oysel), avec M. le con-
» nestable, qui m'a, depuis qu'ils sont avec luy, envoyé le secré-
» taire dudict prince pour résoudre la vue, et presse fort ma-
» dame la princesse que je le fasse. Je croy qu'elle a belle peur
» de nous voir si près d'elle sans son congé ; mais quand de-
» main nous aurions Orléans, je sçay bien que pour chasser les
» estrangers il nous faut la paix que je desire, mais nous l'au-
» rions à bien meilleure condition, *tenant la ville.* »

Voulons-nous savoir ce que fût devenue la ville d'Orléans, si le
duc de Guise l'eût *tenue ?* lui-même nous l'apprendra sans dé-
tours. Écoutons-le, en effet, annoncer, dans la matinée du 18 février, à Catherine (2) « Qu'il luy mandera nouvelles de la prise
» de la ville dans vingt-quatre heures, la suppliant luy pardon-
» ner si, contre son naturel qui n'estoit d'user de cruauté, comme

(1) Le Laboureur, addit. aux *Mém.* de Castelnau, t. II, p. 171, 172.
(2) Bèze, *Hist. eccl.*, t. II, p. 267.

» elle avoit pù cognoistre en la reddition de Bourges et en la
» prinse de Rouen, il ne pardonnoit dans Orléans à sexe, ne
» aage, et mettoit la ville en telle ruine qu'il en feroit perdre la
» mémoire après y avoir fait toutesfois son caresme prenant. »

François de Lorraine ne put ni *tenir* Orléans, ni même y pénétrer ; la balle d'un assassin déjoua ses résolutions sanguinaires,
dans la soirée du jour où il venait d'écrire à la reine mère.

Tandis qu'il gisait étendu sur un lit de souffrances et que la
consternation générale paralysait, dans le camp catholique, l'activité de chacun des chefs réunis sous les murs d'Orléans, Catherine continuait de suivre le cours des négociations qu'elle avait
entamées pour amener l'entrevue des deux prisonniers. Dès le
19 février, elle donnait, à ce sujet, des instructions à Damville (1), et envoyait à Éléonore de Roye et à d'Andelot l'évêque
de Limoges et d'Oysel (2).

La princesse mentionnait en ces termes, dans une lettre à la
reine mère, le résultat d'un premier entretien avec d'Oysel (3) :

« Madame, ceste après-disnée bientost est arrivé M. d'Oysel
» duquel mon oncle Dandelot et moy avons entendu ce qu'il
» vous a pleu nous mander tant par luy que la lectre que Vostre
» Majesté m'a escripte, à quoy ne pouvons avec ceste compa-
» gnie rendre réponse que premièrement n'ayons sçeu l'inten-
» tion et volunté de monsieur mon mary, laquelle m'attands
» bientost recevoir par ung de mes gens que j'ay envoyé vers luy
» il y a trois jours, comme j'ay dict audict sieur d'Oysel, vous sup-
» pliant très humblement, Madame, vouloir commander qu'il
» me soit bientost envoyé afin que puissions bien soudain ren-
» dre réponse à Votre Majesté de ce qui se pourra faire, et nous

(1) Bibl. nat., mss. f. fr., vol. 3185, f° 30.
(2) « L'évesque de Limoges et le sieur d'Oysel vont et viennent dois la court
» à Orléans, pour négocier l'appoinctement. » (*Mém.* de Condé, t. II, p. 133.
Dépêche de Chantonnay, du 20 février 1563.)
(3) Bibl. nat., mss. f. fr., vol. 6607, f° 69.

» faire cest honneur de croire que nul ne desire plus que nous
» avec l'obéissance et service que devons à Dieu et à vos majestez
» voir une bonne paix faicte, et que en cela et toute autre chose
» où il vous plaira m'honorer de vos commandemens je puisse
» estre si heureuse que de vous faire service qui vous soit agréa-
» ble, suppliant Dieu, Madame, qu'il vous donne en parfaicte
» santé très heureuse et longue vie. — Madame, nous avons tous
» esté d'advis pour l'incertitude de quand pourrions rendre ré-
» ponse à Votre Majesté que cependant ledict sieur d'Oysel re-
» tournyst vous faire entendre, Madame, nos excuses, etc., etc. »

Consulté par Éléonore sur les conditions moyennant lesquelles
il se prêterait à une entrevue avec le connétable, Condé avait
exprimé le désir que, si un prisonnier de guerre tel qu'Anne de
Montmorency était autorisé à sortir d'Orléans, son retour dans
cette ville, à l'issue de l'entrevue, fût garanti par la présence
d'otages qui y résideraient, en son absence, et au nombre desquels serait compris le jeune prince de Joinville, fils du duc de
Guise ; mais, aussitôt que Condé apprit que le duc avait été
gravement blessé, il renonça à l'idée de séparer, un seul instant, le fils du père.

La preuve de ce double fait ressort de trois lettres dont deux
d'Éléonore, et l'autre de son mari. Dans la première (1), la princesse disait à la reine mère :

« Madame, n'ayant peu congnoistre, mon oncle Dandelot et
» ceste compagnie avec moy, l'intention et voulonté de mon-
» sieur mon mary par la lectre quy la escrite à Vostre Magesté
» touchant monsieur le prince de Guynville, c'est se quy nous
» faict suplyer très humblement Vostre Magesté ne trouver
» mauvelx que ne fasions nulle réponse que premyèrement ne
» ayons envoyé vers ledict seigneur sur ce entendre résolumant

____

(1) *Hist. des pr. de Condé*, t. I, p. 397.

» son avys : et pour cest effect vous supplions très humblement,
» Madame, quy vous playse donner congé à se porteur, quy est
» à luy, que pryvémant et en partyculier il ne puysse resevoyr
» sa voulonté. Car c'est une chose de sy grand importanse que
» ne povons passer plus avant à répondre jusque à se qu'ayons
» sa résollusion, et n'est pour prolonger le moyen d'avoyr une
» pays, mays seullemant pour rendre les choses plus cléres et
» asseurées ; car c'est se qu'en se monde desyrons plus que de
» la veoyr bien faicte, et par se moyen avoyr la liberté de mon-
» sieur mon mary, pour luy et moy plus que jamays nous am-
» ployer à vous fayre très humble servyse, supliant Dieu, Ma-
» dame, que bientost se bien tant desyré soit donné à vos ma-
» gestés et à tous vos subjects, etc., etc. »

Dans une seconde lettre (1), s'adressant encore à Catherine, elle ajoutait :

« Madame, le secrétaire de monsieur mon mary m'a baillé la
» lettre qu'il a pleu à Vostre Majesté de m'escripre, et ayant en-
» tendu l'intention de mon dict seigneur et qu'il a agréable de
» s'assembler, luy et monsieur le connestable, pourveu que pour
» otage dudict sieur connestable soit baillé monsieur le prince
» de Gynville, monsieur de Damville, et monsieur d'Estampes
» ou monsieur de Martygne, ce que ceste compaignie à mes-
» mement consenty, congnoissant que Vostre Magesté avoit
» agréable que ceste veue se feit avec ces conditions, m'asseurant
» bien, Madame, que ce commencement apportera pour la fin
» de ces troubles une bien bonne paix, à quoy et moy et tous
» ceulx de ce costé ferons tout ce quy nous sera possible, vous
» suppliant très humblement le croire ainsi comme plus au
» long vous dira monsieur de Limoges et d'Oysel, etc., etc. »

(1) Bibl. nat., mss. f. fr., vol. 6607, f° 55.

Condé écrivait, le 25 février (1), à sa femme :

« J'ay veu par vostre lettre et ouy par ce porteur les diffi-
» cultés qui se font pour consentir à mectre hors monsieur le
» connestable pour les sieurs d'Estampes et de Damville... (et)
» qu'on ne veult plus ballier le prince de Joynville, pour l'amour
» de monsieur son père qui a esté fort misérablement blessé (2) :
» et pour vous dire sur ce mon advis, il m'est advyz que le pou-
» vez faire, prenant de monsieur le connestable la foy signée,
» comme en tel cas est requis ; et cela faict, je ne sçay ce que
» pouvez craindre, et sy j'estois là, je le feroiz... La paix sera le
» seul moïen pour estaindre les désolations présentes... l'en-
» trevue de monsieur le connestable et de moy seroit le moïen
» pour parvenir à la paix que tout le monde desire et qui est à
» ce pauvre roiaume tant nécessaire. Ne trouvez plus donc de
» difficulté s'il est possible, pour affin que nous nous puissions
» veoir ; car c'est ce que j'ay tousjours désiré, j'entends mon-
» sieur le connestable ; et à Dieu qui vous doinct et à mes amys
» de delà et à vous autant de contentement que vous en desire,
» vostre bien bon mary... Ma tante et mon oncle trouveront
» icy dedans mes bien affectionnées recommandations à leur
» bonne grâce et à toutz nos amys. »

Au moment où Louis de Bourbon traçait ces lignes, il igno-
rait que, la veille, le duc de Guise avait rendu le dernier soupir.
Informé de sa mort, il écrivit, le 28 février (3), à Éléonore de
Roye :

« Veu les lettres cavés de moy resues, vous avés peu connes-

(1) Bibl. nat., mss. f. fr., vol. 6618, f° 217.
(2) Voir, sur ce point, *Mém.* de Condé, t. II, p. 135.
(3) *Hist. des pr. de Condé*, t. I, p. 398. — Il faut rapprocher de cette lettre
deux autres lettres adressées à Catherine de Médicis, le 28 février 1563 par le
prince de Condé, et le 3 mars suivant par le prince de La Roche-sur-Yon
(*Ibid.*, t. I, p. 397, 398, 399, 400.) — Voir Appendice, n° 30.

» tre mes yntantions ; par coy sait à moy follie vous an fère an-
» tandre davantage ; car pour la mort de monsieur de Guysse
» quy a été tué sy myssérablement, l'opynyon ne met nullement
» changée, et de vous an escryrre davantage se seret abus, veu
» la ressolution que seus d'Orléans on tous prysse de ne léser
» partyr monsieur le connestable, vous prient tous de bien con-
» sidérer les meschanssetés que saiste guerre tire après elle, quy
» et bien ung suget pour tous desirer la pais ; suplien seluy quy
» tyen les cuers des roys et des hommes, quy les dispose an re-
» sevoyr les moyens et reculler seus quy vouldront aller au
» contrayrre et châtié seus quy n'y vouldront antandre ; car
» anvers Dieu et leur roy méryte grande punysiont. Je masurre
» que vous amployrés an tous se que pourrés, se que vous prye
» fère de toutte votre puysance ; car sait une requête que vous
» an fais de tout mon cuer ; car je ne desire ryen tant comme
» une bonne pays quyl ne soit point fainte et quy soit à loneur
» de Dieu et servyce du roy proufitable ; quy sera la fin de saiste
» lestre, après avoyr à tante et oncle pressenté mes bien afec-
» tionnée recommandasion à leur bonne grace et quy vous doinct
» à tous autant de contantement que vous an desire... votre bien
» afecsionné et bon mary. »

En même temps s'agitait, à Orléans, une question importante,
bientôt suivie d'une solution que la princesse s'empressa de
déférer à l'appréciation de Catherine, en ces termes (1) :

« Madame, pour ce qu'en discourant, à ce matin, avec le
» sieur d'Oysel, en la présence de monsieur le connestable, de
» mon oncle Dandelot et d'autres seigneurs qui sont icy, des
» moyens pour satisfaire au desir dont vostre majesté est tou-
» chée, il s'est proposé quelque difficulté, ledit d'Oysel a fait une
» ouverture que mondict sieur le connestable a grandement

(1) Bibl. nat., mss. f. fr., vol. 6607, f° 71.

» approuvée, qui est que moy mesme eûsse à aller trouver
» vostre majesté pour vous rendre raison de noz actions et rap-
» porter la résolution de vostre bon plaisir, chose que de tout
» mon cœur sur tout singulièrement je desire, si tant est que me
» faictes ceste faveur de le permectre ainsy que plus au long
» ledict d'Oysel vous sçaura bien déclarer, espérans que à ce
» coup cognoistrez de quel zèle toute ceste compaignie souhaite
» et le bien de la paix et une continuation en vostre bonne
» grâce, comme aussi ledict sieur connestable s'asseure que ce
» sera le plus certain et plus brief moyen qui ait encore esté
» présenté pour y parvenir. A ceste cause, madame, il vous
» playra nous en faire entendre sur ce vostre volonté, afin de
» nous y conformer et vous tesmoigner l'affection que nous
» avons toujours à vous faire très-humble service, etc., etc. »

L'avis émis par d'Oysel et l'adhésion qu'y donna le connétable
prouvent en quelle haute estime ces deux personnages, d'accord
à cet égard avec l'élite des protestants, tenaient la princesse de
Condé, et la confiance illimitée qu'ils avaient en sa droiture.

Les intentions de Catherine ayant été, le 1er mars, transmises
à la princesse, celle-ci répondit aussitôt (1) :

« Madame, j'ay entendu par M. d'Oysel qu'il vous a pleu me
» faire cest honneur de me donner congé de vous aller faire
» la révérence, dont mersye très-humblement vostre majesté, et
» ne faudray suyvant vostre commandement d'estre demain, à
» neuf heures, au bord de l'eau. C'est la chose du monde que
» plus j'ay tousjours desirée que de recevoir ceste faveur et bien
» que Dieu et vous, madame, me donnez, etc. »

Le 2 mars, alors que l'artillerie de la place et celle du camp
ennemi continuaient à croiser leurs feux (2), la princesse, éner-

(1) Bibl. nat., mss. f. fr., vol. 6607, fᵒ 66.
(2) *Calend. of St. pap. foreign*, 8 mars 1563. Occurrences in France.

gique comme toujours en face du danger, et ayant pour unique
escorte « deux damoiselles » qu'inspiraient un courage digne du
sien et un dévouement sans bornes à sa personne, sortit d'Orléans et s'achemina vers Saint-Mesmin. Là, elle eut un entretien
de quatre heures avec la reine mère (1). Catherine, au diré d'un
personnage de la cour des mieux informés (2), « la reçeut fort
» bien, avec beaucoup de belles promesses ». De Thou, sur ce
point, est plus explicite que Castelnau. « La reine mère, dit-il,
» après la mort du duc de Guise, qu'elle regarda comme un
» bonheur, n'omit rien pour conclure la paix. Pour cet effet,
» elle eut à Saint-Mesmin un entretien avec Éléonore de Roye,
» princesse de Condé; elle l'embrassa tendrement et lui donna
» de très-grandes marques de bienveillance et d'affection. On
» croit même qu'elle lui fit espérer que le prince aurait auprès
» du roi, et par conséquent dans tout le royaume, le même
» rang que le roi de Navarre, son frère, avait eu (3). »

Éléonore de Roye connaissait trop bien Catherine de Médicis,
pour se laisser prendre à ses démonstrations affectueuses et à
ses promesses en faveur de Condé. Touchée des unes et des
autres, dans une certaine mesure, elle sut, avec son tact habituel, les réduire à leur juste valeur. Sans doute, elle crut à la
sincérité du désir qu'exprima la reine mère de conclure la paix,
parce qu'elle l'y savait intéressée, au point de vue de la consoli-
dation de son pouvoir; sans doute aussi, elle aspirait ardemment, pour sa part, à la réalisation d'un traité de paix qui rendrait Louis de Bourbon à la liberté, et peut-être même le
porterait à la lieutenance générale du royaume; mais, à titre de

____

(1) *Calend of St. pap. foreign*, 2 mars 1563. Smith to the Queen. — *Ibid.*,
3 mars 1563. Smith to Warwich. — *Archiv. génér. de Venise.* Vol. Francia,
1563 à 1566. Senato III, Secreta. Dépêche de Barbaro au Sénat : « E fu al 2 del
» mese presente, usci d'Orléans la principissa moglie del principe di Conde et
» parlo lungamente alla regina, etc., etc. »
(2) Castelnau, *Mém.*, in-f°, t. I, p. 148.
(3) *Hist. univ.*, t. III, p. 404.

fervente chrétienne, dévouée de cœur à la cause de la liberté religieuse, Éléonore était incapable de condescendre à un pacte qui sacrifiât ou seulement restreignît cette sainte liberté. Dès lors, fermement attachée à l'édit de janvier, pour le maintien duquel son mari avait pris les armes, elle n'avait pas pu, dans son entretien avec Catherine, laisser croire à celle-ci que le prince achetât jamais la paix, sa liberté personnelle, et les prérogatives promises, au prix d'une mutilation quelconque de cet édit. La seule paix acceptable, aux yeux d'Éléonore, était, ainsi qu'elle l'avait déclaré dans sa correspondance avec Catherine, une paix *qui fût à la gloire de Dieu*, de telle sorte que par tous « *il pût estre bien obéy et servy* »; et, pour elle, il ne pouvait y avoir de paix vraiment empreinte d'un tel caractère, que celle qui reconnaîtrait à l'universalité de ses co-religionnaires, ainsi qu'à son mari et à elle-même, le droit de pratiquer librement leur culte.

Si, en l'absence de toute notion précise sur l'objet et la portée de l'entretien qui eut lieu, le 2 mars, à Saint-Mesmin, on se trouve réduit à de simples conjectures, il en est une du moins à laquelle on peut sans témérité s'arrêter, savoir : que la reine mère, trop prudente pour froisser les convictions inébranlables de la princesse, se sera bornée, en se composant un maintien plein de douceur et d'affabilité, à lui parler, en termes généraux, de concessions réciproques, ne devant s'opérer que sous la sauvegarde des droits de la conscience, dans des vues d'apaisement et de conciliation, sans aller jusqu'à mettre en question l'édit de janvier; et qu'elle aura insisté sur la nécessité de confier à Condé et au connétable le soin de discuter les bases d'une paix plus que jamais désirable; tout en se réservant pour elle-même, dans le secret de ses pensées, le droit d'interposer, en temps opportun, ses vues, ses manœuvres et son autorité. Or, présumant que le prince de Condé, prisonnier, « ne demandoit » que liberté, elle pensoit que son esprit facile et doux à ceux

» qui sçavoyent le prendre à poinct, ne contesteroit guères sur
» quelques articles. Pourtant, de peur que l'admiral qui estoit
» encores occupé en Normandie, venant à se trouver à Orléans,
» ne débatist pour l'édict de janvier, qui pourroit rompre l'ac-
» cord et rallumer la guerre, dont s'ensuivroit le rabaisse-
» ment de l'authorité de ceste femme, elle hâta la négocia-
» tion (1). »

La conclusion de l'entretien de la reine mère avec la princesse
fut que Louis de Bourbon et Anne de Montmorency se réuni-
raient prochainement, sur la Loire, pour conférer entre eux.

Tant qu'avait duré cet entretien, le canon n'avait cessé de
gronder (2).

De retour à Orléans, Éléonore de Roye, qui tenait à informer,
sans retard, son mari du résultat de son entrevue avec Catherine, mais qui ne pouvait y réussir qu'avec le concours de cette
dernière, lui écrivit (3) :

« Madame, estant arrivée fort tard en ce lieu, il n'a esté pos-
» sible de rénvoyer jusques à demain monsieur d'Oysel, et ayant
» monsieur le connestable et toute ceste compagnye entendu
» ce qu'il vous a pleu me dire, tous sont fort resjouys et louent
» Dieu de ce qu'il luy plaist acheminer si bien le moyen de faire
» une bonne paix, et vous, pour ce quy est envoyé à vostre ma-
» jesté et ce que vous dira ledict sieur d'Oysel comme tous ceux
» quy sont icy augmente tousjours en bonne volonté de veoir la
» fin de ces misères et d'avoir moyen de pouvoir faire service à
» voz majestez. Suyvant le congé qu'il vous a pleu, madame,
» me donner d'envoyer ce secrétaire vers monsieur mon mary,

(1) *Hist. de cinq rois*, 1599; p. 285.
(2) *Calend. of St. pap. foreign*, 8 mars 1563. Occurrences in France : « All
» friday and saturday shot was continually fired from great and small pieces
» out of and against Orléans; and all the time that the princess of Condé was
» with the Queen, they spared no powder. »
(3) Bibl. nat., mss. f. fr., vol. 6607, f° 77.

» je vous supplie très-humblement lui permectre qu'il puisse
» parler particulièrement audict seigneur et me rapporter incon-
» tinent de ses nouvelles, etc., etc. (1). »

A cette missive succéda presque immédiatement la suivante,
qui prouve avec quelle activité la princesse s'était occupée du
choix d'un emplacement pour l'entrevue des deux prisonniers (2) :

« Madame, ce matin, les sieurs d'Oysel et de Bouchavane ont
» regardé au long de l'eau, entre la tour Saint-Laurent et la
» Madelaine, et encore plus loin, s'il y avoit moyen delà amener
» les bateaux pour rassembler monsieur mon mary et monsieur
» le connestable ensuyvant vostre volonté et le desyr de ceste
» compagnie, ce qu'ils ont trouvé impossible pour les raisons
» que sçait ledict sieur d'Oysel, mays sera bien aysé et commode
» s'il vous plaist l'avoir agréable au-dessus du pont, quy est une
» mesme chose autant commode pour estre près de ceux du
» portereau comme de ceste ville; parquoy, madame, il vous
» playra nous en mander vostre volonté et faire visiter le lieu
» où il se pourra faire, quy ne sera jamais sitost que le desyrons
» pour veoir voz majestés de tous bien servys et vostre réaume
» et vos subjects en repos, ce que suplie à Dieu qu'il nous donne
» bientost, etc., etc. »

Le lieu définitivement choisi pour l'entrevue fut l'*Ile-aux-
Bœufs*, sur la Loire.

On convint d'une trêve pour toute la durée des négociations
qui allaient s'ouvrir relativement à la paix.

(1) Voir Appendice, n° 31.
(2) Bibl. nat., mss. f. fr., vol. 6607, f° 48.

CHAPITRE IX

Ordre fut donné de faire sortir du château d'Onzain le prince que « Damville conduisit dans une coche avecq bonne garde » et seure » (1), à Saint-Mesmin.

La reine mère était alors au camp, d'où elle écrivait, le 4 mars, à Gonnor (2) : « Je fais venir (le prince de Condé) icy, » où il arrivera bien gardé, et le loge à Saint-Mesmin, accom- » pagné de dix enseignes de Suisses. »

Dans quelles dispositions arrivait le prince? Est-il vrai que, depuis plusieurs jours, à la suite d'entretiens, dans sa prison, avec divers agents de Catherine, et notamment avec le prince de la Roche-sur-Yon, il se fût désisté de ses réclamations quant au maintien de l'édit de janvier, et qu'il eût consenti à ce que de graves restrictions y fussent apportées, en se laissant séduire par cette considération, qu'une fois investi de la lieutenance gé- nérale du royaume, qui lui était promise, il pourrait assurer à ses coreligionnaires le libre exercice de leur culte? Est-il vrai, ainsi que l'affirmait le prince de la Roche-sur-Yon (3), que dans « sa grande envie de voir finir les troubles, le petit homme, avec » qui il avoit parlé seul à seul, s'accommoderait à tout? » Est- il vrai enfin, ainsi que le prétendait Catherine, le 4 mars (4), que

---

(1) Dépêche de Chantonnay, du 13 mars 1563 (*Mém.* de Condé, t. II, p. 138).

(2) Le Laboureur, addit. aux *Mém.* de Castelnau, t. II, p. 239.

(3) Lettre du 5 mars 1563 à de Gonnor (Le Laboureur, addit. aux *Mém.* de Castelnau, t. II, p. 240).

(4) Lettre à de Gonnor (Le Laboureur, addit. aux *Mém.* de Castelnau, t. II, p. 239).

ce même prince lui « eût mandé qu'il avoit tiré de Condé,
» qu'il se contenteroit, pourvu que les gentilhommes eussent
» liberté de conscience en leur maisons et seureté de leur vie
» et bien et de passé et de l'avenir, » alors que rien de tel n'é-
tait énoncé dans la lettre que La Roche-sur-Yon adressa le
3 mars à la reine mère (1)? Il est impossible de se prononcer
avec certitude sur ces divers points. Toutefois, il n'est que trop
présumable que Condé, au moment où il quitta le château d'Onzain, était déjà ébranlé dans ses convictions, et placé sur la
pente dangereuse des faux calculs et des faux ménagements. Un
contemporain a dit de lui (2) : « Qu'assailli par douceur il fit
» comme le lion se hérissant contre ceux qui le veulent forcer
» et se monstrant humain avec les animaux qu'il estime indignes
» de sa colère. » Cette comparaison manque de justesse; car,
après s'être érigé en ami de la liberté religieuse, se prêter à l'altération d'une loi qui la protége, ce n'est pas faire acte d'huma-
nité envers les destructeurs de cette loi; c'est faire acte de com-
plicité.

Quoi qu'il en soit des doutes qui subsistent sur l'état exact
des vues et des intentions de Condé, lors de sa sortie du château
d'Onzain, voyons-le maintenant à l'œuvre.

Le 7 mars le prince et le connétable furent conduits, sous
escorte, dans l'île aux Bœufs.

Deux hommes épiaient, en fidèles agents de Philippe II, ce
qui allait se passer. Laissons parler l'un d'eux, Perrenot de
Chantonnay (3) :

« Le sieur don Francis d'Alava et moy sommes venuz en ce
» ce lieu (Blois); luy, pour tenir main selon sa charge que en
» cest appoinctement l'on ne donna au prince de Condé la

(1) *Hist. des pr. de Condé*, t. I, p. 399, 400.
(2) Bèze, *Hist. eccl.*, t. II, p. 278.
(3) Dépêche du 13 mars 1563 (*Mém.* de Condé, t. II, p. 138, 139, 140). Il
importe de rapprocher de cette dépêche celle que Smith adressa à Élisabeth, le
12 mars 1563. (*Calend. of St. pap. foreign.*)

» prééminence qu'il prétend, et moy, pour exhorter la royne,
» suivant ce que souvent le roy m'a commandé, qu'elle ne con-
» sente aucune chose au préjudice de la religion et diminution du
» roy très-chrestien. Elle asseure tousjours qu'elle ensuyvra
» les admonestemens du roy, combien qu'elle se trouve fort
» troublée par les nouvelles qu'elle oyt d'Allemaigne, et veóir
» les Anglais avoir pied en France et que l'admiral a prins de
» nouveau le chasteau de Caen, place de très grande impor-
» tance... Le septiesme (mars), après le disné, ledict sieur
» prince de Condé et connestable vinrent en l'isle désignée pour
» le parlement, où l'on avoit tendu un pavillon à cause du chaut;
» toutes fois ilz ne demeurarent audict pavillon, ains parlarent
» tousjours promenans tous seulz, l'espace de trois grosses
» heures; et n'y avoit en ladicte isle que le sieur Danville,
» M. de Losse et le secrétaire de l'Aubespine. Cependant la
» royne demeura avecq ceulx du conseil qu'avoit accompagné
» le prince de Condé jusques à la barcque, en une maison sur
» le bord de l'eau; et s'estant séparez le prince et le connestable,
» ledict prince fut conduit par sa garde en son logis, et le con-
» nestable ramené à Orléans; et furent ladicte royne et le con-
» seil ensemble bien longtemps : mais il ne s'entendit aultre
» chose de la négociation, sinon que le lendemain lesdictz prince
» et connestable y debvoyent retourner; toutesfois au maintien
» desdictz sieurs du conseil, l'on cognoissoit générallement qu'il
» y avoit espoir de paix ; et s'en retourna la royne en son logis,
» monstrant visaige fort content. — Le huictième, environ les
» sept heures, lesdictz prince et connétable se sont rassemblez
» en la mesme île comme devant; et la royne y est entrée,
» accompaignée de messieurs les cardinal de Bourbon, duc de
» Montpensier et l'Aubespine; et ce avant que le prince de
» Condé y arriva, car le connestable y estoit desjà; et estant
» venu ledict prince, ilz furent tous ensemble jusques aux onze
» heures; et résolurent que monsieur le connestable demeureroit

» au camp, et le prince s'en yroit à Orléans, pour communiquer
» chacun avec ceulx de son party; et donna ledict prince une
» signature et obligation de retourner le lendemain; et atten-
» doit-on l'admiral pour le unziesme ou douziesme; et s'en vint
» ledict connestable avecq la dicte royne disner au logis du
» mareschal de Brissacq, où ils furent toute l'après-disné; et
» ne se peult pour lors sçavoir ce qu'en avoient conclud. —
» Le sieur d'Andelot et tous les aultres du party contraire rac-
» compaignent tousjours la royne dois le pavillon jusques à son
» bateau; et ny a faulte de grandes caresses et contentemens
» d'ung costel et d'aultre; et ceulx de dedans Orléans font de
» telles insolences, que si la royne avoit quelque cœur, cela
» soufiroit pour lui faire rompre toutes les communications à
» tiltre de la tresve qui dure tant que les conférences seront
» en pied. »

Chantonnay ne nous fait ainsi connaître que le côté purement
extérieur des conférences tenues les 7 et 8 mars; mais, au fond,
sur quoi avaient-elles porté?

Quant à la première, que tinrent seuls le prince et le connétable, voici ce qu'en dit Condé lui-même : « Il n'y eut seule-
» ment qu'une visitation de passes et salutations, entremeslée
» de plainctes de veoir ainsi les François se précipiter d'eulx
» mesmes à une piteuse ruyne (1). » — Et ailleurs : — « La royne
» ayant ordonné que sur la foy de l'un et de l'autre, nous nous
» entreverrions à l'Ille-aux-Bouviers, joignant presque les murs
» de ceste ville, dimanche dernier cela fut exécuté. Et de faict
» après avoir devisé de prime face des choses plus communes,
» nous entrasmes sur celles qui causoient ce voyage et de ce qui
» se pouvoit faire pour contenter Sa Majesté et restaurer les
» ruynes et calamitez de ce royaulme, et dont le discours des
» propoz seroit trop long à réciter, sinon pour conclusion nous

(1) Lettre de Condé à Élisabeth, du 8 mars 1563 (*Hist. des pr. de Condé*, t. I,
p. 403).

» arrestasmes que, pour plus librement y adviser, il estoit requis
» que moy d'ung costé et luy (le connétable) de l'aultre, devyons
» conférer, moy avecques ceulx de cette ville (Orléans) et luy à
» la royne, de ce qui nous sembloit le plus propre. Et ainsi nous
» départismes jusques au lendemain (1). »

Condé ajoute, quant à la seconde conférence :

» Le lendemain, ladicte dame vint au mesme lieu pour nous
» octroyer ceste licence, laquelle obtenue, tellement a esté dis-
» puté par l'espace de deux jours; de ma part sur l'instance que je
» faisais pour l'observacion et entretennement des édictz du roy
» mon seigneur, et principalement de celluy que Sa Majesté fist
» au mois de janvier 1561 (1562. n. s.) avec une très-notable et
» insigne assemblée, pour le faict de la religion; et de celle de
» M. le connestable, sur l'impossibilité qu'il alléguoit de le
» pouvoir tolérer par les papistes, vue l'infraction qui par vio-
» lence en avoyt esté faicte, que finablement sa majesté, de son
» auctorité, nous envoya par escript ung mémoire pour sur
» icelluy respondre de ce qui se pouvoit davantage requérir (2). »

Il semblerait, d'après ce récit, que la discussion sur le sort
de l'édit de janvier se serait élevée, non dans le cours de la
seconde conférence, mais seulement dans les deux jours qui en
suivirent la clôture; et qu'alors, pour la première fois, se serait
produit un projet de dispositions dérogeant à cet édit. Mais
est-ce là ce que Condé a réellement voulu dire? Nous ne le
pensons pas. Il a dû, au contraire, comprendre dans les deux
jours dont il s'agit celui de la seconde conférence. Il était impossible, en effet, que le connétable et le prince se trouvassent
en présence l'un de l'autre pour aviser à la solution de difficultés issues de la violation de l'édit de janvier, sans que la di-

(1) Lettre de Condé à Smith, du 11 mars 1563 (*Hist. des pr. de Condé*, t. I,
p. 405, 406).
(2) *Ibid.*, p. 406.

vergence de leurs vues sur un point capital, tel que la question
du maintien ou du rejet de cet édit, se manifestât. Quant à l'envoi
par la reine mère d'un mémoire contenant des dispositions
dérogeant à ce même édit, il peut aisément se concilier avec
le fait de la présentation antérieure de dispositions de cette
nature, dans le cours de la seconde conférence.

Th. de Bèze, qui se trouvait placé, en mars 1563, à la source
des plus sûres informations, complète le récit du prince avec
une précision propre à dissiper tous doutes sur la succession et
l'enchaînement des faits, en disant (1) :

« Le septiesme de mars se fit un parlement dans l'isle ap-
» pellée l'Isle-aux-Bœufs, près de la ville où furent conduits,
» comme estans encore prisonniers, le prince et le connestable
» qui remirent toutesfois l'affaire au lendemain, au mesme lieu,
» où se trouva aussi la royne ; et pour ce que le connestable avoit
» dit expressément qu'il ne pourroit nullement souffrir qu'on
» remist en termes l'édict de janvier (aussi étoit-ce autant que
» le déclarer et tous ceulx de son parti coulpables de lèse-majesté
» d'avoir ainsi contrevenu à cest édict, en quoy se fist une faute
» irréparable de luy obtempérer), quelques autres articles, par la
» couardise de ceux qui pensoient que tout fust perdu si on ne
» faisait la paix, furent couchés, sans toutesfois les résoudre, de-
» mandant le prince qu'il peust entrer à Orléans pour en con-
» férer avec son conseil, ce qui luy fut accordé, moyennant que
» le connestable, au réciproque, peust aussi se retirer en l'autre
» camp à Saint-Mesmin. »

Tels étant les faits consignés dans les récits de Condé et de
Th. de Bèze, que penser de la conduite du prince?

Le connétable avait déclaré tout haut qu'il « ne pourroit con-
» descendre au rétablissement de l'édict de janvier », par la
raison fort simple « qu'y condescendre, ç'eût été s'avouer avec

(1) *Hist. eccl.*, t. II, p. 278, 279.

» tout son party coulpable de lèze-majesté, pour avoir violé
» un édict si authentique (1). »

A cette déclaration, que l'intérêt personnel, l'intérêt de parti
et les préjugés d'une aveugle intolérance avaient seuls dictée, il
s'agissait d'opposer une déclaration diamétralement contraire,
basée sur les droits imprescriptibles de la conscience chrétienne
et sur le respect dû à leur consécration légale, en France, depuis
un an. Les réclamations successives du prince en faveur de l'édit
de janvier, pour le maintien duquel il avait pris les armes, ses manifestes, ses actes, l'intérêt supérieur de la religion qu'il s'hono-
rait de professer, tout lui faisait un devoir d'exiger la pleine et entière exécution de cet édit. S'il eût de prime abord, résolûment
formulé à cet égard une exigence absolue, dont rien ne l'eût
fait départir, il eût fini par triompher, car il avait derrière lui
pour l'appuyer en temps voulu, et surmonter d'injustes résistances, l'amiral et son armée. Dût-il voir les négociations rom-
pues, et sa captivité prolongée jusqu'à ce que Coligny intervînt,
il fallait qu'en vrai prince chrétien, il demeurât inébranlable sur
un terrain qui était à la fois celui du droit et du devoir : du
droit, puisque l'édit de janvier continuait à être légalement en
vigueur; du devoir puisque cet édit constituait alors l'unique
égide sous laquelle pût s'abriter l'exercice du culte dont il s'était
proclamé le défenseur. Malheureusement, le prince faillit à sa
mission, en n'attaquant pas avec assez de vigueur la déclaration
d'Anne de Montmorency, et en ne rompant pas la conférence
du moment qu'il ne trouvait en lui qu'un intraitable interlocu-
teur. Il plia devant la ténacité du connétable; « en quoy se fist
» une faute irréparable de luy obtempérer ».

Profitant de cette faute pour entrer personnellement en
scène, afin d'amener un rapprochement entre Condé et le connétable, la reine mère s'insinua dans la discussion, enlaça les

(1) *Hist. de cinq rois*, p. 285. — Bèze, *Hist. eccl.*, t. II, p. 278. — *Mém.*
de Tavannes, chap. XVIII.

deux adversaires dans les liens d'une argumentation captieuse,
plus propre à les faire glisser sur la pente des intérêts per-
sonnels qu'à les maintenir sur le terrain du devoir ; et, après les
avoir peu à peu assouplis à ses idées, les fit entrer dans la voie
des concessions. Ce fut ainsi que « le prince souffrit que l'on
» couchast dès lors quelques articles, au lieu de s'arrester sim-
» plement à l'édit de janvier (1). »

Cependant, rien n'ayant été définitivement conclu, Condé
pouvait encore se relever d'une première défaillance : le fit-il ?
on va en juger.

Le jour même où s'était terminée la seconde conférence, il se
rendit à Orléans, tandis que le connétable restait au camp de
Saint-Mesmin avec la cour et les principaux représentants du
parti catholique.

Après tant d'angoisses subies, Éléonore de Roye revoyait enfin
son mari. Accueilli avec les douces effusions de la tendresse,
par sa noble femme, le prince ne pouvait recevoir et ne reçut
d'elle que de précieux conseils, inspirés par la foi, l'honneur et
le sentiment du devoir ; mais, tout en les écoutant avec une
apparente confiance, était-il fermement décidé à les suivre ?
Pouvait-il, en présence de sa tante, Charlotte de Laval, dont la
délicatesse d'impressions et les pensées viriles égalaient la piété,
se sentir le cœur au large, alors qu'il se montrait à elle pressé
de conclure la paix sans attendre la venue de l'amiral, à qui,
non moins qu'à son neveu, appartenait le droit d'en débattre les
conditions ? Ces questions se posent d'elles-mêmes, et leur solution paraît devoir se dégager de l'ensemble des faits qui viennent
d'être retracés, et de leur liaison avec ceux dont l'exposé va
suivre.

Le prince ne tarda pas à recevoir, à Orléans, comme délégués
par leurs collègues pour s'entretenir avec lui, trois ministres,
Desmeranges, Pierius et Laroche-Chandieu, auxquels « il proposa

(1) *Hist. de cinq rois*, p. 285.

» deux points : le premier, s'il feroit selon Dieu et sa conscience
» de protester à la royne que, s'estant armé pour l'observation
» de l'édit de janvier, il estoit raisonnable qu'avant que poser les
» armes, il fust entièrement restabli selon sa forme et teneur;
» le second, si ne pouvant obtenir ce que dessus, il pourroit
» demander à la royne qu'elle proposast ce qu'elle verroit être
» bon et convenable pour la pacification des troubles. Les mi-
» nistres ayant descouvert par le discours du prince, qu'on estoit
» après à rongner de la liberté de l'exercice de la religion oc-
» troyée par l'édict de janvier par tout le royaume sans exception,
» luy remonstrèrent vivement, autant que le temps le permet-
» toit, le tort qu'il se feroit et à toutes les églises, admettant
» aucune telle exception, et les inconvénients manifestes qui en
» adviendraient, et notamment luy protestèrent, tant en leurs
» noms que de leurs compagnons, qu'estant obligés aux lieux
» ausquelz ils avoient esté envoyez pour prescher la parole de
» Dieu, ils obéiroient en cest endroict à Dieu et non pas aux
» hommes. Bref, ils luy déclarèrent que la royne ne luy ne pou-
» voient selon Dieu et raison déroguer tant soit peu à un édict
» tant solennellement faict à la réquisition des estats par une si
» notable assemblée de tous les parlemens de France, et, qui
» plus est, émologué et juré. Le prince respondit qu'aussy ne le
» feroit-il pas; leur enjoignant cependant de communiquer les
» points que dessus à toute leur compagnie pour l'en résoudre
» lendemain 9 (1). »

Le 9, les ministres, au nombre de soixante-douze, ayant délibéré, remirent au prince leur avis par écrit. Ils demandaient
notamment : 1° que l'édit de janvier fût maintenu, confirmé et
exécuté sans restriction ni modification; 2° que les athées, les
libertins, les anabaptistes, les servétistes, et autres hérétiques
ou schismatiques fussent frappés de peines sévères; 3° qu'on

____

(1) Bèze, *Hist. eccl.*, t. II, p. 279.

informât contre les auteurs des massacres de Vassy, de Sens et d'autres lieux, et qu'on les punît (1).

Que devait faire Condé? Sans s'arrêter au second chef de demande, qui méconnaissait le principe de la liberté religieuse, et en réservant l'accueil à faire, en temps opportun, au troisième, il devait, sans hésitation, faire droit au premier, qui était parfaitement fondé, et demeurer de la sorte fidèle à ses engagements dans la lutte par lui soutenue au nom de l'édit de janvier. Que fit-il au contraire? Porteur des articles *couchés* dans la conférence du 8, qui contenaient de funestes dérogations à cet édit, il élimina les ministres et leur avis, pour recourir à l'appui de conseillers complaisants, auxquels il se proposait de soumettre ces articles, ainsi que le mémoire qui s'y rattachait. Il était alors « tellement gagné par les promesses qu'on luy faisoit d'accorder » beaucoup mieux, par après, luy donnant à entendre que ces » conditions n'estoient apposées que pour contenter aucune- » ment ceux de la religion romaine et arriver peu à peu à une » pleine liberté; joint qu'il y en avoit trop qui ne demandoient » qu'à retourner en leurs maisons, à quelque prix que ce fût : » qu'il accorda les susdites exceptions de l'édit de janvier, qu'il » fit lire devant la noblesse, ne voulant qu'autre eû dist son » advis que les gentilshommes portans armes, comme il dit tout » haut en l'assemblée; de sorte que les ministres ne furent » depuis ouïs ni admis pour en donner leur advis (2). »

Condé dit, à cet égard, en continuant la partie de son récit dans laquelle il a mentionné l'envoi d'un mémoire par la cour (3) :

« A quoy, tant pour tesmoigner des effectz de nostre conti- » nuelle obéissance envers sa majesté, que pour ayder à la

(1) Voir le texte de l'avis émis par les 72 ministres, dans l'*Hist. eccl.* de Bèze, t. II, p. 280, 281, 282.

(2) Bèze, *Hist. eccl.*, t. II, p. 282.

(3) Lettre de Condé à Smith, du 11 mars 1563 (*Hist. des pr. de Condé*, t. I, p. 406).

» nécessité d'un temps si nubilleux, après avoir protesté ne
» vouloir en rien nous départir de la substance de la loy de mon
» roy, synon en tant qu'il estoit besoing de prévenir le péril qui
» menaçait sa couronne et son estat, je, par l'advis des sei-
» gneurs, gentilshommes et aussi des gens de bien qui sont icy,
» en dressay ung autre à peu près pareil. »

A peine la majorité des gentilshommes *portans armes* se fut-
elle, par l'acceptation pure et simple des articles proposés, prononcée dans un sens conforme aux vues de Condé, que ce
prince se hâta de traiter. La précipitation aggravait sa seconde
défaillance.

Le 12 mars 1563, furent arrêtées les bases d'un édit, dit *de
pacification*, qui fut promulgué à Amboise, le 19, et publié à
Saint-Mesmin, le 22 du même mois. Cet édit (1) mutilait celui
de janvier 1562; il faisait du droit à l'exercice du culte réformé
le monopole de la noblesse, au détriment de la bourgeoisie et
du peuple, qui ne pouvaient désormais le pratiquer que dans
une seule ville, par chaque bailliage.

« Le mécontentement de la population d'Orléans fut tel, sur-
» tout pour ce qu'on n'avoit attendu le retour de l'amiral, que
» les soldats, nonobstant l'exécution qu'on fit de quelques-uns,
» ne purent estre retenus qu'ils ne démolissent le résidu de
» plusieurs temples (2). »

Une désapprobation plus sérieuse, celle de Coligny, était réservée au prince de Condé : il ne tarda pas à la subir.

« L'admiral, rapporte Castelnau (3), qui estoit en la basse
» Normandie, où il avoit pris plusieurs villes et réduit les catho-
» liques en mauvais estat, fut adverty par le prince de Condé
» que la paix estoit accordée et qu'il laissast la Normandie pour

(1) Voir le texte de l'édit d'Amboise dans : 1° Fontanon (*Rec. des édits et or-
donn.*, t. IV, p. 272 à 274); 2° Bèze (*Hist. eccl.*, t. II, p. 283 à 290).
(2) Bèze, *Hist. eccl.*, t. II, p. 290.
(3) *Mémoires*, in-f°, t. I, p. 150.

» se trouver à la conclusion des articles ; ce qu'il fit, comme il
» m'a dit depuis, avec regret, pour la grande espérance qu'il
» avoit, après la mort du duc de Guise, d'avancer mieux ses
» affaires qu'il n'avoit fait auparavant : et pour le moins, si le
» prince de Condé eût un peu attendu, d'avoir entièrement l'édit
» de janvier. Mais voyant que c'estoit fait, il partit de Caen, le
» 14 de mars, avec sa cavalerie, etc., etc. »

Coligny était fermement résolu à tenter, dans l'intérêt de la
liberté religieuse, un suprême effort.

Écoutons le langage qu'il tenait alors à un ami (1) : — « Il
» me semble que vous ne sçauriez mieulx faire que de vous
» acheminer à Orléans, où j'espère que j'auray le moyen de vous
» veoir. Et cependant asseurez-vous qu'il ne tiendra point à moi
» que nous n'ayons une paix. Mais si on la pense faire avec les
» articles que j'ay vûs l'on ne peult espérer que plus graves
» troubles en ce royaulme que jamais ; car c'est trop grand pitié
» que de limiter ainsy certains lieux pour servir à Dieu comme
» s'il ne vouloit estre servy en tous endroits. »

L'amiral « arrivé à Orléans, le 23 mars, avec toutes ses forces,
» trouva que l'édict de la paix avoit esté accordé, dressé, signé
» et scellé, en son absence, dès cinq jours auparavant, et le len-
» demain en dit franchement son advis au conseil (2), en la
» présence du prince, remonstrant entre autres choses qu'on se
» devoit souvenir, que dès le commencement de ceste guerre,
» le triumvirat avoit offert l'édict de janvier, en exceptant seu-
» lement Paris, et que considérant l'estat présent, les affaires
» des églises n'avoient jamais esté en plus beau train de

(1) *Bull. de la Soc. d'hist. du protest. franç.*, t. II, p. 542.
(2) « Al xxiii del mese presente (marzo) giunse l'amiraglio Chastiglione in
» Orléans, il quale al xxiv andó et il principe di Conde e con d'Andelot et altri
» suoi a ritrovare la regina, la quale li racolse in publico tutti molto amorevol·
» mente ; dapoi si rinstrinsero al consilio ove stettero lungamente, etc., etc. «
(Dépêche de M. A. Barbaro, du 29 mars 1563. — *Archiv. gén. de Venise*, vol.
Francia 1563 à 1566. Senato III, Secreta.)

» s'avancer, estant des trois autheurs de ceste guerre, les deux
» morts et le troisième prisonnier, qui servoit de bon guarent
» pour la sauveté du prince. Il remonstra aussi qu'ayant res-
» treintes les églises à une ville pour bailliage, avec autres sem-
» blables exceptions, on avoit fait la part à Dieu, et plus ruiné
» d'églises par ce trait de plume que toutes les forces ennemies
» n'en eûssent peu abattre en dix ans; et quant à la noblesse,
» qu'elle devoit confesser que les villes leur avoient monstré
» l'exemple, et les pauvres monstré le chemin aux riches. Joint
» que bientost les gentilshommes qui voudroient faire leur
» devoir sentiroient par expérience combien il leur seroit plus
» commode d'aller au sermon en une ville ou bourgade voisine,
» que recevoir une église en leur maison : outre ce que les
» gentilshommes mourans ne délaisseroient pas tousjours des
» héritiers de mesme volonté. Bref, il discourut tellement et si
» pertinemment sur ce faict, qu'outre le mescontentement de
» ceux qu'on n'avoit pas attendus, la pluspart de ceux qui
» avoient accordé ceste paix eûssent bien voulu que c'eûst esté
» à refaire. Mais le prince opposait à tout cela les promesses
» qu'on luy avoit faites, qu'en bref il seroit en l'estat du feu roy
» de Navarre, son frère, et que lors avec la royne (comme on luy
» avoit promis) ils obtiendroient tout ce qu'ils voudroient.
» Bref, quelque peine que se donnast l'amiral accompagnant le
» prince en plusieurs abouchemens avec la royne, cest édict
» demeura tel qu'il avoit esté arresté, et ne se peut obtenir autre
» chose sinon que quelques gentilshommes gagnèrent ce poinct
» que quelques villes des meilleures furent nommées en quel-
» ques provinces pour l'exercice des bailliages : mais cela ne fut
» qu'en papier en plusieurs endroits (1). »

L'amiral et ceux de ses adhérents dont les convictions et les
vues concordaient avec les siennes, se soumirent par patrio-

______

(1) Bèze, *Hist. eccl.*, t. II, p. 335, 336,

tisme au fait accompli, dont ils déclinaient d'ailleurs, à juste titre, la responsabilité (1).

L'exécution de diverses mesures d'intérêt général retint pendant quelques jours à Orléans le prince, la princesse, Coligny, d'Andelot, Larochefoucault et d'autres chefs des réformés.

Le dimanche, 28 mars, eut lieu dans l'église de Sainte-Croix une imposante solennité religieuse à laquelle ces divers personnages assistèrent. Autour d'eux se groupaient des milliers de leurs co-religionnaires, hommes et femmes. De Bèze dirigeait le service, dans lequel la sainte cène fut distribuée. Il rappela aux assistants que, douze mois auparavant, la plupart d'entre eux avaient pris la cène à Meaux, alors qu'ils s'assemblaient pour la défense de la religion; et il ajouta que maintenant, sur le point de se séparer pour regagner leurs foyers, ils venaient de reconquérir une liberté de conscience et de culte qui, sans être, il est vrai, aussi étendue qu'ils l'eûssent souhaité, n'en devait pas moins cependant les porter à rendre de sérieuses actions de grâces à Dieu (2).

Théodore de Bèze ne pouvait clore d'une manière plus élevée et plus touchante que par sa large coopération à la solennité dont il s'agit, l'utile ministère qu'il avait tour à tour accompli à Orléans et au dehors, près de Condé et de Coligny. Le prince et l'amiral tinrent à honneur, au moment où il allait les quitter pour retourner à Genève, de rendre, dans des lettres adressées au conseil de cette ville (3), un éclatant hommage à la continuité de son dévouement et à l'étendue de ses services.

(1) « Supervenit, Amiraldus, quum jam transactum esset, adeo properarant
» hostes reditum nostrum antevertere, ac initio quidem duriores nobis istæ con-
» ditiones videbantur, quum præsertim integram in manibus victoriam habe-
» remus; sed tandem spe nobis meliore facta ne patriæ eversionem quæsivisse
» videremur, nos quoque acquievimus. » Beza Tigurinæ Ecclesiæ pastoribus et
doctoribus, 12 maji 1563 (Baum append., p. 210.)

(2) *Calend. of St. pap. foreign*, 31 mars 1563. Smith to the Queen.

(3) Voir Appendice, n° 32.

Ce même jour, 28 mars, eut lieu chez le prince et la princesse de Condé un repas de famille, auquel avaient été conviés l'amiral, d'Andelot et de Larochefoucault. Un seul étranger, Smith, ambassadeur d'Angleterre, récemment arrivé à Orléans, y fut admis, et provoqua un long entretien qui roula à peu près exclusivement sur le sort ultérieur du Havre et de Calais.

De Bèze, qui, le 29 mars, avait annoncé à Calvin son prochain départ (1), l'effectua le 30.

Le 1er avril, Catherine de Médicis fit, sans grand apparat, son entrée dans Orléans. Devant elle marchaient le connétable, le duc de Montpensier, Bourdillon, Cipierre et divers dignitaires; à ses côtés se trouvaient le prince de Condé et le cardinal de Bourbon; l'amiral et le chancelier la suivaient. Elle s'arrêta au logis du roi, où elle reçut les notables de la ville qui lui offrirent du vin et des fruits (2). Cette fois, rien de particulier ne se passa entre elle et Éléonore de Roye.

Le même jour, le prince et la princesse de Condé reçurent à leur table le connétable, le cardinal de Bourbon, le duc de Montpensier et plusieurs autres convives; parmi ceux qui vinrent s'asseoir à celle de l'amiral figuraient Michel de l'Hospital et Bruslart.

Le lendemain, la reine mère partit pour Blois. Condé s'excusa de ne pouvoir déférer au désir qu'elle lui exprimait de l'emmener avec elle : il lui promit de la rejoindre au plutôt.

Dès le début d'avril, l'évacuation d'Orléans par les troupes réformées et la plupart de leurs chefs était accomplie. Aussi le chancelier de l'Hospital, de retour à Blois, écrivait-il le 3 avril à de Gonnor (3) : « Nous sommes esté à Orléans que nous avons

---

(1) «.... Eram vel cum certo periculo iter ad vos ingressurus, nisi me huc usque retinuissent fratrum preces, quibus aliquot dies concessi... Cras iter ingrediar Burgundiam versus » (Beza Calvino, 29 mars 1563. Baum, append. p. 206).

(2) *Calend. of St. pap. foreign*, 2 avril 1563. *Mem.* to the Rheingrave.

(3) Le Laboureur, addit. aux *Mém.* de Castelnau, t. II, p. 246.

» trouvé sans gardes et sans armes, etc., etc. » Au jeune prince
de Portien, non moins remarquable, dans l'exercice du commandement, par sa fermeté que par sa bravoure, avait été
confiée la difficile mission de reconduire aussi promptement que
possible les auxiliaires allemands à la frontière du royaume, et
de défendre contre leurs habitudes de désordre et de dépréda-
tion les habitants des provinces qu'il devait leur faire traverser.

L'amiral, accompagné de sa femme, de ses enfants, de ses
jeunes neveux et de d'Andelot, leur père, ne tarda pas à se retirer
dans son domaine de Châtillon-sur-Loing. Il en reprit possession, en chef de famille et en seigneur chrétien, participant
avec les siens à la sainte cène, le jour de Pâques, et imprimant
presque aussitôt, pour l'avenir, une consécration religieuse à
l'exercice de la justice seigneuriale dont il était investi. En
effet, le 15 avril, eut lieu, à cet égard, une grave solennité.

« Suivi d'une grande troupe de gentilshommes, il vint en son
» auditoire de justice, là où après avoir invoqué le nom de Dieu, il
» ordonna que désormais l'exercice de justice commenceroit par
» prières selon un formulaire qui peu après fut mis en un tableau
» qui y fut affiché. Jean Malot, son ministre ordinaire, fit une
» grande remonstrance des causes des calamités et ruines des
» royaumes et seigneuries, exhortant les magistrats à faire bonne
» et briefve justice, les sujets à vivre en paix et à bien obéir
» aux sainctes lois et ordonnances de leurs supérieurs, et ledit
» sieur Amiral à y tenir la main ; lequel, puis après, comme c'étoit
» un personnage des plus rares qui ait jamais esté en France de
» sa qualité, fit une aussi excellente remonstrance, déclarant de
» combien de dangers Dieu l'avoit delivré depuis peu de temps,
» à la gloire duquel, comme à l'entretenement de ses sujets, il
» vouoit et dédioit le reste de sa vie : puis ayant aussi exhorté
» ses officiers de se porter comme gens de bien en l'exécution
» de leurs charges, il dit expréssement qu'il leur establiroit
» bons gages, afin qu'ils n'eussent occasion d'administrer

» justice pour de l'argent, les admonestant de très-bien chastier
» et rigoureusement ceux qui sous ombre qu'il ne cousteroit
» plus rien aux juges abuseroient de la justice. Finalement il
» protesta qu'encores que plusieurs en son absence l'eûssent
» griefvement offensé et de faict et de paroles, comme il le
» sçavoit bien, ce néantmoins il oublioit volontiers le passé
» pour leur donner courage de mieux faire à l'advenir, les
» priant surtout de donner audience à Dieu, la parole duquel il
» feroit de tout son pouvoir purement et sincèrement prescher,
» selon les édits du roy son souverain seigneur (1)... »

Fût-ce aussi pour rentrer, comme son oncle l'amiral, en chef
de famille et en seigneur chrétien, dans l'un de ses domaines,
que Condé se disposa au départ? non; ce fut, au contraire, pour
aller loin du foyer domestique, en homme plus mondain que
religieux, occuper, dans un milieu agité et délétère, une situation
attrayante sous certains rapports, mais, en réalité, périlleuse
pour quiconque n'était pas doué d'une âme fortement trempée.

Éléonore de Roye ne se faisait aucune illusion à cet égard;
aussi, sa sollicitude pour son mari était-elle plus grande que
jamais. Vint le jour où, avec lui et son fils aîné, elle quitta cette
ville d'Orléans, dans laquelle, pendant toute une année, elle
avait déployé tant d'énergie et de dévouement, sous le poids de
tant de souffrances morales et physiques. Se recueillant dans le
sentiment de grands devoirs accomplis, elle était prête à en
aborder de nouveaux, mais sans que s'ouvrît devant elle une
perspective sereine. Sa santé altérée eût nécessité un repos prolongé dans l'un de ses châteaux, des soins assidus et une parfaite
tranquillité d'esprit; conditions de rétablissement à la réalisation desquelles, malheureusement, s'opposaient les exigences
d'une situation officielle qui, dans les circonstances du moment,
menaçait de lui imposer un surcroît de soucis et de fatigues.

(1) Bèze, *Hist. eccl.*, t. II, p. 461, 462.

Décidée à se sacrifier, une fois de plus, dans l'intérêt de son
mari, que son rang et des obligations créées par la conclusion
de la paix appelaient à la cour, elle n'hésita pas à l'y accompagner. Heureuse serait-elle encore si à son cœur aimant et généreux correspondait celui de Condé. Quel devoir plus doux ce
prince pouvait-il avoir à remplir, que de s'étudier par la continuité d'affectueux ménagements et d'égards délicats à montrer
à sa noble compagne combien il était touché de l'admirable dévouement dont elle lui avait donné tant de preuves et de l'étendue du nouveau sacrifice qu'elle lui faisait ! Le devoir ici se fût
transformé en privilége pour un cœur que de saintes émotions
eussent fait battre. Or, quel cœur portait en lui Louis de
Bourbon ? On le saura bientôt. Il avait à acquitter vis-à-vis de
la princesse une dette sacrée, celle de la reconnaissance : fut-il
reconnaissant en effet, ou tomba-t-il dans l'ingratitude ? Question
redoutable, puisque l'honneur y était engagé ; question qui surgit
d'elle-même à dater de 1563, sans qu'il soit permis de l'éluder,
et à laquelle l'exposé ultérieur de certains faits assignera une
solution précise.

CHAPITRE X

La princesse de Condé, en rentrant à la cour, s'y trouvait, momentanément au moins, dans un isolement relatif, quant à ses affections de famille. Sans doute, c'était déjà beaucoup pour elle que d'avoir reconquis la présence de Louis de Bourbon à ses côtés, et que de continuer à jouir de celle d'un fils dont le cœur aimant était étroitement uni au sien ; mais elle souffrait profondément de l'absence prolongée de ses autres enfants et de celle de la comtesse de Roye, car les sollicitudes de l'amour maternel et de la piété filiale s'alliaient étroitement, en elle, aux incessantes préoccupations du dévouement conjugal. Retenus au loin par des motifs divers, le comte et la comtesse de La Rochefoucault, Jeanne d'Albret, l'amiral et Charlotte de Laval, d'Andelot et Odet de Coligny, le prince et la princesse de Portien lui manquaient également. Tout en aspirant à se voir bientôt affranchie de la privation que lui imposait l'absence de tant d'êtres chers à son cœur, elle s'y résignait sans faiblesse et s'attachait, avec sa fidélité habituelle, à l'accomplissement des devoirs multipliés en face desquels chaque jour la plaçait.

Il y avait là, pour Condé, un noble exemple à suivre et un puissant encouragement à affermir sa marche dans la droite voie de la piété et de l'honneur. Chacun de ses véritables amis le sentait ; et parfois lui étaient adressées de saintes et viriles exhortations qu'inspirait une courageuse franchise.

Ce fut ainsi qu'un jour une voix autorisée et toute française s'éleva, d'une contrée étrangère, pour le convier à mesurer, sous le regard de Dieu, l'importance des devoirs qu'il avait à accomplir et l'étendue des services qu'il était appelé à rendre, en tant que prince chrétien dans la continuation de la mission, solennellement acceptée par lui, de protecteur de ses co-religionnaires. Cette voix était celle de Calvin. Depuis quelque temps, Louis de Bourbon, comme homme politique, jouissait, près du roi et de la reine mère, des prérogatives inhérentes à sa qualité de prince du sang, siégeait au conseil privé, prenait une part active à la direction des affaires du royaume, et exécutait l'engagement, récemment contracté, de faire restituer par les protestants les places dont ils s'étaient rendus maîtres pendant la guerre, lorsque l'illustre réformateur lui écrivit (1) :

« Monseigneur, touchant les conditions de la paix, je sçay » bien qu'il ne vous estoit pas facile de les obtenir telles que » vous eûssiez voulu. Parquoy, si beaucoup de gens les souhet- » tent meilleures, je vous prie ne le trouver estrange, veu qu'en » cela ils s'accordent avec vous. Cependant si Dieu nous a reculé » plus que nous ne pensions, c'est à nous de plier sous sa main. » Quoy qu'il en soit, selon que je ne doubte point que vous » n'ayez mis peine d'advancer le royaulme de Dieu tant qu'il » vous a esté possible, et de procurer le repos et liberté des » églises, aussy j'espère bien et suis tout persuadé qu'à l'advenir » vous continuerez pour amener le tout en meilleur estat. Tou- » tesfois, monseigneur, je vous prie de ne point mal prendre si » de mon costé je vous y solicite, attendu les difficultés qui vous » environnent. — En premier lieu si vous ne faictes valoir par » vostre authorité ce qui a esté conclu à l'advantage des » fidèles, la paix seroit comme ung corps sans âme; et l'ex-

(1) *Lettres françaises*, t. II, p. 507. Lettre du 10 mai 1563.

» périence a monstré par cy-devant combien les ennemis de
» Dieu sont hardis entrepreneurs à mal faire, si on ne leur ré-
» siste vivement, d'aultre part, sans que nul vous en dit mot,
» vous voiez assez, monseigneur, selon vostre prudence, com-
» bien de gens espient l'occasion de gaigner le haut. Vous sçavez
» leurs praticques, et si vous leur donnez loisir de vous surpren-
» dre, ils n'y fauldront pas, et s'ils ont mis le pied en l'estrier, il
» ne sera plus temps de les vouloir empescher. Cela vous doibt
» bien induire à donner ordre d'estre si bien accompagné au
» maniement des affaires, que la porte soit fermée à tous contre-
» disans de pouvoir nuire. Cependant il y aura plusieurs moïens
» d'eslargir le cours de l'évangile. Je considère, monseigneur,
» que tout ne se peut faire en ung jour, mais je croy que pour ne
» point laisser passer aucune importunité, il vous souviendra du
» proverbe que le plus tost est le meilleur, afin qu'il ne se dresse
» point de nouvelles trames pour tout dissiper, quand on cui-
» deroit estre en bon train. Et c'est à ceste heure qu'il y faut
» bien travailler plus que jamais, veu qu'il semble que Dieu vous
» y tende la main, et comme il vous a fait un honneur inesti-
» mable de maintenir sa querelle à l'espée, il semble aussy qu'il
» vous ayt réservé les aultres moïens d'amener à perfection ce
» qu'il luy a pleu de commencer. Puis donc qu'il luy plaist nous
» esprouver et exercer en diverses sortes, pour vous approuver
» tant mieux, tant plus avez-vous de matière de vous esvertuer
» sans y rien espargner. »

Pour suivre dignement ces judicieux et mâles conseils, il eût
fallu joindre à la stabilité de la foi celle du zèle, et l'autorité
d'un caractère affranchi, dans son élévation et dans sa fermeté,
de toute préoccupation d'intérêt personnel. Mais la foi de Condé,
au sortir de sa captivité, en 1563, était vacillante, son zèle pour
les choses religieuses plus apparent que réel, son caractère plus
léger que ferme, sa pensée plus appliquée à la poursuite des

avantages et des jouissances de ce monde qu'à la recherche des biens spirituels ; aussi, les exhortations de Calvin, originairement accueillies par le prince avec une déférence dont des actes sérieux témoignèrent en plusieurs circonstances, furent-elles peu à peu perdues de vue, et finirent-elles par demeurer à peu près sans efficacité. La princesse, au contraire, en apprécia toujours d'autant mieux la valeur, qu'elle demeura inébranlable dans ses convictions religieuses.

Arrêtons-nous ici à quelques faits par lesquels, dans les premiers mois qui suivirent la paix du 19 mars 1563, se traduisit chez Condé un attachement à la cause du protestantisme conforme à celui que manifestait la princesse.

Stimulé par elle à l'action, le prince, avant même que Calvin lui eût écrit, commença par se prévaloir, dans deux résidences successivement occupées par la cour, savoir à Amboise et à Saint-Germain-en-Laye, du droit que lui attribuait l'édit de pacification de faire célébrer le culte réformé dans sa demeure. L'exercice d'un tel droit dans ces deux villes eut cela de remarquable, que sa demeure n'était autre que l'un des appartements du château royal. Ailleurs encore il maintint cet exercice dans des conditions identiques, ainsi que l'attestent les lignes suivantes, empruntées à la correspondance de l'ambassadeur d'Espagne : « Ordinairement l'on presche, et se chantent les » psalmes, et se font les prières en la salle du prince de Condey, » avecq l'assistance de tous ceulx qui y veullent et peuvent » aller ; en quoy le roy très-chrestien est moings respecté en sa » maison que les seigneurs haultz-justiciers ne le sont en leurs » terres, par le contenu de l'accord (1). »

On vit Condé à quelque temps de là, appuyer près du souverain les revendications de ses coreligionnaires et provoquer la réparation des torts qui leur étaient causés.

____

(1) *Mém*. de Condé, t. II, p. 160. Lettre de Chantonnay, du 18 juin 1563.

L'intervention d'Éléonore de Roye en leur faveur près du roi, de la reine mère ou des agents supérieurs de l'autorité, se faisait également sentir.

Voici, par exemple, la touchante réclamation qu'elle adressait de Saint-Germain, le 6 mai 1563 (1), à son cousin le maréchal de Montmorency, gouverneur de l'Ile-de-France :

« Mon cousin, les pauvres gens de l'église réformée de Sois-
» sons, présents porteurs, m'ont fait entendre les lettres que la
» royne vous escript présentement pour les faire rentrer en
» leurs biens et vivre en toute seureté en leurs maisons, suivant
» le bénéfice de l'édict du roy, dont j'ai esté très-aise pour les
» veoir comme je m'asseure par vostre bon et sage moïen
» assistez dans le plus grand besoing de ce que eulx et moy
» désirions le plus; mais à cause que je crains avec eulx ce
» dont ils sont jà menacez, qui est que en vostre absence le
» sieur de Marivaulx y soyt envoyé, je vous ay bien voulu tou-
» cher ce mot, que estant comme il s'est tousjours jusques icy
» démonstré ennemy ouvert et d'eulx et de nostre religion, à
» grand'peine leur pourroit-il faire et administrer la faveur que
» sa majesté leur permet, pour vous supplier autant affectueu-
» sement que je puis, mon cousin, vouloir tant faire de bien à
» ces pauvres exilez, gens inhabitez, mourans de faim par les
» champs, eulx et leurs familles, et sans autres moïens humains
» que de l'espérance que la volonté du roy leur donne, que, s'il
» est possible, vous reteniez ledit Marivaulx, et en son lieu y
» envoiez tel autre gentilhomme que pour ce vous congnois-
» trez trop mieux propre à leur faire le doux et gratieux traic-
» tement que l'ennuy qu'ils souffrent et l'affaire présente re-
» quièrent de vostre accoustumée bonté; à tout le moins, s'il
» falloit que ce fûst ledit Marivaulx, l'instruire premier et parler
» si bien à luy, qu'il ne puisse faire enjamber ses passions par-

(1) Bibl. nat., mss. f. fr., vol. 3194, f° 37.

» dessus la raison, mais préposant le bon plaisir du roy à tout
» autre, il besongne avec telle diligence que bienstot ces pauvres
» gens puissent estre relevez de ceste mendicité et pauvreté
» qu'ils souffrent à la perte de leurs biens ; en quoy, oultre ce
» que vous ferez œuvre très-agréable à Dieu, de pitié et digne
» de vous, vous croirez, s'il vous plaist, mon cousin, que vous
» m'obligerez autant que en nulle autre chose dont je vous
» puisse requérir, etc., etc. »

Louis de Bourbon ne manquait pas non plus, le cas échéant,
de recourir, en faveur de ses protégés, à l'influence du maréchal
de Montmorency (1).

Jamais, dans la défense en commun d'intérêts sacrés, les sentiments du prince de Condé ne se confondirent mieux avec ceux
de la princesse qu'alors, qu'en mai 1563, il veilla avec une sollicitude particulière sur les jours menacés de Coligny, et qu'il
maintint au-dessus de toute atteinte l'honneur de cet éminent
représentant du protestantisme français. « Je crains, disait-il,
» à ce moment que parmi tant d'hommes de guerre qui sont ici
» (à la cour) il n'y en ait un qui lui tire un coup de pistolet ;
» et je prends autant de soin de son existence que de la
» mienne (2). » Aussi, dès qu'il apprit que l'amiral avait quitté
Châtillon-sur-Loing pour venir à Saint-Germain, vola-t-il à sa
rencontre, à Essone (3) et le conjura-t-il de ne pas se rendre à la
cour, où ses jours eussent été en danger.

Aussitôt après, prenant en mains, comme parent, comme ami
et comme coreligionnaire, la défense de son oncle, odieusement
soupçonné par les Guises d'avoir provoqué le meurtre de François de Lorraine, il tint en plein conseil du roi ce généreux

---

(1) Voir, Appendice, n° 33.
(2) *Calend. of St. pap. foreign*. Smith to the Queen, 11 mai 1563.
(3) *Mém.* de Condé, t. V, p. 20. — *Calend. of St. pap. foreign*. Middlemore
to Cecil, 17 mai 1563.

langage (1) : « Je déclare que s'il y a personne qui entreprenne
» de s'adresser à monsieur l'amiral de faict ou de parole, ou
» par autre voye que celle de justice, je lui feray cognoistre que
» je m'en ressentiray tout ainsi que s'il s'étoit adressé à ma
» propre personne, estant son amy, et luy oncle de ma femme,
» de laquelle j'ay plusieurs enfants, et, pour luy, estant un grand
» chevallier et très-nécessaire pour le service du roy ; et d'autant
» que l'inimitié de la maison de Guise à celle de Châtillon est
» notoire, je vous supplie qu'il vous plaise ne permettre que
» le nom et force du roy ou la couverture de la religion soit
» empruntée pour favoriser aux querelles particulières des uns
» ou des autres ; et si ceux de la dicte maison de Guise en pré-
» tendent quelqu'une, qu'ils la déclarent et l'on connoistra
» dequel costé sera le bon droict et la force pour le maintenir. »

En même temps qu'elle était douloureusement impressionnée
par les manifestations hostiles des Guises et de leurs partisans
à l'égard de l'amiral, la princesse de Condé s'inquiétait des dispositions de la cour d'Angleterre envers son mari et se montrait
justement froissée du bruit que l'on faisait courir de la malveil-
lance d'Élisabeth en ce qui le concernait. L'ambassadeur Anglais
tenta de la rassurer, laissons-le rendre compte à Élisabeth
de l'entretien qu'il eut, à cet effet, le 10 mai, avec Éléonore
de Roye.

« Je me rendis, dit Smith (2), chez le prince de Condé ; il était
» occupé, et l'on m'introduisit dans le salon de la princesse.
» Après les salutations d'usage, je lui dis avoir été informé du
» bruit répandu à la cour, que la reine ma maîtresse parlait

(1) « Déclaration présentée au privé conseil par monsieur le prince de Condé,
» le 15 may 1563, touchant la juste deffense de M. l'amiral sur le faict de
» mons^r. de Guise, » (Bibl. nat., mss. f. fr. vol. 3193, f°s 48 à 51). — *Mém.* de
Condé, t. V, p. 21, 22. — *Vie de messire Gaspard de Coligny*, in-4°, Amsterdam
1644, annotations, p. 136. — Du Bouchet, *Hist. de la maison de Coligny*, p. 536.

(2) *Calend. of St. pap. foreign.* — Smith to the Queen, 12 mai 1563. —
Hist. des pr. de Condé, t. I, p. 462, 463, 464.

» mal du prince son mari; qu'elle-même, la princesse, était
» convaincue de l'exactitude du fait, et qu'elle croyait en outre
» que la reine ma maîtresse s'exprimait aussi défavorablement
» que possible sur le compte du prince, non-seulement en
» paroles, mais même par écrit. Et d'abord, quant à des écrits,
» je lui affirmai que, durant ces sept derniers mois, votre
» majesté, ainsi que je le savais pertinemment, n'avait expédié
» en cette cour que des lettres, ou qui m'étaient destinées, ou
» que je devais remettre; que dans les lettres à mon adresse
» personnelle, votre majesté n'avait jamais fait mention du
» prince qu'en termes honorables, et que comme d'une personne
» amie; que la réalité de nos bons sentimens ressortait à la
» fois de nos paroles et de nos actes; que, pour ma part, je
» n'avais ni remis, ni su qu'on eût remis une seule lettre de
» votre majesté à qui que ce fût depuis la paix conclue à Orléans,
» et que dès lors la princesse devait bien comprendre qu'il ne
» s'agissait ici que d'une machination ourdie par des individus
» animés du désir de semer la défiance et la discorde entre son
» mari et la reine ma maîtresse, afin de priver ce prince d'une
» amie telle que la souveraine de l'Angleterre, et de stériliser
» pour la reine ma maîtresse tous les bons offices qu'elle avait
» accordés et les services qu'elle avait rendus au prince et à ses
» amis. La princesse répondit que le bruit dont il s'agit s'était
» en effet répandu, qu'il était parvenu jusqu'à elle, et que son
» mari pourrait en dire plus long; mais qu'elle considérait votre
» majesté comme une dame douée de tant d'honneur et de
» vertu, qu'il lui était impossible de se complaire en une telle
» chose; que le prince son mari était votre serviteur, l'obligé de
» votre majesté, et qu'il serait désolé s'il vous donnait le moindre
» sujet de le censurer par écrit, par paroles, ou seulement en
» pensée; qu'à la vérité, il n'avait pu faire tout ce qu'il voulait,
» mais que, dès qu'il en aurait le moyen, il prouverait à votre
» majesté qu'il est son dévoué serviteur. J'étais fortement tenté

» de presser la princesse de me révéler à qui aurait été écrite la
» lettre en question ; car on raconte que la reine mère aurait
» montré au prince une lettre à elle adressée par votre majesté,
» dans laquelle vous parliez du prince en termes très-injurieux,
» et que la princesse s'en serait plainte directement à une cer-
» taine dame de la cour ; mais je n'ai pû la décider à me spé-
» cifier quoi que ce fût de plus que ce qu'elle m'avait dit précé-
» demment. »

Smith, dans les fréquentes visites qu'il rendait à Condé et à sa femme, avait avec eux de longs entretiens qui roulaient principalement sur les relations antérieures de sa souveraine avec les protestants français, sur les événements du jour, sur ceux qui se préparaient, et tout particulièrement sur le sort à venir du Havre et de Calais ; graves sujets qui ne préoccupaient pas moins le prince et la princesse, que l'ambassadeur anglais. Mais quelles que fussent l'animation et l'insistance de celui-ci, elles s'arrêtaient à temps, sous l'influence du respect commandé par des habitudes religieuses à la stricte observation desquelles la princesse veillait, dans son intérieur. Smith lui-même l'atteste, en ces mots (1) : « Le 18 mai..., je dînai avec le prince, et, avant le
» dîner, je m'entretins avec lui et la princesse (au sujet du
» Havre et de Calais)... La conversation entamée se soutint
» tandis que nous nous promenions dans le parc de Saint-Ger-
» main ; à notre rentrée au château, elle continuait encore
» lorsque la princesse y coupa court, en appelant le prince à la
» prière. »

Si les entretiens de Smith, à raison des difficultés politiques qui en constituaient la plupart du temps l'objet, pesaient parfois à la princesse, il n'en était pas de même de ceux qu'elle avait avec d'Andelot, lorsqu'il séjourna à Saint-Germain, dans le cours du mois de mai. Elle pouvait alors, en toute confiance,

(1) *Calend. of St. pap. foreign*, Smith to Cecil, 19 mai 1563.

épancher son cœur dans celui de cet oncle affectueux et bon,
qui, de même que Coligny et Odet, lui témoignait une tendresse
en quelque sorte paternelle, qu'avaient singulièrement affermie
de solennelles épreuves récemment subies en commun à Orléans. Elle lui parlait de ses enfants, de sa mère, des autres
membres de sa famille, alors absents, et le voyait partager sa
satisfaction, lorsque se produisait quelque événement favorable
à l'un d'eux; comme ce fut le cas, vers le milieu du mois de
juin, pour le prince de Portien, dans le cours de sa mission relative à la direction des troupes allemandes vers la frontière.
D'Andelot, qui n'avait qu'à se louer du concours que lui avait
prêté ce prince, lors de la levée, au delà du Rhin, et de l'entrée
en France d'une partie de ces troupes, se félicita avec Éléonore
de Roye de l'approbation donnée par le gouvernement à l'habileté et à la fermeté que le jeune chef ne cessait de déployer pour
mener à bonnes fins une entreprise aussi difficile que celle qui
lui avait été confiée.

Ce fut alors que la princesse de Condé adressa à son neveu de
Portien, le 16 mai, la lettre suivante (1) :

« Mon nepveu, j'ay reçeu vostre lettre par ce porteur, bien
» aise d'avoir entendu de vos nouvelles et la bonne réputation
» que vous continuez à acquérir journellement à l'endroict d'un
» chascun pour la dextérité, sagesse, vigilance dont usez où
» vous estes, et vous puys tesmoigner que la royne s'en trouve
» tellement contante et satisfaicte, qu'elle m'a asseuré avoir
» très-bonne envye que vous en soyez recogneu par suffisante
» marque d'honneur et de bienfaictz. A quoy je vous laisse à
» penser si monsieur mon mary et moy tiendrons la main pour
» vous en faire departir et honorer comme le méritez quant
» l'occasion s'en présentera, desirant bien fort que vous ayez

(1) Bibl. nat., mss. f. fr., vol. 3189, f° 44.

» mis fin à vostre voyage pour vous en venir par deçà, avec ma
» nièpce vostre femme, sentir et vous appercevoir des effectz de
» ce que dessus ; ayant cependant sa Majesté ordonné et com-
» mandé vous estre envoyé deniers pour vous ayder à supporter
» la despense que vous faictes par delà ; vous priant au reste
» faire mes bien affectueuses recommandations à la bonne
» grâce de monsieur le mareschal de Hessen et en prendre pour
» vous telle part que congnoissez vous appartenir. Et en cest en-
» droict je supplieray le Créateur vous donner, mon nepveu, en
» parfaicte santé, ce que plus et trop mieux désirez. A Saint-
» Germain en Laye ce xvi° jour de may 1563. — Vostre entière-
» ment meilleure tante et amye, Léonor de Roye. »

Neuf jours après, la princesse écrivait encore à son neveu (1) :

« S'en retournant devers vous monsieur de Bussy, présent
» porteur, il n'est besoing que je vous fasse longue lettre pour
» vous discourir des occurrences de ces quartiers, car je ferais
» tort à sa suffisance, laquelle n'obmettra rien de ce qu'il y a
» veu et entendu pendant qu'il a suivy monsieur mon mary de-
» puis vostre partement. Seulement vous puys asseurer que l'af-
» fection de bonne amytié que vous porte mondit sieur mon
» mary est telle qu'il ne la vous sçauroit offrir ni déclarer meil-
» leure, vous asseurant qu'en toutes choses où nos moyens se
» pourront estendre à vous faire plaisir nous nous y employe-
» rons de telle affection que vous le sçauriez désirer et attendre ;
» me recommandant sur ce affectueusement à vostre bonne
» grâce, priant Dieu, mon nepveu, vous donner très bonne et
» longue vie. De Saint-Germain en Laye ce xxv° jour de may
» 1563. — Je vous prye que ma bonné nieyce trouve yssy moy-
» tié et vous assurés tous deulx que j'ay grand envye de vous

(1) Bibl. nat., mss. f. fr., vol. 3196, f° 14.

» veoyr, ce que j'espère qui sera bien tost, car vous serés mandés
» tous deux. — Vostre entièrement meilleure tante et amye,
» Léonor de Roye. »

Une lettre du 6 juin contenait un nouveau témoignage d'intérêt et d'affection; il y était dit (1) :

« Mon nepveu, j'ay chargé Bouteville, présent porteur, vous
» parler d'aucune chose de ma part dont je vous prye le croire
» comme moy mesmes, et au demeurant vous asseure que en
» tout ce que je sçauray toucher à vostre femme et à vous, je
» ne vous manqueray jamais de la promesse que vous y ay faicte
» non plus que de la bonne volonté que j'ay de vous faire démon-
» stration partout combien je vous ayme tous deux, etc., etc. »

Cette dernière lettre était datée du bois de Vincennes, où la cour venait de se transporter, en quittant Saint-Germain. La moindre apparition du prince et de la princesse dans la capitale ne pouvait qu'être dangereuse pour eux. En effet, la population parisienne était, de longue date, travaillée par les meneurs du parti catholique, qui n'avaient cessé d'attiser, au milieu d'elle, le feu de la persécution contre les protestants. Cette population intolérante, agitée, menaçante, dans sa désapprobation de la paix d'Amboise, ne pardonnait ni à Condé, ni à sa femme, le triple tort de pratiquer le culte réformé, d'en protéger les sectateurs, et de ne pas paraître aux solennités religieuses que le catholicisme célébrait en grande pompe. L'irritation contre les deux époux était extrême : toutefois, dans leur entourage, on ne croyait pas qu'elle allât jusqu'à se traduire par l'assassinat; mais la réalité des faits désabusa bientôt les esprits trop confiants qui ne soupçonnaient pas les excès auxquels une horde de séditieux et de fanatiques se laisserait entraîner.

(1) Bibl. nat., mss. f. fr., vol. 3196, f° 21.

Le 9 juin, le roi vint de Vincennes à Paris pour assister à la procession qui devait avoir lieu le lendemain. Dans la matinée du 10, le prince de Condé, décidé à ne pas prendre part à la solennité, se borna à accompagner le roi jusqu'à la cathédrale, et n'en franchit pas le seuil. A l'issue de la procession et du service, le roi se rendit à l'abbaye de Saint-Germain des Prés. Après y avoir soupé, il reprit, à sept heures du soir, la route de Vincennes, en compagnie de sa mère et du prince. En approchant de la porte Saint-Antoine, il en trouva les abords envahis par six cents cavaliers armés, qui s'étaient réunis là pour massacrer le prince et sa suite, s'il fût passé avec elle sans le roi; mais les conjurés, déconcertés en apercevant Charles IX, s'écartèrent, formèrent une double haie et le laissèrent passer tranquillement, ayant Condé à sa droite et Catherine de Médicis à sa gauche. N'ayant point osé assaillir Condé, ils voulurent se dédommager en coupant le passage à la princesse, et en l'attaquant de vive force. Éléonore de Roye suivait, à courte distance, en litière. Ces misérables, l'entourant de toutes parts, l'auraient immolée, sans la présence d'esprit et l'énergie de son cocher, qui trouva moyen de la soustraire rapidement à leur atteinte. Vainement les gentilshommes composant l'escorte leur criaient-ils que la princesse de Condé n'était pas dans la litière, et que seules, des filles d'honneur de la reine mère s'y trouvaient, les assaillants n'en continuèrent pas moins à se ruer sur la petite troupe, tuèrent le capitaine Coupé, qui se tenait près de la litière, et retinrent prisonniers cinq ou six gentilshommes (1).

Condé, exaspéré d'un tel guet-apens, en imputa la perpétration aux Guises; il insista, en séance du conseil, sur la nécessité de leur éloignement, sur celle du rappel à la cour de Coligny et

---

(1) *Calend. of St. pap. foreign.*, Smith's journal, 15 juin 1563. — *Ibid.* Middlemore to Cecil, 17 juin 1563. — Bruslart (*Mém.* de Condé. t. 1, p. 129) et Chantonnay (*Ibid.*, t. II, p. 169) altèrent les faits, dans le récit qu'ils font du guet-apens dont il s'agit.

de d'Andelot, et exigea une prompte punition des coupables. Il ajouta que, tant que les Guises resteraient à la cour, on ne l'y verrait plus. Le 11, au matin, aucune satisfaction ne lui étant encore donnée, il prévint ses gens que, dans l'après-midi, il partirait pour la Ferté-sous-Jouarre, disant très-haut que ni lui, ni sa femme, ni les personnes de sa suite n'étaient plus en sûreté dans un milieu aussi hostile que celui qui venait de se révéler à lui. La princesse annonça non moins formellement que le prince sa résolution de partir.

Catherine de Médicis, dont cet éclat dérangeait les plans, parut attérrée. La situation était d'autant plus tendue, que le connétable, le maréchal de Montmorency, les ducs de Bouillon et de Nevers, et le prince de La Roche-sur-Yon se rangeaient du côté de Condé. Fortement intéressée à ménager, du moins pour le moment, Louis de Bourbon ainsi que sa femme et à les retenir près d'elle, sans se sentir cependant assez forte pour enjoindre aux Guises de se retirer, la reine mère chercha à dissiper les soupçons qui planaient sur ces derniers, et promit que justice serait faite des coupables ; puis, fondant en larmes, car, au besoin, elle en avait toujours à sa disposition, elle fit appel au dévouement de Condé et de sa femme, à la générosité de leurs sentiments, et les supplia de ne quitter ni elle, ni le roi. D'autres instances succédèrent à celles de Catherine ; le prince et la princesse se laissèrent fléchir et consentirent à rester.

Quant aux promesses de répression du crime commis, voici dans quelle mesure, plus qu'étrange, elles furent tenues (1) :

Le 11 juin, alors que le prince et la princesse parlaient de leur départ, le maréchal de Bourdillon fut envoyé à Paris, avec ordre d'amener en cour le prévôt des marchands. Celui-ci arriva à quatre heures après-midi, avec le maréchal, à Vincennes et en partit à six heures. Il lui était enjoint de traduire en justice

(1) *Calend. of St. pap. foreign*, Smith's journal, 15 juin 1563.

les meurtriers, sous telle peine que de droit, en cas de refus de sa part. Avis devait être donné aux habitants de Paris que, si des méfaits du genre de celui qui venait d'être commis se renouvelaient dans la capitale, le roi y enverrait les maréchaux de France pour rétablir l'ordre. Le 12 juin, on arrêta le capitaine Garnier et un autre, qu'on soupçonnait d'être les auteurs du meurtre. Le surplus des capitaines de la milice parisienne, les lieutenants, et des hommes de cette milice, s'attroupèrent, au nombre de quatre à cinq mille, et occasionnèrent un tumulte que, par pusillanimité on ne tenta pas de réprimer. Le prince de Condé envoya au Châtelet l'un de ses gens, qui y vit le cadavre de Coupé et celui d'un huguenot que, lors de la procession de la Fête-Dieu, les Parisiens avaient tué, puis, comme d'habitude, jeté à l'eau. On avait apporté là ces deux cadavres, pour y faire à la mémoire des deux victimes un procès basé soit sur l'allégation de suicide, comme cela s'était déjà vu dans des cas analogues, soit sur tout autre prétexte décoré d'une apparence de légalité. Quoi qu'il advînt, il fut décidé que ces mêmes cadavres seraient, la nuit suivante, inhumés dans le cimetière Saint-Innocent. Des femmes et des enfants les exhumèrent : on le sut, et on les fit inhumer de nouveau par des agents de l'autorité ; mais ils furent déterrés une seconde fois et enlevés, sans qu'on pût ultérieurement constater ce qu'ils étaient devenus.

De telles scènes, suivies d'une impunité scandaleuse, ne faisaient que trop pressentir celle qui était assurée d'avance aux auteurs du guet-apens et du double meurtre ; jamais, en effet, ils ne furent atteints, ni même sérieusement recherchés.

C'est ainsi qu'à Paris, en plein XVI⁰ siècle, s'administrait la justice, en ce qui concernait les attentats commis sur les protestants !

Au milieu de ces tristes circonstances, le retour de la comtesse de Roye et de ses petits-enfants allait bientôt faire une heureuse diversion aux impressions pénibles du prince et de la princesse de Condé.

Depuis que la rigueur des événements l'avait séparée de ses plus jeunes fils et de sa fille, Éléonore de Roye n'avait cessé, dans une correspondance activement entretenue avec sa mère, de s'associer par le cœur et par la pensée aux moindres détails de leur séjour sur la terre étrangère et de pourvoir à leurs besoins, dans la mesure des ressources dont il lui était permis de disposer (1). Plus elle aspirait à les revoir, plus elle s'était attachée à la pensée, que la paix, qui ferait cesser la captivité de son mari, mettrait aussitôt un terme à leur exil. La paix intervint, mais des motifs impérieux retardèrent de quelque temps leur retour.

Alors qu'elle croyait qu'il allait s'effectuer immédiatement, c'est-à-dire dès le lendemain du jour où la paix fut signée, elle avait voulu qu'un témoignage écrit de sa gratitude et de celle du prince parvînt aux magistrats de Strasbourg, qui avaient accordé à ses enfants et à sa mère une bienveillante hospitalité. Aussi, sous son inspiration Condé avait-il adressé « aux magni-
» fiques seigneurs du conseil et sénat de Strasbourg » les lignes suivantes (2) : « Je ne puis que me sentir et confesser bien fort
» vostre teneu et redevable de l'honneste réception et des gra-
» cieusetez et courtoisies desquelles vous avez tant honorable-
» ment usé envers madame de Roye, ma belle-mère, et mes
» petits enfants, durant leur demeure par delà (3), lorsque toutes
» choses estoient icy troublées et esmeues, de quoy je ne veulx

(1) Ce fut ainsi que, vers la fin du siége d'Orléans, elle avait, dans l'intérêt de ses enfants, chargé Jean Chabot, secrétaire du prince de Condé, d'aller à Anvers pour s'y entendre avec P. Mosquiron, négociant français de cette ville, à l'effet de faire parvenir à Strasbourg une somme de douze mille écus qu'elle mettrait à la disposition de la comtesse de Roye. (Voy. M. Paillard, *Hist. des troubles relig. de Valenciennes*, t. III, p. 160.)

(2) *Archives de la ville de Strasbourg*. — Lettre du 20 mars 1562 (1563 n. S.), datée de St. Germain-en-Laye.

(3) V. Appendice, n° 34.

» oublier à vous faire, en attendant meilleure recongnoissance,
» ung bien affectionné remerciement et vous dire, magnifiques
» seigneurs, que, puisqu'il a pleu à Dieu nous faire maintenant
» respirer soulz l'ombre d'une bonne paix, et, par ce moïen,
» une liberté plus grande de gratiffier à ceux qui nous ont
» secouru, s'il y a chose en tout le corps de vostre republique
» où mon moïen par deçà puisse subvenir, soit en général, soit
» en particulier, je n'espargneray chose que j'ay en ma puis-
» sance pour en faire ressentir et les chefz et les membres; ce
» que je vous offre et présente d'un pareil cœur que le sçauriez
» désirer de prince qui aujourd'hui soit vivant, etc. »

La comtesse de Roye se fût empressée de rentrer en France
avec ses petits-enfants, si elle n'eût été convaincue que la pro-
longation de son séjour à l'étranger pouvait' être utile à la
cause protestante, qu'elle n'avait cessé de servir. Sa fille et son
gendre partageant sa conviction à cet égard, elle différa donc son
départ et consacra deux mois et demi à l'accomplissement de
diverses démarches près des princes protestants de l'Allemagne,
dont sa correspondance et la leur contiennent des traces intéressantes.

On a vu que, dès son arrivée à Strasbourg, elle était entrée
en relations directes avec ces princes et avec la reine d'Angleterre, pour stimuler leur sympathie en faveur des réformés
français et obtenir des envois de secours. Ajoutons qu'elle avait,
en maintes conjonctures, soigneusement cherché à consoli-
der ces relations, et que, pour y parvenir, elle s'était prévalue
avec avantage des pleins pouvoirs que les chefs de l'armée
protestante lui avaient conférés, la veille de la bataille de
Dreux.

Depuis la captivité de son gendre, elle avait adjuré Élisabeth
et Cecil de s'intéresser aux efforts par lesquels elle tendait à
relever les affaires des réformés français, et elle avait imploré
l'appui de la reine et de son ministre, « pour l'amour de Dieu,

» et par pitié pour le bon prince (Condé) qui était prison-
» nier (1). »

Placée à proximité des princes allemands, elle les avait
ponctuellement tenus au courant de tout ce qui se passait en
France, en alliant toujours de chaleureuses exhortations aux
informations qu'elle leur transmettait. En voici un exemple
dans ces lignes adressées par elle (2) au duc de Wurtemberg,
le 15 mars 1563 : « Afin de tenir adverty vostre Excellence et
» les autres princes, noz bons amis, comme les affaires se
» passent en France selon les advertissements que j'ay eus
» entre autres de la mort certaine de feu monsieur de Guyse,
» dont madame la princesse, ma fille, m'advertit et prie que je
» dilligente le plus que je pourray noz affaires de deçà, j'ay bien
» voulu vous escripre ce mot pour vous prier que de vostre part
» veuillés vous employer en ce que congnoistrez qui pourra
» favoriser nostre juste cause, à l'advancement de la gloire de
» Dieu, liberté de monsieur le prince, mon gendre, repoz et
» tranquillité de la pauvre désolée France. »

Quand lui étaient parvenues les premières nouvelles de la
conclusion d'une paix, elle avait écrit, le 26 mars, au même
prince (3) : « Ayant eu, ces jours-ci, advertissements de plu-
» sieurs endroitz que la paix estoit faicte, mesme du cousté de
» Lorraine l'on m'en escript quelques particullarités qu'il vous
» plaira veoir par ung extrait d'une lettre que je vous envoye ;
» vous pouvez penser, monsieur, quelle joye ce m'est d'entendre
» telle heureuse nouvelle, et, encores que les conditions de la
» dite paix ne soyent tant à l'advantage des églises de Dieu que
» nous désireryons (4), bien néantmoins nous espérons avec le

<hr>

(1) *Calend. of State pap. foreign*, 15 février, 14 et 23 mars 1563.
(2) *Archives de Stuttgart*, Frankreich.
(3) *Archives de Stuttgart*, Frankreich.
(4) Voir Appendice, nº 35, une lettre de Calvin à la comtesse de Roye, au sujet
de la paix.

» temps, puisque monsieur le prince est en liberté et en son
» auctorité, que toutes choses seront mieux rétablies à l'aucto-
» rité de nostre jeune roy et liberté chrestienne, je n'ay encore
» eu d'Orléans ny de monsieur l'admiral ceste confirmation de
» paix. Sy tost que j'auray des lettres de ce cousté-là, je ne
» fauldray d'en advertir vostre dite Excellence, laquelle je sup-
» plie humblement vouloir croire vostre secrétaire de ce que je
» luy ay particulièrement fait entendre. »

Lorsque la comtesse de Roye fut définitivement fixée sur la
conclusion et les conditions de la paix qui lui permettait de
rentrer en France, les principaux motifs qui la déterminèrent à
différer son départ furent : 1° le désir de se concerter avec les
princes protestants d'Allemagne sur la direction des affaires
religieuses en France, et sur une entente à établir entre les
églises protestantes des deux pays; 2° le soin de préparer les
voies à l'adoption d'un projet d'alliance entre la cour de France
et les princes protestants d'Allemagne; 3° l'intention de recourir à l'intervention de ces princes près de la reine d'Angleterre
pour la décider à restituer le Havre à la France.

A la détermination ainsi prise par la comtesse de Roye
correspondit l'activité qu'elle déploya pour l'exécuter et dont
maints documents fournissent d'incontestables preuves.

D'après une note rédigée et signée par elle on peut se faire
une idée de la mission complémentaire qu'elle s'était assignée
depuis la paix. Cette note (1) était ainsi conçue :

« Ce que madame de Roye doibt proposer à messieurs les
» princes du Sainct-Empire. Ladicte dame a esté pryée de
» monsieur le prince de Condé, son gendre, de trouver les
» moyens de pouvoir veoir et visiter aucuns desdictz princes
» avant que retourner en France pour leur faire entendre, oul-
» tre ce qu'il leur a mandé par le sieur d'Esternay, combien il

(1) *Archives de Stuttgart*, Frankreich, 16, n° 69, b.

» se sent redevable et obligé envers leurs Excellences pour les
» aydes et faveurs qu'il a reçeuz d'eux, en ces graves affaires;
» et, après les en avoir affectueusement remercyés, leur asseurer
» qu'à jamais le trouveront prest à leur faire tous offices de
» bon parent et parfait amy, tant en France que ailleurs ou ilz
» le vouldront employer. Et pour luy en donner encores plus
» de moyen, désire infiniment qu'il y peust avoir une bonne
» et estroicte alliance entre ces deux nations, si qu'estans
» unyes et conjoinctes ensemble, oultre que ce seroyt le
» vray moyen pour advancer et establir le règne de Jésus-
» Christ et sa vraye et pure religion, s'en ensuyvroit aussi la
» grandeur et réputation desdictes deux nations. En quoy il a
» desjà apperçeu les majestés du roy et de la royne sa mère
» tellement inclinées et disposées, qu'il se promect qu'il ne
» tiendra que ausdictz princes que en brief il ne s'en mecte
» les matières en si bons termes, qu'il ne s'en pourra espérer
» que une bonne et heureuse issue. Et pour ce faire, si lesdictz
» princes estoyent de cest advis, trouveroit utile et très-néces-
» saire que quelques-uns d'eux voulsissent se transporter sur
» les frontières, soit à Metz ou aultre part la plus commode, où la
» royne se trouveroit très-volontiers, accompagnée dudict sieur
» prince de Condé et aultres bons personnages du conseil du
» roy, pour adviser avec lesdictz princes de ceste négotiation,
» et parler les uns aux aultres ouvertement avec ung cœur
» syncère et rond; se persuadant ledict sieur prince de Condé
» que telle assemblée ne se départyroit jamais sans une saincte
» et louable conclusion et grandement proufitable à toute la
» chrestienté; dont il supplie ausdictz princes de luy faire enten-
» dre leurs advis et intentions le plus promptement qu'ils pour-
» ront. Supplye aussy ledict sieur prince de Condé l'Excellence
» desdicts princes qu'il leur plaise escrire tous et envoyer
» quelques notables personnages vers la royne d'Angleterre
» pour luy persuader et conseiller qu'elle satisface promptement

» et allègrement aux protestations et promesses qu'elle a faict
» semer par toute la chrestienté touchant l'ayde et faveur qu'elle
» a faict audict sieur prince de Condé et ses associez; et partant,
» qu'elle veuille rendre au roy le Havre de grâce. Il plaira à
» mes dictz sieurs les princes dire de bouche ou bailler par
» escript à ma dicte dame de Roye leur advis cy dessus, affin
» qu'elle en advertisse la royne et mon dict sieur le prince. »

L'attitude que madame de Roye se proposait d'adopter dès son
retour en France, vis-à-vis de la reine mère, ne pouvait qu'être
des plus nettes, conformément à ses habitudes de franchise et
de fermeté. Elle la dessinait ainsi, dans sa correspondance
avec le duc de Wurtemberg (1) : «... Je feray tenir vos lettres
» à monsieur le prince mon gendre, et m'asseure qu'il les
» aura fort agréables, et sera fort ayse en cela comme en toutes
» autres choses de suivre vostre bon conseil; vous asseurant
» aussy que, de ma part, si Dieu me fait la grâce de retourner
» jamais en France, je le pourray faire entendre à la royne,
» affin que, puisque Dieu luy a fait ceste grâce d'avoir com-
» mencé une si bonne œuvre, elle cherche les moyens de la
» parachever, et qu'elle face que la gloire de Dieu reluise par-
» tout son royaume, n'estant assez d'avoir mis son peuple en
» repos, si elle ne repurge et oste tout ce qui pourroit empescher
» que le royaume de Dieu ne soit de plus en plus augmenté et
» son pur service redressé, affin que par ce moyen Dieu rende
» son royaume paisible et florissant en toutes choses. »

Le jour venu où la comtesse de Roye se considéra comme touchant au terme de sa mission, et comme n'ayant plus qu'à adresser des adieux, elle exprima au duc de Wurtemberg le désir de
« le voir, voulant lui dire de bouche et communiquer beaucoup
» d'affaires qui importaient à l'advancement de la gloire de Dieu,
» bien et repoz de toute la chrestienté, dont elle s'assurait que

(1) *Archives de Stuttgart*, Frankreich, 16, n° 43, a.

» son excellence recevrait grand contentement. Pour ce elle
» le suppliait de lui faire entendre sur ce sa volonté et le jour et
» lieu qu'il lui plairoit prendre, afin qu'elle s'y trouvât; différant
» pour cette occasion de s'en retourner encore en France (1). »

Elle reçut aussitôt du duc cette réponse obligeante (2), datée
de Stuttgart, 29 avril :

» Madame, quant au poinct de vos dictes lettres contenant
» que avez reçu nouvelles de France que désirez me dire de
» bouche et communiquer des affaires qui importent à l'advan-
» cement de l'honneur et de la gloire de Dieu et le repos de
» toute la chrestienté, je vous asseure, madame, que en cela et
» plus grande chose vous complairois voluntiers, mais je vous
» advise que pour l'amour du festin des nopces de ma fille, qui
» sera en ceste ville le 10ᵉ du mois de mai prochain, et de
» mes sieurs et amys qui arriveront le huitiesme et neuviesme
» jour précédent, là où expressément me fault estre pour les
» recepvoir, ne vous sçaurois asseurer pour le présent d'ung
» certain jour ny lieu de nostre convenance jusques après
» lesdictes nopces, et pourtant que ne peux aussy bonnement
» sçavoir si ce seroit en vostre commodité de venir jusques icy
» pardevers moy, ce que remetz à vostre bonne volunté, si le
» temps ne vous estoit trop long pour nostre dicte convenance
» jusques au dix-septiesme ou dix-huitiesme de ce mois, je me
» acheminerois audict temps pardevers vous jusques au lieu
» de Ottlingen ou Rattstatt, en l'ung desquels il vous seroit
» le plus agréable; car en toutes choses que me pourrois em-
» ploier pour l'honneur et la gloire de Dieu et l'advancement
» de sa saincte parolle, comme aussi à vous faire plaisir et
» services, le ferois de bien bon cœur, sçait le Créateur, lequel
» prie, après mes bien affectueuses recommandations à vostre

(1) *Archives de Stuttgart*, Frankreich, 16, nᵒ 48, a.
(2) *Archives de Stuttgart*, Frankreich.

» bonne grâce, madame, vous avoir en sa saincte et digne
» garde. »

Sur ces entrefaites, la comtesse de Roye fit au duc de Deux-
Ponts, le 5 mai, une visite, à la suite de laquelle elle écrivit, le
7, au landgrave de Hesse et au duc de Wurtemberg pour se
ménager définitivement une rencontre avec eux. Voici sa lettre
au duc (1) :

« Monsieur, j'ay reçeu la lettre qu'il à pleu a vostre Excellence
» m'escrire le xxix du mois passé, par ce présent porteur, que
» j'ay advisé de vous renvoyer pour advertir vostre dicte Excel-
» lence comme j'ay visité monsieur le duc des Deux-Ponts, qui
» m'a faict si bon accueil que j'ay bien occasion de m'en louer,
» ne desirant plus sinon que d'avoir cest heur, avant que partir
» de ce pays, de vous veoyr et rendre le mesme debvoir que je
» doys pour vous remercier de tant de biens, plaisirs et faveurs
» que monsieur le prince, mon gendre, et moy avons reçu de
» vostre dicte Excellence qui me faict cest honneur de m'escrire
» par vos dictes lectres, que remectez à ma discrétion le lieu et
» jour que nous nous pourrons veoyr. Et pour ce que je ne puys
» m'eslonguer de mes enfans, et n'ayant plus aultres affaires en
» ce pays, je vous prye bien humblement, monsieur, de résou-
» dre ledict jour et lieu, m'en advertissant par ce dict porteur.
» Je ne faudray de me trouver. Et si pouvez tant faire que par
» mesme moyen je puisse avoir cest heur de veoir monsieur le
» landgrave de Hessen, pour rendre en son endroict le mesme
» debvoir que je doibs, je m'estimeroys bien heureuse, pourveu
» que ce fûst sans incommoder. J'escriptz à son Excellence, es-
» timant qu'il pourra estre de ceste heure avec vous. Au de-
» meurant, monsieur, j'ay reçeu la responce faicte à la confession
» des églises de France que m'avez envoyé, que je communi-

(1) *Archives de Stuttgart*, Frankreich, 16, n° 54.

» queray à noz ministres, espérant avec l'ayde de Dieu, après
» qu'il aura mis une bonne fin aux troubles de la France, que
» par bon accord nous nous rendrons unys soubz un mesme
» chef, Jésus-Christ, lequel je prye, monsieur, qu'il vous main-
» tienne soubz sa protection et sauve garde, avec heureuse et
» longue vye. »

Le même jour, 7 mai, la comtesse adressa, de Strasbourg, à
Théodore de Bèze ces lignes (1) :

« Monsieur de Bèze, depuis vostre partement de ceste ville,
» je n'ay eu aultres nouvelles de France sinon la confirmation
» de ce que m'avoit apporté Millet, qui est que la royne et
» Monseigneur le prince donnent fort bon ordre par toutes les
» provinces de France que la paix s'entretienne. J'ay espoir que
» vous verrez avec l'ayde de Dieu, que ceux qui se monstrent
» encore rebelles seront chastiez comme ilz méritent. Il m'ar-
» riva hyer ung homme qui vient de la court, qui m'asseura que
» monsieur le prince est fort bien venu et qu'il faict tous les
» jours prescher dedans la mayson du roy, où beaucoup de
» personnes se trouvent. Quant à l'estat des affaires de ce pays,
» monsieur d'Esternay est passé et m'a mandé le bon accueil
» et honneste réponce que luy a fait monsieur le duc de Wur-
» temberg; j'ay depuys deux jours visité monsieur le duc de
» Deux-Ponts, à six lieues d'icy, qui m'a grandement satisfaicte
» et contentée sur ce que je luy ay proposé, et vous puis dire
» que nous avons bien occasion de louer ung tel prince si
» affectionné à la cause de Dieu et repoz de toute la chres-
» tienté. Mondit sieur le duc de Wurtemberg m'a envoyé la
» responce à la confession que fûtes d'advys que je luy en-
» voyasse, laquelle je vous envoye. Il m'a aussy asseuré qu'il
» seroyt bien ayse de me veoyr. Je renvoye pour cest effect

(1) Biblioth. de la ville de Genève, vol. 196.

» devers son Excellence, afin que, aprez que je l'auray veu, et,
» s'il est possible, le landgrave de Hessen, je m'achemine en
» France, où je n'espargneray rien de ce que je congnoistray
» pouvoir servir pour l'advancement de la gloire de Dieu,
» pryant Dieu qu'il vous ayt en sa garde. »

Le 20 mai, la comtesse de Roye arriva à Heidelberg, où elle visita l'électeur palatin, Frédéric III, et rencontra le landgrave Philippe. A côté des graves entretiens qu'elle eut avec ces deux princes sur les affaires religieuses et politiques du moment, se plaça une invitation adressée à Frédéric III, de vouloir bien procurer, soit au prince de Condé, soit à elle-même, un portrait de la fille aînée du roi Maximilien, pour complaire à Catherine de Médicis, qui avait entamé des pourparlers de mariage entre son fils Charles IX et la jeune princesse. Le 22 mai, la comtesse se rendit à Brucksall, où, après avoir communiqué au duc de Wurtemberg les dernières nouvelles qu'elle avait reçues de France, elle eut avec lui un entretien approfondi sur des sujets exclusivement religieux.

Revenue à Strasbourg, madame de Roye n'y résida que peu de jours, écrivit, de cette ville, à Catherine de Médicis, le 27 mai (1) et reprit enfin le chemin de la France avec ses petits-enfants. Le 8 juin, elle était à Nancy, d'où elle écrivit au duc de Wurtemberg (2); et, vers le milieu du même mois, elle arriva à la cour, où elle eut la joie de remettre intact à la princesse, sa fille, le précieux dépôt que celle-ci lui avait confié.

Recouvrer à la fois, après une si longue séparation, ses jeunes enfants et sa mère fut pour Éléonore de Roye un immense soulagement de cœur, et l'une de ces joies suprêmes que rien ne saurait décrire.

Au milieu des intimes épanchements d'une tendresse réci-

(1) Voir Appendice, n° 36.
(2) *Archives de Stuttgart*, Frankreich.

proque, les exigences de la vie officielle se firent bientôt sentir à
la mère et à la fille : elles se rendirent ensemble dans les appartements de la reine mère, à l'heure des réceptions. Le favorable
accueil fait à la comtesse de Roye par Catherine de Médicis, et
le blâme implicite qu'elle infligea à la duchesse de Guise, sur une
question de préséance imprudemment soulevée par elle, indispo-
sèrent vivement l'ambassadeur d'Espagne, Chantonnay, demeuré
fidèle à son rôle de censeur amer de tout bon procédé envers
la noblesse protestante. Écoutons-le raconter, avec la petitesse
d'esprit qui est l'un des traits caractéristiques de sa correspondance, le mesquin incident de cour que fit naître la susceptibilité
déplacée d'une femme, plus amie des règles de l'étiquette que
juste à l'égard d'une manifestation toute naturelle de l'amour
filial.

« Madame de Roye, écrivait-il le 27 juin 1563 (1), est en
» cour, à l'accoustumée bien veue et bien traictée. Quant elle y
» arriva, la princesse de Condé, sa fille, la présenta à la royne,
» et après la mit en ranc près de soy, au-dessus de madame de
» Guyse; laquelle, pour ne se mettre en dispute, se leva et s'en
» alla hors de la chambre. La royne s'en aperçut et se retira en
» son cabinet, laissant toutes les dames en la chambre; et fut
» ceste façon de ladicte princesse et de sa mère notée de beau-
» coup de gens, comme de raison. »

Reste à savoir qui eut tort ou non, aux yeux de Catherine. Or,
un contemporain, bien renseigné, nous l'apprend, dans cette
mention succincte : « La belle-mère du prince de Condé est
» arrivée à la cour. La reine mère l'a accueillie avec les plus
» grands égards, et lui a donné le pas sur la duchesse de
» Guise (2). »

Les égards particuliers dont madame de Roye fut alors entourée lui étaient assurément bien dus, à raison des témoignages

(1) *Mém.* de Condé, t. II, p. 163.
(2) *Calend. of St. pap. foreign*, 9 juillet 1563. News from France.

réitérés de dévouement que Catherine avait reçus d'elle, et auxquels, ni comme reine, ni comme femme, elle ne pouvait demeurer insensible. En tout cas, un mobile à l'influence prépondérante duquel Catherine n'était que trop fréquemment soumise, l'intérêt personnel, lui eût, à défaut d'un sentiment élevé et avouable, secrètement dicté ces mêmes égards. Elle était, en effet, fortement intéressée à ménager la comtesse de Roye, qui venait de lui prouver par un fait significatif l'intérêt qu'elle portait aux négociations entamées en vue d'une union à conclure entre Charles IX et la fille de Maximilien, et qui pouvait lui être utile encore quant à la marche ultérieure et au succès de ces mêmes négociations. Flattée de la remise que la comtesse lui avait faite du portrait de la jeune princesse, elle voulut que cette dernière reçût, en échange de ce gracieux procédé, un portrait du roi de France, que devait accompagner l'expression d'une haute gratitude. Le prince de Portien fut, à raison de ses relations particulières avec les cours d'Allemagne et de la considération dont il y jouissait, chargé du double soin d'aller remercier la princesse et de déposer entre ses mains le portrait du jeune monarque (1).

La comtesse de Roye, tout en goûtant près de sa fille les ineffables joies du revoir, ne perdait pas de vue les graves devoirs que lui imposait sa réapparition à la cour, où elle supposait que ses conseils trouveraient encore quelque crédit. Aussi, affermie, comme elle l'était, dans ses convictions religieuses, et alliant la décision et la franchise à une intelligence supérieure, dont un tact merveilleux rehaussait le prix, ne manqua-t-elle pas, dès que l'occasion s'en offrit à elle, d'exhorter Catherine de Médicis à tenir la balance égale entre les catholiques et les protestants, et à veiller sérieusement à la stricte et impartiale exécution des conditions de la paix. Mais, que pouvaient les inspirations d'un

---

(1) *Calend. of St. pap. foreign*, 26 juin 1563. Middlemore to Cecil.

cœur loyal et pieux, et les conseils désintéressés d'une intelligence d'élite, sur un esprit livré aux âpres convoitises de l'ambition et assoupli aux manœuvres d'une politique tortueuse?
Catherine se préoccupait de tout autre chose que de l'obligation d'assurer aux protestants, dans la pratique journalière de la
vie, l'exercice des droits, d'ailleurs restreints, que l'édit d'Amboise leur avait reconnus : elle ne songeait qu'à accroître son
pouvoir et qu'à éliminer toute influence qui tendrait à en en-
traver l'extension. De là, notamment, le soin qu'elle continuait à
prendre, de cantonner Condé dans une situation secondaire, et
même de le détacher de ses alliances avec les protestants
étrangers, en commençant par le compromettre vis-à-vis d'Élisabeth, par le concours qu'il prêterait à une expédition projetée
pour la reprise du Havre sur les Anglais. Du moment où elle
avait pressenti que Condé, rendu à la liberté, pourrait la gêner
dans la réalisation de ses plans, elle avait avec perfidie travaillé
à le circonvenir, à l'annihiler graduellement, et avait fini par le
soumettre à sa domination; trop facile triomphe, dont il nous
faut, hélas! signaler maintenant le honteux prélude et les
lamentables conséquences.

CHAPITRE XI

A dater de la paix d'Amboise, il ne fut pas difficile à la reine
mère de reconnaître que Louis de Bourbon, qui venait de faire
de larges concessions au parti catholique par son adhésion au
nouvel édit, n'était que mollement disposé désormais à soutenir
la cause des protestants; que plusieurs de ceux-ci révoquaient
en doute le sérieux de sa foi et la sincérité de son dévouement
aux intérêts sacrés dont il avait embrassé la défense. Catherine de Médicis constata aisément que si, d'une part, Condé
aspirait, comme prince du sang, à jouer, dans la gestion des
affaires de l'État, le rôle considérable que lui attribuerait le
titre, vivement ambitionné par lui, de lieutenant général du
royaume, il était, d'une autre part, comme homme, enclin, à
raison de la versatilité de son esprit et de la légèreté de son
cœur, à se dédommager des ennuis d'une captivité récente, non
par les charmes d'une pure et douce vie de famille qui s'offraient
à lui, et qui eussent dû constituer son véritable bonheur, mais
par l'ardente poursuite du plaisir et les enivrements d'une vie
de dissipation.

De ces constatations, Catherine passa rapidement à la mise en
jeu d'une tactique que son mépris de la loi morale lui avait
suggérée Elle affecta d'abord, dans ses relations personnelles
avec Condé, des prévenances qui le séduisirent; lui témoigna,
en le consultant, par pure forme, sur les affaires publiques, une

confiance dont il prit les dehors pour la réalité ; puis, afin de ralentir et de paralyser la portée de son intervention dans le maniement de ces affaires, dont elle s'était soigneusement réservé la direction suprême, elle en détourna insensiblement ses pensées, et favorisa par des menées insidieuses son penchant pour les distractions mondaines et les stériles satisfactions de l'amour-propre, qu'il pouvait facilement se procurer à la cour.

Ainsi s'ouvrit sous les pas mal assurés du prince une voie semée d'écueils. Le plus dangereux de tous était celui contre lequel, dans l'entraînement de sa passion, pouvait venir se briser sa fidélité conjugale. Catherine le savait, et ce fut précisément dans la direction de cet écueil que sa main impure s'efforça de l'attirer. Alors qu'il s'agissait, pour cette femme perverse, de compromettre, de déprimer et de sacrifier à sa soif désordonnée du pouvoir un homme dont elle redoutait l'ambition, elle ne reculait, en vue du but à atteindre, devant aucun moyen, pas même devant une vile spéculation sur les attraits et les mœurs faciles de la plupart de ses filles d'honneur, transformées en instruments de sa politique. Elle avait déjà, parmi elles, dressé une du Rouet à ce rôle dégradant vis-à-vis du roi de Navarre ; l'idée lui vint ensuite de détacher des rangs de *son escadron volant* une Limeuil, pour lui assigner un rôle semblable vis-à-vis de Louis de Bourbon.

Accessible à des séductions de tout genre, dont l'empire devint bientôt irrésistible, ce prince dévia de la droite voie, pour s'engager dans la voie funeste que lui frayait la double corruption de Catherine et de la cour. Côtoyant témérairement l'abîme, il y tomba en mari coupable, dont l'ingratitude aggrava l'infidélité. La profondeur de sa déchéance se mesura à l'étendue de l'affection et du dévouement dont sa noble compagne lui avait donné tant de preuves.

En évoquant ici le triste souvenir d'une dépression morale

que nous ne pouvions taire, puisqu'elle n'a point échappé aux justes sévérités de l'histoire, nous nous abstiendrons du moins d'en détailler les scandales. Le silence à leur égard gagnera en dignité ce qu'une vaine curiosité perdra dans ses aspirations indiscrètes. Hâtons-nous donc de substituer à un lamentable tableau, qu'il suffit d'avoir entrevu, la chaste image de la fidèle et généreuse Éléonore de Roye, sur laquelle nous ne saurions trop longtemps arrêter nos regards. En la contemplant, nous apprendrons à connaître comment, des hauteurs de la foi et dans la sainteté de l'amour, le cœur d'une femme chrétienne, soumise à la plus douloureuse des épreuves, demeura digne dans la souffrance, se résigna sans cesser d'espérer, et tint en réserve, pour l'auteur de ses cruelles blessures, des trésors de commisération, de relèvement et de pardon. La princesse de Condé nous apparaîtra ainsi appliquant avec efficacité aux détresses de son âme, comme s'ils lui eussent été personnellement adressés, les pieux conseils que, dans des circonstances analogues à celles qu'elle traversa, Calvin avait donnés, quatre ans auparavant (1), à madame de Grammont, dans ces lignes mémorables :

« Madame,... c'est bien raison que nous souffrions d'estre
» gouvernez selon la bonne volonté de celuy auquel nous
» sommes, et qui a toute supériorité et empire pardessus nous,
» combien que nous n'avons seulement à regarder la puissance
» et sujection que nous luy devons, mais aussy à considérer
» quand il nous afflige ou bat de ses verges, que c'est pour
» nostre instruction et profit, et qu'il y sçaura donner bonne
» issue, quand nous l'attendrons en patience. Je ne vous traict-
» teray point en général de quoy nous doivent servir les afflic-
» tions, pour ce que ce propos seroit trop long, et aussy je sçay
» que vous estes assez enseignée par l'Écriture à quel usage il

(1) *Lettres françaises*, t. II, p. 291 et suiv.

» nous les fault appliquer, soit pour nous apprendre à quitter le
» monde tant plus volontiers, et, cependant que nous y sommes,
» dompter tous nos désirs charnels, que pour nous humilier,
» pour montrer nostre obéyssance et exercer nostre foy par
» prières, gémir de nos faultes pour obtenir grâces, et en somme
» estre comme amortis pour nous desdier à Dieu en sacrifice
» vivant. — Suyvant donc ces choses que j'estime vous estre
» bien cognues, je vous prie maintenant, madame, au mal do-
» mestique qui vous presse, de bien pratiquer que c'est de nous
» tenir captifs en nos affections, et les dompter du tout pour
» nous ranger à ce que Dieu cognoist estre juste et équitable.
» — Je pense bien quelles angoisses vous endurez, voyant que
» vostre partie continue à vous estre desloyale, mesmes qu'après
» avoir donné quelque bon espoir de s'amender, il retourne
» encore à ses desbauchemens du temps passé. Mais si fault-il que
» les consolations que l'Écriture nous propose ayent vigueur en
» vostre cœur pour adoucir toutes vos tristesses. — Je vous
» laisse à penser si vous eûssiez eu en cest endroit tous vos sou-
» haits, combien vous pouviez estre ravie en plaisirs vains, dé-
» lices et alleschemens du monde pour vous faire en partie
» oublier Dieu. Mais encores que vous ne congnoissiez point la
» cause, si vous convient-il faire cest honneur à Dieu de tenir
» ce point pour résolu, puisqu'il est tout bon et tout juste, que
» nous devons paisiblement recevoir ce qu'il nous envoye, et
» qu'il n'y a que redire ne répliquer en tout ce qu'il dispose. —
» Exhortez-vous donc à patience par la Parole de Dieu et vous
» esforcez à surmonter toutes tentations dont je ne doute pas
» que vous ne soyez fort agitée. Cependant priez Dieu continuel-
» lement qu'il convertisse le cœur de vostre mary, et de vostre
» part mettez peine de le gagner et le réduyre au bon chemin.
» Je sçay combien cela vous sera difficile pour ce que vous y
» avez desjà esté trompée plusieurs fois, et mesmes qu'on peult
» appercevoir par quelques signes qu'il a esté par trop assis au

» banc des mocqueurs. Mais si vous fault-il encore travailler à
» cela, comme c'est le vray remède. »

Oui, pour la princesse de Condé, de même que pour madame
de Grammont, le vrai remède aux désordres du mari infidèle et
aux angoisses de la femme outragée se concentrait dans l'ardeur
et la continuité des prières de celle-ci, demandant à Dieu le
relèvement de l'âme égarée, et dans le recours à de patients
efforts, à de délicats ménagements, à de douces instances pour
ramener cette âme dans le sentier du devoir et pour raviver en
elle les saintes affections de la famille. La tâche qui, sous ce
rapport, s'imposait au cœur d'Éléonore de Roye était immense
et ce noble cœur qui n'avait jamais cessé d'aimer et de se dé-
vouer, sut l'accomplir dans toute son étendue.

Quelle que fût l'altération profonde de sa santé, la princesse
se faisait un devoir, tant qu'il lui restait quelques forces physiques, soit de résider à la cour avec son mari, soit de l'accompagner lorsque celle-ci se déplaçait et qu'il devait la suivre.

Quand Condé, ne partageant pas les scrupules de ses oncles
Coligny et d'Andelot, et se considérant comme dégagé vis-à-vis
de la reine d'Angleterre, se décida à prendre part à l'expédition
dirigée contre le Havre, il s'achemina, à la fin du mois de juin,
vers la Normandie. La princesse partit avec sa mère dans la
direction de cette province, que Condé traversa pour se rendre
à l'armée.

A peine la comtesse de Roye et sa fille étaient-elles arrivées à
Gaillon, qu'Éléonore de Roye fut atteinte d'une petite-vérole
dont l'intensité devint telle que, pendant quelque temps, on
craignit sérieusement pour ses jours (1).

Le danger avait disparu, mais l'état de la princesse exigeait
encore des ménagements particuliers, lorsque madame de Roye,

(1) Lettre de Chanton ay du 7 juillet 1563. (*Mém.* de Condé, t. II, p. 166.)

sur la fin de juillet, tomba, à son tour, gravement malade. Sa fille, en lui donnant des soins assidus, négligea ceux qu'elle cût dû prendre pour elle-même; et, depuis lors, elle ne put jamais se rétablir complétement (1).

La comtesse de Roye fut longtemps souffrante. Au début de sa convalescence, et dans l'espoir non-seulement d'en assurer les progrès, mais surtout de restituer à sa fille un peu de calme et de forces, elle quitta la Normandie pour se rendre avec la princesse dans l'un de ses domaines, à Muret. Le 2 octobre, elle n'avait pas encore entièrement recouvré la santé, car elle écrivait, le même jour, au duc de Wurtemberg (2) : « Il y a » neuf semaines entières que je suis détenue d'une maladye qui » me print estant à la court, en Normandie, dont je suys cuidé » mourir; mais à présent il ne me reste plus qu'une grande » foiblesse dont j'espère, avec l'ayde de Dieu, estre bientost » guérye. »

Pendant la maladie de sa femme et de celle de sa belle-mère, Condé avait activement concouru aux opérations de l'armée qui assiégeait le Havre. Après la reddition de cette place, il avait reçu de Catherine de Médicis maintes paroles de congratulation, mais non le titre de lieutenant-général du royaume sur lequel il comptait. Sa déception fut grande lorsque la reine mère réduisit à néant toute prétention de sa part à ce titre, par la hâte avec laquelle elle amena le parlement de Normandie à déclarer la majorité du roi.

Condé, toujours léger, se consola aisément d'avoir été ainsi éconduit, en se lançant de nouveau dans le tourbillon des plaisirs, et en reprenant avec sa fougue habituelle le cours de ses honteuses aventures de cœur. A peine se prêta-t-il à le ralentir, pour faire, en septembre, une apparition à Muret, en compagnie de son beau-frère le comte de Larochefoucault, et de son

---

(1) *Épistre d'une damoiselle françoise à une sienne amie, dame estrangère, etc.*
(2) *Archives de Stuttgart,* Frankreich, 16, nᵒ 103.

neveu le prince de Portien (1). Leur conduite, comme maris, contrastait fortement avec la sienne, et eût dû contribuer à le prémunir contre de nouveaux écarts, si l'autorité de l'exemple eût pu avoir quelque prise sur lui; mais qu'importaient à Condé l'affection que ces deux hommes de cœur témoignaient à leurs femmes et les égards dont ils les entouraient, alors qu'esclave de ses passions et oubliant tous ses devoirs envers sa fidèle compagne, il s'abaissait jusqu'à l'ingratitude!

Ce fut à ce moment que lui parvint une lettre dans laquelle Calvin et Th. de Bèze, alarmés de l'insouciance avec laquelle il compromettait dans de coupables désordres son honneur de chrétien, de mari et de père, adressaient à sa conscience un sérieux appel. « Monseigneur, lui disaient-ils (2), nous ne pou-
» vons omettre de vous prier en général non-seulement d'avoir
» la cause de nostre Seigneur Jésus-Christ pour recommandée
» à ce que le cours de l'Évangile soit avancé, et que les poures
» fidèles soient en seureté et repos, mais aussi de monstrer en
» toute vostre vie que vous avez profité en la doctrine de salut, et
» que vostre exemple soit tant d'édifier les bons que de clorre
» la bouche à tous médisants. Car d'aultant plus que vous estes
» regardé de loing, estant eslevé en si hault degré, tant plus
» devez vous estre sur vos gardes qu'on ne trouve que redire en
» vous. Vous ne doubtez pas, monseigneur, que nous n'aimions
» vostre honneur, comme nous désirons vostre salut. Or nous
» serions traistres en vous dissimulant les bruits qui courent.
» Nous n'estimons pas qu'il y ait du mal où Dieu soit directement
» offensé, mais quand on nous a dict que vous faites l'amour aux
» dames, cela est pour déroger beaucoup à vostre authorité et
» réputation. Les bonnes gens en seront offensez, les malins
» en feront leur risée. Il y a la distraction qui vous empesche

(1) *Calend. of St. pap. foreign*, 20 et 28 septembre 1563. Throckmorton to Cecil and to Smith.
(2) *Lettres françaises*, t. II, p. 530. Lettre du 17 septembre 1563.

» et retarde à vaquer à vostre devoir. Mesmes il ne se peut faire
» qu'il n'y ait de la vanité mondaine, et il vous faut surtout
» donner garde que la clarté que Dieu a mise en vous ne s'es-
» touffe et ne s'amortisse. Nous espérons, monseigneur, que cest
» advertissement vous sera agréable quand vous considérerez
» combien il vous est utile. »

Un tel avertissement inspiré par une courageuse franchise et
d'une extrême modération dans les termes, venait d'autant plus
à propos que, tout en en ignorant peut-être l'existence, Éléonore
de Roye ajoutait à la valeur dont il était empreint, par la touchante mélancolie de son langage et par la dignité de son attitude, en présence de son mari.

Peut-être à ce moment Condé, faisant un retour sur lui-même
et subissant l'ascendant de la piété et de l'inaltérable douceur
de sa femme, reconnut-il l'utilité du conseil donné, et se livra-
t-il sincèrement dans le sein de sa famille à quelque manifestation rassurante de sentiments religieux. Ce qui porte à le croire,
ce sont ces simples lignes adressées alors par la comtesse de
Roye au duc de Wurtemberg (1) : « Monsieur le prince, mon
» gendre, a l'intention de servir de plus en plus en tout ce qu'il
» pourra à l'advancement du règne de Jésus-Christ. » Ces paroles, alors même qu'on fait la part de la confiante bienveillance
qui les dicta, viennent à la décharge de Condé, dont le caractère
ne fut jamais entaché d'hypocrisie. Peut-être aussi aux impressions salutaires que reçut le prince en cette circonstance, s'ajou-
tèrent presque simultanément celles que dut lui causer un
austère avertissement venu de plus haut encore que de la charité
fraternelle, puisqu'il émanait d'une dispensation divine. Quel
avertissement ne fût-ce pas, en effet, que celui que Dieu donna
au père égaré, en lui retirant deux de ses enfants, Madeleine et
Louis de Bourbon, qui les 7 et 19 octobre 1563, moururent à

(1) *Archives de Stuttgart*, Frankreich, 16, n° 103. Lettre du 2 octobre 1563.

Muret, âgés, l'une de trois ans, l'autre de dix-huit mois (1)!

Il nous semble impossible d'admettre que Condé soit demeuré sourd aux appels solennels qui lui furent ainsi adressés; mais, s'il les entendit, ce ne fut que pour un temps, car, malheureusement, au lieu de pénétrer jusque dans les secrètes profondeurs de son âme, ils n'avaient fait qu'en effleurer la surface.

Quant à Éléonore de Roye, nous connaissons la sainteté et la permanence de ses affections; nous savons ce qu'elle était comme mère : aussi, est-ce à l'étendue de sa tendresse maternelle que nous mesurons celle de la douleur qu'elle éprouva en perdant deux de ses enfants bien-aimés; douleur dans laquelle, toutefois, la suprême espérance d'un éternel revoir reliait, pour son cœur, la terre au ciel.

Appelée par l'altération de sa santé et par le double deuil qui assombrissait son existence à prolonger sa retraite loin d'une cour dont l'atmosphère lui était devenue d'ailleurs de plus en plus pesante, la princesse aspirait à dégager son mari des piéges que l'astuce et la perversité de Catherine lui avaient tendus sur un tout autre terrain que celui de la politique et des affaires d'État. Des indices malheureusement trop certains lui révélaient qu'il y était tombé; mais, lorsque le prince, après un court séjour à Muret, voulut la quitter, elle ne put obtenir de lui la promesse de revenir prendre définitivement place près d'elle au foyer domestique; et pourtant, tout lui en faisait une obligation sacrée : car, de quelle sollicitude, de quels soins délicats ne devait-il pas entourer sa femme, la mère de ses enfants, alors surtout qu'il la voyait en proie aux souffrances de l'âme en même temps qu'à celles du corps. Hélas! Condé n'était plus le mari qui, naguères encore, savait au moins, dans une certaine mesure, sympathiser avec elle; il n'avait laissé que trop tôt s'effacer l'impression produite sur son esprit par les paroles de

(2) Scév. de Ste-Marthe, t. II, p. 979.

Calvin et de Bèze et par la mort de ses deux enfants. Le désordre des mœurs conduit à la dureté : aussi, vit-on Louis de Bourbon insensible à l'état douloureux de sa femme, et perdant jusqu'à la notion des plus simples égards que cet état commandait, se séparer d'elle brusquement, et aller, au loin, se livrer à ses passions désordonnées, avec un redoublement d'ardeur qui devait entraîner un surcroît de scandales.

A la notoriété de ses coupables relations avec Isabelle de Limeuil s'ajouta celle du honteux commerce que, depuis quelque temps, il entretenait avec la veuve de l'un de ses plus grands ennemis politiques. Jeune encore, et alliant à la beauté, à la richesse, une ambition effrénée, la maréchale de Saint-André s'était follement éprise de lui, et avait eu le don de le fasciner. Elle finit par afficher audacieusement sa conquête, sous les yeux d'une cour corrompue, au sein de laquelle le vice étalait ses ravages avec une impudence égale à la turpitude dont ils étaient entachés.

Qui le croirait? Ce fut à la fille de cette femme dépravée, à une débile créature dont l'innocence était menacée par l'inconduite et les méfaits d'une mère indigne de ce nom, que Condé, moins en père qu'en esclave égaré par des suggestions perfides, prétendit unir son fils aîné (1). De même que le petit marquis de Conty, la jeune de Saint-André touchait à peine à l'adolescence. Elle avait été, avant la bataille de Dreux, destinée par son père au fils du duc de Guise, et accueillie depuis sous le toit de la duchesse, qui désirait veiller sur son éducation. Elle venait d'être tout à coup retirée des mains de celle-ci, lorsque Catherine de Médicis opposa à la réalisation du projet d'union une résistance devant laquelle Condé et la maréchale durent s'arrêter (2).

Si ce projet, machiné dans l'ombre, loin de Muret, et surpris

(1) *Mém.* de Condé, t. II, p. 204.
(2) *Calend of State papers, foreign*, 10 novemb. 1563. A. B. Fadino to p. Dubois. — Calvin à Bullinger, 2 décembre 1563, lettre lat.

par la reine mère, eût été connu d'Éléonore de Roye, quelle n'eût pas été, pour le combattre, l'énergie d'une telle mère, défendant l'honneur de son fils contre l'ignominie d'une alliance que de sordides calculs tendaient à lui imposer!

Quelque grande que fût la déception subie, ces calculs ne furent cependant abandonnés ni par Condé ni par la maréchale. Cette dernière, d'ailleurs, en continuant à tenir le prince sous son joug, nourrissait en secret d'odieuses espérances. En effet, appelant, de ses vœux la mort à titre d'auxiliaire, elle se flattait de rencontrer, un jour, en Louis de Bourbon, l'homme qui, affranchi des liens d'une première union, en contracterait avec elle une seconde, destinée à l'élever au rang de princesse du sang. Puis, pour mieux assouvir ses âpres convoitises, elle se réservait d'acheter, en temps opportun, le consentement de Condé par le don qu'elle lui ferait d'une notable partie de sa fortune.

Ne fallait-il donc pas que le prince fût tombé bien bas, pour que la femme éhontée dont il s'était constitué l'esclave osât ainsi spéculer sur l'asservissement dans lequel elle le tenait? Oui, force est de le reconnaître, Condé s'était volontairement précipité dans un abîme sans fond.

Ses oncles, Coligny et d'Andelot, revenus à la cour, où ils séjournèrent en novembre et décembre 1563 (1), prirent à cœur une tâche digne en tous points de leur noble caractère et de leur dévouement éprouvé : celle de son relèvement moral ; mais leurs efforts demeurèrent à peu près infructueux.

Tout concourait à retenir Éléonore de Roye loin de la cour. Le devoir seul l'y rappela momentanément, en février 1564, alors que le roi et la reine mère résidaient à Fontainebleau. Sa présence imposa à Condé, dont le maintien vis-à-vis d'elle fut, au moins extérieurement, conforme à ce qu'elle était en droit d'attendre de lui.

(1) Journal de Bruslart. (*Mém.* de Condé, t. I, p. 138.)

Sachant, dans la résidence royale comme partout ailleurs, se montrer fidèle à ses habitudes de piété, elle ne tarda point à se convaincre que, pas plus que la duchesse de Ferrare, qu'elle avait rencontrée à Fontainebleau, elle n'eût pu, pour peu que son séjour dans cette ville se fût prolongé, y obtenir, pour elle et les personnes de sa suite, la continuation des exercices du culte réformé, qui n'y étaient tolérés qu'accidentellement. En vain, sans engager d'ailleurs en quoi que ce fût sa conscience, et par pure déférence pour une fantaisie royale, avait-elle, ainsi que la vénérable duchesse, consenti à entendre un sermon prononcé par le cardinal de Lorraine, transformé, pour quelques instants, en prédicateur de cour; Catherine de Médicis ne s'était point, pour cela, montrée mieux disposée à son égard qu'à l'égard de Renée de France; loin de là : ne voyant en celle-ci et en la princesse, que deux femmes inébranlablement attachées à des doctrines religieuses autres que celles dont le cardinal venait, selon elle, de démontrer la légitimité exclusive, elle leur avait déclaré que là où se trouvait le roi l'exercice du culte réformé ne pouvait plus désormais avoir lieu.

Le cardinal de Sainte-Croix et la duchesse de Ferrare, dans leur correspondance, ne laissent aucun doute sur les sentiments hostiles au protestantisme et à ses adhérents, même de l'ordre le plus élevé, qui animaient alors la reine mère et son entourage.

« Dimanche dernier, disait Sainte-Croix (1), son éminence » (le cardinal de Lorraine) prêcha dans la salle de Sa Majesté, » où se trouvèrent non-seulement le roi et la reine avec toute » leur cour, mais aussi le prince et la princesse de Condé, avec

(1) Lettre du 25 février 1564, datée de Melun (voy. Aymon, *Actes eccl. et civ. des synodes nat. des égl. réform.*, t. I, p. 260. — Lettre d'Antoine Sarron, secrétaire de l'ambassadeur d'Espagne, du 24 février 1564 (*Mém.* de Condé, t. II, p. 191) : « Dimanche dernier, le dit s^r cardinal (de Lorraine) fit un fort beau ser- » mon à Fontainebleau, auquel le roy, la reyne, le duc d'Orléans, monsieur le » prince de Condé, la duchesse de Ferrare, Peroceli, ministre du dit s^r prince, et » quasi tous les huguenotz de la cour assistèrent. »

» la duchesse de Ferrare, et ce cardinal fit paroître beaucoup
» de savoir et de piété dans son sermon, touchant le culte des
» images, le sacrement de l'eucharistie et le jeûne. Mais
» M. d'Alègre a rapporté que la duchesse de Ferrare dit à la
» reine, lui demandant ce qu'elle en pensoit, qu'elle avoit entendu
» proférer de grands blasphèmes contre Dieu, mais que si Sa
» Majesté lui vouloit faire la grâce d'écouter un de ses prédi-
» cateurs, elle lui feroit entendre d'autres choses qui lui plai-
» roient, et que Sa Majesté répondit qu'elle aimeroit mieux
» mourir que de prêter l'oreille à cela. »

De son côté, Renée de France écrivait à Calvin, de Montargis,
où elle était revenue en quittant Fontainebleau (1) : « L'occa-
» sion qui m'a fait partir de la cour avant le roy a esté pour
» m'y estre interdit de y faire prescher comme j'avois faict quel-
» ques jours; et non-seulement me feust reffusé au logis du roy,
» mais aussy en ung que j'ay achapté, qui est au villaige, que
» j'ay tousjours presté et dédyé pour tel faict quand mesmes je
» n'estois point à la court..... monsieur l'amiral et sa femme ne
» y sont arrivez que le jour que j'en partiz, qui n'y ont peu faire
» autrement quant à faire prescher, et sont partiz huict jours
» après, dont ilz me sont venuz dire des nouvelles eulx mesmes
» en ce lieu, avec le cardinal leur frère. »

Plus fatiguée que jamais de la cour, où sa présence, du reste,
cessait d'être nécessaire, Éléonore de Roye revint habiter son
château de Condé-en-Brie, dans lequel, depuis l'automne de 1563,
elle avait fixé sa retraite.

Louis de Bourbon eut le triste courage de la laisser partir
seule et ne resta à la cour que pour y continuer, dans le tumulte
des passions, des intrigues et des plaisirs (2), une existence

(1) Lettre du 21 mars 1564 (Bibl. nat., mss., Collect. Dupuy, vol. 86, fos 120 à
125. — Voir aussi Appendice, n° 37.)

(2) Les *Mémoires* de Castelnau (t. I, p. 167) parlent des fêtes données en
1564 à Fontainebleau, dont Condé fut l'un des coryphées. — Le cardinal Gran-
velle écrivait à l'empereur Ferdinand Ier, le 12 avril 1564 (*Pap. d'Ét. de Gran-*

déprimée, qui ne permettait pas plus de reconnaître en lui le mari et le père attaché à ses devoirs, que le défenseur de co-religionnaires opprimés, que le prince du sang, sérieusement adonné aux choses de l'État, ni même que le plus humble des hommes prenant au moins souci de son honneur.

Détournons maintenant nos regards de Condé, pour les arrêter sur la princesse, et, en nous reportant aux premiers mois de l'année 1564, pénétrons par la pensée dans le château de Condé-en-Brie. Tout y porte l'empreinte de la dignité morale, d'une supériorité bienveillante et délicate, d'une direction sagement imprimée à l'activité de chacun, d'une vigilance soutenue, et surtout d'une profonde affection dans les relations de famille. Tout y commande le respect, tout y inspire une vive sympathie pour la femme éminente dont la piété, la sérénité d'âme et l'ineffable bonté ont fait de ce château, à l'égard des êtres chéris qui l'y entourent, un séjour de paix, de douce intimité et de bonheur. Les regrets, mélangés d'appréhensions, que cause à Éléonore de Roye l'absence d'un mari auquel elle demeure tendrement attachée, sont tempérés par la joie qu'elle éprouve à voir se grouper autour d'elle ses enfants, sa mère, sa sœur, et tout le personnel dévoué qui compose le service de sa maison. Sa joie cependant n'est pas complète, car deux de ses enfants n'existent plus; elle ne possède près d'elle désormais que Henri, Marguerite, François et Charles. Henri, âgé de douze ans, et Marguerite, âgée de huit ans, ont, le premier pour gouverneur M. des Garennes; la seconde, pour gouvernante madame de Saint-Cyr, assistée de mademoiselle des Fossés, sa fille. François et Charles, âgés, l'un de six ans, et l'autre de deux, sont placés sous la direction de femmes de confiance. Le ministre de

<hr />

velle, t. VII, p. 466, 467) : « ... disoit-on tout communément... que ce qui se
» faisoit en cour estoit de donner passe-temps au dit s^r roy de Tournois, com-
» batz de bastillons et autres semblables..... que le prince de Condé y entendoit
» au service des dames plus qu'en autre chose, et assez froid en la religion des
» Huguenotz. »

l'Espine est chargé de l'instruction religieuse et littéraire de Henry, de Marguerite et de François. Le ministre Perussel, qui a assisté Condé durant sa seconde captivité, est le chapelain en titre de la famille. Dans l'intimité de la princesse vit une amie vénérable, qui l'a constamment suivie depuis son berceau, et qui sera près d'elle encore, à l'heure suprême, pour recueillir son dernier soupir. Enfin, sont associées, en une certaine mesure, à la vie de famille d'Éléonore plusieurs filles d'honneur sur lesquelles s'étend son affectueuse protection.

Que de traits ne pourrions-nous pas ajouter à cette incomplète esquisse, en entrant dans le détail des soins que la princesse de Condé donne à l'éducation de ses enfants; de l'échange d'idées et de sentiments qu'elle entretient avec sa mère et sa sœur, dont l'existence est si étroitement unie à la sienne; de ses relations avec le reste de sa famille! Que n'aurions-nous pas à dire, d'une part, de sa piété si élevée, de son active charité, de son dévouement jou nalier à la cause du protestantisme, et, de l'autre, des charmes inhérents à sa personne, du sérieux et de la délicatesse qui président à ses moindres actions, de la grâce et de la distinction que respirent ses paroles! Il n'est pas jusqu'à son exquise beauté, admirée de tous, ignorée d'elle seule, que nous ne fussions autorisé à signaler comme mise par une sorte d'affinité secrète au service de son âme pour en refléter l'inaltérable pureté! Mais nous devons nous renfermer dans les limites qui nous sont imposées par la solennité d'un sujet que nous aborderons bientôt, et ne pas perdre de vue, qu'à une époque rapprochée de celle dont nous parlons en ce moment, un vide immense allait se faire dans le château de Condé-en-Brie, et le deuil seul y régner désormais.

La princesse continuait à se ressentir des suites de la grave maladie, qui, en 1563, avait fait craindre pour ses jours, et l'état de sa santé nécessitait encore d'extrêmes ménagements. Elle n'hésita pas cependant à se soustraire à leur observation,

pour se rendre à Troyes où se trouvait la cour, au début d'avril
1564; elle voulait y donner ses soins à son mari (1) atteint de
légères souffrances causées par une imprudence qu'il avait
commise dans l'un de ces exercices du corps pour lesquels il
montrait un goût particulier (2). Le 15 du même mois, Condé
était déjà si bien rétabli, qu'il faisait une excursion à la Fère. En
son absence, Éléonore de Roye écrivit au prince de Portien (3) :

« Mon nepveu, monsieur mon mary m'a commandé vous
» escrire ceste lettre pour ne pouvoir luy mesme faire cest office
» et vous dire qu'il a eu ung grand plaisir d'entendre de voz
» nouvelles et de sçavoir qu'elles sont bonnes. Je prie Dieu, moy
» aussy, les vous continuer tousjours et les augmenter de toute
» prospérité et bonheur. Je croy que vous avez bien sçeu comme
» il a esté, l'espace de huict jours travaillé d'un catharre qui luy
» tomba sur le bras et luy a durant ce temps-là faict advoir bien
» aspre fièvre..... Il s'en va guéry et espère qu'il sera prest à
» partir avec le roy qui délibère .commencer à s'achemyner à
» Chaalons lundy prochain. Il m'a donné charge vous mander
» qu'il sera bon que veniez là trouver noz majestez, s'asseurant
» qu'elles vous verront de bon œil, mays luy principallement
» qui vous desire autant en ceste compagnie que parent et amy
» qu'il aye. Je croy que vous ne doubtez point aussy de quelle
» affection je vous y souhaite, etc. »

Pendant son séjour à Troyes, la princesse de Condé donna
des preuves signalées de son zèle pour la cause protestante.

Grâce à elle, des pasteurs, à la tête desquels figuraient
Chandieu, Bernardin, Cappel, Perussel et Delarogerie, purent

(1) *Archives génér. de Venise*, Francia, 1563 à 1566. Senato 111, Secreta. —
13 avril 1564. M. A. Barbaro au Sénat. — *Calend. of St. pap.*, 14 avril 1564.
Smith to Cecil.
(2) *Mém.* de Condé, t. II, p. 198.
(3) Bibl. nat., mss. f. fr., vol. 3196, f° 47.

organiser, à la Ferté-sous-Jouarre, la tenue d'un synode dont les séances durèrent du 27 avril au 1ᵉʳ mai 1564 (1).

Grâce à elle aussi, de Humières, gouverneur de Péronne, Montdidier et Roye, reçut de Condé une lettre (2), dans laquelle se reflétait l'intérêt que la princesse portait à la liberté d'exercice du culte réformé, au sein des annexes de celui de ses domaines auquel se rattachaient plus particulièrement le nom et le titre seigneurial de son père, ainsi que le souvenir de la résidence que jadis il y avait faite. Sous l'inspiration de sa femme, le prince disait à de Humières dans cette lettre : « Je sçay pour certain » qu'il y a grand nombre de personnes de Roye, Guermigny, » Crapaumesnil et autres lieux circonvoisins qui sont de la reli- » gion réformée et qui desirent en toute douceur vivre en » l'exercice d'icelle, mais ils craignent que par le moyen de plu- » sieurs personnes de contraire opinion vous ne soyez sollicité » de les empescher, et pour ceste cause se sont retirez vers moy, » tant pour sçavoir mon intention sur cela, que pour me sup- » plier vous en escripre ; et considérant que ce seroit chose per- » nicieuse et dommageable à la conscience de tant d'hommes, » de vivre sans religion, je leur ay pour ceste raison permis et » accordé que ès terres qui m'appartiennent hors la ville de » Roye et ses faulxbourgs, ils puissent en toute honneste liberté » exercer le ministère de la dite religion sans aucun empesche- » ment, et mesmes aler à Cany, si bon leur semble, à la charge » de se contenir en telle modestie les uns envers les autres, » qu'il n'advienne aucun tumulte. Parquoy je vous prie, mon- » sieur de Humières, tenir la main à ce que lesdits habitans » puissent paisiblement et sans contredit aler et venir ez lieux » où se fera ledit exercice hors ladite ville de Roye, et mander » pour cest effect à vostre lieutenant et gens du roy dudit lieu

____

(1) Bibl. nat., mss. f. fr., vol. 6616, fᵒˢ 96, 97. — *Calend. of St. pap.*, 27 avril 1564, Answer to the calumniations of the Synod.

(2) Bibl. nat., mss. f. fr., vol. 3187, fᵒ 53. Lettre du 15 avril 1564.

» qu'ils y prennent garde qu'aucune sédition n'advienne ; à quoy
» je m'asseure que sçaurez bien et prudemment pourvoir et
» contenir par ce moyen les subjetz de sa majesté en tranquil-
» lité, etc., etc. »

Enfin, la princesse fit preuve d'une haute sympathie pour les
protestants de Troyes, que maltraitait indignement le duc d'Aumale, chargé du gouvernement de la Champagne, au nom de
son neveu encore mineur. Réduits à l'impossibilité d'obtenir du
duc le moindre respect pour les droits qu'ils tenaient de l'édit
de pacification, ils cherchaient, près du trône, une protection
sous l'égide de laquelle ils pussent s'abriter. Ce fut alors
qu'Éléonore de Roye pressa son mari de leur accorder son
appui. Condé ayant échoué dans une réclamation qu'il avait
présentée pour que justice leur fût rendue, elle saisit, bientôt
après, l'occasion qui s'offrit à elle d'intervenir personnellement
en faveur de ses coreligionnaires près de Catherine de Médicis.
Laissons le pieux et véridique Nicolas Pithou raconter ce qui se
passa à cet égard.

« Ceux de l'église de Troyes, dit-il (1), ayant esté advertis par
» le sieur de Saint-Martin des propos que le duc d'Aumale lui
» avoit tenus, et que leurs affaires demouroient en arrière, ils
» eurent recours au prince de Condé et luy firent entendre
» comme le tout se passoit en cet endroict ; le suppliant qu'il luy
» pleust vouloir prendre, à bon escient, leur faict en mains, au-
» trement qu'ils estoient en voye de demourer tousjours en un
» mesme point. Le prince les pria que delà en advant, ils ne
» parlassent plus à luy en public. Si ne laissa-t-il toutefoys de
» leur promettre qu'il veilleroit et feroit tout debvoir en tout
» ce qui concerneroit le faict de leur église. Et s'estant, ce mesme
» jour, trouvé au conseil, oubliant ou bien tenant à peu la dé-
» fense dudit conseil, il ne laissa de parler pour le faict de ceux

(1) *Histoire de l'église réformée de Troyes.* (Bibl. nat., mss., Collect. Dupuy,
vol. 698, fᵒˢ 593, 594.)

» de Troyes, et d'en fayre ouverture. Mais au plus tost que le
» duc d'Aumale luy eust ouy entamer les propos, il luy dist que
» la royne-mère avoit défendu qu'on ne traîtast de cette affaire
» au conseil et qu'elle l'avoit réservée à soy; ce qui garda le
» prince de Condé de passer plus outre. Voyans ceux de l'église
» qu'ils ne proufitoient de rien, et que leurs plaintes et doléances
» avoient esté si mal reçeues et le remède encore plus mal appli-
» qué, ils résolurent de sonder une voye toute nouvelle, qui fut
» d'envoyer les plus notables et apparentes bourgeoises de la
» religion vers la royne-mère pour essayer si elle ne se rendroit
» point plus favorable et pitoyable envers ce sexe que n'avoient
» esté celles de leurs maris; suivant en cela l'exemple des prin-
» cipaux et plus excellens citoyens de Rome, lesquels n'osant se
» présenter devant l'empereur Constantin pour le supplier de
» rappeler Liberius leur pasteur et évêque, de l'exil où il l'avait
» envoyé, commirent ceste charge à leurs femmes, qu'elles
» exécutèrent si heureusement et dextrement que l'empereur
» rappela leur évesque. Ainsi doncques, ayant ceux de la religion
» résolu de passer outre à l'exécution entière de ceste entre-
» prinse, il esleurent Loyse Nevelet, veuve d'un marchand nommé
» Nicolas Charlemagne, femme de moyen âge et craignant Dieu.
» Et pour en faciliter l'effect, on avisa de s'aider de la faveur de
» madame la princesse de Condé, Éléonore de Roye, dame ver-
» tueuse et sage, qui estoit pour lors à Troyes. On luy com-
» muniqua ceste entreprinse et la pria-t-on qu'il luy pleust moyen-
» ner l'accès à ces dames de Troyes vers la royne-mère; ce que
» ceste bonne princesse promit volontairement faire, et non-
» seulement cela, mais aussy de les présenter elle mesme à la
» royne. Et comme elles estoient prestes de s'acheminer, on
» rapporta que le prince de Navarre, courant aux barres en la
» salle du roy, venoit d'estre blessé, dont toute la court estoit
» fort triste et troublée. Ce qui fit remettre cette entreprinse à
» une autre foys, laquelle sans cela on alloit exécuter. Ainsy

» furent ces bourgeoises contraintes de se retirer, en bonne
» dévotion de retourner, à la première commodité, qui toute-
» fois ne se put oncques puis recouvrer; car tost après, la prin-
» cesse de Condé se retira de la cour, pour quelque occasion
» que le prince son époux lui donna, de sorte que cette gentille
» et honneste entreprinse demeura du tout rompue et sans aucun
» effect. »

Pourquoi fallait-il, hélas! que le dévouement de la princesse,
d'autant plus touchant que de cuisants chagrins domestiques
ulcéraient son cœur, ne se fût exercé cette fois qu'au complet
détriment de ses forces physiques et de sa santé!

CHAPITRE XII

A peine de retour au château de Condé-en-Brie, Éléonore de Roye fut, le 26 avril, subitement atteinte d'une violente hémorrhagie, symptôme alarmant d'une de ces affections organiques, accompagnées de cruelles souffrances, qui tarissent promptement les sources de la vie. Dès le premier moment, elle s'était sentie mortellement atteinte, et avait été confirmée dans son sentiment par ses médecins, dont elle avait provoqué les franches déclarations.

Trois mois consécutifs allaient se passer durant lesquels elle supporterait avec une admirable résignation l'austère dispensation qui lui était envoyée. Qu'on juge de ce qu'elle eut à souffrir et de sa soumission à une volonté suprême, qu'elle sut toujours trouver bonne, par ces seules paroles d'une amie (1) qui assista à toute les phases de sa dernière et longue maladie : « Je pour» rois difficilement exprimer tous ses maux, car ils estoient si » divers et violens, qu'au jugement des experts en l'art, ils estoient » comme insupportables à un autre. En quoy recognoissez la » grande assistance que Dieu lui a faicte, car jamais elle n'a » ouvert la bouche pour murmurer, ni faict aucune démonstra» tion ou contenance d'impatience. Je l'ay tousjours veue en ses » angoisses, les yeux secs, sans cris, sans larmes et sans plainctes,

(1) *Épistre* d'une damoiselle françoise à une sienne amie dame estrangère, etc.

» lesquelles sont ordinaires aux malades, voire les plus con-
» stants. »

Condé, sur la demande de la princesse, avait quitté le roi à
Vitry (1), et était arrivé au château de Condé-en-Brie.

Heureuse de le revoir, Éléonore n'eut pour lui que de touchantes paroles.

Les pures joies du retour au foyer domestique sont le privilége
exclusif de l'homme dont le cœur d'époux et de père est, partout et toujours, demeuré fidèle aux saintes affections de famille. Le prince était déchu de ce privilége!!

Revenu près de sa femme, comment répondit-il au généreux
accueil qu'elle lui fit? s'efforça-t-il de racheter, dans les limites
du possible, la gravité de ses torts par la sincérité de son repen-
tir, par un dévouement réel, par des soins empressés, par des
paroles de gratitude? fut-il au moins sérieusement ému, à l'aspect
d'immenses souffrances? Rien de précis ne peut nous fixer sur
ces divers points dans un sens favorable. Au contraire, la futilité,
pour ne pas dire la sécheresse dont est empreinte une lettre
écrite par lui, peu de jours après son arrivée au château de
Condé-en-Brie, nous fait croire à l'absence de toute émotion
profonde de sa part, à cette époque. Voici le langage qu'il tenait,
le 6 mai, au prince de Portien (2) : « Mon nepveu, le desir que
» j'ay d'entendre de voz nouvelles me faict vous escrire ceste
» lettre et par icelle vous supplier, si vostre commodité se pré-
» sente, venir veoir et consoller vostre bon parent et amy qui est
» fort ennuyé de l'extrême maladye qu'a eue sa femme, avec voz
» levriers et aussy vos chevaulx et armes, s'il est possible, et
» vous prometz que je vous montreray icy une aultant belle car-
» rière que sçauriez veoir. Mes chevaulx et armes arriveront
» aujourd'huy en ce lieu, espérant que sy vous venez, nous au-
» rons moïen de nous resjouir, si Dieu plaist, etc. »

(1) *Mém.* de Condé, t. II, p. 200.
(2) Bibl. nat., mss. f. fr. vol. 3196, f° 52.

Ce que nous savons du caractère et de la piété du prince de Portien (1) nous autorise à penser, qu'en se rendant à l'invitation de son oncle (2), il s'occupa beaucoup moins de satisfaire l'étrange besoin de distractions qu'éprouvait celui-ci, que d'apporter à sa tante, si douloureusement éprouvée, de nouveaux témoignages de sa vive affection.

Un mois s'était écoulé depuis qu'Éléonore de Roye était tombée malade, lorsqu'elle profita de quelques moments de relâche que lui laissaient ses souffrances, pour adresser, le 25 mai 1564, à son cousin, le maréchal de Montmorency, une lettre, la dernière peut-être de sa correspondance intime, que nous croyons devoir reproduire en entier (3).

« Mon cousin, lui disait-elle, j'ay reçeu la lettre que m'avez
» escripte par ce gentilhomme, présent porteur, avec un tel et
» si ample tesmoignage du soing que vous avez de moy, m'en-
» voiant si souvent visiter, que je ne pourrois assez suffisamment
» vous remercier et de la peine que vous en prenez, et des bons
» et notables offices que vous faictes de m'aymer tous les jours
» d'une telle amytié que celle que vous continuez me porter, au-
» trement que d'une recordation que j'en auray toute ma vie,
» pour, s'il plaist à Dieu me redonner ma santé, les vous rendre
» de toute l'affection qui se peut espérer de la plus officieuse et
» meilleure parente et amye que vous ayez en ce monde. Mais
» d'autant que soubz peu de parolles se peut couvrir beaucoup
» de bonne volonté, je réserveray toutes ces autres honnestetez
» et offres que je doy à vostre amytié avec l'employ et le moien

(1) Voir notamment la lettre si remarquable de Calvin à ce prince, en date du 8 mai 1563 (*Lettr. franç.*, t. II, p. 505 à 507).

(2) Le prince de Portien vint, en effet, alors au château de Condé-en-Brie, ainsi que le prouve ce passage d'une lettre que le maréchal de Montmorency lui adressa, le 3 juin 1564 (Bibl. nat., mss. f. fr., vol. 3196, f° 58) : « Si j'eusse sçeu » que vous eûssiez esté à Condé lorsque j'y envoyai Marcilly visiter madame la » princesse, vous n'eûssiez pas esté le premier à m'escrire vostre honneste et » gracieuse lectre, etc., etc. »

(3) Bibl. nat., mss. f. fr., vol. 3260, f° 69.

» que j'auray jamais d'affectueusement les vous démontrer comme
» je les porte en mon cœur ; et en la suffisance de ce gentil-
» homme à vous dire plus particulièrement de mes nouvelles,
» seulement pour satisfaire au louable desir que vous avez de
» sçavoir au vray l'estat de mon portement, je y adjousteray ce
» mot en ma lettre, que depuis la dernière que vous m'envoiastes,
» je suis encores une fois tombée en telle extrémité qu'elle n'a
» rien esté moindre mais beaucoup plus dangereuse que la pre-
» mière. Toutes fois depuis mon flux de sang s'est cessé, mais
» non pas que nous soions bien asseurez qu'il soit du tout arresté
» et ne me reprenne plus. Ainsi me voilà tousjours aux escoutes,
» attendant à ce qu'il plaira à Dieu m'envoyer et en déterminer.
» Et sur ce, je le supplie qu'il vous doinct, mon cousin, avec
» mes plus affectionnées recommandations à vostre bonne grâce,
» en toute bonne santé, longue, prospère et contente vie. De
» Condé, ce XXVᵉ jour de may 1564. Vostre entièrement meyl-
» leure cousyne et amye, LÉONOR DE ROYE. »

Un mois plus tard, la princesse raconta à l'un de ses parents
« qu'elle avoit entendu une voix, la nuict, qui lui avoit dit intel-
» ligiblement qu'elle mourroit dans peu de jours et qu'elle s'y
» préparât : et tant sans falloit que cela l'eust attristée, que
» tousjours depuis elle avoit désiré le poinct de cette saincte
» séparation. »

Ce fut sous l'impression d'un tel désir, qu'elle reçut une lettre
du ministre Pierre Viret qui, gravement éprouvé lui-même dans
sa santé, lui adressait les consolations et exhortations suivantes (1) :

« Madame, combien que je sois grandement affligé en mon
» cœur à cause de vostre maladie, toutesfois j'ay reçeu une bien
» grande joye de ce que j'ay entendu... de la grande grâce que

_____

(1) Bibl. nat., mss., Collect. Dupuy, vol. 137, p. 97.

» ce bon Dieu vous faict en vostre adversité, à laquelle tant plus
» le corps est débilité et tant plus vostre esprit est fortifié, en
» quoy vous monstrez par expérience que vous n'avez pas perdu
» le temps en l'escole du Seigneur, en laquelle vous avez dès
» longtemps esté instruicte par sa Saincte Parole. Vous avez
» esté tentée en diverses sortes, et à dextre et à senestre, à sça-
» voir par prospérité et par adversité... Or, Madame, nostre bon
» Dieu vous a faict passer par l'une et par l'autre, et vous y a
» tousjours dûment assistée et poursuivie de sa faveur, de sorte
» que jusques à présent la victoire vous est demeurée. Vous avez
» souvent esté parmi les honneurs et plaisirs de ce monde qui
» efféminent souvent les plus vertueux, mais le Seigneur n'a poinct
» permis que vous l'aiez oublié ni abandonné, laquelle chose est
» un excellent don de Dieu, lequel vous avez bien à recon-
» gnoistre... Il vous esprouve maintenant par une aultre sorte
» d'espreuve, laquelle ne vous est pas du tout nouvelle, car ce
» n'est pas la première affliction en laquelle vous ayez esté, et
» vous en avez eu de fort violentes et assez suffisantes pour
» esbranler les plus constans hommes du monde. Mais ce bon
» père céleste vous a délivrée de toutes par des moïens esquels
» il nous a donné des tesmoignages tant évidens de sa provi-
» dence que, quand nous n'en aurions point d'aultres, ceux-là
» nous devroient suffire pour apprendre de nous fier tousjours
» de plus en plus en lui et nous remettre à sa conduite pour
» sous icelle, le louer et servir de plus grand cœur et lui rendre
» grâces immortelles de tant de biens et délivrances. Or, Ma-
» dame, comme ce bon Dieu vous a tousjours environnée tant
» paternellement de sa faveur et miséricorde jusques aujour-
» d'huy, vous vous pouvez bien asseurer par les gages et tesmoi-
» gnages que vous en avez desjà qu'il continuera tousjours ce
» soin paternel qu'il a de vous, comme vous l'expérimentez à
» présent au lict d'infirmité où vous estes par sa bonne vo-
» lonté, etc. »

Près de *ce lict d'infirmité* affluaient les témoignages de sollicitude et d'affection que la princesse recevait des divers membres
de sa famille. Elle y répondait par des paroles de gratitude, de
foi et de résignation. Ses fréquents entretiens avec la comtesse
de Roye avaient un caractère solennel : « C'étaient, nous atteste
» un témoin initié aux intimes épanchements de la mère et de
» la fille, de divins dialogues sur la grandeur de Dieu, sa sagesse,
» bonté et miséricorde, sur l'enfer des consciences de ceux qui
» n'ont point sa crainte, sur la différence du pur et faux service,
» sur l'assurance de l'âme fidèle, au point de la mort, et tels
» autres hauts propos..... Je me sentirois bien empeschée s'il
» falloit donner mon jugement, laquelle disoit mieux. »

Ici se présente un affligeant contraste entre les émotions
d'une famille éplorée et l'attitude de Condé. Il se tenait fréquemment à l'écart, absorbé qu'il était par des préoccupations ou-
trageantes pour la vertueuse et fidèle compagne, qu'il eût dû,
plus que jamais, aimer, respecter, admirer et plaindre. Saintes
affections, respect, admiration, sympathie, tout semblait amorti
dans son cœur quand il s'agissait d'elle. D'une part, il s'associait,
en pensée, au sort d'Isabelle de Limeuil, qui, dans une circonstance récente, avait causé à la cour, un scandale de nature à
rejaillir jusque sur lui (1). Il la savait aux prises avec une information rigoureuse, et n'en était que plus ardent à entretenir
avec elle une correspondance dans laquelle, perdant toute retenue, il foulait aux pieds ses devoirs de mari et de père, et compromettait son honneur d'homme et de prince (2). D'une autre
part, tant était grand le désordre de ses idées et de ses sentiments, il s'érigeait ostensiblement en champion de la maréchale
de Saint-André, dont les aspirations ambitieuses venaient de

(1) Journal de Bruslart. (*Mém.* de Condé, t. I, p. 142.)
(2) Voir *Information contre Isabelle de Limeuil* (mai-août 1564). Brochure de
106 pages, publiée sous la signature *H. d'Orléans*, par l'auteur de l'*Histoire des
princes de Condé.*

s'accroître à la mort de sa fille. Ayant recueilli dans la succession de celle-ci une fortune opulente, elle avait jugé opportun de s'en dessaisir en faveur de Condé et de ses enfants; et Condé s'abaissait au point de recevoir de la maréchale le don du splendide château de Vallery et de divers autres biens (1).

Voilà l'attitude du mari d'Éléonore de Roye, en mai, en juin et jusqu'au 15 juillet 1564. A dater de ce jour, il fut sérieusement impressionné par l'état de sa femme; la plaignit, eut avec elle un suprême entretien, pleura sa mort, fit l'éloge de ses vertus, la donna en exemple à ses enfants, et parut se rapprocher de Dieu. Plus tard, nous le savons, il réussit, après de nouvelles rechutes, à se relever définitivement de sa déchéance morale; mais le passé ne pouvait s'effacer : Éléonore de Roye avait succombé, et sur la conscience alarmée de Condé, dut continuer à peser de tout son poids le souvenir des cruelles blessures qu'il avait faites au cœur de sa femme.

Qu'il nous suffise d'avoir effleuré un pénible sujet : gardons-nous de l'approfondir; notre réserve témoignera du respect et de l'admiration que nous professons pour la générosité d'âme de l'épouse qui, ayant tant à pardonner, ne cessa jamais de prier, d'aimer et de bénir!

Ceci posé, attachons-nous désormais uniquement aux nobles et lumineux aspects sous lesquels vont se produire les dernières actions et les derniers sentiments de la pieuse princesse. Nous arrivons ainsi à un ensemble de faits empreints d'une saisissante grandeur.

Le 15 juillet, Éléonore de Roye n'avait plus que quelques jours à vivre; en proie à d'inexprimables souffrances, elle ne pouvait trouver dans aucun des deux lits sur lesquels on la plaçait alternativement, une position qui lui procurât le moindre soulagement. « Seigneur tout-puissant, dit-elle alors d'une voix lamen-

(1) Voir Appendice, n° 38.

» table, puisqu'en tous les endroits de ce terrestre manoir, quoi-
» qu'il soit grand et spacieux, et dont tu es créateur, je ne puis
» trouver par toutes mes diligences, si petite place que ce soit,
» propre à repos et vuide de pointure, pour librement annoncer,
» comme je soulais, tes bontés et ta miséricorde, j'en quitte la
» demeure, le louage et le séjour pour retourner, s'il te plait, à
» ce prochain terme, en l'acquêt que tu m'as fait par la mort et
» passion de ton fils bien-aymé. Rends, mon Dieu et père, par ce
» moïen, mon esprit et mon corps tous deux contens et en paix :
» l'un, libre et manumis (*affranchi*), allant à toi, que je vois desjà
» me tendre les bras, l'autre, restant insensible çà bas jusques
» à ce que tu le réanimes, au son de ton avénement. »

Craignant de trop émouvoir son mari, si elle lui annonçait
elle-même qu'elle sentait la mort approcher, la princesse chargea
deux graves personnages, amis de sa maison, de se rendre dans
les appartements de Condé, de lui révéler ce qu'elle pressentait
devoir bientôt advenir, et de lui demander l'autorisation de con-
signer dans un acte authentique l'expression de ses dernières
volontés. « Déclarez au prince, dit-elle à ces deux amis, que,
» puisqu'il plait à Dieu de nous séparer prochainement, quant
» au corps, j'aspire à ce que du moins nos âmes continuent
» d'estre liées inséparablement en l'amour que nous devons por-
» ter à notre commun Sauveur Jésus-Christ, qui nous a délivrés
» si miraculeusement, aux yeux de toute l'Europe, de tant d'en-
» nemis et de dangers..... Déclarez-lui aussi que, pour com-
» mencer de tester, je l'institue héritier universel de la masse de
» l'amour que j'ai voué à mes enfans, et que je le conjure, en les
» aimant désormais doublement pour lui et pour moi, de veiller
» en ma place à ce qu'ils soient élevés en la crainte de Dieu, que
» j'asseure estre le plus certain bien et patrimoine que je puisse
» leur laisser. »

A l'ouïe de cette confiante allocution, les deux messagers
répandirent d'abondantes larmes, s'éloignèrent et revinrent

rendre compte du résultat de leur mission. Arraché enfin à ses coupables préoccupations par la communication qui venait de lui être faite, Condé avait paru en être profondément affecté. Il avait déclaré recevoir de la princesse une leçon de courage qu'il s'efforcerait de suivre par amour pour elle et ses enfants; ajoutant que ceux-ci le trouveraient toujours fidèle aux suprêmes recommandations de leur mère. Il avait parlé longtemps; l'étendue de ses regrets s'était résumée dans les expressions suivantes : « Dieu, qui nous avoit conjoints, nous sépare et délie
» puisqu'il lui plaît, et c'est raison que nous nous conformions
» entièrement à sa saincte volonté. Il est vrai que plus heureux
» est celui qui va à luy que celui qui demeure et qui attend un
» autre passage. Oh! bienheureux le moment que Dieu nous
» ordonnera pour estre réuniz aux cieux en un lien d'éternité!...
» Si je considère et pèse la rareté de l'heur qui se représente
» incessamment devant mes yeux, dont je me prévois privé par
» cette séparation, il ne se peut faire que je trouve ici suffisante
» ou égale consolation, ne pouvant nombrer par tous les millions
» qu'on pourrait assembler l'infinité d'une perte si notable. »

La réponse du prince soulagea le cœur d'Éléonore. Après s'être recueillie devant Dieu dans un sentiment d'actions de grâces, elle fit venir deux notaires et leur dicta un testament dont voici le début :

« Considérant la fragilité et incertitude de cette vie, et que
» Dieu, par ceste griefve maladie dont il luy a pleu me visiter,
» m'advertit, comme par une semonce, de me préparer et donner
» ordre à mes affaires pour estre preste à suyvre promptement
» sa volonté quand il luy plaira de m'appeler : j'ay faict, dict et
» ordonné ce qui s'en suit pour la déclaration de ma dernière
» volonté : — Premièrement, je te supplie, mon bon Dieu, que
» quand il te plaira me délivrer des misères et langueurs de ceste
» vie et tirer mon âme de la prison de ce corps où elle est en-
» fermée pour quelque temps, que par ta bonté et miséricorde,

» tu la veuilles recevoir entre tes mains et la mettre en la pos-
» session et jouissance de la félicité que ton Fils nous a acquise
» par sa mort et passion, et par ce moyen assurer la ferme foy
» que tu nous a donnée par tes promesses, et scellée tant par le
» baptesme que par ta Saincte Cène, de la rémission générale
» de nos péchez, lesquels nous croyons estre tellement effacez
» par le sang et obéissance de ton Fils, qu'ils ne viendront
» jamais en compte devant toi. — Je te recommande en après
» nos enfans, te requérant que, suyvant ta promesse, tu leur sois
» Dieu, père et protecteur, et que, estendant ta bénédiction sur
» eux, il te plaise les illuminer et dresser en la cognoissance et
» en la crainte de ton sainct nom, et te servir d'eux, comme tu
» as faict du père, à exalter ta gloire, à procurer et conserver le
» repos de ton Église, et en arracher tout ce que tu n'y as point
» planté. Fais-les par ta bonté spéciale, instrumens et vaisseaux
» de ta gloire, et les remplis de tes grâces, leur commandant,
» par l'autorité que tu m'as donnée sur eux, qu'ils vouent et dé-
» dient toute leur vie à ton service et celui de ton Église. — Je
» remets la sépulture de mon corps à la volonté de monsieur
» mon mary, sçachant bien qu'en quelque lieu que ce soit, il y
» reposera en une espérance certaine de sa résurrection. »

La princesse règle ensuite, dans l'acte dont il s'agit, la répar-
tition de sa fortune entre ses enfans, fait divers legs charitables,
consacre un fonds spécial à l'entretien des ministres de la Parole de Dieu, dans l'étendue de ses domaines, rémunère ses
gens de service, donne ordre jusque dans les plus petits détails,
à toutes ses affaires avec autant de soin et de présence d'esprit
que si elle eût été en pleine santé.

Après avoir arrêté de la sorte ses dernières dispositions, la
princesse fit appeler le ministre Perussel. « Je désire, lui dit-
» elle, aviser à l'état de ma conscience : non pas que, Dieu merci,
» je ne me sente bien disposée avec mon Créateur et prête d'al-
» ler à lui quand il lui plaira, mais afin que vous, mon père, que

» Dieu a mis pasteur en la famille de monsieur mon mari et
» de moi, connaissiez la face de cette brebis de votre trou-
» peau, et que je meure en ce contentement d'avoir rendu devant
» le ministre de l'Église du Seigneur un véritable témoignage
» de la foi et espérance de salut que j'ai de lui par sa grâce. »

Joignant alors les mains et levant les yeux au ciel, elle rendit ce
témoignage avec une énergie et une lucidité d'expressions re-
marquables, puis termina par une fervente prière.

Une heure après, ayant fait appeler le ministre de l'Espine,
investi, de même que Perussel, de toute sa confiance, elle continua à parler devant lui de sa foi, de ses espérances et de sa vive
gratitude envers Dieu.

Condé survint et lui adressa quelques paroles affectueuses.
« Quatre choses, lui répondit-elle, me rendent heureuse : la pre-
» mière est l'assurance de mon salut ; la seconde, la réputation
» de femme de bien que j'ai toujours eue par la grâce de Dieu ;
» la troisième, la certitude que vous êtes satisfait de moi, parce
» que je vous ai aussi fidèlement servi, aimé et honoré, qu'une
» femme pouvoit, en ce monde, servir, aimer et honorer son
» mari ; la quatrième, ma joie de ce que Dieu laisse à mes en-
» fans un père et une grand'mère qui les nourriront en la crainte
» du Seigneur, selon le principal de mes désirs. Et maintenant,
» ajouta-t-elle, il me faut achever ma course pour gagner le prix
» que je me vois préparé au bout de la lice de cette pénible car-
» rière. »

Lorsque Condé se fut retiré, les enfants de la princesse en-
tourèrent son lit de douleur et reçurent d'elle des témoignages
d'ineffable tendresse.

Un lien particulier l'unissait à Henri, son fils aîné, qu'un
cœur ouvert à la sympathie et à l'affection, un caractère sérieux
et doux, et une intelligence précoce, avaient, dès l'âge de douze
ans, élevé, en quelque sorte, au rang d'ami de sa mère. Il n'avait
jamais quitté Éléonore, avait partagé ses épreuves, prié, pensé,

senti avec elle, et lui avait voué un respect et un amour sans
bornes. Avec quel recueillement et quelle émotion n'entendit-il
pas sa mère bien-aimée lui dire :

« Je vous prie, mon fils, craignez Dieu surtout et l'honorez
» comme l'auteur de tout bien duquel vous devez attendre toutes
» faveurs, puisqu'il a laissé tant d'arrhes de sa bénéficence en
» notre maison, que vous saurez beaucoup mieux juger avec
» l'âge. Croissez en vertu, mon ami, qui est la vraie parure des
» grands, afin que vous soyez capable de faire bientôt service
» agréable au roi, au visage duquel chacun peut connaître l'em-
» preinte d'un prince bien né et d'un petit Josias dont vous
» m'avez si souvent ouï parler. Honorez la reine de Navarre, mon-
» sieur le cardinal de Bourbon, monsieur votre père, madame
» votre grand'mère, vos oncles messieurs de Chastillon et de
» Larochefoucault, qui sont gens craignant Dieu, et qui ont fait
» preuve de leur vertu en beaucoup de sortes. Soyez amateur
» du bien public et le procurez par tous justes moyens, sans
» offenser vostre conscience. Aimez vos deux frères et vostre
» sœur, non comme frère, mais comme père que vous leur devez
» estre, puisque vous estes l'aîné et n'estes plus enfant. Parlez le
» plus souvent que vous pourrez aux ministres Perussel et de l'Es-
» pine pour vostre salut, et croyez le conseil des trois hommes
» de robe longue que vous connaissez estre aimés et estimés de
» monsieur votre père et de moi. Gardez-vous bien de faire ja-
» mais chose, sous couleur qu'on vous pourra dire que votre
» gouverneur, quoiqu'il soit vigilant, n'en saura rien : car vostre
» bon Père, qui est là-haut, voit, connoist et sait tout. Par ainsi,
» vous devez avoir honte de mal faire, comme s'il étoit toujours
» present, selon les belles instructions de vostre livre de Salo-
» mon, qui ne doit jamais sortir de vos mains, afin que toute
» vostre conversation parle et récite à un chacun ce qui y est
» contenu. Soyez doux et traitable à ceux qui le sont ; abaissant
» l'orgueil de ceux que l'audace ferait méconnoistre. Que vostre

» bouche soit le domicile de vérité, vostre main ouverte aux
» pauvres, et vostre maison close aux flatteurs. — Si vous faictes
» cela, mon mignon, vous aurez, comme Abraham, Isaac et
» Jacob, la bénédiction de Dieu et la mienne, que je vous donne
» avec cette bague de diamant, que vous garderez pour l'amour
» de moy et pour souvenance de ce que je vous dis, dont vostre
» gouverneur est témoin, qui vous le saura bien ramentevoir
» en temps et lieu, comme il est soigneux de vostre bien. »

La princesse parla ensuite à sa fille avec une angélique douceur, lui recommandant de retenir soigneusement ce qu'elle
avait dit à son frère Henri, et d'écouter madame de Saint-Cyr,
sa gouvernante, comme une seconde mère.

Ce fut une scène navrante que celle de la désolation de ces
pauvres enfants : ils pressaient de leurs lèvres celles de leur mère,
baisaient ses mains, l'appelaient des plus tendres noms, éclataient
en sanglots, et se tenaient collés à son lit. Éléonore, qui redoutait pour eux un excès d'émotion, eut le courage de prescrire
qu'on les emmenât et qu'on s'efforçât de les calmer.

A quelques instants de là, elle fit approcher ses filles d'honneur et leur dit : « Quelle les priait de se souvenir de la bonne
» nourriture qu'elles avaient prise en sa maison, et de l'exemple
» qu'elle leur avoit donné. Ayez, mes filles, ajouta-t-elle, tou-
» jours la révérence de Dieu devant vos yeux, et que votre hon-
» neur vous soit plus cher que votre vie. Aimez madame de
» Roye, ma mère et ma fille, car elles aiment ce qui me touche
» et continueront à vous nourrir jusqu'à ce que vous soyiez
» mariées. Adieu, mes filles; estimez-moi heureuse et contente,
» et apprenez à bien mourir. »

Au déclin de la journée durant laquelle elle venait de tant
faire pour ceux qu'elle aimait, Éléonore de Roye fut saisie d'un
redoublement de souffrances et d'une forte oppression. Elle dé-
sira que Perussel vînt lui parler de Dieu. Tandis qu'il l'exhor-
tait, elle leva les mains au ciel, et d'une voix qu'entrecoupaient

de légers soupirs, s'adressa à Dieu, en ces termes : « Oh ! mor.
» Dieu, père benin, à ce coup, irai-je à toi? Or, j'ai combattu
» le bon combat, j'ai gardé la foi, j'ai achevé ma course, le tout
» par ta grâce, dont je m'assure que bientôt j'aurai la couronne
» de justice, et vivrai de la vie que tu me gardes et m'as cachée
» en Jésus-Christ. » Puis tendant la main à Perussel : « Mon
» père, lui dit-elle, priez Dieu qu'il me donne persévérance et
» accroissement en toutes ses grâces; qu'il me fortifie contre
» tous assauts et tentations; qu'il me tende toujours les bras,
» comme je vois qu'il fait en son fils Jésus-Christ; qu'il me fasse
» toujours sentir son amour; qu'il me garde, qu'aucun regret
» des choses corruptibles de ce monde ne me surprenne, et que
» la violence du mal ne m'empêche de magnifier son nom et sa
» hautesse. »

Le mal était devenu si violent et la débilité physique de la
princesse s'était tellement accrue, qu'elle pressentit ne pouvoir
bientôt plus parler. Aussi, exprima-t-elle le désir d'avoir avec
son mari un dernier entretien. Il était alors plus de minuit, et
il s'agissait d'aller réveiller le prince; madame de Roye, par mé-
nagement pour sa fille, dont l'épuisement excitait toute sa sollicitude, conseillait qu'on attendît jusqu'au lever du jour : « Non,
» répondit Éléonore; permettez-moi d'insister, car je suis sûre que
» le prince ne sera point marri d'être réveillé pour cette occa-
» sion, et il n'est pas bon d'attendre que je ne puisse plus parler
» pour lui déclarer les choses que Dieu a mises en mon cœur. »

A l'arrivée du prince, les assistants se retirèrent à l'extrémité
de la chambre de la princesse. L'entretien des deux époux dura
environ une heure. Ce fut le dernier que Condé eut avec Éléonore.

Vers le point du jour, la princesse put prendre un peu de
repos; après quoi, ses douleurs se renouvelèrent avec intensité.
« Or sus, mon père, dit-elle à Perussel, c'est maintenant que
» Dieu me veut avoir, dont je suis très-joyeuse : mais, hélas! je

» regrette que ma courte haleine et le catarrhe qui me tombe
» du cerveau m'empêchent de le louer. Priez-le, comme avez
» fait cette nuit, qu'il lui plaise m'accorder une petite trève pour
» l'invoquer : non que je désire plus longuement vivre, car il
» connaît mes pensées et lit aux tablettes de mon cœur. »

Ayant éprouvé du soulagement lorsque la prière fut terminée,
elle fit aussitôt entendre cette action de grâces : « N'est-ce pas
» toi, ô Seigneur immortel, Dieu puissant, sage et bon, qui, sans
» secours des hommes, en un moment apaises mon travail?
» O bonté inestimable, qui te fais si apertement voir, toucher
» et sentir de moi, fortifie l'esprit puisque tu abats le corps! »
Elle continua pendant un certain temps encore à louer Dieu et à
le remercier; puis elle pria pour son mari, pour ses enfants,
pour sa mère, pour l'Église, pour ses parents, ses amis, ses serviteurs et ses vassaux, pour le roi et la tranquillité du royaume.
Elle termina, tant étaient grandes son humilité et la délicatesse
de sa conscience, en demandant pardon à chacun, et particulièrement à sa mère et à sa sœur.

A l'issue de cette scène si émouvante, durant laquelle avaient
coulé les larmes de tous les assistans, la princesse fut saisie d'un
mal au côté et de suffocations. On pria pour elle; sa voix très-
affaiblie put encore se faire entendre pour demander qu'on lui
lût ceux des passages de l'Écriture qui sont le plus propres à
fortifier et consoler le chrétien, aux approches de la mort. Il lui
fut fait lecture notamment de divers textes d'Ésaïe et de l'Apo-
calypse.

Nous touchons maintenant à un moment suprême!

Il est deux heures du matin; Perussel pressent qu'Éléonore
de Roye n'a plus que quelques instants à vivre; et, déférant à la
recommandation qu'elle lui a souvent faite de lui signaler l'imminence de sa fin, il lui annonce que l'heure du départ approche; il l'exhorte au courage, à la confiance dans les compassions divines, et lui demande si elle se sent soutenue par la

vertu et la grâce du Saint-Esprit. Elle lui répond : « Oui, vrai-
» ment, mon père, j'ai en mon cœur ce que Dieu, dès ma jeu-
» nesse, y a mis, l'assurance de mon salut..... Demandez-lui pour
» moi, et je prierai de cœur avec vous qu'il me donne toujours
» la lampe ardente, afin que, quand l'époux viendra, j'entre avec
» lui aux noces ; qu'il me fasse la grâce de toujours veiller afin
» de n'être surprise quand mon Seigneur viendra ; qu'il me donne
» la robe blanche, afin que je suive l'agneau avec cette livrée
» partout où il ira ; qu'il me fasse porter par ses anges, afin que
» je ne choppe, et qu'il m'enlève d'ici-bas. »

Perussel prononce une prière qu'Éléonore accompagne de
ces mots : « O mon Dieu, mon Sauveur, maintenant mon hiver
» est passé, et mon printemps est venu : ouvre-moi donc la porte
» de ton jardin céleste, afin que je goûte le fruit de tes éternelles
» douceurs. »

Le lendemain dimanche, 23 juillet, à sept heures du matin,
Perussel sort pour se préparer au prêche, et est remplacé, près
de la princesse par les ministres de l'Espine et Laboissière. Les
exhortations et les prières se succèdent.

Tout à coup survient une nouvelle hémorrhagie, que rien,
cette fois, ne peut arrêter ; la princesse est en proie à des spasmes
réitérés, le frisson la saisit, elle s'affaisse, pose l'une sur l'autre
ses mains glacées, et, s'adressant à une amie dont elle reçoit les
soins : « C'est à ce coup, ma mie, lui dit-elle d'une voix défail-
» lante, que je m'en vais à mon Dieu. »

Perussel arrive en toute hâte, et, dès qu'elle l'aperçoit, elle
l'accueille en ces termes : « Mon père, parlez pour moi ; faites
» votre office ; vous avez eu la charge de mon âme ; l'ouïe m'en-
» durcit, la voix me fault, mais je vous ferai signe de la tête, si je
» ne puis répondre. »

Perussel et ses collègues assistent de leurs exhortations la
princesse ; ils lui demandent si elle les entend et si son cœur
adhère à ce qu'ils expriment. « Oui, Dieu merci, répond-elle,

» en levant les yeux au ciel »; puis elle ajoute : « Priez pour
» moi, selon que vous connaissez que mon âme le désire. » Un
froid mortel a déjà envahi la majeure partie de son corps, lorsqu'on l'entend prononcer ces solennelles paroles : « Seigneur,
» je remets mon esprit entre tes mains!!! »

Aussitôt, les derniers symptômes de l'agonie se manifestent;
quelques minutes se passent, durant lesquelles les trois ministres entretiennent la mourante de l'assurance de son salut;
elle s'efforce en vain de leur répondre; la voix expire sur ses
lèvres; elle ne peut que leur faire signe de la tête qu'elle les entend; puis, bientôt le signe cesse, et elle exhale en paix son dernier soupir.

Quels hauts enseignements que ceux que présente une telle
fin, couronnant l'existence si noblement remplie d'une jeune
femme de vingt huit ans!!! A chacun le devoir, disons mieux, le
privilége de les recueillir dans le secret de son cœur!

Nous nous bornons à cette seule réflexion, pour laisser parlér
Condé lui-même, au moment où il vient d'apprendre qu'Éléonore de Roye a succombé, et où il est entouré de ses enfants.

« Il ne faut pas, dit-il à sa fille, que vous soyiez seulement
» image de la face de votre mère, mais aussi de son esprit et de
» sa vertu : car encore qu'elle fût belle de corps, ce n'était rien,
» au regard de son âme qui ne fit jamais office que de chasteté,
» non plus que ses yeux, son cœur, sa langue, ses mains, ne ses
» oreilles. Ainsi que vous deviendrez grande et croîtrez, enqué-
» rez-vous toujours bien quelle a été cette bonne mère : et, quand
» vous orrez dire qu'elle n'aima jamais homme que son mari,
» quelle a vécu sans aucune tache de deshonneur, voire sans
» soupçon, que toutes ses actions et contenances ont été saintes,
» pudiques, modestes, rondes et vertueuses : lors, efforcez-vous,
» mignonne, à lui ressembler, afin que Dieu vous assiste comme
» il a fait à elle, que chacun vous estime, et que je vous aime de
» plus en plus, ainsi que je ferai si vous êtes telle. »

« Mon fils, ajouta-t-il, en posant la main sur la tête de Henri
» de Bourbon, vous êtes le premier témoignage de bénédiction
» et faveur de mariage que Dieu nous a donné à votre mère et
» à moi, et le lien renforcé de notre amour. Regardez à me don-
» ner toujours joie et consolation, comme vous ferez si vous
» suivez les brisées que votre mère a posées au chemin de vertu.
» Reconnaissez-en la piste et la trace, de peur de vous fourvoyer
» par les sentiers du dangereux dédale de ce monde. Les fils se
» conforment ordinairement aux pères : mais vous tâcherez
» principalement de ressembler aux mœurs et vertus de votre
» mère ; car on vous racontera et orrez quelquefois de votre père
» et de sa vie choses que ne devez ensuivre, comme en d'autres
» le devez imiter ; mais à votre mère, de la vie et de la mort de
» laquelle Dieu s'est voulu servir, vous n'y trouverez rien qui ne
» soit digne d'être suivi et étroitement gardé, comme elle était
» digne d'être mise aux premiers rangs des vertueuses femmes.

Oui, disons avec Condé, que Dieu s'est voulu servir de la vie
et de la mort d'Éléonore de Roye comme d'un double modèle à
suivre dans la voie évangélique (1).

Quoi de plus propre, en effet, à épurer et à fortifier notre
cœur, lorsque nous nous livrons à l'étude du passé, que le culte
des pieux souvenirs, et qu'un commerce assidu avec de nobles
caractères ! De là la salutaire influence qu'exerce sur des esprits
non prévenus toute biographie chrétienne, vraiment digne de
ce nom ; de là aussi cette énergique conviction, qui stimule et
féconde, de nos jours, d'importants travaux, savoir : que l'histoire du protestantisme français n'est jamais plus grande, que
lorsqu'elle nous transporte par ses récits biographiques sur les
hautes cimes de la foi, et qu'elle nous révèle par des faits empreints d'une incontestable autorité, le sens chrétien de ces mots :
bien vivre, bien mourir.

(1) Voir Appendice, n° 39.

APPENDICE

I

Une lettre adressée de Nisy-le-Château, le 12 juin 1554, par le roi
au duc de Nevers (*Bibl. nat., mss. f. fr., vol.* 3136, *f°* 24) nous fixe
sur la nature du commandement dont fut investi, à cette époque,
Louis de Bourbon : « Mon cousin, y dit le roi, mon cousin *le prince*
» *de Condé* m'a fait entendre le désir qu'il a de vous accompaigner
» avecques les chevaulx-légiers, en l'entreprise que je vous ay na-
» guères commandé aller exécuter pour mon service ; ce que je luy
» ay voluntiers accordé par l'asseurance que j'ay, que ce vous sera
» grand plaisir de l'avoir auprès de vous, et que vous en serez
» d'autant plus fort, et pour ce qu'il m'a semblé raisonnable que je
» ne povois moins faire pour luy, allant à cest exploict que de luy
» donner à commander aux aultres chevaulx-légiers, etc., etc. »

II

La permanence des douloureux regrets de Jeanne est attestée par
une lettre qu'elle adressa, longtemps après la mort de sa mère, à
la connétable de Montmorency, au sujet d'un deuil de famille imposé à cette dernière (*Bibl. nat., mss. f. fr., vol.* 3260, *f°* 9) : « Ma

» cousine, lui disait-elle, je vous donnerois occasion d'ignorer
» l'amitié que je vous porte sy, à ce coup, je faillois à vous visiter,
» non pour adjouster aultre consollation à vostre ennuy, que celle de
» tant de gens de bien que je suis asseurée qu'avés eue, mais pour
» vous tenir compagnie à me plaindre de mon costé, de la perte
» d'une si bonne parente et amie, vous asseurant, ma cousine,
» *qu'après avoir esprouvé la perte d'une telle mère que j'avois*, je
» plains d'aultant la vostre; et, pour n'adjouster renouvellement à
» vostre fâcherie, je suplieray le souverain consollateur des affligés
» vous donner le remède qu'il cognoist vous estre nécessaire, etc. »

Il est intéressant de constater qu'une femme éminente, Renée de
France, duchesse de Ferrare, avait, depuis la mort de Marguerite,
reine de Navarre, mère de Jeanne d'Albret, voué à celle-ci une
affection maternelle. « Comme la feue royne de Navarre, écrivait
» Renée, a esté la première princesse de ce royaume qui a favorisé
» l'évangile, il pourroit estre que la royne de Navarre, sa fille, par-
» viendra à l'y établir; et me semble qu'elle y est autant propre que
» princesse ny femme que je cognoisse; *je lui porte amour de
» mère*, et admire et loue les grâces que Dieu luy a départies. »
(Lettre à Calvin, du 21 mars 1563. — *Bibl. nat., mss. Fnods Dupuy,
vol.* 86, p. 120 à 125.)

III

La correspondance d'Antoine de Bourbon avec de Humières, gouverneur de Péronne, Montdidier et Roye, témoigne des égards dont
ce prince aimait à entourer la mère de sa belle-sœur, la princesse
de Condé. C'est ainsi qu'à son sujet il écrivait d'Amiens, le 20 novembre 1551 (*Bibl. nat., mss. f. fr., vol.* 3131, fº 70) : « Monsieur
» de Humières, j'ay esté requis par madame de Roye, lui promettre

» pouvoir faire tenir une lettre qu'elle escript à la royne douairière
» de France (1) ; ce que voluntiers luy ay accordé. Je vous envoye la
» dite lettre pour la luy envoyer par le costé de Cambrai ; ce que
» vous prie incontinent faire, car elle importe les affaires de la dite
» dame de Roye, *à laquelle je désire faire tout plaisir*, espérant que
» ainsy le feray, etc., etc. »

IV

Brantôme (édition L. Lal., t. IV, p. 355) dit : « M. de Laroche-
» foucault, très-grand seigneur en Guyenne..., estoit fort vieux capi-
» taine, bien qu'il feust jeune, pour les guerres estrangères qu'il
» avoit veues dès son petit âge, estant à la suite de M. d'Orléans,
» et toujours continué sous le roy Henry, qui l'aimoit uniquement
» et lui estoit plus privé et familier qu'aucuns de ses favoris, et se
» jouoient ordinairement ensemble, comme s'ils eûssent esté pareils,
» car ledit comte estoit de très-bonne et très-plaisante compagnie,
» et disoit des mieux le mot ; au reste, très-bon seigneur et qui
» n'offensoit jamais personne. »

V

Jean Mergey, gentilhomme champenois, attaché à la personne
du comte de Larochefoucault, a laissé des mémoires dans lesquels il

______

(1) Éléonore, sœur de Charles-Quint, qui vivait alors retirée dans les Pays-Bas.

dit, sous la date de 1556 (édit. de 1788, in-8°) : « Le dict sieur
» comte, laissant sa compagnie en garnison à Pierrepont, s'ache-
» mina avec son train pour aller à Paris trouver le roi, et estant près
» de Senlis, il sçeut les nouvelles de la mort de madame la comtesse
» sa femme, qui luy causa un extrême deuil en son âme ; et ayant
» gaigné Paris, s'alla enfermer en l'abbaye de Saint-Victor pour éva-
» porer ses soupirs et regretz, où il eust demeuré longtemps, sans
» ses amis, qui par importunité l'en firent sortir. »

VI

Il n'en fut pas de même de *Fulvia Pica*, femme du comte de
Randan, frère du comte de la Rochefoucault, et sœur de *Silvia Pica*.
Fidèle à une grande affection, elle demeura toujours veuve. *Brantôme* (*D. gal.*, 4ᵉ disc., Vᵒ Madame de *Randan*) dit à son sujet :
« Madame de Randan, dicte Fulvia Mirandola, de la bonne maison
» de Lamirande, demeura veuve en la fleur de son âge et très-belle.
» Elle fit un si grand deuil de sa perte, que jamais elle n'a daigné
» se regarder en son miroir, et a desnié son beau visage au blanc
» cristal qui la desiroit tant veoir....., pour un vœu qu'elle avoit
» faict à l'ombre de son mary, lequel estoit un des parfaicts gentils-
» hommes de la France, pour lequel elle quitta toute mondaineté,
» jamais ne s'habilla que fort austèrement et religieusement avec
» son voile, et ne monstrant jamais ses cheveux, et coiffée plustost
» négligemment, monstrant pourtant avecques son incuriosité une
» grande beauté. Aussy feu M. de Guyse, dernier mort, ne l'appeloit
» jamais que moyne. »

VII

Écoutons, au sujet de la captivité de François de Larochefoucault, le fidèle *Mergey* (*Mém. sur les ann.* 1557 et 1558) qui, tombé au même moment que lui entre les mains de l'ennemi, et pouvant presque aussitôt recouvrer la liberté, avait préféré ne pas quitter le comte, tant que ce dernier resterait prisonnier.

« La ville de Saint-Quentin prise, dit-il, cinq ou six jours après,
» M. l'admiral et M. le comte furent chargez sur un chariot de
» Flandres et menez à Cambray, conduits par les gardes du corps
» du roy d'Espagne. M. l'admiral avoit avec luy deux de ses gentils-
» hommes prisonniers, Favaz et Avantigny, et moy avec M. le comte.
» De Cambray, le lendemain, ledit sieur admiral et comte furent
» séparez, M. l'admiral mené à l'Isle-en-Flandres, et M. le comte
» à Genap en Hainault, à 10 ou 12 lieues de Mariembourg, chas-
» teau fort et commode à garder prisonniers, tout environné d'eau,
» où furent aussi amenez avec nous le capitaine Breuil de Bretagne
» avec sa femme et deux damoiselles ; il estoit gouverneur de Saint-
» Quentin lorsqu'elle fut prise ; y furent aussy amenez prisonniers
» les capitaines Saint-André, provençal, Lignières et Rambouillet,
» qui avoient chacun une compagnie dedans Saint-Quentin. Un ser-
» gent espagnol avec quinze soldats avoit charge de nous garder au
» dit chasteau, où durant le séjour que nous y fismes, qui fut près
» de six mois, je m'accostai d'un soldat de nostre garde qui estoit
» Maure ; le sçeuz si bien persuader qu'il se résolut de faire sauver
» mon dit sieur le comte et tous les autres prisonniers, moyennant
» mille escus que le comte lui promist et de le garder tousjours en
» France, avec une pension de cent escus par an, sa vie durant. »

Mergey entre dans le détail des tentatives d'évasion, nous apprend

pourquoi elles échouèrent. et ajoute : « Voilà le succès de notre
» entreprise, de laquelle estant adverty, le comte de Mansfeld, de
» qui M. le comte estoit prisonnier, et craignant qu'estant si près
» de la frontière de France, il essayast encore quelques autres
» moyens pour se sauver, le feit mener en Hollande, chez un beau-
» frère nommé M. Bréderode, à Vienne (Vierten), près de la ville
» d'Utrecht, où nous demeurasmes onze mois avec bonnes gardes
» nuict et jour ; de sorte que toutes nos espérances pour nous sau-
» ver furent perdues ;..... qui estoit assez pour se fascher et ennuier ;
» durant lequel temps, mondit sieur le comte fut surpris d'une
» fiebvre continue si violente, que nous fusmes longtemps que nous
» n'en espérions que la mort ; mais Dieu luy fit miséricorde, luy
» renvoyant sa santé. — Le comte de Mansfeld (1), craignant quel-
» que rechute qui l'emportast, se hasta de le mettre à rançon, et
» après avoir bien disputé, enfin il promit trente mil escus. »

L'accord étant conclu, *Mergey* fut immédiatement envoyé en
France. Voici en quels termes il raconte l'entrevue qu'il eut, au
Louvre, avec Odet de Châtillon et Henri II : « Le cardinal me reco-
» gnoissant, vint à moi, me menant à une fenestre près la porte de
» la chambre, lequel lut les lettres que je lui avois apportées. Le roy
» estant debout, qui se chauffoit, me voyant botté et crotté comme
» un courrier, et M. le cardinal lisant les dites lettres, luy de-
» manda : Quelles nouvelles avez-vous là ? Qui lui dit : Sire, c'est
» de mon nepveu de Larochefoucault. — Le roy, en tressaillant, me
» demanda : En venez-vous, mon gentilhomme ? — Ouy, sire. —
» Comment se porte-t-il ? — Sire, il a esté fort malade ; mais, Dieu
» merci, il se porte bien à ceste heure. — Est-il à rançon ? — Ouy,

(1) La rapacité de Mansfeld était effroyable. De Thou (*Hist. univ.*, t. II,
p. 516) en signale les excès, après la prise de Saint-Quentin, en ces termes :
« Ce fut alors que Mansfeld, pour se dédommager, comme il le disait, des pertes
» que sa prison lui avait causées, fit un trafic infâme. Il acheta à vil prix les pri-
» sonniers du soldat, qui ne les connaissait pas, et en tira depuis de grosses
» rançons. Tout le monde trouva ce procédé dur, cruel, et contraire au droit des
» gens. Il est toujours sûr que la manière indigne dont il traita ses prisonniers
» en obligea plusieurs à donner pour leur rançon plus que leur fortune et leur
» condition ne leur permettaient. »

» sire. — A combien? — A trente mille escus, sire. — Foy de
» gentilhomme, dist le roy, il ne demeurera pas pour cela. Y
» retournez-vous? — Ouy, sire. — Faites-luy mes recommanda-
» tions, et qu'il prenne courage, et que je luy garde un bon cour-
» tault pour courir le cerf. »

Il s'agissait de se pourvoir, au plus vite, de fonds et de cautions
sûres : l'affaire ne languit pas entre les mains de négociateurs aussi
dévoués que le cardinal de Châtillon et Mergey. Ce dernier, qui
n'avait passé que trois jours à Paris, rapporta à Arras, au comte de
Larochefoucault, la somme et les engagements de cautions sur lesquels il comptait pour recouvrer sa liberté, et reprit avec lui le
chemin de la France. La comtesse, accourant à Noyon, au-devant de
son mari, eut bientôt la joie de le serrer dans ses bras.

VIII

Nous croyons devoir reproduire ici le préambule du contrat de
mariage dressé, le 19 janvier 1559 (Bibl. nat., mss. f. fr., vol. 2749,
f⁰ˢ 113 et suiv.), afin de faire connaître le rang qu'occupaient, à la
cour, selon l'ordre des préséances, la reine de Navarre, le prince et
la princesse de Condé, ainsi que le duc et la duchesse de Nevers. —
« Furent présens et comparurent en leurs personnes, très-haut,
» très-excellent et très-puissant prince, Henry, par la grâce de Dieu,
» roy de France, et très-haulte, très-excellente et très-puissante
» princesse Catherine, par la mesme grâce royne de France, sa com-
» pagne, en leurs noms et comme stipulants en ceste partie pour
» haute et puissante princesse, madame Claude de France, leur fille,
» d'une part; et très-excellent et puissant prince Charles, duc de
» Lorraine, de Calabre, de Bar et de Gueldres, Marches, marquis du
» Pont, comte de Vaudémont, de Blamont et de Zutphen, d'autre;

» lesquelles parties, de leur bon gré, confessèrent et confessent, en
» la présence de très-hauts et très-puissants princes et princesses,
» le roy, la royne, dauphins, messeigneurs Charles, Maximilien,
» duc d'Orléans, Alexandre, Edwart, duc d'Angoulesme, et madame
» Marguerite, filz et fille du roi, madame Marguerite, duchesse de
» Berry, sœur du roy, *Jehanne*, par la grâce de Dieu, royne de
» Navarre, messeigneurs les révérendissimes cardinaux de Lorraine,
» de Bourbon, de Sens, garde-des-sceaux de France, de Chastillon
» et de Guyse, messieurs *Louis de Bourbon, prince de Condé*, Ni-
» colas de Lorraine, comte de Vaudémont, François de Lorraine,
» duc de Guise, pair et grand chambellan de France, *François de*
» *Clèves, duc de Nevers*, René de Lorraine, marquis d'Elbœuf, et
» Anne, duc de Montmorency, connestable de France; mesdames les
» *princesse de Condé*, comtesse de Vaudémont, duchesse de Guyse,
» *duchesse de Nevers*, et autres princes et princesses, seigneurs et
» dames, à quoy assistèrent aussy plusieurs des gens du conseil de
» mon dit sieur de Lorraine, avoir faict et font entre elles les traité,
» accord, convenances, douaire et choses cy après déclarées, pour
» raison du mariage qui, au plaisir de Dieu, sera de bref faict et so-
» lennizé en saincte église, du dit sieur duc de Lorraine, et de la
» dicte dame Claude, c'est à sçavoir..... faict et passé au chasteau du
» Louvre, à Paris, en la présence de nous, notaires et secrétaires de
» la maison et couronne de France, conseillers et secrétaires d'Estat
» et des finances, le 19ᵉ jour de janvier 1558 (1559) [n. s.] (signé)
» du Thier, de l'Aubespine, Boudin, Robertet. »

IX

Deux lettres écrites, quelques jours avant le sacre de François II,
par Condé, prouvent que la sollicitude fraternelle l'emportait aisé-

ment, chez lui, sur les préoccupations de prince du sang, dès qu'il
s'agissait de son amitié pour sa sœur et son beau-frère.

De là cette lettre (Bibl. nat., mss. f. fr., vol. 3134, f° 47) adressée
à la duchesse de Nevers : « Madame ma seur, la pene en coy je suys
» d'avoir antandu que monsieur mon frère se trouvet ancore mal
» ma faict vous anvoier Dupré, présent porteur, pour vous suplier
» bien humblement man vouloyr mander de ses nouvelles, et come
» y se porte…, que sy je pansés ly povoyr servir de quelque chose,
» je ne fodrés l'aler trover, et sy vous conessés que je luy puysse
» servyr, je vous suplie de la plus grande afession quy met po-
» syble vousloyr me le mander, car je ne fodrés l'aler servyr de sy
» grande afession que je vous suplye d'avoyr pour agréables mes
» biens humbles recommandassions à vostre bonne grase et de ne
» poynt esparnyer la pene de seluy quy vous sera pour jamays vostre
» bien humble et obéissant frère, Loys de Bourbon. »

Le 3 septembre 1559 (Bibl. nat., mss. f. fr., vol. 3124, f° 48),
Condé écrivait au duc de Nevers : « Monsieur mon frère, retour-
» nant de Soissons, où j'estois allé avec le roy mon frère, on m'a
» dict qu'il y avoit icy ung de voz laquaiz, dont j'ay esté bien ayse,
» pour avoir moien de vous escrire ce mot de lettre par lequel
» je vous suplie bien humblement me mander de voz nouvelles
» desquelles je suis en peine pour le long temps qu'il y a que je
» n'en ay sçeu, et ne seray à mon ayse que je ne soys certain qu'elles
» soient bonnes, pour estre aujourd'huy une des choses de ce
» monde que je desire autant. Vous me ferez, s'il vous plaist, ce
» bien que par mesme moyen je sçauray come ma seur se porte,
» actendant que je puisse avoir ce plaisir de vous veoir tous deux à
» ce sacre qui doibt estre le quinze ou seiziesme de ce moys. Je
» m'asseure que l'on vous a escript bien au long des aultres nouvelles
» de ceste cour. Cela me gardera de vous en faire redicte; seule-
» ment je vous diray pour la fin de ma lettre que je ne faudray de
» faire en sorte que vous aurez ung bon cheval pour le jour du
» sacre, ainsy que je vous ay promis. Cependant je vous suplye,
» monsieur mon frère, me tenir en vostre bonne grace pour bien
» humblement recommandé, et je prieray Dieu vous donner en très

» bonne santé, aussy heureuse et longue vye que vous la desire, de
» Villiers-Cotheretz, ce 14 septembre, vostre plus humble et obéis-
» sant frère, Loys de Bourbon. »

X

Une lettre, adressée le 15 février 1559 (Bibl. nat., mss. f. fr., vol.
3212, f° 55), par la comtesse de Roye à la duchesse de Nevers,
porte : « Madame, encores que je sache assez n'estre besoing vous
» ramentevoir la promesse qu'il vous a pleu faire en ma faveur à
» ma femme de chambre, du premier office de sergent qui vacque-
» roit en vostre ville de Coulommiers, toutesfois pour ce que je
» suis advertye que vos officiers y font difficulté qui pourroit estre
» cause de retarder la dépesche de celluy qui vacque de ceste heure
» par le décès d'un nommé Pierre Drouyn, je n'ay craint vous im-
» portuner de ce mot de lettre, pour vous supplier, Madame, vou-
» loir exécuter vostre promesse à ceste si bonne occasion, qui sera
» obligation perpétuelle à ceste pauvre femme de prier Dieu pour
» vous, et à moy de vous faire très humble service, toute ma vie,
» que je desireray estre continuée en vostre bonne grâce, la saluant
» de mes très humbles recommandations. Je supplye le créateur
» qu'il vous doinct Madame, en aussi parfaite santé, prospère et
» longue vie que la vous desire De Roucy, ce quinzième jour de
» février 1558 (1559, n. st.), vostre très-humble servante, Madelene
» de Mailly. »

XI

La reine de Navarre écrivait à la duchesse de Nevers (Bibl. nat.,
mss. f. fr., vol. 3143, fᵒ 16) : « Ma sœur, ayant eu des nouvelles
» du roy mon mary, qui m'a commandé aller à ....., pour ce qu'il
» s'y doit trouver, je n'ay voulu faillir à vous suplier me faire
» tant d'honneur et plaisir m'y venir trouver. Ce sera demain que
» j'iray, ainsy que mon frère de Nevers s'y doit trouver, qui vous
» fera faire vostre voyage de meilleur cœur; et sur l'espérance de
» vous veoir bientost, je suplieray Dieu, ma sœur, vous donner
» ce que vous desire vostre bien bonne sœur et amie, Jehanne. »

« Ma sœur, disait ailleurs (Bibl. nat., mss. f. fr., vol. 3124,
» fᵒ 45) Jeanne d'Albret à la duchesse, vous savez la fiance que j'ay
» en vous!!.. Vous pouvez avoir sçeu comme je suis aultant en
» payne, en absence qu'en présence, par gens qui content plus
» qu'ils ne sçavent. Je vous supplie me renvoyer (la lettre) et n'en
» parler à personne, faisant en cela ce que vous vouldriés que je
» fisse pour vous, et brusler ceste-cy; supliant Dieu, ma sœur, vous
» donner ce que vous desire de bon cœur celle que trouverés à ja-
» mays vostre bien bonne sœur et parfaite amie, Jehanne. »

XII

Voir, au sujet de l'intervention de madame de Roye en faveur
des réformés, près de la reine mère, Tavannes, *Mém.*, chap. XV;
Régnier de Laplanche, *Hist. de l'Estat de France sous François II,*

édit. de 1576, p. 35, 37, 66, 67, 68 ; Théodore de Bèze, *Hist. eccl.*,
édit. de 1580, t. I, p. 225, 228 ; *Calendar of State papers, foreign
series*, vol. 1558-1559, p. 549.

Une lettre, adressée le 11 septembre 1559 à Calvin par Fr. de
Morel (voir M. Coquerel, *Hist. de l'Égl. réf. de Paris, p. hist.*,
p. 15) contient le passage suivant : « Madame de Roye, une de tes
» compatriotes, est une véritable héroïne. Comme elle s'appitoyait
» sur notre sort devant la reine-mère, et qu'elle rappelait la mort
» étrange qui a frappé le roi, au moment où il nous persécutait le
» plus cruellement, la reine s'écria : Comment ! j'entends dire qu'il
» n'existe aucune race plus haïssable. Madame de Roye répondit
» qu'il est facile de nous imputer n'importe quoi, puisque personne
» ne peut nous défendre. Si la reine, ajouta-t-elle, nous connaissait
» mieux, nous et notre cause, elle en jugerait tout autrement.
» Celle-ci en vint à dire, dans le cours de la conversation, qu'elle
» désirerait entendre l'un de nous, surtout Chandieu dont on parle
» tant. Ce serait facile s'il pouvait arriver librement, répondit ma-
» dame de Roye, mais je craindrais d'exposer un pareil homme à
» des périls. La reine affirma qu'il ne courrait aucun danger de sa
» part, mais elle exprima le désir qu'il vînt dans le plus grand se-
» cret, et indiqua comment cela pouvait se faire. Sur-le-champ
» madame de Roye nous le fit savoir par un exprès à cheval, nous
» conjurant de ne pas laisser échapper une pareille occasion. C'est à
» tort, disait-elle, qu'on a cru que la reine avait déjà lu des livres
» pieux et entendu des hommes savants et vraiment chrétiens ;
» qu'elle ait une conversation avec notre Chandieu, et il est à es-
» pérer qu'elle changera d'avis et nous deviendra favorable. Dans
» le Consistoire qui fut aussitôt convoqué, on débattit longtemps le
» pour et le contre ; enfin Laroche-Chandieu ayant courageusement
» déclaré être prêt à faire cette démarche, on décida d'essayer ce
» qu'il pourrait obtenir de la reine. Après avoir invoqué l'aide du
» Seigneur, nous l'avons donc laissé partir, ce qui m'a plongé dans
» une grande anxiété. Nous attendons maintenant le résultat de
» cette périlleuse démarche. Que notre miséricordieux Jésus daigne
» la couronner de succès ! »

. *Régnier de Laplanche* (ouvr. cit., p. 63) nous apprend, en ces termes, que la démarche échoua : « Le ministre de l'Église de Paris
» s'achemina à un petit village près de Reims pendant le sacre du
» roi François II. Il séjourna là un jour entier, attendant l'oppor-
» tunité de pouvoir conférer avec la royne, qui y estoit lors, suyvant
» ce qui en avoit esté arresté. Ce qui fut empesché à l'occasion que
» ce jour elle fut visitée par plusieurs cardinaux et autres seigneurs
» estans venus au sacre. Au moyen de quoy ce ministre s'en retourna
» à Paris, sans pouvoir rien avancer, d'autant que ladite dame ne
» voulut estre apperçeue vouloir conférer avec les ministres de la
» religion, ni leur porter faveur. Et dès lors ceux de la religion
» perdirent l'espérance qu'ils avoient conçue de cette princesse,
» laquelle leur fit beaucoup de maux, en laschant la bride aux per-
» sécutions incontinent après esmeues contr'eux. »

XIII

Régnier de Laplanche (*ouvr. cit.*, p. 24) dit : « Quant aux prin-
» ces du sang, après que du commencement le roy leur eust mons-
» tré autant de bon visage que ceux de Guise pensèrent estre propre,
» tant pour les emmieller, que pour en acquérir quelque bonne
» réputation du peuple, ils ne furent non plus soufferts près sa per-
» sonne. Car la royne ni ceux de Guise ne voulans avoir tels com-
» pagnons, trouvèrent moyen de les envoyer au loin, sous couleur
» de quelques honorables charges. Le prince de Condé fut envoyé
» en Flandres pour la confirmation de la paix et pour entretenir
» amitié et alliance avec le roy d'Espagne. Et combien qu'il eût
» peu de moyens de despendre après si longues guerres, si luy
» fallut-il entrer en nouvelle despence, selon sa grandeur, sans estre
» aidé du roy *que de mille escus.* »

De Thou (*Hist. univ.*, t. II, p. 686) relève ce qu'avait de blessant pour Condé l'allocation dérisoire de mille écus, en pareille circonstance. « Le prince de Condé, dit-il, n'eut pour son voyage que
» mille écus d'or que le cardinal de Lorraine, surintendant des
» finances lui accorda dédaigneusement, se faisant un faux honneur
» de vouloir rétablir les finances et ménager l'argent du roi, tandis
» qu'il faisait injure par cette épargne honteuse à un prince généreux
» mais indigent, en une occasion où il s'agissait de soutenir avec
» éclat la dignité du roi et celle du ministère qui devait le repré-
» senter. »

Désormeaux (*Hist. de la maison de Bourbon*, t. III, p. 320, 321) ajoute : « Il n'était pas en la puissance de l'injuste ministre
» d'avilir la noblesse du caractère de Condé : pauvre mais généreux,
» sans proférer des plaintes indignes de lui, il emprunta une somme
» considérable, et donna à la cour du plus riche monarque de
» l'Europe une aussi haute idée de sa magnificence que de son
» esprit et de ses grâces. »

XIV

L'espionnage exercé alors sur la princesse de Condé, en particulier, par certains suppôts des Guises, dégénérait parfois en scènes grotesques. En voici une qui eut lieu dans la capitale, à une époque voisine de celle du tumulte d'Amboise.

« Au commencement du caresme, la princesse de Condé estant
» à Paris, les sorbonistes députèrent deux d'entre eux pour luy
» aller remonstrer qu'elle faisoit chose mauvaise et scandaleuse de
» manger chair en ce temps-là : l'on les chargea aussi de retenir
» songneusement sa response et contenance. Estans entrez en la
» salle de son logis, il s'y trouva d'avanture un gentilhomme nommé

» Sechelles, du païs de Picardie, qui les aimoit comme une espine
» en son doy, pour le mal qu'il avoit reçeu d'eux. Toutesfois ne le
» cognoissant point, ils luy déclarèrent leur légation. Ladite dame,
» d'ailleurs advertie de leur venue, s'adressant à Sechelles demanda
» que c'estoit. Que c'est, Madame? répondit il. Messieurs de Sor-
» bonne ont eu crainte que fùssiez en peine de recouvrer de la chair
» ce caresme : et sur ce, voyci deux gras et gros veaux qu'ils vous
» envoyent. De quoy ces vénérables honteux s'en retournèrent sans
» fairè leur légation. » (R. de Laplanche, *ouvr. cit.*, p. 154, 155).

XV

L'ambassadeur vénitien, *Jean Michiel*, parlant, en 1561, de Catherine de Médicis, dans une relation officielle (voy. Tommasco, *Relat.*,
t. I, p. 427) disait : « Je tiens des personnes qui depuis longtemps la
» connaissent parfaitement, que ses desscins sont très-profonds, et
» qu'elle ne se laisse pas pénétrer facilement; car, ainsi que Léon X
» et tous ceux de sa maison, elle possède bien l'art de la dissimula-
» tion. Cela s'est vu principalement dans la détention du prince de
» Condé. Non-seulement elle ne montra aucune mauvaise disposi-
» tion contre lui, mais elle trompa le prince de La Roche-sur-Yon,
» le cardinal de Bourbon et d'autres qui lui parlaient en faveur
» de Condé. Elle leur donna les meilleures paroles du monde, et leur
» dit que, s'il venait, il serait bien vu et encore mieux traité; et puis
» elle en agit ainsi que votre Sérénité le sait bien : elle le traita
» comme on ne traiterait pas non-seulement un prince du sang, mais
» le plus chétif gentilhomme de ses sujets. »

XVI

« La cause portée dans la commission (de Carouges et de Re-
» nouart) estoit que la dame de Roye avoit certaine intelligence et
» participation des conspirations, entreprinses et séditions qui s'es-
» toient pratiquées et duroyent encores en ce royaume, et des
» autheurs et fauteurs d'icelles, desquels ledit seigneur (roy) dési-
» rant savoir et entendre la vérité pour pourvoir au danger qui en
» dépendoit et chastier les coulpables autant que leur faute l'avoit
» mérité, ayant pour ceste cause Sa Majesté arresté par l'avis d'au-
» cuns bons et grands personnages de son conseil de la prendre
» prisonnière, commandoit très expressément aux dessusdits d'eux
» transporter en la maison de ladite dame, la part qu'elle seroit et
» de se saisir de sa personne pour la mener prisonnière à Saint-
» Germain-en-Laye, afin d'avoir plus de lumière de ce que Sa Ma-
» jesté désiroit savoir d'elle, et de la participation et intelligence
» qu'elle avoit eue pour les cas et crimes dessus dits. Et surtout
» leur estoit enjoint de se saisir de tous les papiers qui se trouve-
» roient en sa possession pour les luy envoyer fidélement et dili-
» gemment. »

XVII

« Afin que (le prince), sous sa taciturnité, ne fût condamné
» comme convaincu, il fut advisé qu'il respondroit pardevant ledit

» Robert, son advocat : auquel il fut enjoint de demander audit
» prince ce qu'il vouloit dire sur les accusations et crimes que
» l'on luy mettoit sus, et de luy faire signer sa response; ce qu'il
» fit. Or, de ladite response l'on ne pouvoit rien tirer pour asseoir
» jugement sur sa condamnation : toutefois l'on avoit gagné ce
» point sur luy, qu'il avoit respondu. Sur cela l'on assembla grand
» nombre de chevaliers de l'ordre et quelques pairs de France, avec
» plusieurs autres conseillers du privé conseil, par l'advis desquels,
» ainsi que plusieurs estimoient, après avoir vû les charges et infor-
» mations, il fut condamné à la mort; dont l'arrêt auroit esté signé
» de la plus grande partie. Cela estant, ledit advocat Robert, qui
» l'avoit au commencement bien conseillé, sembla avoir fait une
» grande faute, et luy avoit fait grand préjudice de le faire res-
» pondre aux articles que lui avoit proposez le président. Mais il
» lui fit encore plus de tort de les luy faire signer, quoiqu'il eûst
» commandement de ce faire : car le roy ne le pouvoit aucunement
» contraindre de faire de son advocat son juge. » (Castelnau,
Mém., t. I, p. 55.)

XVIII

Le Laboureur, addit. aux *Mém.* de Castelnau, t. I, p. 514, 515 :
« On auroit crû, à voir la contenance de ce prince (Condé), qu'il
» représentoit un personnage emprunté, tant il témoigna de gran-
» deur d'âme et de mépris de la mort et de ses ennemis, qu'il
» n'essaya pas de fléchir d'une seule parole. Aussitôt que le roy eut
» expiré, un valet de chambre picard, qui le servoit dans sa prison,
» ne sçachant comment lui en annoncer la nouvelle, en présence
» du capitaine de sa garde avec lequel il jouoit, tournoyoit autour
» de la table, et faisoit milles signes, qui ne servoient qu'à mettre
» le prince en peine, jusques à ce qu'il s'avisa, sans faire semblant

» de rien, de laisser tomber une carte et de se baisser comme pour
» la ramasser, en mesme temps que le valet, qui lui dit ces propres
» mots à l'oreille : Nostre homme est croqué. Il acheva sa partie
» avec la même tranquillité d'esprit qu'il avoit toujours conservée,
» et après rompit le jeu, comme pour se reposer, mais pour estre
» plus au long informé de cette mort, qui ne luy fit échapper
» aucune marque ny de joye ni de ressentiment contre le feu roy. »

XIX

Calvin approuvait en cela le prince de Condé, ainsi qu'en témoigne ce passage d'un mémoire qu'il adressa, en décembre 1560, aux
ministres de Paris (voy. *Lettr. franc.* de Calvin, t. II, p. 345) : » Que
» la délivrance du prisonnier (Condé) ne se face que par sentence et
» procès vuidé, afin qu'à l'advenir il ne demeure tache ne reproche,
» ce qui est pour son interest particulier, afin de l'exempter qu'il
» ne soit subject à estre fasché ou inquiété de nouveau à l'advenir,
» selon les occasions qui se pourroient présenter, car par ce
» moyen la porte sera fermée de luy faire moleste. Il y a aussi la
» conséquence pour soulager les autres prisonniers et faire une
» bonne vuidange de la cause. Sans cela ce sera tousjours à recom
» mencer. »

XX

Les deux documents suivants se rattachent, le premier, à la grave
maladie qu'éprouva Condé, en 1562, à Orléans, avant son expédi-

tion contre Paris; le second, à son état de souffrance lors de cette expédition.

I. — Prière des médecins de monsieur le prince, malade, qu'ils faisoient en sa chambre avant que l'approcher.

« Nostre aide soit au nom de Dieu qui a fait le ciel et la terre.

» Seigneur Dieu, père éternel et tout-puissant, puisqu'il t'a pleu,
» par ta miséricorde infinie nous commander que t'invoquions en
» nos nécessités, avec promesse de nous exaucer en tout ce que
» nous te demanderons en foy et au nom de ton fils bien-aimé,
» nostre Seigneur Jésus-Christ, reconnaissant l'imperfection qui est
» en nous et le grand nombre de péchez qui nous empeschent d'ap-
» procher de toi, ton ire estant provoquée par iceux à l'encontre de
» nous premièrement retournant à toy de cœur et en vérité selon
» ton commandement, nous te prions qu'il te plaise nous pardonner
» gratuitement toutes nos offenses, les effaçant tellement au nom de
» ton filz qu'elles n'apparaissent plus et ne soient point trouvez
» quand tu apparoistras pour faire jugement; et pour ce qu'il nous
» appert par ta volonté que tu nous as fait tant de grâce, non-seule-
» ment de nous adopter à toy pour estre mis au rang de tes enfans,
» mais aussi de nous appeler au nombre de tes serviteurs fidelles et
» nous ordonner les instrumens en ce monde et comme tes lieute-
» nans bien-aimés pour avoir soin de la santé corporelle de nos
» frères et prochains malades, d'autant que de nous-mesmes, nous
» ne sommes point suffisans de penser une bonne chose, tant s'en
» faut que nous le puissions mettre en pratique si nous ne sommes
» aidez et adressez par ta main, nous te supplions, nostre bon père,
» que ton bon plaisir soit de nous assister en ceste œuvre présente
» par ton sainct-esprit et par icelluy former tellement nos cœurs et
» conduire toutes nos affections, nos yeux, nos mains et tous nos
» autres sens, que l'issue de nostre entreprise revienne à ta gloire
» et à la santé du prince malade que tu nous as mis en mains.
» Davantage, puisque le plaisir de ta volonté est de nous faire
» entendre par ta saincte parole, que le vrai et unique moïen de
» guérison est que, tant les malades que ceux qui les pansent,

» mettent leur fiance en toy seul, qui es vraiment le médecin et
» chirurgien non seulement des âmes, mais aussi des corps,
» comme à présent nous n'entreprenons rien de nous mesmes qui
» ne soit de nostre légitime vocation telle qu'il t'a pleu nous l'im-
» poser, fais-nous la grâce que nous soions totalement eslongnés de
» toute gloire, ambition, témérité et profit particulier ; et quand
» nous aurons par ton assistance conduit et mené à chef nostre
» œuvre qui est la guérison de monsieur le prince icy présent, pour
» lequel nous te prions, joignant nos prières en cest endroict avec-
» ques celles de ton Église comme membres d'icelle, que nous ne
» présumions point d'en attribuer aucune chose à sçavoir, vertu et
» industrie qui soit en nous, sinon en tant qu'il te plaist qu'on
» défère aux instrumens et moïens externes, desquelz tu as accous-
» tumé de te servir pour faire ton œuvre, laquelle aïant commencée
» en nous et par nous, tu la parferas et couronneras, s'il te plaist,
» et la santé de ce prince, tant pour ta gloire et bien universel de
» toutes les églises que pour le repos et paix de ce royaume.

» Ce que nous te demandons au nom et en faveur de nostre seul
» advocat et intercesseur Jésus-Christ, ton fils bien-aimé, ainsi que
» luy-mesme nous a enseigné de te prier, disant : Notre père, etc. »
» (Bibl. nat., mss., Collect. Dupuy, vol. 137, p. 95.)

11. — *Extrait d'une prière* qui se faisoit tous les jours en la chambre de monsieur
le prince par maistre Théodore de Besze, lorsque ledit prince tenoit la ville de Paris
assiégée et qu'il estoit malade, en décembre 1562.

« ..... Nous te remercions très-humblement et de tout nostre
» cœur d'avoir empesché par ta providence et par ton conseil sage et
» admirable que la cautelle et astuce des ennemis de ta gloire ne
» nous aient privez de celuy qu'il t'a pleu nous susciter pour un
» nouveau Gédéon, Samson ou Jephté pour la délivrance de ton
» Église, pour la réparation de ton temple et restablissement de ton
» pur service. — ..... Et tout ainsi qu'il t'a pleu par ton conseil
» admirable faire malade le prince, lequel tu as esleu pour chef de
» ton armée..., il te plaise, Seigneur, le nous rendre sain en ceste
» petite infirmité que luy as envoié et le fortifier de façon que non-

» seulement d'un cœur invincible comme est celui que tu luy as
» donné, mais d'un corps alaigre et dispos, il puisse dompter tes
» ennemis et punir l'horrible Babylone, laquelle il tient assiégée,
» comme ses forfaits ont mérité ; et d'autant qu'il t'a pleu l'appeler
» non-seulement pour réparer les ruines de ton Église, mais aussi
» pour la protection et gouvernement de ce royaume, nous te sup-
» plions, Seigneur, qu'il te plaise envoier de là-haut et d'auprès le
» siége de ta grandeur, ta sapience pour luy assister et le conduire
» en toutes ses affaires, douer tellement et enrichir des dons de ton
» sainct Esprit, qu'il se puisse acquitter de sa charge à ta louange et
» gloire, à son honneur et au profit de son âme. Et ne permets,
» Seigneur, qu'il oublie ou laisse rien arrière de ce qui concerne
» ton honneur et service, la conservation de la couronne de son roy,
» des sainctes loix et coustumes de ce païs, et finalement de la paix,
» repos et tranquillité de ce royaume. » — (Bibl. nat. mess. Collect.
Dupuy, vol. 137, fᵒˢ 93-95.)

XXI

Perussel, après avoir, à l'issue de la bataille de Dreux, trouvé
asile dans un château, en compagnie de Throckmorton, avait été
fait prisonnier. Grâce à la générosité du prince de Condé, il eût
pu recouvrer la liberté, dans une étrange circonstance, si Larochefoucault, beau-frère du prince, eût accédé à une proposition aux
termes de laquelle partie du prix d'un cheval pouvait servir de
rançon au ministre de l'Évangile. Voici le fait dans toute sa simplicité :

Le duc de Guise avait un excellent coursier qu'il affectionnait
particulièrement : c'était, dit Mergey, dans ses mémoires (1), *ce*

(1) *Mémoires* du sieur Jean de Mergey, gentilhomme Champenois (Londres et
Paris, 1788, in-8°), sur l'année 1562.

19

brave genêt qui a esté si renommé. Le jour de la bataille (de Dreux) Spagny, qui, par ordre du duc, dont il était l'écuyer, montait ce genêt, et qu'à son riche costume, exceptionnellement revêtu, on devait prendre pour le duc lui-même, fut tué par un reître. « Celui-ci, ajoute Mergey, prit le cheval et regagna sa troupe, sans » que nul de l'esquadron de M. de Guise se desbandast pour rés- » courre ledict cheval. Le lendemain, M. le comte (de Larochefou- » cault) achepta deux cents escus ledict cheval du reistre qui l'avoit » pris. Ledict sieur de Guise regrettoit fort ledict cheval et employa » M. le prince, qui estoit prisonnier, pour prier Monsieur le comte » de rendre ledict cheval, offrant d'en donner deux mil escus et de » plus, mettre en liberté Perocely (Perussel), ministre de M. le » prince, qui estoit prisonnier avec luy, auquel M. le comte fit res- » ponce : Que ledict cheval luy faisoit besoing, et que tant que la » guerre dureroit, il s'en serviroit; que, de sa part, il debvoit aussi » garder ledict Perocely pour l'assister et consoler en son affliction; » mais que, la paix estant faicte, s'il avoit encore ledict cheval et que » M. de Guise en eûst envie, de bon cœur il luy donneroit. »

Il est permis de douter que, pénétré comme il l'était de la gravité de ses devoirs vis-à-vis du prince captif, Perussel se soit prêté, pour sa part, à la négociation dont il s'agit.

XXII

Lettre de d'Andelot à Élisabeth (V. Forbes, *A full View of the public Transactions*, etc., t. II, p. 263, 264, 265).

« A la royne d'Angleterre,

« Madame, je croy que Vostre Majesté a de ceste heure bien peu » entendre le succez qui est advenu en la bataille qui fust donnée le

» 19 de l'autre mois : et comme Dieu a tellement départy la vic-
» toire que l'advantage (par la seule prinse de Monsieur le prince)
» n'a esté ne d'un costé ne d'autre, combien que nous ayons faict la
» moindre perte d'hommes ; ains ce bon Dieu s'en est voulu à luy
» seul réserver la gloire. Toutefois, tout ainsi que l'autheur des
» troubles, esquelz nous sommes envelopez ne s'est jamais proposé
» autre but que la totale destruction de la religion chrestienne, et la
» ruyne et extermination des gens de bien de ce roïaume, pour puis
» après parvenir à ses desseings, qui sont partout si ouvertement
» publiez que tout le monde en a congnoissance : aussi maintenant
» qu'il se retrouve seul pour usurper l'auctorité que injustement
» il occupe, il est tellement enflé d'arrogance, si desbordé et pré-
» sumptueux, qu'il ne se peult aucunement contenir ès limites de
» modestie et discrétion ; de sorte que, sans avoir esgard à la tendre
» jeunesse de nostre roy, à la dureté de la saison où nous sommes,
» ny aux rigueurs et injures du temps, il a bien contrainct Sa Ma-
» jesté et la royne, sa mère, de partir de Paris pour luy servir de
» spectateurs aux sanglantes tragédies qu'il se délibère de jouer, et
» notament sur ceste ville, si Dieu par sa miséricorde ne luy coup-
» poit les cordeaux de ses machinations. — Or pour ce, Madame,
» que nous nous délibérons (moïennant l'assistance divine) si bien
» luy résister et faire teste, que nous espérons qu'il n'en rapportera
» (au lieu d'honneur qu'il se promet) sinon la honte et la confusion
» qu'il mérite : d'autant que nos reistres sont de présent sur le
» troysiesme mois qu'ilz font service sans avoir reçeu leur solde, le
» payement de laquelle a toujours esté fondé sur le bien et gratuit
» plaisir qu'il a pleu à Vostre Majesté nous conférer, et dont l'occa-
» sion ne s'est jamais présentée propre pour joindre vostre secours
» et recevoir vostre libéral prest ; estimant bien que l'ennemy nous
» amusera tant qu'il pourra icy auprès, pour empescher que ne
» soïons accommodez de vostre part ; aussi qu'il seroit à craindre
» que la longueur du temps n'apportast quelque mescontentement
» ausdicts reistres ; je me suis avisé, attendant que Monsieur l'ad-
» miral, mon frère (qui est à deux journées d'icy avecques l'armée),
» en escrive à Votre Majesté, la supplier très humblement par ceste

» despesche qu'il luy plaise de tant nous favoriser, honorer et sub-
» venir, que de mander au mareschal de Hessen et autres colonnelz
» allemans, comment le prest que vous nous avez octroié est destiné
» pour les souldoyer; et que, puisque l'incommodité de leur pou-
» voir faire promptement tenir, à cause de la difficulté des chemyns
» est si grande, qu'ilz soient contens d'aviser du lieu seur où ils
» vouldront recevoir l'argent, et là Vostre Majesté, Madame, don-
» nera ordre de le leur faire fournir : y adjoustant, s'il vous plaist,
» une affectionnée prière de continuer en ceste bonne volonté, la-
» quelle ilz ont si bien commencé de démonstrer, affin que par
» vostre bon moyen et le leur, nous puissions délivrer la France de
» l'oppression et tirannye où elle est misérablement détenue : avec-
» ques ce, retirer de l'indigne captivité Monsieur le prince, de la-
» quelle le sieur de Guyse, par son audace, s'efforce de triompher :
» ce que je puis véritablement dire. Car la royne, ayant entendu
» comme les choses s'estoient passées, partit (par l'advis des plus
» fidèles de son conseil) incontinent en délibération de l'aller veoir
» et luy bailler le lieu et prééminence qui luy appartient en ce
» roïaulme et, ce faisant, d'essayer de bastir et composer une bonne
» paix : mais ne pouvant, ledict sieur de Guyse, comporter une tran-
» quillité, il alla si bravement au devant, et s'opposa avec telle fierté
» et quasi par forme de menace, à sa bonne délibération, qu'elle fust
» forcée et contraincte de changer de langage. Ce sont, Madame, les
» traictz dont il est coustumier d'ainsi artificieusement user. Mais
» comme toute extrême et grande violence est ordinairement de
» courte et petite durée, ainsi espérons-nous de veoir la juste pu-
» nition de Dieu en brief luy rabaisser son orgueil. Madame, je
» supplie ce grand Dieu conserver Vostre Majesté et votre Estat en
» toute vertueuse prospérité longuement saine et heureuse. —
» D'Orléans, ce 5e jour de janvier 1562 (1563 n. st.).

» Vostre très-humble et très-obéissant serviteur,

» ANDELOT. »

XXIII

Lettre de la princesse de Condé à Élisabeth.
(V. Forbes, *A full View*, t. II, p. 285, 286).

« Madame, je serois digne de grande répréhension si, par oubly
» ou par nonchalance je faillois à tenir aussi souvent Vostre Majesté
» advertye de la disposition des affaires de par deçà et de l'estat au-
» quel se trouve monsieur mon mary à présent réduict, que la com-
» modité des messagers et la seureté des chemyns le pourront per-
» mectre; car, oultre l'obligation que j'en ressens, accompagnée
» d'une bonne volonté, j'en ay ordinairement de luy le commande-
» ment très exprès : et mesme par la dernière dépesche qu'il m'a
» faicte, il m'encharge nommément de vous envoier présenter ses
» très humbles recommandations à vostre bonne grâce et vous faire
» entendre de sa part que combien que sa personne soit captive, voire
» par trop plus indignement et estroitement détenue que sa qualité
» et le mérite de ses services ne requièrent, si s'est-il néanmoins
» réservé ung cœur franc et libre, plus résolu et délibéré de pour-
» suivre, moiennant la grâce et assistance de nostre bon Dieu, le
» cours de ses sainctes entreprinses, qui ne tendent qu'à l'advance-
» ment du règne de l'Évangile, repoz et liberté de ce roïaume soubz
» l'aucthorité de nostre roy, qu'il ne fut oncques. Mais comme, pour
» l'exécution de telz affaires, il convient s'ayder des secours humains,
» lesquels Dieu nous suscite et présente; aussi, Madame, ayant pleu
» à Vostre Majesté si libéralement prester celuy que avez envoyé, il
» vous supplie, et moy avecques luy, très humblement, maintenant
» que le besoing se présente et toutes occasions le demandent et ap-
» pellent, de vouloir commander que ceulx qui sont au Hâvre s'em-
» ploient vivement à ce coup à subvenir et défendre la juste querelle
» pour laquelle ilz sont venuz, affin de délivrer de prison celuy qu'il

» vous plaist de tant favoriser, ensemble cette pauvre France de la
» misérable servitude et tyrannie à laquelle les ennemys de la tran-
» quillité chrestienne taschent de les confiner et assubjectir. A quoy
» nous espérons bien pourveoir et estre garantiz ; ayant ung Dieu
» des armes pour chef et des hommes vertueux qui s'y opposeront :
» ne vous voulant, à ce propoz, celer, Madame, le vertueux et
» louable devoir auquel le mareschal de Hessen et toutes ses troupes
» s'emploient, et noz François, qui ne sont moins courageux ; telle-
» ment que, intervenant de brief ceulx de vostre part, nous ne nous
» pouvons promettre que une bonne et heureuse yssue, à la confu-
» sion de ceulx qui si obstinément attentent et contre Dieu et contre
» tout droict de nature : dont, après ce grand Dieu, vous en recevrez
» la meilleure part de la louange. M'asseurant doncques, Madame,
» que y pourvoirez selon vostre accoustumée saincte affection, la-
» quelle ne se laissera aller aux ruzes et menées qu'ilz essayent de
» traffiquer vers Vostre Majesté ; après avoir salué vos bonnes grâ-
» ces de mes très humbles recommandations, je supplieray le Créa-
» teur, Madame, vous donner en parfaite santé l'heureux accomplis-
» sement de vos vertueux désirs. »

XXIV

Lettre d'Élisabeth à la princesse de Condé
(Forbes, *A full View*, etc., etc., t. II, p. 315).

« Madame, comme ne peux que grandement avecques vous con-
» douloir l'infortune qui est tombée sur mon cousin le prince de
» Condé, vostre mary, le jour de la bataille, ainsi toutefois suis
» fort bien aise d'entendre que Dieu, de sa Providence, ait telle-
» ment modéré l'issue de ladite journée, qu'il n'est demouré à l'en-
» nemi juste occasion de s'en triompher ; bien que, par le cours

» qu'il tient, il tasche de persuader le monde la victoire avoir esté de
» son costé. Et d'autant qu'il se montre néantmoins si obstiné qu'il
» ne veult entendre à aucun raisonnable accord, ains poursuit de
» toutes ses forces ses premiers desseings; je ne doubte rien que
» Dieu, à la fin, de sa bonté infinie, ne y mectra telle fin que desi-
» rez; estant la cause vrayment sienne : vous priant, Madame, ce-
» pendant vous y consoler en toute bonne espérance, comme j'espère
» que vous faictes; en vous asseurant aussi que cet accident dudit
» sieur prince n'ait en rien appetissé nostre faveur envers luy; ains
» que je me y tiens tant plus ferme et délibérée à luy donner secours
» et à ses associez par tous les bons moyens que je le pourray faire,
» comme bien amplement ay donné à cognoistre à monsieur le vi-
» dasme de Chartres et les sieurs de Briquemault et de Lahaye, icy
» reséans, et aussy par mes lettres présentement escriptes à mon
» sieur l'admiral, priant Dieu, Madame ma bonne cousine, vous
» avoir en sa saincte garde et vous faire jouissante de ce que plus
» désirez. »

XXV

1. — Lettre de l'amiral de Coligny à la reine d'Angleterre, 24 janvier 1563
(Forbes, *A full View of the public Transactions*, etc., etc., t. II, p. 300, 301, 302).

« Madame, depuis la prinse du prince de Condé, j'ay envoyé
» trois depesches à Vostre Majesté pour la tenir advertye de l'estat
» des affaires de deçà, suyvant le grand desir que j'ay tousjours
» eu, avec ceste compaignie de vous fayre entendre entièrement
» toutes noz principales actions (comme il est trop raysonnable) si
» la difficulté des chemins et passages ne nous en empeschoit trop
» souvent. Or maintenant, avec la commodité de ce porteur, je n'ay
» voulu faillir d'escrire la présente à Vostre Majesté, pour l'advertir

» comme ledict prince de Condé, encores qu'il soit fort estroicte-
» ment observé et gardé, a eu moyen de nous faire sçavoir si ouver-
» tement de ses bonnes nouvelles, que au lieu de recevoir consola-
» tion de nous en sa captivité, au contraire, il nous renforce le cou-
» rage et nous fait assez cognoistre le zèle et ferme affection qu'il a
» à la vraye religion : nous ayant asseurément mandé que, quoy qu'il
» luy puisse advenir, il ne consentira jamais à chose qui soit contre
» le service de Dieu et la liberté des consciences, ni qui offense la
» justice de nostre cause ; usant par mesme moyen d'une instante et
» affectionnée prière et requeste à tous ceulx qui luy ont assisté en
» une si saincte et louable entreprise de ne le vouloir en ceste sai-
» son abandonner, ni la cause de Dieu avec luy ; ce qu'il m'a semblé
» ne devoir faillir de faire entendre à Vostre Majesté, en la suppliant
» très humblement, avec toute ceste compaignie, de vouloir pour-
» chasser la délivrance dudict prince de Condé, et embrasser ceste
» dicte cause durant mesme la minorité de nostre jeune roy, laquelle
» touche non seulement sa liberté et celle de son royaume et des
» consciences, mais aussi et principalement le service de Dieu ; em-
» ployant pour ung si bon effect et en une si saincte entreprise, les
» grandz moyens que Dieu vous a mis en main, suyvant le vray deb-
» voir des roys et princes de la terre (entre lesquelz vous tenez ung
» si grand lieu), qui est de maintenir la religion et subvenir aux op-
» pressez, selon aussy la parfaite fiance que toute ceste compaignie
» a en vostre constance et piété, dont nous attendons, après Dieu,
» tout nostre principal ayde et secours : recognoissantz en vous une
» vertu et assistance divine, et que Dieu vous a choisie et réservée
» en ce temps, et vous présente ceste occasion pour, par vostre
» moyen, redresser et restablir son pur service, et abatre l'idolatrie
» par toute la chrestienté, et mesme en ce royaume ; comme font
» assez de foy toutes vos précédentes actions et tant d'effectz de vostre
» vertu et religion aussy grandz et louables qu'on en ayt vus en
» prince ni princesse dont il soit mémoire ; ayant Vostre Majesté,
» partout démontré si évidemment n'avoir autre but proposé que
» l'advancement de la gloire de Dieu : de sorte que nous avons tous
» pris ceste ferme asseurance que, ni la captivité du prince de Condé

» ni les faultes que l'on nous pourroit objecter, ni la débilité ou di-
» minution de noz forces, ni tous les effortz de Satan, ni les ruzes
» et artifices de noz ennemys, n'auront ceste puissance sur vous,
» que de rien diminuer ou refroidir de ce bon zèle et affection que
» vous avez demonstré y avoir; plustost y adjousteroient. — Or
» pour vous rendre bon et ample compte de l'estat en quoy se re-
» trouvent noz affaires, ensemble de noz nécessitez, je vous diray,
» Madame, que, suyvant le traicté de l'association que Vostre Ma-
» jesté a peu veoir, m'ayant tousjours le prince de Condé nommé et
» donné la charge de commander en son absence à ceste armée et
» compaignie; depuys sa prinse, tous ceux de ceste dicte armée,
» tant estrangiers que de ce royaume, m'ont accepté et recogneu
» pour chef, comme chacun sçayt assez. Et parce que les estrangiers
» me demandèrent aprez la bataille à se rafreschir, je les ay mis en
» trois villes sur la rivière du Cher, que j'ay pris assez prez de nos
» ennemys, lesquelz parce qu'ils faisoient contenance de venir as-
» siéger Orléans, ayant passé le pont de Beaugency partie de leur
» armée, pour se mettre dedans un faulxbourg nommé le Portereau,
» je me rapproché d'eux : ce qui leur fist incontinent changer de
» desseing et repasser le pont. De sorte que, pour achever puis aprez
» de rafraîchir nos dictz reistres, je les ay mis depuis en autre garni-
» son au-dessus d'Orléans, deçà et delà la rivière, pour la tenir libre,
» et ay esté contraint de prendre pour cest effect, au nez de nos
» dictz ennemis, quelques villes par force, où sont maintenant logez
» nosdictz reistres et nostre cavallerie, qui sont en nombre de quatre
» mil chevaux et plus, délibérez de bien combattre quand on les
» vouldra employer. Tout ce que nous craignons est que lesdictz
» reistres prennent ung mescontentement du retardement de leur
» payement de troys moys qui leur sera deu à la fin de cestuy-cy, se
» montant à chascun moys, tant pour eux que pour leurs gens de
» pied alemans, à six vingt mille livres : duquel nous nous estions
» asseurez, tant sur le premier offre qu'il a pleu à Vostre Majesté
» faire si libéralement au prince de Condé et à ceste compaignie,
» que sur les soixante mil escus d'oultre plus dont ledict prince de
» Condé vous a requis par M. de Briquemault. Ce qui nous fait tous

» supplier très humblement Vostre Majesté de nous faire ceste grâce,
» de vouloir mettre à exécution ce que nous avons tousjours actendu
» et espéré de vostre bonté, afin de pouvoir mener à une si heureuse
» fin ceste saincte entreprise que, suyvant vostre intention, l'Evan-
» gile puisse avoir cours en ce royaume, et qu'il soit délivré de la
» violence et tyrannie dont il est oppressé. Et pour cest effect il vous
» plaise vouloir faire tenir les dictes sommes prestes au Hâvre, où
» nous les irons prendre et nous joindre avec vos gens, pour de là
» aller parachever, soubz la confiance de ce bon Dieu et par vostre
» bon advis, ce qui se trouvera estre convenable : vous suppliant
» très humblement vouloir aussi escrire une lettre au mareschal de
» Hessen, pour contynuer de bien s'employer en ceste cause, et pour
» la liberté du prince de Condé. — Au reste, Madame, je ne veulx
» obmectre à vous dire qu'on est en termes de quelque abouchement
» entre le prince de Condé et le connestable, mis en avant par la
» reine-mère, pour chercher les moyens d'accord et pacification ; le-
» quel advenant, je ne fauldray d'en advertir incontinent et particu-
» lièrement Vostre Majesté ; vous asseurant que, de mon consente-
» ment, jamais ne sera rien arresté en ce faict, sans vous y com-
» prendre, et que premier n'en soyez advertie, pour sur ce avoir
» vostre advis. Et encores que les choses ayent esté bien avant de-
» vant Paris, je vous puis dire en vérité, Madame, que nostre inten-
» tion estoit d'arrester premièrement le poinct de la religion (pour
» lequel nous avons prins les armes légitimement) et pour faire
» cognoistre de quel esprit nous sommes menez, pour puis après
» vous advertir de tout, en sçavoir votre advis, et mectre en avant
» ce qui vous touche : chose qui est par là assez aisée à cognoistre,
» que mesmes le prince de Condé ne fist aucune mention du degré
» qui lui appartient en ce royaume, ni d'autres choses que par mesme
» moyen il estoit nécessaire de vuyder, premier que d'arrester une
» bonne et seure paix. — Et quant à ce que j'ay entendu, Madame,
» que vostre ambassadeur monsieur Throcmorton (auquel j'ay tous-
» jours cogneu un grand zèle au service de Dieu et au vostre) a es-
» cript luy avoir esté dict par le prince de Condé, qu'il n'avoit point
» de traicté avec Vostre Majesté, je n'ay jamais entendu tenir ung

» tel propos au prince de Condé : bien ledict ambassadeur a dict
» quelques fois que vous ne aviez point de traicté avec nous, mais
» bien avec les subjectz de Normandie, ainsy que luy-mesmes pourra
» dire et s'en ressouvenir, estant à présent de retour auprez de
» Vostre Majesté, et adjousta davantage qu'il n'avoit point de charge
» et instruction pour négotier avec nous. Sur quoy je luy ay faict
» tousjours entendre que je m'assurois que l'intention de Vostre
» Majesté estoit que, pourvcu que l'Évangile fust presché en ce
» royaume, et qu'il y eust liberté de consciences, ensemble que
» vostre droict vous fust bien gardé et demeurast en son entier, que
» vous seriez bien aise de veoir ces troubles pacifiez par ung bon
» accord : il appert assez par vostre protestation : vous suppliant
» très humblement croire, Madame, que nous estimons tant votre
» vertu et grandeur et toutes vos actions si louables et mémorables,
» que nous ne ferions jamais une si grande faulte que d'oublier la
» bonté dont vous nous avez usé, à la défense de ceste cause de
» Dieu, et pour la liberté du roy et de ce royaume, comme j'ay prié
» monsieur le vidame et les sieurs de Briquemault et de La Haye
» vous faire entendre, ensemble ce qu'il semble nécessaire que Vostre
» Majesté face, s'il luy plaist, pour le recouvrement de la liberté du
» prince de Condé ; lesquelz je vous supplie très humblement croire
» de ce qu'ils vous diront de ma part comme moy-mesmes : qui, sur
» ce, supplicrai ce bon Dieu conserver Vostre Majesté, Madame, en
» très parfaite santé et prospérité, et bénir vos actions. D'Orléans,
» ce vingt-quatrième de janvier.

» Vostre très humble et très obéissant serviteur,

» CHASTILLON. »

II. — Lettre de l'amiral de Coligny à la reine d'Angleterre, 29 janvier 1563
(Forbes, *A full View.*, etc., t. II, p. 319, 320, 321).

« Madame, je n'ay voulu faillir de advertir incontinent Vostre Ma-
» jesté par ce porteur, comme ce jourd'huy j'ay pris résolution avec
» le mareschal de Hessen, les reitmestres et reistres, de les mener

» en Normandie; leur ayant donné assurance, de là, leur faire rece-
» voir, par le moyen et bon ayde de Vostre Majesté, leur payement :
» duquel ceste compaignie s'est entièrement assurée sur vostre bonté
» et sur les promesses et offres qu'il a pleu à Vostre Majesté faire si
» libéralement au prince de Condé et à nous ; ayans toujours tenu
» ce secours indubitable, et d'aultant plus certayn que, depuys que
» Dieu vous a mis le sceptre en la mayn, chascun a veu que vous.
» avez embrassé ceste cause de Dieu avec une ferveur si chrestienne
» et des déportemens si mémorables, que nous ne pourrions jamais
» penser que aucune mutation ou artifice humain vous eust pu des-
» mouvoir de ceste bonne voulonté et saincte intention. Advisant
» au reste Vostre Majesté, Madame, que j'ay faict condescendre les
» reistres à laisser tous leurs bagages et empeschements en ceste
» ville, chose non auparavant ouye : de sorte que, dedans le dix ou
» douziesme de ce moys de febvrier prochain, au plus tard, avec
» l'aide de Dieu, nous serons bien prez du Hâvre de Grâce, en
» bonne délibération et résolution de nous employer et eulx, par
» vostre advis et soubz la confiance de nostre bon Dieu, en ce qui
» se trouvera à estre convenable, aprez qu'ils auront reçcus leur
» payement qui leur est deu de troys moys, se montant, chascun
» moys à six vingtz mil livres, comme j'ay cy-devant faict entendre
» à Vostre Majesté, laquelle seulement je supplieray, sur ce très
» humblement, Madame, vouloir mettre en consydération combien
» cela importeroyt, non seulement à moy, à toute cette compaignie
» et généralement à tous les fidèles de ce royaume, mais aussy de
» quelle conséquence ce qui en adviendra par aprez seroit pour
» toute l'Église chrestienne, ensemble pour le recouvrement de la
» liberté du prince de Condé, si, les ayant menez jusque-là, il y
» avoit faulte de leur dict payement, et que nostre attente fust frus-
» trée : chose que nous assurons que Dieu et Vostre Majesté ne per-
» mettra point. —Il me reste doncques à vous tenir advertie, Ma-
» dame, de l'estat en quoy se retrouvent nos affaires, qui est tel :
» que le prince de Condé continue de se déporter en sa captivité
» constamment et vertueusement, comme nous cognoissons par
» toutes les nouvelles que nous avons de luy. Noz ennemys font

» courir le bruict de venir assiéger ceste ville où, si ilz s'adressent,
» ils y trouveront des gens si bien délibérez de les recevoir que, avec
» l'aide de Dieu, ilz n'y gaigneront que de la honte et confusion : et
» y ay laissé M. d'Andelot, mon frère, pour la garder. Nous venons
» maintenant d'estre advertiz de Lyon par M. de Soubize, comme le
» baron des Adrez, ayant esté practiqué par M. de Nemours, avoit
» comploté de faire entrer quelque gendarmerie et gens de pied de
» M. de Nemours, dedans Rommans, ville du Daulphiné : dont il a
» esté empesché par le sieur de Mouvans et par la noblesse du pays,
» qui se sont saisiz de sa personne et le ont mené prisonnier à Va-
» lence, pour le envoyer en Languedoc devers mon frère, naguère
» cardinal de Chastillon, et M. de Crussol (qui ont presque délivré
» tout ledict pays de Languedoc de la tyrannie des ennemis de Dieu
» et du roy) afin de le faire punir et servir d'exemple aux autres dé-
» serteurs de Dieu, de leur debvoir et de la patrie. Sur ce, voyant
» ledict M. de Nemours son entreprise faillie, et aussy que beaucoup
» de gens de guerre estoyent sortys de Lyon pour y faire entrer des
» vivres, a volu surprendre ledict Lyon par escalade ; mais il a
» esté repoussé vivement avec meurtre de ses gens, et ladite ville
» pourvue de vivres pour plus de troys moys ; de sorte que le Lyon-
» nais et Daulphiné sont aujourd'huy conservez du grand danger
» où ilz estoient par les menées de nos ennemys. — C'est tout ce
» que je feray entendre pour le présent à Vostre Majesté pour ne
» l'ennuyer de longue lettre : la suppliant très humblement d'avoir
» si bonne souvenance du prince de Condé et de toute ceste com-
» paignie que nous ressentons le secours et faveur de votre bonté
» et grandeur, autant que l'occasion, la nécessité présente et la jus-
» tice de cette cause le requièrent ; sur ce, faisant requète à Dieu de
» conserver Vostre Majesté, madame, en très parfaite santé et pros-
» périté, et bénir toutes vos actions. Je ne veulx aussy obmectre à
» vous dire, Madame, que M. de Guyse a faict escrire une lettre si-
» gnée du roy, de la royne-mère et de quelques princes, adressante
» aux princes de l'empire, et une autre au mareschal de Hessen
» et reitmestres, que pareillement ledict sieur de Guyse a con-
» trainct jusques aux petits princes estantz en bas-âge signer pour

» déclarer que toute ceste compaignie est rebelle et séditieuse.

» Vostre très humble et très obéissant serviteur. D'Orléans, ce
» 29 janvier 1562 (1563, n. s.).

» Chastillon.

» Il vous playra, Madame, croyre messieurs le vidame, Brique-
» mault et de La Haye, ensemble ce gentilhomme présent porteur,
» de ce qu'ils diront à Vostre Majesté de ma part. »

XXVI

Lettre de Coligny au prince de Condé, du 30 janvier 1563
(.Bibl nat., mss. f. fr., vol. 3410, f° 45).

« Monseigneur, j'ay reçeu la lettre qu'il vous a pleu mescripre
» par ce trompette, présent porteur, qui fait mention d'ung mé-
» moyre que vous m'envoyés, lequel vous avoit esté porté par mes-
» sieurs le cardinal de Bourbon, de Montpencier, de Guise et car-
» dinal son frère; mais je n'ay point veu ledit mémoire, et m'a
» faict asseurer le trompette que l'on ne luy en a point baillé, par-
» quoy je ne vous puys rien respondre làdessus, mais bien que
» messieurs de Boucart et d'Esternay seront presls quant vous le
» manderez; et au regart de messieurs de Limoges et Doisel, qui
» doibvent icy venir, ils seront reçeus et traictés selon vostre inten-
» tion et comme ils méritent, veu le lieu d'où ils sont envoyés, les-
» quels sont assés congneus pour gens de bon enttendement et qui
» ont tousjours esté nourris aux affaires, et pour ceste cause seront-
» ils plus capables de raison, car l'on ne proposera jamais rien de
» ceste part contraire à cela, mesmes pour parvenir à une bonne
» paix, car vous sçavés que l'on n'a jamais rien tant cherché ny de-
» siré. Quant à l'eschange des prisonniers dont m'escrivez, vous en

» ferés entendre votre voulonté par ceulx qui iront devers vous, et
» l'on ne fauldra poinct de la suivre. Au demeurant, Monseigneur,
» j'ay communiqué vostre lettre à tous les seigneurs de ceste com-
» pagnie qui tous se recommendent comme aussy faicts-je très hum-
» blement à vostre bonne grâce; et louons tous Dieu de la grâce
» qu'il vous faict de persévérer en la sainte vocation en laquelle il
» vous a appellé; par ce moien vous en recepveré la récompense
» qu'il promet aux siens, mais nous vous supplions tous, au nom
» de Dieu, de n'avoir rien devant les yeulx que ce qui appartient à
» sa gloire, et, par ce moien, vous et nous serons bien heureux. —
» D'Orléans, ce XXXe de janvier.

» Vostre très humble et très obéissant serviteur,

» CHASTILLON. »

XXVII

Catherine de Médicis avait eu d'abord l'idée d'enfermer le prince
de Condé dans le château d'Amboise. On lit, en effet, ce qui suit
dans Pierre Matthieu (*Histoire de France*, in-f°, 1631, t. I, p. 269) :
— « Elle (Catherine) se résolut de le (Condé) mettre au chasteau
» d'Amboise, où elle faisoit nourrir son fils et la princesse Margue-
» rite. Au retour, elle escrivit de sa propre main cecy au duc de
» Guise :

« Mon cousin, je suis à ce matin revenue du voyage d'Amboise,
» où j'ay veu un petit moricau qui n'est que guerre et tempeste en
» son cerveau, et se porte très bien; aussi fait sa sœur. Pour le
» chasteau, je vous puis assurer que quiconque y sera n'en sortira
» pas sans congé, tant pour estre la place très bonne, que pour
» la fortification que j'y ay fait faire. J'ay aussi fait murer grand

» nombre de portes et fenestres, et fait mettre de fortes grilles de
» fer aux autres. Je crois qu'il n'y a lieu en France où M. le prince
» puisse estre mieux ny plus seurement, et sy je n'en bougeray
» point mes enfans, car il y aura double garde : et après avoir veu
» ce que ces deux messieurs les députez auront fait, je suis d'avis,
» si ce n'est rien qui vaille, de l'y faire enfermer..... »

XXVIII

I. — Lettre de d'Andelot à la connétable, du 24 février 1563
(Bibl. nat., mss. f. fr., vol. 3410, fᵒ 84).

« Madame, j'ay reçeu la lettre qu'il vous a pleu m'escripre par
» Labordelaye, présent porteur, lequel, comme celuy qui l'a veu,
» pourra suffisamment tesmoigner tant du bon portement de mon-
» sieur le connestable que de ce qui est de son service ; en quoy si
» je puis quelque chose, sans offence de mon devoir, vous croirez,
» s'il vous plaist, Madame, que je n'aurai jamais moiens que je n'y
» employe avec ma personne mesmes autant volontiers que vous
» pouvez espérer d'un nepveu qui n'est nay que pour vous servir et
» obéyr toute sa vie, et pour ce que vous y aurez tousjours com-
» mandement, je remettray à vous en faire preuve davantage à quand
» l'occasion s'en présentera aussy propre que j'en ay bonne volonté ;
» et cependant, Madame, je salueray vostre bonne grâce de mes
» très humbles recommandations, suppliant le Créateur qu'il vous
» doinct l'heureuse et contente vie que vous desire, — D'Orléans, ce
» XXIVᵉ jour de février 1562 (a. st.).

» Vostre très humble et obéissant nepveu

» ANDELOT. »

— Lettre de Damville à la connétable, du 15 février 1563, n. st.
(Bibl. nat., mss. f. fr., vol. 20, 509, f° 26).

« Madame, vendredy au soir, je reçeuz deux de vos lettres en-
» semble une autre qu'escripvyés à la royne et ung autre à monsei-
» gneur le connestable, laquelle je baillay le jour suivant à ma
» seur, madame la mareschale, qui s'en alla et la (prit) avec elle pour
» s'essayer d'entrer à Orléans voir mondit seigneur et vous en
» rapporter nouvelles certaines de sa santé, encores que je pense
» que en avès desjà esté satisfaicte par son argentier qu'il vous a
» envoyé, par lequel pourrés avoir entendu comme il est bien guary
» de sa playe, grâces à nostre seigneur. Quant à celle qu'escripvies
» à la royne samedy dernier, Sa Majesté passa icy près pour aller
» voir monsieur et madame à Amboise où je fus avec elle et les luy
» présentay, et lors me comenda vous présenter ses recommandations
» à vostre bonne grâce et qu'elle desire autant la deslivrance et
» brief retour de mondit seigneur que vous mesmes, vous pouvant
» bien tesmoigner, Madame, que despuis qu'il est à Orléans, j'ay
» cogneu en plusieurs façons plus de démonstrations d'amytié que Sa
» majesté luy porte que je n'avois faict de paravant son emprison-
» nement, et qu'il ne tiendra à elle qu'il ne soit bientost de deçà,
» qui ne sera sitost que tous les siens le desirent. Hier au soir arri-
» varent en ce lieu devers monsieur le prince Bocar et Esternay et
» au semblable messieurs d'Oisel et de Limoges arrivarent hier à
» Orléans devers mondit seigneur le connestable pour regarder
» tant d'un cousté que d'autre le moyen de les fere embouscher et
» parlamenter ensemble, ce qui pourra estre bientost résolu, m'es-
» tant advys à les voir, qu'ilz desirent la pais dont sitost que leur
» résolution sera prinse, je ne fauldray vous en advertir, et d'aultant,
» Madame, que monsieur de Magdaliera vous va voir qui vous dira
» de nos nouvelles, je n'estendray la présente davantaige que pour
» vous dire que je ne fais qu'emprunter, ne pouvant toucher ung
» seul liard de mes estatz, et qu'il me convyent faire fort grande
» despence pour entretenir et tenir maison à tous ceulx qui sont

» icy auprès de moy et pour la garde dudict seigneur prince, vous
» supliant très humblement, Madame, y avoir égard et de croire
» que, n'eust esté pour mondit seigneur le connestable, je n'eûsse
» jamais prins ceste charge qui n'est de petite consequence. Et en
» cest endroict je vous présenteray mes très humbles recommanda-
» tions à vostre bonne grâce, et prie le Créateur vous donner, Ma-
» dame, parfaite santé, très longue et très heureuse vye. — D'On-
» zain, ce XVᵉ febvrier 1562 (a. st.).

» Vostre très humble et très obéissant fils,

» MONTMORENCY. »

XXIX

Lettres, non datées, de la princesse de Condé à Catherine de Médicis,
classées selon l'ordre chronologique qui semble devoir leur être assigné.

1° « Madame, je viens de recevoir la lettre qu'il a pleu à Vostre
» Majesté de m'escrire, et suis fort marrye que ne puis satisfaire au
» commandement que me faictes par icelle de vous faire sçavoir le
» temps que pourront partir ceulx qu'avez ordonnez qui aillent vers
» monsieur mon mary et ceulx qui doivent venir vers monsieur le
» connestable. La faulte ne vient que de ce que ung mémoire que
» mondict sieur mon mary dict m'envoyer pour faire entendre ce
» qui luy a esté proposé par messieurs le cardinal, mon frère, de
» Montpensier, duc de Guize et cardinal son frère, pour faire le tout
» mieulx congnoistre à monsieur l'amyral, mon oncle, et les sei-
» gneurs quy sont avec luy pour s'aviser d'instruire ceulx qui doi-
» vent aller vers ledict seigneur, lequel ne nous a point esté apporté,
» ny aussy le sauf-conduict qu'il dict nous estre envoyé pour les
» dictz gentilshommes, qui est l'occasion que ne pouvons tous dire

» sinon que les sieurs de Boucart et Esternay sont tout prests à partir
» dès qu'il vous plaira, Madame, de commander que ces deux choses
» nous soyent envoyées, vous suppliant très humblement, Madame,
» vouloir croyre que tous desirent infiniment que ung bon moyen
» se puisse présenter pour faire une bonne paix, à la gloire de
» Dieu, au service de Voz Majestez et au repos de tout vostre réaume,
» et m'assure que tous leurs effortz feront preuve que c'est la chose
» du monde qu'ils desirent le plus, suppliant Dieu, madame, qu'il
» donne à tous les vouluntés de s'accorder si bien que puissions ob-
» tenir ce bien tant nécessaire, et qu'il donne à Vos Majestez en
» santé très heureuse et longue vie, etc., etc. (1). »

2° « Madame, ceste après-disnée est arrivé Leplessy, présent
» porteur, avec la lettre que Vostre Majesté escripvoit à monsieur
» le connestable, par laquelle démonstrez estre mécontente de ce
» que les sieurs d'Esternay et Boucart sont allez avec monsieur l'amy-
» ral, mon oncle, ce que on a faict à l'occasion qu'a sesté du mémoyre
» qui n'avoit point esté envoyé, ils ne peuvent estre instruictz de-
» meurans icy ne sachant ce qui avoit esté mis en avant qu'il n'eust
» fallu que ilz fussent retournez, ce qui eust esté encore plus long,
» mais nous y avons envoyé et espérons les avoir bientost de retour,
» lesquelz seront envoyez incontinent, suyvant ce qu'il vous a pleu
» nous commander, vous suppliant très humblement, Madame, vou-
» loir croire que ce que en ce monde estimons et désirons plus avoir
» c'est la bonne grâce de Voz Majestez, une bonne paix et vous faire
» tous, toutes nos vies, très humble et obéissant service, et craignant
» que eûssiez trouvé maulvais la demeure dudict Plessy, c'est ce qui
» nous l'a faict redepescher incontinent vers Vostre Majesté, etc.
» (2). »

3° « Madame, ce matin est arrivé Le Plessy avec les lectres
» qu'il vous a pleu escripre à monsieur le connestable et celle que
» Vostre Majesté m'a permis d'avoir de monsieur mon mary, les-

(1) Bibl. nat., mss. f. fr., vol. 6607, f° 54.
(2) Bibl. nat., mss. f. fr., vol. 6607, f° 51.

» quelles démonstrent la voulunté qu'avez que ceste veue se face de
» mondict sieur mon mary, de messieurs le connestable et de Guize
» avec aucuns de ceulx quy sont avec monsieur l'amyral, mon oncle,
» ce quy a esté de luy et de toute la compagnie tant ce qui est là quy
» s'y trouve fort bon et raisonnable et quy est le meilleur moyen
» pour faire une bonne paix, et pour cest effect a esté avyzé entre
» eulx que mon frère de Larochefoucault avec Bouchavanne et
» Externay s'y trouveront, désyrant tous plus qu'il n'est possible de
» l'exprimer qu'une bonne et sûre paix se puysse bien faire en cest
» que Dieu puysse estre bien obéy et servy et Voz Majestez sembla-
» blement comme le doict ung chacun et que tout le monde doict dé-
» syrer et ayder de tout son pouvoir ; suppliant Dieu, Madame, qu'il
» donne à tous les cœurs de s'accorder sy bien qu'il n'y faille plus
» retourner et que ce temps misérable et calamiteux soit converty
» en bénédiction et repos, vous suppliant très humblement, Madame,
» vouloir croyre que nulle personne ne désyre ce bien tant que moy
» et de vous pouvoir faire toute ma vie très humble service, suppliant
» le Créateur, Madame, qu'il vous donne en parfaite santé, très
» heureuse et contente vye. Madame, j'ay baillé à Laporte ce quy
» a semblé à mon oncle et à tous ceulx quy sont avec lui raison-
» nable pour les seuretez requises de part et d'autre, attendant sur
» le tout d'entendre voz commandements, vous suppliant très hum-
» blement que monsieur mon mary aist les lectres que luy escrips
» par ce porteur avec le double de l'avys de mon oncle, et que le
» capitaine Larivière le puisse revoyr et me apporter de ses nouvelles
» et réponses (1). »

4° « Madame, monsieur le connestable et mon oncle Dandelot
» et moy nous a semblé ne devoir plus différer à vous renvoyer Le
» Plessy, présent porteur, pour attendant la reponse de ce que vous
» a porté Laporte, avertir Vostre Majesté de l'ayse qu'avons tous reçu
» de ce que avyés trouvé bon ce que le capitaine Larivière vous avoit
» présenté et aussy de la bonne voulunté en quoy continuent tous
» ceulx quy sont avec mon oncle, monsieur l'amiral, et ceulx qui sont

(1) Bibl. nat., mss. f. fr., vol. 6607, f° 72.

» icy pour obtenir de Dieu, s'il est possible, une bonne paix, ce
» que j'espère bien fort si tous les autres en ont pareil désir, ainsi
» que croy que Dieu oira la clameur et prière de tout ce roïaume
» tant affligé, et que chacun cherchera ce qui est pour le service de
» Voz Majestez, vous suppliant très humblement nous faire cest hon-
» neur de nous croyre les plus fidèles et obéissants serviteurs qu'ait
» Vostre Majesté, etc. (1). »

5° « Madame, hier, bien tard, arrivèrent les sieurs de Boucart et
» Esternay en ce lieu, envoyez par monsieur l'amyral, mon oncle,
» suivant vostre commandement, lesquelz partent pour aller coucher
» à Boygency et de là trouver Vostre Majesté, pour delà aller vers
» monsieur mon mary, comme leur avez ordonné et attendant aussy
» ceulx quy doyvent venir vers monsieur le connestable, espérant
» que ce bon moyen vous apportera et à vostre royaume et subjectz
» une bonne paix, si par effet on démontre la vouloir tous, comme
» on le dict, dont je supplie à Dieu, et m'assure, Madame, que, veu
» ce que j'ay tousjours congneu et que voys encore ceulx qui sont
» de deçà ils feront congnoistre qu'il ne tiendra à eux que ce bien
» tant requis et nécessaire ne soit... de la fin de toutes ces misères,
» comme estant leur seul désir et intention que de veoir pouvoir
» servir à Dieu selon qu'ils congnoissent luy estre agréable, et le roy
» et vous obéis et servis et eux s'employant et eulx et leurs bien et
» vies à vous obéir et servir toute leur vie, etc., etc. (2). »

(1) Bibl. nat., mss. f. fr., vol. 6607, f° 74.
(2) Bibl. nat., mss. f. fr., vol. 6607, f° 65.

XXX

I. — Lettre du prince de Condé à Catherine de Médecis
(*Hist. des princes. de Condé*, t. I, p. 397, 398).

« Madame, vous avés peu voyr et connestre derremant mon yntan-
» sion pour le partemant de monsieur le conétable par la dernyerre
» lettre que jé escryte à Vostre Magesté et ausy à ma femme, quy
» me gardera, aient sur sela tousjours ungne opynion an fère
» long discours de ma vouslonté, vous supliant très humblement de
» crère comme je voys que lavés cru que je necrys deun et fais an-
» tandre d'austre, et cossy peu voudres-je antretenyr Vostre Magesté
» à négosiasions disverses, et quy plus ma fait pancer quy ne vousdre
» à se que leur é mandé, et pourrés par saiste foys fère antandre sy
» condescendre : sait que disse quyl ne veuillie tous y consantyr ; quy
» me fait fort peu esperrer quyl le veuillie permetre ; vous supliant
» très humblement, Madame, crère de moy que ne desire rien tant
» au monde que d'avoyr de Vos Magestés les moiens pour vous
» fère connestre que ne soryes anploier homme en vostre reosme
» quy plus desire voir une bonne pais que je fais, et quý plus desire
» vous fère ung bon servyce que moy, supliant Dieu, Madame, quy
» me fasse la grâce que le puyssyez bien crère, et vous donne autant
» de contantemant que vous an désire, Danboysse, se dernier jour
» de feuvryer,
    » Vostre très humble et très obéyssant suget et servyteur,

    » Loys de BOURBON. »

II. — Lettre du prince de La Roche-sur-Yon à Catherine de Médicis
(Hist. des princes de Condé, t. I, p. 399, 400).

Amboise, 3 mars 1553.

« Madame, si je me trouvay en peyne, recevant vostre commande-
» ment, venir en ce lieu, encores plus quant je my suis veu, estant
» si peu instruit comme toutes choses estoit passées entre vous et
» mondit sieur le prince qu'il a fallu je l'aye apris de luy mesme.
» Car vostre lettre ne tandoit principalement que pour la déclara-
» cion de la sienne ambigue qui m'a montrée et a asseuré n'a ryen
» mandé que de mesmes ce qu'il a escript à vous, Madame, et à
» madame sa fame, et que la mort de monsieur de Guise, qu'il a
» autant pris à cueur que de son propre frère, estant mort son amy,
» et qu'à son fils il ne le pardonneroit, désirant sa punition où n'y
» espargnera sa propre vye au chastiment de sy meschant acte,
» m'assurant ladite mort ne l'a faict changer d'opinion, ne moins
» l'affection qu'il a à vous obéir en tout ce qui vous playra, soit
» pour l'aboucher avecques monsieur le connestable ou aultrement,
» pour s'acheminer à la paix ; mais il crint, come il avoit dit à mon-
» sieur l'admiral qu'à l'heure il apela à thémoin, et luy avoir dit,
» quant l'homme d'Orléans arrivast, que jamais il ne consentirest
» la sortie dudit connestable, mondit sieur le prince n'y entrast, et
» que ce moyen tyroit toutes choses en longueur, désirant tousjours
» avecques toutes seuretés, soit de son fils ou ce que choisyrés, de
» pover parler à ceux d'Orléans qu'il aseure ranger et manier de
» sorte que dedans dix jours il espère la paix ; et au cas qu'il falle
» se rendre où il sera ordonné au temps, qu'il sera tenu incapable
» et indigne du nom qu'il porte, et permet à tous le tenir pour
» méchant, et sa vie en abandon, le faisant mourir comme poltron,
» pardonnant sa mort. Le tout que dessus a dict devant mondit
» sieur l'admiral. Vela, Madame, ce que j'ay peu tirer de ce petit
» homme. Il n'y a rien de nouveo. La venue de monsieur de Li-
» moges nous aprandra quelque chose, mesmes si avés parlé à

» madame la princesse. Il demande fort à vous voyr si l'avyés
» agréable; il me semble que ne seret maulvays l'ouyr parler; mais
» davant partie du conseil y asseroit jugemant sur ces propos et
» asseurances et promesses et davant tous on y adviseroit, et chacun
» parleroit pour congnoystre s'il y a tromperye. Quant à moy, Ma-
» dame je voy des langajes que je n'avoys jamays entendues. J'espère
» vous en dire davantage. Se n'est au serviteur en parler plus avant;
» en playne compagnye j'ose dire mon opinion, vous assurant, Ma-
» dame, que le ferai en ma conscience pour l'honneur de Dieu et
» service de mon maistre et utilité et advantage de ce posvre et af-
» fligé réaulme; nostre seigneur m'en doint la grace. »

XXXI

Les deux lettres suivantes, non datées, de la princesse de Condé à
Catherine de Médicis, paraissent avoir été écrites à une époque voisine de la conclusion de la paix.

1° (Bibl. nat., mss. f. fr., vol. 6, 607, f° 49).

« Madame, j'ai reçeu, il y a deulx jours, une lettre qu'il vous a
» pleu me faire cest honneur de m'escripre pour parler à monsieur
» mon mary, auquel ne fault nulle personne pour luy ramentevoir
» ce quy est pour vostre service, car il en est si affectionné, qu'il ne
» fauldra jamais à estre des premiers à montrer l'exemple de vous
» obéyr et fidellement servir, n'y voulant espargner nulle chose qu'il
» aist en sa puyssance ne mesmement sa vie, mais tout y sacrifier
» comme y estant tout desdyé comme congnoistra Vostre Magesté
» par ses effectz, et aussy par ce qu'il a dict plus au long à messieurs

» d'Orléans et d'Aubespine, suppliant Dieu qu'il donne aux cœurs
» de tous les subjectz et serviteurs de Voz Magestez de vous obéyr
» et servir fidellement, comme Dieu et leur debvoir leur comman-
» dent, et que puissiez, Madame, bientost vous veoyr en tout repos
» et contentement, suppliant très humblement Vostre Magesté vou-
» loir croyre que n'avez servante ny subjecte qui le souhaite et de-
» sire plus que moy, et qui de meilleure affection s'employe en tout
» ce qui touchera le service de Dieu et de Vos Magestez, la remer-
» ciant très humblement de l'honneur qu'elle m'a faict de me com-
» mander, où ne fauldray en toute chose de rendre tousjours par-
» faicte obéyssance, suppliant le créateur qu'il vous donne, Madame,
» en parfaite santé, très heureuse et longue vie. »

2° (Bibl. nat., mss. f. fr., vol. 6, 607, f° 76).

« Madame, suyvant le commandement que il vous a pleu me faire
» par vostre dernière lettre, j'ay dict à monsieur mon mary et à mes
» oncles ce quy estoit en vostre dicte lettre ; lesquels m'ont faict ré-
» ponse que en tout ce qu'il leur sera possible de vous rendre par-
» faite obéissance à ceste heure et toutes leurs vyes, ils n'y fauldront
» jamais, pourveu que ce soit en conservant ce qui est nécessaire
» pour le service de Dieu et de Voz Magestez, à quoy vous sont sy
» affectionnez et fidèles serviteurs, qu'ilz sacrifieront et emploieront
» toutes leurs vyes où ilz vous conserveront en toute liberté et auc-
» torité selon qu'elle vous est d'ung chacun deue, suppliant Dieu
» qu'à tous vos subjectz il leur donne ceste volonté et que bientost
» puissiez veoyr vostre roïaume hors de tous ces troubles à vostre
» contentement, Madame, et au repos de tous vos subjectz et servi-
» teurs, suppliant très humblement Vostre Magesté vouloir croyre
» que n'avez servante qui désire plus avoir cest honneur de vous
» pouvoir faire quelque service qui vous soit agréable, suppliant le
» créateur qu'il vous donne, Madame, en parfaite santé, très heu-
» reuse et longue vye. »

XXXII

1. — Lettre du prince de Condé « aux magnifiques seigneurs messieurs les scyndics et
» seigneurs du Conseil de Genève. » (*Archives de la ville de Genève*, liasse n° 1712.)

« Magnifiques seigneurs, puisqu'il a pleu à nostre bon Dieu com-
» mancer à réduire les troubles et confusions dont si long-temps,
» comme chacun sçait, ce pauvre roïaume a esté affligé pour le
» faict de la religion, à une pacification et tranquillité, et qu'il
» semble, à voir l'acheminement des choses, que nous ne pouvons
» désormais attendre sinon une augmentation autant grande en
» l'avancement du règne de Jésus-Christ, par la pure prédication
» de son évangile, comme les ennemis de sa vérité luy doient pré-
» somptueusement non seulement la retarder ou empescher, ains
» plus tost la ruyner et abattre, et que pour ceste raison monsieur
» de Besze a là dessus prins argument, quoyque à mon regret, de
» se retirer de ce païs pour aller au vostre rendre en vostre en-
» droict le debvoir auquel sa vocation le tient obligé, je ne l'ay
» voullu laisser partir sans l'accompagner de ceste lettre, qui servira,
» non pour tesmoigner les vertueux et louables offices qu'il a faictz
» en la poursuitte et deffence d'une si juste et saincte querelle,
» d'aultant qu'ilz sont si notoires et congneuz que ce ne seroit que
» superfluité de les déduire ou publier davantaige, mais pour pre-
» mièrement vous remercier bien affectueusement de la faveur que
» j'ay reçeue de vous, me l'ayant laissé aussi longuement que luy
» mesme à jugé sa présence estre requise et à moy son bon conseil
» nécessaire à la poursuite et maniement d'une cause si importante,
» veu qu'elle regardoit à la gloire de ce grand Dieu et la conserva-
» tion de l'auctorité de mon jeune roy, en quoy il a beaucoup servy
» à inciter les ungs et contenir les autres à l'exécution de leurs

» charges, et puis, me remectant sur sa suffisance à vous descouvrir
» et raporter particulièrement les occurrances et événemens tant de
» la guerre que de ceste paix, et du bien qui s'en peult espérer,
» vous asseurer, magnifiques seigneurs, que toutes les gratiffications
» et honnestes démonstrations de la bonne volonté que m'avez en
» ce faict offertes, tiendront, toute ma vie, tel lieu en ma mémoire,
» que, s'offrant occasion pour user envers vous d'une condigne re-
» cognoissance, vous congnoistrez par effect de quelle affection je
» m'y employeray et que par ce moyen je suis certain vous ne re-
» gretterez point les plaisirs que m'avez impartiz, ainsi que j'ay
» prié ledict sieur de Besze vous le faire entendre, priant Dieu, ma-
» gnifiques seigneurs, continuer en toute félicité la conservation
» de vostre république et vous maintenir en sa très saincte garde.
» Escript à Orléans, le XXVIII de mars, 1562 (1563, n. s.). »

II. — Lettre de l'amiral Gaspard de Coligny « à messieurs les scyndics et seigneurs
» du Conseil de Genève. » (*Archives de la ville de Genève*, liasse nº 1715.)

« Messieurs, puisque par vostre congé et moyen monsieur de
» Besze, présent porteur, est venu par deçà, la présence duquel
» m'a grandement contenté avec toute ceste compagnie, je n'ay voulu
» le laisser aller sans la présente pour vous remercier de ce plaisir
» et de plusieurs autres ès quelz nous avons apperçeu et cogneu
» par expérience plus que jamais combien la gloire de Dieu et l'aug
» mentation des églises de ce royaume vous sont chères et pré-
» cieuses ; celuy auquel vous avez eu le principal esgard en ce fai-
» sant vous en sera libéral rémunérateur, et, de ma part, Messieurs,
» je vous prie vous assurer que j'en auray telle souvenance que me
» trouverez tousjours amy en toutes sortes que je pouvray m'em-
» ployer pour vostre bien et conservation, d'aussi bon cœur que je
» me recommande à vos bonnes prières, après avoir prié nostre
» Dieu qu'il vous maintienne en sa sainte garde et protection. D'Or-
» léans, ce XXX de mars, 1562 (1563, n. s.). »

XXXIII

Lettre du prince de Condé au maréchal de Montmorency
(Bibl. nat., mss. f. fr., vol. 3191, f° 56).

» Monsieur le mareschal, il y a fort longtemps que ung nommé
» Marin, de Marenes, mon tailleur, est prisonnier et en la concier-
» gerie du pallais de Paris pour le faict de la religion, et tous ses
» biens pilliez et saccagez, lequel est, à ce que j'ay peu entendre,
» détenu, en grande calamité et misère. Je vous prie, Monsieur le
» mareschal, s'il est ainsy qu'il soit prisonnier que pour le faict
» dessusdict, faire en sorte qu'il soit bientost mis hors des prisons,
» et ses biens lui estre restituez, s'il estoit possible; vous asseurant
» qu'en ce faisant vous ferez ung sy grand bien pour le pauvre prison-
» nier, et à moy ung sy singulier plaisir que, pour le recongnoistre,
» vous me trouverez toute ma vye aussy prest que de bien bon cœur
» Je supplie le créateur, Monsieur le mareschal, après m'estre bien
» affectueusement recommandé à voz bonnes grâces, vous tenir en
» toutes voz perfections prospères. Escript à Saint-Germain-en
» Laye, ce XVIIIᵉ jour de may 1563. — Vostre plus afecsionné
» cousin et amy obligé à jamays, Loys de Bourbon. »

XXXIV

Extrait « du *Mémorial* (registre des procès-verbaux) du Conseil des XXI,
» pouvoir exécutif du ministère de la guerre et des affaires étrangères, 3 février 1563. »
(*Archives de Strasbourg.*)

La comtesse de Roye avait exposé, dans une requête au Conseil des XXI, ce qui suit, au sujet de ses promenades avec ses petits enfants :

« La dame de Roye estoit jusques à présent accoustumée d'aller
» en voiture avecques les jeunes seigneureletz se pourmener dehors,
» aux villages et aux champs. Toutesfois, advertissement luy estant
» parvenu comme quoy elle risquoit qu'il n'arrivast quelque chose
» aux enfans, elle estoit d'advis de s'en abstenir ; mais parceque les
» jeunes seigneurs estoyent accoustumés de prendre l'air, elle prye
» luy permectre, de temps à aultre, quand les tireurs ne sont pas à
» la place du tir, d'aller s'y pourmener. »

Décision du Conseil.

« Arreste : luy permectre ; mais qu'elle procure avec ses domes-
» tiques que ilz ne dégradent rien ; oultre cela, luy remonstrer que
» il ny ha point de guets aux portes, et que icelle porte (des Juifs)
» est eslongnée vers le dehors ; que personne n'y habite ; que pour
» cela elle pourvoye à elle-même. »

XXXV

Lettre de Calvin à la comtesse de Roye, avril 1563
(Lettres françaises, t. II, p. 497, 498).

« Madame, les conditions de la paix sont tant à notre désadvantage,
» que nous avons bien matière d'invocquer Dieu plus que jamais à
» ce qu'il ait pitié de nous, et remédie à telles extrémités; tant y a
» qu'il nous fault baisser les testes, et nous humilier devant Dieu,
» lequel a des issues admirables en sa main, combien que les com-
» mencemens soyent pour nous estonner. Je ne vous puis pas dissi-
» muler que chacun trouve mauvais que monsieur le prince se soit
» monstré si facile, et d'advantage qu'il ait esté si hastif à conclurre.
» Il semble bien aussy qu'il ait proveu mieulx à sa seureté qu'au
» repos commun des povres fidelles; mais, quoy qu'il en soit, ce seul
» poinct nous doibt imposer silence, quand nous sçavons que Dieu
» nous a voulu derechef exercer. Je conseilleray tousjours qu'on se
» déporte des armes, et plus tost que nous périssions tous que de
» rentrer aux confusions qu'on a veu. J'espère bien, Madame, que
» vous mecterez peine, tant qu'il vous sera possible, d'avancer ce
» qui semble aujourd'hui reculé. Je vous prie, au nom de Dieu, de
» y faire tous vos efforts. Mesme je pense que la rage coustumière
» de nos ennemys picquera tellement la royne et ceulx qui par cy
» devant ne nous estoient guères favorables, que le tout nous re-
» viendra à bien. Voylà comment Dieu sçayt tirer la clarté des
» ténèbres. Ceste attente m'alleige aucunement mes douleurs; mais
» je ne laisse pas de languir pour les angoisses qui m'ont saisy de-
» puis les nouvelles. — Madame, après m'estre bien humblement
» recommandé à vostre bonne grâce, je supplieray le Père céleste
» de vous avoir en sa saincte garde et vous rendre saine et sauve

» avec vos petits enfants, lesquels Dieu a honorez en les faisant pel-
» lerins en terre estrange, de quoy ils auront à se souvenir estant
» venus en âge, etc., etc. »

XXXVI

Lettre de la comtesse de Roye à Catherine de Médicis, du 27 mai 1563
(Bibl. nat., mss. f. fr., vol. 15,875, f° 513).

« Madame, estant de retour en ce lieu du voyage que je viens
» de faire devers messieurs les princes protestans, j'ay advisé de
» vous dépescher le secrétaire Millet, présent porteur, en toute di-
» ligence, avec instruction bien ample de ce que j'ay negocyé de deça
» pour le service du roy et le vostre, vous pouvant assurer, Madame,
» que j'ay trouvé des princes autant affectionnez au service de Voz
» Magestez que le sçauriez désirer, et louent fort le bon ordre que
» je leur ay tesmoigné que vous donnez pour l'establissement d'une
» bonne, ferme et stable paix, remectant, quand j'auray ce bien et
» honneur de vous baiser les mains, à dire de bouche à vostre dicte
» Magesté beaucoup de particullaritez qui vous satisferont grande-
» ment. Madame, je prie Dieu qu'il vous doint en très heureuse
» santé et prospérité bonne et longue vye. De Strasbourg le XXVIIe
» jour de may 1563.

» Vostre très humble et très obéissante subjecte et servante,

» MADELENE DE MAILLY. »

XXXVII

L'interdiction de faire prêcher, dont se plaignait Renée de France pour elle personnellement, de même que pour l'amiral et sa femme, pesa, à quelque temps de là, sur Jeanne d'Albret, à Mâcon : on lit, en effet, dans une lettre de Sarron, secrétaire de l'ambassadeur d'Espagne, en date du 16 juin 1564 (*Mem. de Condé*, t. II, p. 201), ce qui suit :

« Le jeudy de l'Octave de *corpus domini*, se feit une procession
» à Mascon, fort dévote, en laquelle le roy très chrestien, monsieur
» d'Orléans, la royne-mère, messieurs de Montpensier, prince de la
» Roche-sur-Yon, les cardinaulx de Bourbon et de Guyse, duc d'Au-
» male, connestable, chancellier, et plusieurs chevaliers de l'ordre,
» et sieurs et dames de la court, assistèrent fort dévotement, ayant
» torches ou cierges en leurs mains; qui donna si bon exemple,
» que plusieurs ausquelz on faisoit croire que les dictz roy et royne
» estoient huguenotz et n'alloient à la messe, se sont réduictz. —
» Et pour ce que ledit seigneur roy feit crier le jour devant que
» ceulx de la ville qui sont la plupart huguenotz deussent assister à
» ladicte procession et faire tendre ou mectre ramée devant leurs
» maisons, madame de Vandosme qu'est maintenant en court, en feit
» plaincte à la royne, luy remonstrant que c'estoit contrevenir à l'é-
» dict de la pacification, et que l'on ne devoit forcer personne de sa
» conscience, lui en demandant justice. — A l'arrivée de ladicte dame
» de Vandosme à Mascon, tous les huguenotz du dict Mascon luy
» furent au devant; et après luy avoir faict la révérence, et supplié
» d'avoir la cause de la religion pour recommandée, luy offrirent
» corps et biens pour la défense d'icelle; à quoy elle promit tenir si

« bonne main, qu'ilz congnoistroient avoir en elle une bonne protec-
» trice ; et leur dit que pendant sa demeure audict Mascon, ilz pour-
» roient aller à la presche en sa maison : car elle avoit huict bons
» ministres ; mais comme le roy fust adverty que ladite dame faisoit
» prescher, ce qu'est deffendu par ledict édict, comme aurez bien veu
» par icelluy, il luy envoya deffendre de plus le faire, et luy feit dire
» que si ses ministres s'avançoient de prescher à la suyte de sa court,
» qu'il les feroit chastier si aigrement qu'aultres y prendroient
» exemple ; dont ladicte dame fust fort fâchée : et quelque requeste
» qu'elle ayt sceu faire de pouvoir faire prescher secrètement en sa
» chambre, l'on ne luy a voulu permectre, combien je pense qu'elle ne
» laisse de le faire secrètement : car pour tousjours donner plus de
» chaleur et de cœur aux huguenotz, incontinant qu'elle fut arrivée
» en cette ville, qui fut avant l'arrivée dudict seigneur roy, elle alla
» au presche en leur temple qu'ils font édifier sur les fossez, en ung
» lieu dict les Terraulx, où tous les jours y besongnent de telle fu-
» reur, que les gentishommes et damoiselles y portent la hoste :
» si est-ce qu'ilz n'ont le cacquet si hault qu'ils souloient avoir,
» combien qu'ils dient tousjours quelque chose. Enfin je vous as-
» sure que ce voyage sera cause d'un grand bien pour nostre reli-
» gion, car le roy et la royne font grandes démonstrations de ca-
» tholicques, allans ordinairement à la messe, tantost en une église,
» et tantost en une aultre ; qui donne grand exemple et cœur aux
» bons de continuer en leur religion, et à plusieurs huguenotz de se
» réduyre, comme il s'en réduit journellement »

XXXVIII

Lettre du cardinal de Châtillon à l'évêque d'Aqs
(*Hist. des princes de Condé*, t. I, p. 549).

« Condé 4 juillet 1564.

« ..... Je vous ay bien voulu advertir par ce secrétaire que
» M. le prince envoye à la court pour les affaires de madame la ma-
» reschale de Saint-André. Comme ledit seigneur a pris ladite dame
» en sa protection, laquelle dame, pour user de mesme honnesteté
» et recongnoissance, aujourd'huy luy a donné la terre de Vallery et
» les autres de deçà qui luy sont échues par la mort de sa fille, en-
» semble a fait héritiers universels luy et ses enfants de tous les
» autres biens que les lois et coutumes des pays donnent ès autres
» provinces où ladite fille avoit du bien, à quelques charges et con-
» ditions fort advantageuses pour luy, qui est un party qui ne se
» trouve pas tous les jours. — Je vous diray aussy, quant à la dispo-
» sition de madame la princesse, qu'elle va diminuant de forces à
» veue d'œil, qui me garde de partir encore d'icy, ne faisant qu'at-
» tendre l'heure bien souvent que Dieu la veuille appeler à soy, pour
» les grandes et estranges douleurs qu'elle souffre, qui la rendent et
» ceulx qui l'aiment si affligés que vous pouvez penser. »

XXXIX

Nous croyons devoir compléter, par la reproduction des lignes
suivantes, qui n'ont pu trouver place dans le cours de notre récit,
les emprunts que nous avons été heureux de faire à l'intéressante
publication intitulée : *Epistre d'une damoiselle françoise à une
sienne amie dame estrangère, sur la mort d'excellente et vertueuse
dame Léonor de Roye, princesse de Condé etc.*, MDLXIIII.

(Page 1.) « Si tost que raison et la parolle de Dieu ont peu com-
» mander à mes yeux, et que ce papier abbreuvé de mes larmes s'est
» peu assécher, j'ai mis la main à la plume, pour respondre à la
» prière que vous me faites si instamment de vous escrire un recueil
» du progrès de la maladie de madame la princesse de Condé : pour
» l'ardent désir que vous avez, comme vous me dites, que l'ombre
» de sa mort vous serve de flambeau pour éclairer vos actions contre
» l'espesseur des ténèbres de nostre (page 2) vie, en ceste dange-
» reuse pérégrination.

» Mais, je vous prie, si je ne satisfays à vostre attente, selon que
» j'en ay un suffisant subject, accusez la bassesse de mon entende-
» ment, plutost que la bonne volonté que j'ay de vous contenter,
» et de rendre par cest escript privé (puisque je ne puis mieulx)
» fidèle tesmoignage de la vertu de celle qui en mérite un public.
» Les anciens prophanes disoyent, quand ils perdoyent tels patrons
» de vertu, que Dieu, portant envie aux hommes, leur ravissoit ce
» bien devant le temps : vous permettrez que je vous die en saine
» conscience, que je croys qu'il nous a estimez indignes de chose de
» tel pris.

» Or, laissant le reste de sa vie, et les premières et plus loing-

» taines causes de son mal, c'est à sçavoir les extrêmes ennuis qu'il
» luy a fallu dévorer en la première périlleuse prison de monsei-
» gneur le prince son mari, et en celle de madame de Roye sa mère,
» qui est un très digne argument d'une histoire entière, pour éter-
» niser les singulières grâces que Dieu avoit mises en ceste illustre
» princesse, et l'indicible force et constance de son esprit en adver-
» sité, je commenceray par les plus évidentes et prochaines. »

. . . .

(Page 4.) « De cest inconvénient, de la seconde prison de mon-
» seigneur son mari, après une bataille donnée, d'un siége d'Or-
» léans, et des peines et travaulx continuels qu'elle a soufferts le
» temps des troubles (outre ce qu'elle ne se traicta pas assez soi-
» gneusement d'une petite vérolle qu'elle eut l'an passé à Gaillon)
» est procédée par succession de temps toute son indisposition :
» mesmement un flux de sang causé par un carcinome en la mère,
» que sa pudeur et chasteté n'a jamais permis estre pansé comme il
» estoit requis. Ce flux de sang, qui estoit beau, vermeil et de bonne
» consistance, commença le 26ᵉ d'avril dernier, luy reprit plus abon-
» damment le jeudi et le dimanche d'après, continuant depuis, et
» relaschant par certaines périodes, jusqu'au vingt-troisiesme jour
» de ce mois de juillet, que ses forces furent si abattues, qu'elle
» perdit la faculté rétentrice : tellement que s'escoulant jusques à
» la dernière goutte, de si peu qu'il en restoit des grandes vuidanges
» passées, elle rendit heureusement (page 5) l'esprit à Dieu, par
» défault de chaleur naturelle, à Condé, environ les onze heures du
» matin. Ceste évacuation fut fort avancée par une diète peu aupa-
» ravant entreprise, et qu'elle voulut continuer, retournant de
» Troye, où, toutes choses laissées, elle estoit allée hastivement
» pour une maladie survenue à monseigneur son mari : car ce re-
» mède luy estoit du tout contraire, et le breuvage luy eschauffa et
» irrita le sang qui de soy estoit fort subtil. Sur ce poinct, je vous puis
» asseurer que les chirurgiens ne les médecins n'ont rien obmis de
» ce que la méthode commandoit : et estoit facile du commence-
» ment d'y donner ordre et apporter guarison, si on s'en fust aus-
» sitost déclairé qu'il estoit nécessaire.

» Pendant le cours de ceste maladie, plusieurs accidents sont sur-
» venus, comme flux de ventre, fiebvre hectique, qui avoit certains
» accès, douleurs de reins, avec grandes inquiétudes, faillances et
» syncopes, pour les vapeurs vénéneuses portées de la partie malade
» à l'estomach, du foye, au cueur et au cerveau. Vous pouvez juger que
» difficilement je pourray exprimer tous ses maux : car ils estoyent
» si divers (page 6) et violens, qu'au jugement de ces expers en
» l'art, ils estoyent comme insupportables à un autre. En quoy re-
» cognoissez, je vous prie, la grande assistance que Dieu luy a faicte :
» car jamais elle n'a ouvert la bouche pour murmurer, ne fait au-
» cune démonstration ou contenance d'impatience. »

. . . .

(Page 8.) « Elle préveut bien, sitost que le flux de sang luy com-
» mença, que ce mal estoit mortel : et oultre son jugement, ayant
» voulu sçavoir l'advis de ceux qui avoient la charge de sa santé, elle
» résolut incontinent de pourvoir aux affaires de sa maison, pour
» plus librement penser à Dieu. »

. . . .

(Page 10.) « Elle recommanda (à son mary ses enfants) principa-
» lement pour l'institution en la crainte de Dieu, qu'elle asseuroit
» estre le plus certain bien et patrimoine qu'elle leur pouvoit lais-
» ser. Ils ont de bons commencements, disoit-elle, et de main de
» maistre suffisant, entendant parler du ministre de l'Espine, qui
» a prins un grand soin près d'eux depuis quelque temps, leur in-
» terprétant avec une singulière dextérité, le matin, les proverbes
» de Salomon, et, l'après-disnée, les commentaires de Jules César :
» dont monsieur le marquis, leur aisné, a faict un tel fruict, qu'il
» est des mieux instruits qu'on puisse veoir pour son aage.
    » Elle adjousta (comme elle a tousjours esté bien parlante) plusieurs
» autres belles remonstrances que la force du torrent que je jettoy
» par les yeux m'empescha de remarquer.
    » Et ne vous esbahissez si lors je pleurois si abondamment. »

. . . .

(Page 11.) (Parlant de sa femme et de ses enfants, le prince dit) :
« Je m'estudieray a bien garder les gages qu'elle m'a laissez, et les

» feray continuer à la mesme institution qu'ils ont chrestiennement
» commencée : afin que l'usufruict et la propriété de la mère, du
» père et des enfants, soyent du tout à Dieu, qui par sa puissante
» main a été si (page 12) souvent libérateur et conservateur de ceste
» famille. Si je considère et poise la rareté de l'heur qui se repré-
» sente incessamment devant mes yeux dont je me prévoy privé par
» ceste séparation, il ne se peult faire que je trouve icy suffisante ou
» égale consolation : ne pouvant nombrer par tous les millions
» qu'on pourroit assembler, l'infinité d'une perte si notable, j'auray
» donc mon recours à celuy, si j'ose ainsi parler, qui a faict la
» playe, qui me fournira pour la guarir, d'un lénitif emplastre de
» sa parolle : comme on dit que ceux qui sont blessez du scorpion,
» doivent cercher le remède en luy mesme.

» A ce qu'elle me prie par vous de redoubler ma bienveillance
» envers nos enfans, j'ay senty en mon âme, à l'instant que m'avez
» achevé ce mot, je ne sçay quelle latente infusion qui m'a augmenté
» le feu de l'amour paternel, que je n'estimoy point pouvoir rece-
» voir aucun accroissement : m'estant tousjours persuadé qu'il ne
» s'y pouvoit rien adjouster. Vous luy direz donc, je vous prie, que
» ceste harangue qu'elle me fait par vos bouches m'a tellement ré-
» solu, que je sens en moy les effets de la force de son courage :
» (page 13) et loue Dieu de la constance inestimable qu'il luy a
» donnée, mais je la prie qu'elle n'obmette rien des moyens qu'il a
» départis aux hommes par art et industrie pour recouvrer sa santé,
» afin qu'elle ne nous laisse un regret à l'advenir, s'il y avoit eu
» faulte de remède.

» Ce discours fut plus grand et plus grave, comme vous pouvez
» penser : mais excusez la mémoire d'une femme troublée et at-
» teinte si vivement. »

(Page 17.) « La princesse feit confession de sa foy, déclarant qu'elle
» croyoit et confessoit Dieu estre et estre un seul en essence, dis-
» tinct toutesfois en trois personnes, qui sont le Père, le Fils et le
» Sainct-Esprit : qu'il est créateur, conservateur et gouverneur du
» ciel, de la terre, de la mer et de tout ce qui est en iceux, sans le
» vouloir duquel nulles créatures, soyent anges, diables ou autres

» quelsconques, ne sçauroyent faire ne mouvoir aucune chose : et
» ne peult et ne doibt toutesfois estre dict tentateur à mal, cause ou
» autheur de péché, qui procède de la corruption et malice que
» l'homme s'est acquise.

   » Après, elle protesta qu'elle ne recognoissoit (page 18) aultre
» moyen par lequel les hommes puissent avoir rémission de leurs
» péchez, salut et vie éternelle, que Jésus-Christ : et qu'il n'y a
» point d'autre nom donné aux hommes pour salut que cestuy-là :
» et que comme il est vrai Dieu et vrai homme, il est aussy seul
» sauveur et rédempteur, médiateur et advocat des hommes vers
» Dieu, et l'unique sacrificateur et sacrifice, qui a une fois satisfaict
» à l'ire et estroict jugement de Dieu son père, par sa mort pour
» nous, et nous a pleinement justifiez en sa résurrection. Par quoy
» je le tiens, disoit-elle, pour ma seule et néantmoins suffisante
» rançon, pour ma paix, pour ma sapience, pour ma justice et pour
» ma sanctification : m'assurant qu'il m'a appresté lieu au ciel quand
» il y est monté, et là il m'attend avec son père et le mien par luy,
» avec le Sainct-Esprit, les anges et les saints : là où je me souhaite
» de toute mon affection, et où je suis certaine que j'iray bientost. »
   (Page 19.) « Tiercement, elle feit entendre qu'on ne le doibt au-
» trement servir qu'ainsi qu'il a ordonné en sa parolle : et pourtant
» qu'elle recognoissoit deux parties au vray service de Dieu : dont
» la première et principale est se fier et croire fermement en luy,
» obéir à ses saincts commandemens, l'invoquer en toutes néces-
» sitez, et à luy seul rendre grâces, comme au seul autheur de tout
» bien : l'autre est d'exercer en l'Église les choses qu'il a établies,
» comme le ministère de sa parolle et des sacremens, la discipline
» ecclésiastique en sa pureté, suyvant ses ordonnances, et sans y
» rien mesler du sens et invention des hommes.

   » Et pour ce, adjoustoit-elle, s'adressant à Dieu, que tu m'as faict
» tant de grâces, ô mon Dieu, par ton Sainct-Esprit, de me faire
» cognoistre, par ta saincte parolle, qu'icelle, le sainct baptesme,
» et la saincte cène, qui sont les deux sacremens que ton fils Jésus-
» Christ a laissés à ton Église, son espouse (page 20) et son corps,
» la discipline et correction des pécheurs ordonnée par iceluy en

» son Évangile, sont ainsi purement administrez ès églises réfor-
» mées de France : et qu'en icelles aussy la vraye doctrine d'obéis-
» sance, de pénitence, de foy et de justification par ycelle au mérite
» de Jésus-Christ, sans qu'il y puisse estre rien alloué du nostre
» pour payement y est preschée et constamment annoncée : qu'on y
» invoque vrayment Dieu, à sçavoir au seul nom de Jésus-Christ,
» et qu'à luy seul sont rendues grâces de tous biens reçus. Pour ces
» causes, dis-je, ô mon Seigneur et libérateur, je recognoy ycelles
» églises réformées faire avec toutes autres semblables, l'espouse et
» le corps de ton Fils Jésus-Christ, ta vigne esleue, ton troupeau,
» ta saincte Hiérusalem, et ta légitime assemblée : te merciant de
» tout mon cœur que tu m'as appelée à ceste heureuse cognois-
» sance : et plus encores, que tu m'as faicte une des pierres de ce
» tien bastiment et humble cité, une des (page 21) brebis de ce tien
» troupeau, une des branches de ceste tienne vigne, et un des mem-
» bres de ce corps et de ceste espouse de ton fils. Fay moy ainsi
» persévérer, ô divine bonté, et me continue ces grâces jusques au
» dernier souspir de ma vie, afin que, selon ta promesse, je sois
» de toy reçeue au royaume et héritage des bienheureux tes en-
» fans.

» Environ une heure après, elle manda et fist descendre en sa
» chambre le ministre de l'Espine : et continuant d'une mesme ar-
» deur le propos qu'elle avoit interrompu, elle commença à réciter
» les faveurs que Dieu luy avoit faictes, l'ayant grandement honorée
» quant au monde, et départi assez de biens : assistée en toutes ses
» affaires, soustenu monseigneur son mari, madame sa mère, elle,
» messieurs ses enfans, parens et amis contre toutes les entre-
» prises et efforts de leurs ennemis : que toutes ces grandes grâces
» lui sembloient peu auprès de la cognoissance qu'il luy avoit don-
» née de luy et de son fils par sa parolle, veu qu'en cela seul gisoit
» sa félicité, et que (page 22) c'estoit le vray fondement de toute son
» espérance : que combien que pour toutes ces raisons elle fust
» infiniment obligée à servir Dieu, ce néantmoins qu'elle avoit
» faict peu de devoir de congnoistre l'autheur duquel luy estoient
» venues tant de bénédictions pour luy en rendre louange et gloire.

» Toutesfois pour toutes ces lourdes ingratitudes dont elle avoit usé
» envers Dieu, elle ne perdoit point espérance que par sa miséri-
» corde et mérite de son fils, cela et toutes ses autres faultes ne luy
» fûssent entièrement pardonnées : s'assurant estre du nombre de
» ses ouailles par la grâce qu'elle avoit reçeue d'ouïr la voix de son
» berger et pasteur : et que par sa vocation, elle estoit certaine de
» sa justice et de sa gloire ; qu'elle, pour ces causes, ne désiroit rien
» plus affectueusement que de sortir bientost de ce monde, pour
» aller aux bras de son Sauveur : et ores qu'elle laissast monsei-
» gneur son mari, madame sa mère et messieurs ses enfans, qu'elle
» aimoit autant que la nature et le devoir pouvoyent porter : toutes-
» fois qu'elle préféroit Dieu à tout cela et qu'elle n'avoit rien plus
» cher (page 23) que de suyvre promptement et allégrement sa
» bonne volonté ; que le diable luy proposoit diverses imaginations
» touchant le royaume des cieux et luy vouloit persuader que ce
» n'estoit pas ce qu'elle pensoit, pour par ce moyen la retenir en
» un regret de quicter les alléchemens et amiellures de ce monde :
» mais qu'elle demeureroit ancrée en ceste foy, qu'œil n'avoit veu,
» n'oreille oy, ne cueur d'homme conçeu ce que Dieu a préparé à
» ses esleus. »

. . . .

(Page 35.) « Environ sept heures du matin, dimanche vingt-troi-
» siesme de ce mois (juillet), monsieur de l'Espine poursuivit les
» exhortations et les prières, et comme vous sçavez qu'il est riche et
» copieux en similitudes et comparaisons, il dict choses plus célestes
» qu'humaines, et continua environ une heure, jusques à ce qu'on
» feit prendre quelque peu de substance à ceste courageuse patiente :
» qui souloit dire dès six ou sept jours auparavant, qu'encores
» qu'elle cogneust bien que le repas qu'elle prenoit fust inutile et
» chose perdue, que néantmoins elle vouloit tousjours entretenir
» son corps de nourriture, jusques à ce qu'il plairoit à Dieu de dis-
» poser de l'issue de l'âme, et que ce n'estoit à nous de sortir de
» ceste garnison sans le congé de nostre capitaine.

» Tost après ce past, le flux de sang la reprint qu'on ne pust re-
» tenir n'estancher, pour ce que ses forces estoyent trop dejec-

» tées : elle aussi jugea bien que les remèdes, vinaigre ne ventouses
» ne pouvoyent plus servir. »

. . . .

(Page 37.) « La princesse appela une de ses femmes de chambre,
» qu'elle aimoit bien fort, et luy dict, afin qu'elle reçust avec tous
» les contentemens qu'elle pouvoit l'aise et le bien de la mort,
» qu'elle luy estendit les jambes, que la rigueur du froid mortel
» avoit jà retirées : et soudain elle prononça ces derniers mots :
» Entre tes mains, Seigneur, je recommande mon âme. Puis com-
» mença d'entrer aux traicts de la mort, où elle demoura beaucoup
» moins que demi quart d'heure..... Après, elle passa par un
» doux souspir là-hault en l'héritage que Dieu a préparé à ses
» esleus, et nous laissa à tous un desir de finir comme elle. Je ne
» puis que je ne vous die qu'il me restera à jamais un deuil extrême
» de vivre sans plus la voir, et une joye incomparable d'avoir ap-
» partenu en service (page 38) à une si vertueuse princesse.

» Il m'est souvenu du propos que M. Perussel lui tint à l'article
» de la mort, que j'estime mériter d'estre escript. Madame, disoit-
» il, il faut, s'il vous plaist, que vous recongnoissiez la bonté de.
» ce grand Dieu envers vous, non-seulement pour tant de biens
» qu'il vous a faicts toute vostre vie, mais aussi pour la spéciale
» faveur qu'il vous faict maintenant : car vous ayant mise en sa
» vigne pour y travailler tout le jour, il vous en veult retirer, à
» midi, pour vous mettre en repos. Vous n'avez atteint à peu près
» que la moitié de vostre aage, que vous avez par la grâce de Dieu
» bien et fidèlement employée à besongner à sa vigne ; le devez-vous
» pas mercier et luy sçavoir bon gré, s'il vous veult excuser de la
» suée et travail du reste du jour et vous faire pareil payement que
» si vous aviez labouré la journée entière ? »

. . . . . . , ...

(Page 39.) « La princesse parloit de cest espouvantail (la mort)
» aussi franchement que s'il eust été question de quelque chose qui
» advint tous les jours entre nos actions, et appartint à nos affaires
» familières et domestiques. Et deux jours avant sa mort, encores
» que l'inéqualité de son poux luy fist toucher au doigt ce que peu

» après luy debvoit advenir; néanmoins elle se feit apporter le plan
» du chasteau d'Anisi, que elle avoit faict dresser un peu auparavant
» sa maladie, et y remarqua par un devis qu'elle faisoit à monsei-
» gneur son mari, si curieusement, et par le menu tous les desseins
» et ordonnances que vous eussiez pensé, à l'en voir parler avec ses
» ris et soubris ordinaires qu'elle s'y fust voulu accomoder pour y
» faire une longue demeure (page 40). Et cela ne faisoit-elle pas
» néanmoins que elle ne sçeust bien que son vray bastiment estoit
» au ciel, mais elle disoit qu'il ne se falloit esbahir si elle parloit
» ainsi de toutes choses, comme si elle ne se fust proposé le danger
» où elle se voyoit, car Dieu luy avoit fait la grâce, que depuis
» qu'elle avoit eu sa cognoissance, elle avoit tousjours pensé que la
» mort luy devoit estre assez présente en un temps qu'en l'autre :
» et que le chrestien estimera aussi que delà dépend le comble de
» son heur et contentement. »

. . . .

« La princesse a vescu vingt-huit ans, quatre mois, vingt-sept
» jours et onze heures.

» Pendant sa maladie, elle a esté assistée (page 41) de beaucoup
» de gens de bien, grands et notables, mesmement de messieurs ses
» trois oncles de Chastillon, qui luy ont faict tous les bons et chari-
» tables offices qu'il est possible de désirer.

» Je ne vous discoureray point la noblesse de sa race tant fran-
» çoise qu'estrangère, car chacun la cognoist assez : et vous sçavez
» comme moy, que du costé de son père, elle estoit descendue de
» droicte ligne par les femmes de Loys le Gros, roy de France.

» Encores vous escriray-je ce reste, qui m'a semblé appartenir
» au précédent et que vous recevrez comme (preuve) de ma bonne
» volonté.

» Ceste mort fut annoncée à monseigneur le prince qui s'estoit
» retiré à part en sa chambre et mis au lict au retour du presche.
» A l'arrivée du ministre Laboissière, qui en estoit le messager, il
» se doubta de ce qui estoit advenu; néantmoins il continua quel-
» que temps sa lecture en un livre de prières qu'il tenoit en sa
» main, puis tournant sa face au ministre, luy demanda comment

» se portoit sa femme. Elle est, monseigneur, respondit Labois-
» sière, avec Dieu, où vous irez quelque jour.

» A ce mot, il ne se put contenir de soupirer (page 42) et res-
» pirer, tellement que deux ou trois gentilshommes et le ministre
» Perussel qui survint, en estoyent fort esmeus, sans oser inter-
» rompre ses plaintes et sanglots; sinon qu'un homme de robbe
» longue le supplia de se résoudre et redresser comme il avoit faict
» en toutes ses grandes adversitez. Et les deux ministres suivirent
» ce propos, selon que le champ en estoit spacieux : néanmoins il
» demeura quelque temps en silence, et puis portant le mouschoir
» à sa face, il dict : qu'il espéroit que Dieu ne luy imputeroit point
» ceste infirmité, et que les gens de bien le supporteroient en ses
» passions, attendu que son deuil n'estoit causé que de l'amour de
» vertu, qu'il avoit en vérité grande matière de contentement pour
» le repos où il assuroit estre sa chère moitié qui estoit morte de
» la mort des sainctes; mais aussi qu'il estoit excusable en son ennuy
» pour estre privé de la compagnie d'une si sage et vertueuse dame
» qui tousjours l'avoit sur tout honoré et aimé jusques à sacrifier sa
» vie pour luy, sainctement gouverné sa maison et prudemment
» dressé ses enfans, luy rendant toute obéissance. »

(Page 43.) « Il adjousta, tournant la vue au ciel, une petite ha-
» rangue à Dieu dont la sentence, vous escrivant ceci m'est coulée
» en ces quatre vers, comme sans y penser :

> » C'est moy, Seigneur, elle n'a faict la faulte,
> » Et c'est raison que la peine me suyve :
> » Non, je fay tort à ta prudence haulte,
> » A vray parler, mort je reste, elle est vive.

» Sur cela, après avoir sainctement voué le reste de sa vie au
» service de Dieu, il demanda messieurs ses enfans; mais estant
» exhorté de manger (car il estoit plus de midi) il remit à les voir
» après son disner, qui fut de peu de chose, et plein de soupirs et
» regrets.

» Depuis l'action de grâces on luy amena monsieur le marquis,
» François monsieur, et madamoiselle, ses enfans; madamoiselle

» fut mise sur son lict, et messieurs ses deux fils demourèrent de-
» bout près de luy : et pensez, je vous prie, que soudainement ils
» commencèrent si fort à larmoyer, que les assistans ne se peurent
» contenir, ne mesmes monseigneur leur père, et moy l'escrivant
» je ne puis que je ne fonde en pleurs. »

(Page 44.) « Vous eussiez veu la petite madamoiselle, qui est un
» vif pourtraict de beauté, accoller monseigneur son père, et luy
» noyer le visage et la barbe du ruisselet de ses yeux, sans pouvoir
» parler, sinon à demi-mots et rompus. Monseigneur son père feit
» tant qu'il l'appaisa, et luy essuya ses larmes par plusieurs re-
» monstrances convenables à son aage, que je vous diray si je les ay
» bien retenues : Ma fille, il ne fault plus plorer, nostre bon Dieu en
» seroit courroucé; ne vous souvient-il pas que vous luy dites tous
» les jours : ta volonté soit faicte? Il a voulu tirer vostre mère hors
» de prison et l'avoir près de luy en liberté, pour ce qu'il l'aimoit
» bien; en serez-vous marrie? Il est si sage, que jamais nous ne
» devons demander pourquoy il fait quelque chose. Il vous a laissée
» pour l'image d'elle, et comme je l'ay aimée sur toutes les femmes
» du monde, ainsi vous aimeray-je....... »

(Page 47.) « Lors il appela la dame de Saint-Cyr, sa gouvernante,
» et l'embrassant et sa fille, la damoiselle des Fossez, il les pria de
» continuer leur soing en ceste nourriture, comme pour l'une des
» choses qu'il tenoit plus précieuse. »

. . . .

(Page 47.) « Puis en l'absence du gouverneur (de son fils aîné)
» il le meit ès mains du sieur du Buisson, qu'il luy bailla pour
» maistre d'hostel : le priant que sur tout on eût l'œil que prés de
» luy n'approchast aucun contempteur de Dieu, et de la révérence
» que nous devons à ses saincts commandemens.

» Le dimanche d'après, qui estoit le jour de hier, le corps fut mis
» au sépulchre de ses pères, à Muret, sans autre pompe, ne céré-
» monie, sinon que M. Perussel feit un excellent sermon sur le
» cinquante-septième chapitre de Iesaïe, où il y avoit bon nombre
» de noblesse, et de peuple des églises voisines.

» Après la prédication, qui fut environ les neuf heures du matin,

» quelque partie des gentilshommes allèrent quérir le corps, qui
» gisoit en plomb dans une salle près de celle où le presche s'estoit
» faict, et le portèrent au lieu choisi pour reposer jusques à la con-
» sommation du monde. »

(Page 48.) « Le reste de la noblesse et le peuple suyvirent par
» ordre, puis retournèrent en pareil estat en la cour du chasteau,
» où M. Perussel remonstra combien ils avoient faict en ce convoy
» œuvre digne de chrestiens, de grande édification à l'église, plai-
» sante à Dieu et agréable à monseigneur le prince : les merciant
» en son nom, et de tous les parens de la défuncte.

» Je pourroy mestre en ce pacquet plusieurs consolations qui
» ont esté envoyées tant à feu madame la princesse, qu'à monsei-
» gneur le prince, depuis son décès, par des plus sçavans et signalez
» personnages de chrestienté : mais j'ay entendu par vostre bon
» parent que vous en avez eu les copies d'ailleurs.

» C'est donc ce que vous aurez de moy pour ceste heure : vous
» priant d'en excuser l'esprit, les yeux, la mémoire, la main et la
» plume, qui se sentent en leurs offices du mal et du deuil de leur
» maistresse passionnée, laquelle demourera, s'il vous plaist, en
» vostre bonne grâce. Dieu nous doint de bien vivre et bien mourir
» en son fils Jésus-Christ.

» De Condé-en-Brie, le dernier jour de juillet 1564.

» Vostre entièrement bonne amie à vous obéir,

» I. D. V. »

FIN

TABLE DES MATIÈRES

CHAPITRE PREMIER

Séjour de la comtesse de Roye, en 1535, chez sa mère, au château de Châtillon-sur-
Loing. — Naissance d'Éléonore de Roye, le 24 février 1535. Son baptême. — Naissance de Charlotte de Roye, le 3 mars 1537. — Éducation donnée aux deux sœurs.—
Mort chrétienne de la maréchale de Châtillon, en 1547. Impression qu'elle produit
sur la comtesse de Roye et sur ses filles. — Distinction morale et intellectuelle de
celles-ci dès leur adolescence. — Projet d'union entre Éléonore de Roye et Louis de
Bourbon. — Célébration de cette union, le 22 juin 1551. — Fortune alors restreinte
des jeunes époux. — État d'esprit et de cœur d'Éléonore, en entrant dans la vie conjugale. — Hommage rendu aux qualités supérieures de son âme, par divers écrivains,
soit catholiques, soit protestants... 1

CHAPITRE II

Opérations militaires auxquelles Louis de Bourbon prend part, de 1551 à 1556. —
Liaison d'Éléonore de Roye, dès 1551, avec Marguerite de Bourbon, duchesse de
Nevers, et Jeanne d'Albret, duchesse de Vendôme. — Mort de Charles de Roye, laissant pour uniques héritières ses deux filles. — Naissance de Henri de Bourbon, marquis de Conti, le 29 décembre 1552. — Ses père et mère commencent à porter
les titres de prince et de princesse de Condé. — Naissance de Catherine de Bourbon,
en 1554. — Mort de Henri d'Albret. Jeanne se sépare d'Éléonore, pour se rendre en
Navarre. — Nomination de Gaspard de Coligny au gouvernement de la Picardie. —
Naissance de Marguerite de Bourbon, le 8 novembre 1556. — Grave maladie de la
princesse de Condé, en 1557. Sa pieuse résignation. Son rétablissement. — Mariage
de sa sœur avec le comte de Larochefoucault. — Condé et Larochefoucault se rendent
à l'armée. — Désastre de Saint-Quentin. — Captivité de G. de Coligny et de Larochefoucault. — Naissance de Charles de Bourbon, le 3 novembre 1557. — Condé continue
à servir activement. — En 1558, il rentre momentanément dans sa famille....   15

CHAPITRE III

Maladie du prince de Condé. Soins qu'il reçoit de la princesse. — Correspondance de
celle-ci avec la connétable. — Maladie de la princesse. — Naissance de François de
Bourbon, le 3 septembre 1558. — Lettre intime adressée à la duchesse de Nevers par

la princesse. — Amitié de Condé pour sa sœur de Nevers et son beau-frère. — Mort de la duchesse de Nevers. Sollicitude de la princesse de Condé et de Jeanne d'Albret pour ses enfants. — Affection particulière de la princesse pour la famille de sa mère. — Coup-d'œil sur les sentiments religieux de la princesse, en 1559, et sur la profession publique de sa foi. — Supériorité, à cet égard, de l'attitude de la princesse sur celle de son mari.. 29

CHAPITRE IV

Mort de Henri II. Catherine de Médicis et les Guises au pouvoir. — Élimination des princes du sang. — Assemblée de Vendôme. — Le roi de Navarre se laisse bafouer par la cour et déserte la mission qu'il avait assumée, dans le double intérêt des affaires de l'État et de la liberté religieuse. — Condé ressaisit cette mission. — Assemblée de la Ferté-sous-Jouarre. Divergences de vues entre Condé et Coligny. — Tumulte d'Amboise. — Condé revient près de sa femme. — Il se rend en Béarn et s'y concerte avec son frère pour renverser les Guises. — Conseils donnés à la couronne par Coligny. — Assemblée de Fontainebleau. — Préoccupations de la princesse de Condé depuis le départ de son mari. — Naissance de Madeleine de Bourbon. — La comtesse de Roye à Écouen. Projet de vente de la terre de Germiny. — Lettre d'Éléonore au connétable. . Arrestation de Lassagne, envoyé par Condé à la princesse. — Déclarations arrachées par la torture à Lassagne. — Arrestation du vidame de Chartres et du conseiller Robert de La Haye. — Artifices des Guises pour attirer à la cour Antoine et Louis de Bourbon. — Lettre de François II. — Réponses du roi de Navarre et de Condé. — Lettres de la comtesse de Roye à Catherine de Médicis. — Fallacieuses assurances données aux deux frères pour les décider à quitter le Béarn. — Duplicité de Catherine de Médicis. — Conseil donné par Marillac à la duchesse de Montpensier. — La princesse de Condé s'efforce de détourner son mari et son beau-frère de toute idée de départ. — Aveugle confiance de ceux-ci dans les promesses du roi et de la reine mère. — Ils quittent Nérac. — Ils rencontrent à Verteuil le cardinal d'Armagnac. — A Limoges, des nobles et seigneurs les poussent à l'action, mais en vain, et sont congédiés par eux. — Lettre de la princesse de Condé à son mari. — Elle accourt au-devant de lui et l'adjure de ne pas continuer sa marche. — Condé et son frère s'avancent jusqu'à Orléans.. 44

CHAPITRE V

Arrivée du roi de Navarre et du prince de Condé à Orléans. — Emprisonnement de Condé. — Son frère est gardé à vue. — La comtesse de Roye est arrêtée en Picardie et incarcérée à Saint-Germain-en-Laye. — Fermeté de la duchesse de Montpensier. — Difficultés opposées à l'entrée de la princesse de Condé dans Orléans. — Abandon dans lequel on l'y laisse. — Son indomptable énergie; son dévouement sans bornes. — Elle s'attache à assurer la défense de son mari. — Arrivée de Robert et de Marillac, avocats, désignés d'office. — Sévères reproches adressés au duc de Guise par la duchesse de Ferrare. — La princesse de Condé a recours à l'Électeur palatin et à la reine d'Angleterre. — Exposé des faits, concernant le prince de Condé, qui ont précédé l'arrivée de ses deux défenseurs. — Double démarche, vis-à-vis de lui, d'un prêtre et d'un agent des Guises. — Commissaires nommés pour interroger le prince. — Il refuse de leur répondre et demande à n'être jugé que par le roi, les pairs de France et le parlement réunis. — Rejet de sa demande. — Rejet par le conseil privé de divers appels qu'il a interjetés. — La princesse de Condé ne peut ni voir son mari, ni communiquer avec lui. — Restrictions imposées aux communications du prince avec ses défenseurs. — Ferme langage qu'il leur tient. — Dernière injonction de répondre faite au prince par le conseil privé. — Excès de pouvoir commis à ce sujet. — Double faute commise par Robert. — Le prince, trop confiant, répond par écrit et signe ses réponses. — Un tribunal, improvisé pour la circonstance, prononce contre Condé, sans l'avoir entendu, ni même appelé, et sans confrontation de témoins, une condamnation à mort, que le comte de Sancerre, le chancelier de l'Hospital et Dumortier refusent de signer. — Le roi repousse les supplications de la princesse de Condé. Le cardinal de Lorraine l'insulte et l'expulse de la cour. — Projets homicides des Guises à l'égard de la princesse, du roi de Navarre, des Châtillons, et de la généralité des protestants français. — Arrivée de Coligny et du cardinal de Châtillon à Orléans. Leurs efforts en faveur du prince et de la princesse de Condé, de la comtesse de Roye et du roi de Navarre. — Dernière maladie de François II; ses terreurs et ses vœux en face de la mort. — Attitude de Catherine de Médicis, des Guises, de Marie Stuart, d'Antoine de Bourbon et de Coligny. — Mort du roi. — Paroles prononcées par Coligny.. 76

CHAPITRE VI

Émotion de la princesse de Condé en apprenant que les jours de son mari sont épargnés. — Arrivée du connétable à Orléans. — Condé refuse d'accepter toute mise en liberté tant qu'on ne lui aura pas réservé un recours en déclaration d'innocence. — Cédant à de judicieux conseils de la princesse, il va avec elle à Ham et à la Fère. — La comtesse de Roye est rendue à la liberté. — Éléonore, dans l'intérêt de son mari, vient à la cour. Condé ne tarde pas à l'y rejoindre. — Le conseil privé proclame l'innocence du prince et lui réserve un recours devant le parlement de Paris. — Ce parlement rend en sa faveur, et en faveur de madame de Roye des arrêts de déclaration d'innocence. — L'exercice du culte réformé est toléré par Catherine de Médicis dans les résidences royales de Fontainebleau et de Saint-Germain. — Appui accordé à cet exercice par le prince et la princesse de Condé, ainsi que par les principaux membres de leur famille. — Hommages rendus, de diverses parts, à la piété de la princesse et de sa mère. — Conduite coupable d'Antoine de Bourbon à l'égard de Jeanne d'Albret. — Promulgation de l'édit de janvier 1562. — Massacre de Vassy. — Séjour du prince de Condé et de sa femme à Paris. Leurs efforts pour y protéger les protestants contre les excès d'une effervescence populaire qu'accroît la présence du duc de Guise et de ses adhérents. — Insuffisance des forces dont dispose Condé pour assurer le repos de la capitale. — Condé et sa femme quittent Paris pour se rendre à Meaux où ils sont rejoints par divers seigneurs protestants. — Départ de Condé pour Orléans, et d'Éléonore de Roye pour son château de Muret. — Lâche aggression d'une horde de fanatiques qui met en danger les jours de la princesse et ceux du jeune marquis de Conty. — Accouchement prématuré d'Éléonore, à Gandelu, d'où on la transporte à Muret. —

Sans être complétement rétablie, elle se décide à quitter cette résidence, en laissant ses plus jeunes enfants à sa mère, et à s'exposer avec son fils aîné aux plus grands dangers pour rejoindre le prince à Orléans.................................. 98

CHAPITRE VII

Arrivée d'Éléonore de Roye à Orléans. — Négociations entamées et suivies par Catherine de Médicis. — Conférence de Toury. — Entrevue de la princesse avec Catherine à Artenay. — Conférence de Talsy. — Imminence des hostilités. — Départ de la comtesse de Roye pour Strasbourg avec les plus jeunes enfants de sa fille. — Sympathie de la princesse pour son oncle et sa tante de Coligny, lors de la mort de leur fils aîné à Orléans. — La peste éclate dans cette ville. — Courage et dévouement de la princesse et de sa tante au milieu de la désolation générale. — Activité déployée par d'Andelot et par la comtesse de Roye, à l'étranger, en faveur des protestants français.—D'Andelot réussit à amener dans le voisinage d'Orléans les troupes qu'il a levées en Allemagne.— Mort d'Antoine de Bourbon, après la prise de Rouen. Consolations adressées à Jeanne d'Albret par le prince et la princesse de Condé. — Mission confiée à la comtesse de Roye par les chefs protestants. — Bataille de Dreux. — Le connétable et Condé y sont faits prisonniers. — Le premier est envoyé à Orléans; le second est conduit à Dreux et confié à la garde de Damville. — Instructions données et règlement établi à ce sujet... 118

CHAPITRE VIII

Le connétable, conduit à Orléans, y est entouré de soins par Éléonore de Roye. — Avertie par Coligny de la captivité de Condé, la princesse tente de correspondre avec celui-ci. — Trahison de Caraccioli, à qui elle a confié un message. — Fidélité du capitaine Larivière, à qui elle s'est ensuite adressée. — Elle écrit à la connétable et à Catherine pour qu'on assure la transmission, soit de ses lettres au prince, soit des lettres du prince à elle-même. — Le connétable appuie sa demande. — Éléonore fait appel à la sympathie de la reine d'Angleterre. — Elle reçoit enfin des nouvelles du prince. — Condé est transféré à Chartres. — Ouvertures de paix faites à la princesse et à ses oncles par Catherine. — Réponse de la princesse. — Elle stimule l'intérêt d'Élisabeth, de Cecil et de Leicester en faveur de Condé. — Catherine cherche à entrer en pourparlers avec la princesse et à retarder le départ de Coligny pour la Normandie. — L'amiral se dirige vers cette province. — Condé est conduit au château d'Onzain. Il tente de s'en évader. — Activité déployée à Orléans, en face des assiégeants, par d'Andelot et la princesse. — Organisation de secours de diverses natures. — Jactance du duc de Guise à l'égard des assiégés. — Catherine cherche à ménager une entrevue du connétable avec Condé. — Lettres de la princesse à ce sujet. — D'Oysel et de Limoges vont à Orléans. — Boucart et d'Esternay se rendent près du prince. — Lettres de celui-ci. — Duplicité de Catherine à l'égard de la princesse. — Le duc de Guise grièvement blessé. — Catherine continue à négocier pour préparer l'entrevue des deux prisonniers. — Lettres d'Éléonore de Roye et de son mari. — Entrevue de la princesse avec Catherine, à Saint-Mesmin. — On convient d'une trêve durant laquelle le connétable et Condé conféreront entre eux, dans l'Ile-aux-Bœufs, sur la Loire... 148

CHAPITRE IX

Intentions de Condé, lors de sa sortie du château d'Onzain. — Entrevue dans l'Ile-aux-Bœufs. — Détails fournis par Chantonnay. — Compte rendu par Condé lui-même. — Appréciation de la conduite de ce prince. — Intervention de Catherine. — Condé, autorisé à se rendre à Orléans, y confère avec les ministres et les gentilshommes militaires. — N'écoutant que l'avis de ces derniers, il se décide à traiter avec la cour sur des bases restrictives de celles de l'édit de janvier. — Désapprobation manifestée par Coligny. Il tente un suprême effort dans l'intérêt de la liberté religieuse. — Maintien des articles de paix déjà arrêtés. Édit de pacification, dit d'Amboise. — Solennité religieuse, à Orléans, dirigée par Théodore de Bèze. — Réception chez le prince et la princesse de Condé. — L'amiral et sa femme quittent Orléans. — Condé ne sort de cette ville que pour se rendre à la cour. — La princesse l'y suit par dévouement.   182

CHAPITRE X

Isolement relatif dans lequel se trouve la princesse à la cour. — Conseils de Calvin à Condé. — Condé paraît d'abord en tenir compte. — Intervention de la princesse et du prince en faveur des protestants et de l'amiral de Coligny. — La princesse s'inquiète des dispositions de la cour d'Angleterre envers son mari. — Elle s'entretient avec l'ambassadeur Smith. — Fréquentes visites de celui-ci. — Entretiens de la princesse avec son oncle d'Andelot. — Lettres qu'elle adresse à son neveu le prince de Portien. — Irritation de la population parisienne contre Condé et Éléonore de Roye, à raison de leur profession religieuse. — Guet-apens qui leur est tendu et tentative d'assassinat, à la suite d'une procession à laquelle le roi avait assisté à Paris. — La princesse et son escorte sont attaquées. — Meurtre du capitaine Coupé, chef de l'escorte. — Exaspération du prince. Il demande le châtiment des coupables, et menace de quitter la cour avec la princesse s'il n'est pas fait droit immédiatement à ses réclamations. — Effroi de Catherine. Ses supplications, ses promesses. — Répression dérisoire. — Impunité assurée à certains coupables. — La princesse s'attend à voir enfin revenir près d'elle ses jeunes enfants et sa mère, que d'impérieuses circonstances avaient contrainte de prolonger son absence depuis la conclusion de la paix d'Amboise. — Coup d'œil sur les dernières relations de la comtesse de Roye avec les princes protestants d'Allemagne. — Retour des enfants de la princesse et de leur aïeule. — Accueil fait à la comtesse de Roye par Catherine. — Susceptibilité de la duchesse de Guise. — Tactique de Catherine pour circonvenir Condé.................... 202

CHAPITRE XI

Catherine s'étudie à détacher Condé de la princesse. — Le prince succombe aux séductions de la cour. — Son infidélité conjugale et son ingratitude. — Dignité morale de la princesse. — Départ de Condé lors de l'expédition dirigée contre le Havre. — La princesse, accompagnée de sa mère, le suit. — La princesse tombe dangereusement malade à Gaillon. — A peine entrée en convalescence, elle prodigue ses soins à la comtesse de Roye, malade à son tour. — La princesse revient avec sa mère à Muret. — Condé n'y fait qu'une apparition. — Calvin et Th. de Bèze lui écrivent. — Mort de deux enfants de la princesse. — Condé reprend, à la cour, sa vie de dissipation. — Notoriété de ses relations coupables avec Isabelle de Limeuil et la maréchale de Saint-André. — Réapparition momentanée d'Éléonore de Roye à la cour. — Elle revient se fixer dans son château de Condé-en-Brie. — Condé reste à la cour, pour y continuer, dans le tumulte des passions, des intrigues et des plaisirs, une existence déprimée. — Esquisse du séjour de la princesse dans sa retraite de Condé-en-Brie, où elle est entourée de ses enfants, de sa mère et de sa sœur. — Débilité de sa santé. — Elle se rend à Troyes, où se trouve la cour, pour y soigner son mari, légèrement malade. — Appui qu'elle prête aux protestants de Troyes et à d'autres. — Elle quitte Troyes sans être accompagnée par Condé.................................... 230

CHAPITRE XII

De retour au château de Condé-en-Brie, la princesse est subitement atteinte d'une maladie des plus graves. — Condé, qu'elle a fait appeler, revient près d'elle. — Légèreté de ses impressions en présence du danger que court sa femme. — Lettre de la princesse à son cousin, le maréchal de Montmorency. — Lettre de Viret à la princesse. — Témoignages de sollicitude et d'affection que la princesse reçoit de sa famille. — Contraste entre ces témoignages et l'attitude de Condé. — Il entretient une correspondance avec Isabelle de Limeuil et s'érige en champion de la maréchale de Saint-André. — Il consent à recevoir de cette dernière le don du château de Vallery et d'autres biens. — Derniers jours d'Éléonore de Roye. — Son testament, ses prières, ses entretiens avec les ministres qui l'assistent, avec son mari, ses enfants, sa mère, ses filles d'honneur, et d'autres personnes. — Sa foi, à l'heure suprême. — Ses dernières paroles. — Sa mort. — Allocution de Condé à ses enfants.................. 250

APPENDICE... 269

FIN DE LA TABLE DES MATIÈRES

PARIS. — IMPRIMERIE DE E. MARTINET, RUE MIGNON, 2.